U0829188

民法典知识题集

本书编写组 / 编

中国法制出版社
CHINA LEGAL PUBLISHING HOUSE

编辑说明

《中华人民共和国民法典》已由第十三届全国人民代表大会第三次会议于2020年5月28日通过，2021年1月1日起施行。

民法典系统整合了新中国成立70多年来长期实践形成的民事法律规范，汲取了中华民族5000多年优秀法律文化，借鉴了人类法治文明建设有益成果，是一部体现我国社会主义性质、符合人民利益和愿望、顺应时代发展要求的民法典，是一部体现对生命健康、财产安全、交易便利、生活幸福、人格尊严等各方面权利平等保护的民法典，是一部具有鲜明中国特色、实践特色、时代特色的民法典。

加强民法典普法工作，是实施好民法典需要重点做好的工作之一。为配合民法典的普法宣传，我们组织编写了这本《民法典知识题集》，从习题的角度为广大读者学习、掌握民法典相关知识提供帮助，同时也方便读者对学习民法典的效果进行检验测试。本书具有以下特点：

一是编排合理。全书严格遵循民法典的立法体例，按照总则、物权、合同、人格权、婚姻家庭、继承、侵权责任七编排列，对应各编章节。

二是全面覆盖。全书通过不同题型的设置和解析，全面覆盖民法典1260个条文，力争使读者通过习题和解析熟悉了解民法典的相关知识。

三是题型丰富。全书对于民法典各编章习题，分别设置判断、单选、多选和填空题，个别编章适当设置了简答题。

四是解析到位。全书习题都附有答案解析，部分习题特别是填空题的解析，出于节省篇幅考虑，只列出答案和条文序号，读者可以对照检索查阅。

五是难度适中。全书习题设置避免难题、偏题、怪题，习题和解析有民法典法律条文做依据，帮助读者学习掌握。

本书既适合机关、团体、学校、企业、事业单位等组织相关培训配套使用，也适合有学习需求的广大读者阅读。希望本书的出版能够有助于引导广大读者充分认识到民法典既是保护自身权益的法典，也是全体社会成员都必须遵循的规范，养成自觉守法的意识，形成遇事找法的习惯，培养解决问题靠法的意识和能力。

民法典是我国法律体系中条文最多、体量最大、编章结构最复杂的一部法律。由于时间和水平有限，不足之处在所难免，敬请广大读者批评指正。

《民法典知识题集》编写组
中国法制出版社
2020 年 7 月

目录

第一编　总　则

第二编　物　权

第三编　合　同

第四编　人格权

第五编　婚姻家庭

第六编　继　承

第七编　侵权责任

附　则

第一编　总　则

第一章　基本规定

一、判断题

1. 民法调整一切主体的自然人、法人和非法人组织之间的人身关系和财产关系。（　　）
2. 民事主体从事民事活动，应当遵循诚信原则，秉持诚实，恪守承诺。（　　）
3. 民事主体从事民事活动，应当有利于节约资源、保护生态环境。（　　）
4. 处理民事纠纷，应当适用习惯，但是不得违背公序良俗。（　　）

二、单项选择题

1. 民法调整平等主体的（　　）的人身关系和财产关系。

　A. 自然人、法人和非法人组织之间

　B. 法人和非法人组织之间

　C. 自然人和法人之间

　D. 自然人和非法人组织之间

2. 民事主体的人身权利、财产权利以及其他合法权益受法律保护，任何（　　）不得侵犯。

　A. 组织　　　　B. 个人

　C. 组织或者个人　　　　D. 国家

3. 民事主体在民事活动中的（　　）一律平等。

　A. 法律地位　　　　B. 专业地位

　C. 社会地位　　　　D. 经济地位

4. 民事主体从事民事活动，应当遵循(　　)原则，合理确定各方的权利和义务。

A. 自愿　　B. 公平

C. 诚信　　D. 公序良俗

5. 民事主体从事民事活动，应当遵循(　　)原则，秉持诚实，恪守承诺。

A. 自愿　　B. 公平

C. 诚信　　D. 公序良俗

6. 处理民事纠纷，应当依照法律；法律没有规定的，可以适用(　　)，但是不得违背公序良俗。

A. 判例　　B. 习惯

C. 习俗　　D. 学理

三、多项选择题

1. 我国民法制定的目的和任务是：(　　)

A. 保护民事主体的合法权益

B. 调整民事关系，维护社会和经济秩序

C. 适应中国特色社会主义发展要求

D. 弘扬社会主义核心价值观

2. 我国民法的基本原则有：(　　)

A. 平等、自愿、公平原则　　B. 诚信原则

C. 守法与公序良俗原则　　D. 绿色原则

3. 民事主体从事民事活动，应当遵循自愿原则，按照自己的意思(　　)民事法律关系。

A. 设立　　B. 中止

C. 变更　　D. 终止

四、填空题

1. 我国民法的目的和任务是：保护______，调整______，维护______，

适应______，弘扬______。

2. 民事主体从事民事活动，应当遵循自愿原则，按照自己的意思______、______、______民事法律关系。

3. 民事主体从事民事活动，不得违反______，不得违背______。

4. 其他法律对民事关系有______的，依照其规定。

5. 中华人民共和国领域内的民事活动，适用______。法律另有规定的，依照其规定。

五、简答题

简述我国民法的基本原则。

参考答案

一、判断题

1. ×，解析：根据《民法典》第 2 条规定，民法调整平等主体的自然人、法人和非法人组织之间的人身关系和财产关系。
2. √，解析：根据《民法典》第 7 条规定。
3. √，解析：根据《民法典》第 9 条规定。
4. ×，解析：根据《民法典》第 10 条规定，处理民事纠纷，应当依照法律；法律没有规定的，可以适用习惯，但是不得违背公序良俗。

二、单项选择题

1. A，解析：根据《民法典》第 2 条规定，民法调整平等主体的自然人、法人和非法人组织之间的人身关系和财产关系。
2. C，解析：根据《民法典》第 3 条规定，民事主体的人身权利、财产权利以及其他合法权益受法律保护，任何组织或者个人不得侵犯。
3. A，解析：根据《民法典》第 4 条规定，民事主体在民事活动中的法律地位一律平等。
4. B，解析：根据《民法典》第 6 条规定，民事主体从事民事活动，应当遵循公平原则，合理确定各方的权利和义务。

5. C，解析：根据《民法典》第7条规定，民事主体从事民事活动，应当遵循诚信原则，秉持诚实，恪守承诺。

6. B，解析：根据《民法典》第10条规定，处理民事纠纷，应当依照法律；法律没有规定的，可以适用习惯，但是不得违背公序良俗。

三、多项选择题

1. ABCD，解析：根据《民法典》第1条规定，为了保护民事主体的合法权益，调整民事关系，维护社会和经济秩序，适应中国特色社会主义发展要求，弘扬社会主义核心价值观，根据宪法，制定本法。

2. ABCD，解析：根据《民法典》第4条至第9条规定，我国民法的基本原则包括平等原则、自愿原则、公平原则、诚信原则、守法与公序良俗原则以及绿色原则。

3. ACD，解析：根据《民法典》第5条规定，民事主体从事民事活动，应当遵循自愿原则，按照自己的意思设立、变更、终止民事法律关系。

四、填空题

1. 民事主体的合法权益；民事关系；社会和经济秩序；中国特色社会主义发展要求；社会主义核心价值观。(《民法典》第1条)
2. 设立；变更；终止。(《民法典》第5条)
3. 法律；公序良俗。(《民法典》第8条)
4. 特别规定。(《民法典》第11条)
5. 中华人民共和国法律。(《民法典》第12条)

五、简答题

答：根据《民法典》第4条至第9条规定，我国民法的基本原则有：平等原则、自愿原则、公平原则、诚信原则、守法与公序良俗原则和绿色原则。

1. 平等原则是指，民事主体在民事活动中的法律地位一律平等。
2. 自愿原则是指，民事主体从事民事活动，应当遵循自愿原则，按照自己的意思设立、变更、终止民事法律关系。

3. 公平原则是指，民事主体从事民事活动，应当遵循公平原则，合理确定各方的权利和义务。

4. 诚信原则是指，民事主体从事民事活动，应当遵循诚信原则，秉持诚实，恪守承诺。

5. 守法与公序良俗原则是指，民事主体从事民事活动，不得违反法律，不得违背公序良俗。

6. 绿色原则是指，民事主体从事民事活动，应当有利于节约资源、保护生态环境。

第二章　自然人

一、判断题

1. 自然人从出生时起到死亡时止，具有民事权利能力，依法享有民事权利，承担民事义务。(　　)
2. 自然人的出生时间和死亡时间，以户籍登记或者其他有效身份登记记载的时间为准。(　　)
3. 16 周岁以上的自然人为成年人。(　　)
4. 不满 10 周岁的未成年人为无民事行为能力人，由其法定代理人代理实施民事法律行为。(　　)
5. 不能完全辨认自己行为的成年人可以独立实施与其智力、精神健康状况相适应的民事法律行为。(　　)
6. 不能辨认自己行为的成年人，其利害关系人可以向人民法院申请认定该成年人为无民事行为能力人。(　　)
7. 自然人以户籍登记或者其他有效身份登记记载的居所为住所。(　　)
8. 成年子女对父母负有抚养、扶助和保护的义务。(　　)
9. 被监护人的父母担任监护人的，可以通过遗嘱指定监护人。(　　)
10. 依法具有监护资格的人之间应通过诉讼确定监护人。(　　)
11. 对监护人的确定有争议的，由被监护人住所地的居民委员会、村民委员会或者民政部门指定监护人。(　　)
12. 没有依法具有监护资格的人的，监护人可由民政部门担任。(　　)
13. 监护人不履行监护职责或者侵害被监护人合法权益的，应当承担法律责任。(　　)
14. 对被监护人有能力独立处理的事务，监护人不得干涉。(　　)

15. 依法负担被监护人抚养费、赡养费、扶养费的父母、子女、配偶等，被人民法院撤销监护人资格后，应当继续履行负担的义务。（ ）
16. 监护关系终止后，被监护人仍然需要监护的，应当依法另行确定监护人。（ ）
17. 自然人在战争期间下落不明的，下落不明的时间自战争结束之日或者有关机关确定的下落不明之日起计算。（ ）
18. 失踪人的财产由其配偶、成年子女、父母或者其他愿意担任财产代管人的人代管。（ ）
19. 人民法院变更财产代管人的，变更后的财产代管人有权请求原财产代管人及时移交有关财产，但原财产代管人可不报告财产代管情况。（ ）
20. 失踪人重新出现，经本人或者利害关系人申请，人民法院应当撤销失踪宣告。（ ）
21. 自然人下落不明满 2 年，利害关系人可以向人民法院申请宣告该自然人死亡。（ ）
22. 自然人被宣告死亡但是并未死亡的，其在被宣告死亡期间实施的民事法律行为无效。（ ）
23. 死亡宣告被撤销的，婚姻关系自撤销死亡宣告之日起自行恢复。（ ）
24. 被宣告死亡的人在被宣告死亡期间，其子女被他人依法收养的，在死亡宣告被撤销后，可以以未经本人同意为由主张收养行为无效。（ ）
25. 农村集体经济组织的成员，依法取得农村土地承包经营权，从事家庭承包经营的，为农村承包经营户。（ ）
26. 个体工商户的债务，以家庭财产承担。（ ）
27. 农村承包经营户的债务，以从事农村土地承包经营的农户财产承担；事实上由农户部分成员经营的，以该部分成员的财产承担。（ ）

二、单项选择题

1. 自然人的(　　)一律平等。

A. 民事能力　　B. 民事权利能力
C. 民事义务　　D. 民事行为能力

2. 自然人的出生时间，以（　　）为准。

A. 出生证明记载的时间　　B. 户籍登记的时间
C. 身份证登记的时间　　D. 经过公证的出生时间

3. 涉及遗产继承、接受赠与等胎儿利益保护的，胎儿视为具有(　　)。

A. 民事能力　　B. 民事权利能力
C. 民事义务　　D. 民事行为能力

4. 不满(　　)周岁的自然人为未成年人。

A. 17　　B. 18
C. 19　　D. 20

5. (　　)周岁以上的未成年人，以自己的劳动收入为主要生活来源的，视为完全民事行为能力人。

A. 14　　B. 15
C. 16　　D. 17

6. 不能（　　）自己行为的成年人为无民事行为能力人，由其法定代理人代理实施民事法律行为。

A. 辨认　　B. 判断
C. 确定　　D. 控制

7. 不能辨认自己行为的成年人，其利害关系人可以向(　　)申请认定该成年人为无民事行为能力人。

A. 人民检察院　　B. 民政部门
C. 人民法院　　D. 公安机关

8. 被监护人的(　　)担任监护人的，可以通过遗嘱指定监护人。

A. 祖父母　　B. 父母

C. 子女　　D. 兄、姐

9. 被监护人的父母担任监护人的，可以通过(　　)指定监护人。

A. 合同　　B. 协议

C. 公证　　D. 遗嘱

10. 人民法院应当尊重被监护人的真实意愿，按照(　　)的原则在依法具有监护资格的人中指定监护人。

A. 权利义务对等　　B. 遵守法律法规

C. 最有利于被监护人　　D. 尊重被监护人意愿

11. 有关当事人对被监护人住所地的居民委员会指定监护不服的，可以向(　　)申请指定监护人。

A. 人民检察院　　B. 民政部门

C. 人民法院　　D. 人民政府

12. 具有完全民事行为能力的成年人，可以与其近亲属、其他愿意担任监护人的个人或者组织事先协商，以(　　)形式确定自己的监护人。

A. 书面　　B. 口头

C. 书面或者口头　　D. 公证

13. 依法负担被监护人抚养费、赡养费、扶养费的父母、子女、配偶等，被人民法院撤销监护人资格后，(　　)履行负担的义务。

A. 中止　　B. 可以继续

C. 应当继续　　D. 终止

14. 被监护人的父母或者子女被人民法院撤销监护人资格后，除对被监护人实施故意犯罪的外，确有悔改表现的，经其申请，人民法院可以在尊重被监护人真实意愿的前提下，视情况恢复其监护人资格，人民法院指定的监护人与被监护人的监护关系(　　)。

A. 同时中止　　B. 同时终止

C. 应当继续　　D. 可以继续

15. 自然人下落不明满(　　)年的，利害关系人可以向人民法院申请宣告该自然人为失踪人。

A. 1　　B. 2
C. 3　　D. 4

16. 财产代管人应当妥善(　　)失踪人的财产，维护其财产权益。
A. 管理　　B. 保管
C. 使用　　D. 处分

17. 财产代管人有正当理由的，可以向(　　)申请变更财产代管人。
A. 人民法院　　B. 人民检察院
C. 公安机关　　D. 民政部门

18. 因意外事件下落不明，经有关机关证明该自然人不可能生存的，申请宣告死亡不受(　　)时间的限制。
A. 2 年　　B. 3 年
C. 4 年　　D. 5 年

19. 自然人被宣告死亡但是并未死亡的，其在被宣告死亡期间实施的民事法律行为(　　)。
A. 有效　　B. 待定
C. 可追认　　D. 无效

20. 被宣告死亡的人重新出现，经本人或者利害关系人申请，人民法院应当(　　)。
A. 裁定死亡宣告无效　　B. 决定死亡宣告无效
C. 判决死亡宣告无效　　D. 撤销死亡宣告

21. 死亡宣告被撤销的，婚姻关系自撤销死亡宣告之日起自行恢复。但是，其配偶再婚或者向(　　)书面声明不愿意恢复的除外。
A. 人民法院　　B. 县级人民政府
C. 婚姻登记机关　　D. 公安机关

22. 利害关系人隐瞒真实情况，致使他人被宣告死亡而取得其财产的，除应当返还财产外，还应当对由此造成的损失承担(　　)。
A. 民事责任　　B. 刑事责任
C. 行政责任　　D. 赔偿责任

23. 自然人从事工商业经营，经依法(　　)，为个体工商户。

A. 批准
B. 核准
C. 登记
D. 特许

24. 个体工商户(　　)起字号。

A. 可以
B. 必须
C. 应当
D. 不需要

25. 农村集体经济组织的成员，依法取得(　　)，从事家庭承包经营的，为农村承包经营户。

A. 农村土地承包经营权
B. 农村土地经营权
C. 农村土地使用权
D. 农村土地承包权

三、多项选择题

1. 下列关于自然人的民事权利能力的说法正确的是：(　　)

A. 自然人的民事权利能力一律平等
B. 自然人从出生时起到死亡时止，具有民事权利能力
C. 涉及遗产继承、接受赠与等胎儿利益保护的，胎儿视为具有民事权利能力
D. 胎儿娩出时为死体的，其民事权利能力自始不存在

2. 下列可以证明自然人出生时间的有：(　　)

A. 出生证明记载的时间
B. 户籍登记的时间
C. 身份证登记的时间
D. 军人身份证件登记的时间

3. 涉及(　　)等胎儿利益保护的，胎儿视为具有民事权利能力。

A. 遗产继承
B. 接受赠与
C. 人格权利
D. 名誉权利

4. 8 周岁以上的未成年人可以独立实施的民事法律行为有：(　　)

A. 纯获利益的民事法律行为

B. 与其年龄相适应的民事法律行为

C. 与其智力相适应的民事法律行为

D. 与其精神健康状况相适应的民事法律行为

5. 不能完全辨认自己行为的成年人可以独立实施的民事法律行为有：（　　）

A. 纯获利益的民事法律行为

B. 与其年龄相适应的民事法律行为

C. 与其智力相适应的民事法律行为

D. 与其精神健康状况相适应的民事法律行为

6. 下列关于法定代理人的说法正确的有：（　　）

A. 不满10周岁的未成年人由其法定代理人代理实施民事法律行为

B. 无民事行为能力人的监护人是其法定代理人

C. 限制民事行为能力人的监护人是其法定代理人

D. 不能辨认自己行为的成年人由其法定代理人代理实施民事法律行为

7. 被人民法院认定为无民事行为能力人的，经（　　）申请，人民法院可以根据其智力、精神健康恢复的状况，认定该成年人恢复为完全民事行为能力人。

A. 本人　　B. 利害关系人

C. 民政部门　　D. 残疾人联合会

8. 以下关于自然人住所地的表述，正确的是：（　　）

A. 自然人以户籍登记的居所为住所

B. 自然人以其不动产权证书登记载明的居所为住所

C. 自然人以其他有效身份登记记载的居所为住所

D. 经常居所与住所不一致的，经常居所视为住所

9. 未成年人的父母已经死亡的，下列有监护能力的人可以担任监护人的有：（　　）

A. 祖父母

B. 外祖父母

C. 兄、姐

D. 经未成年人住所地的民政部门同意且愿意担任监护人的亲朋好友

10. 未成年人的父母已经死亡的，有监护能力并愿意担任监护人的组织，经未成年人住所地的(　　)同意，可以担任监护人。

A. 居民委员会　　B. 未成年人保护组织

C. 村民委员会　　D. 民政部门

11. 下列有监护能力的人可以担任限制民事行为能力的成年人的监护人的有：(　　)

A. 配偶　　B. 父母

C. 子女　　D. 兄、姐

12. 指定监护人前，被监护人的人身权利、财产权利以及其他合法权益处于无人保护状态的，由被监护人住所地的(　　)担任临时监护人。

A. 居民委员会　　B. 村民委员会

C. 民政部门　　D. 法律规定的有关组织

13. 监护人的职责有：(　　)

A. 代理被监护人实施民事法律行为

B. 保护被监护人的人身权利

C. 保护被监护人的财产权利

D. 保护被监护人的合法权益

14. 未成年人的监护人在作出与被监护人利益有关的决定时，应当根据被监护人的(　　)，尊重被监护人的真实意愿。

A. 精神健康状况　　B. 年龄

C. 身体健康状况　　D. 智力状况

15. 成年人的监护人应当保障并协助被监护人实施与其(　　)相适应的民事法律行为

A. 精神健康状况　　B. 年龄

C. 身体健康状况　　　　　　D. 智力状况

16. 监护人有下列哪些行为的，人民法院根据有关组织的申请，撤销其监护人资格，安排必要的临时监护措施，并按照最有利于被监护人的原则依法指定监护？(　　)

A. 实施严重损害被监护人身心健康的行为

B. 无法履行监护职责并且拒绝将监护职责部分或者全部委托给他人，导致被监护人处于危困状态

C. 怠于履行监护职责，导致被监护人处于危困状态

D. 实施侵害被监护人合法权益的行为

17. 下列可导致监护关系终止的情形有：(　　)

A. 被监护人取得或者恢复完全民事行为能力

B. 监护人丧失监护能力

C. 被监护人死亡

D. 监护人死亡

18. 自然人在战争期间下落不明的，下落不明的时间自(　　)之日起计算。

A. 利害关系人确定的下落不明

B. 失去音讯

C. 战争结束

D. 有关机关确定的下落不明

19. 失踪人的财产由(　　)代管。

A. 其配偶

B. 其成年子女

C. 其父母

D. 其他愿意担任财产代管人的人

20. 财产代管人因(　　)造成失踪人财产损失的，应当承担赔偿责任。

A. 过失　　　　　　B. 故意

C. 重大过失　　　　　　D. 意外

21. 财产代管人(　　)，失踪人的利害关系人可以向人民法院申请变更财产代管人。

A. 因意外造成失踪人财产损失　　B. 不履行代管职责

C. 侵害失踪人财产权益　　D. 丧失代管能力

22. 失踪人重新出现，经(　　)申请，人民法院应当撤销失踪宣告。

A. 民政部门　　B. 基层人民政府

C. 本人　　D. 利害关系人

23. 被宣告死亡的人重新出现，经(　　)申请，人民法院应当撤销死亡宣告。

A. 民政部门　　B. 基层人民政府

C. 本人　　D. 利害关系人

24. 下列关于个体工商户的说法正确的是：(　　)

A. 自然人从事工商业经营，经依法登记，为个体工商户

B. 个体工商户应当起字号

C. 个体工商户的债务，以家庭财产承担

D. 个体工商户的债务，个人经营的，以个人财产承担

25. 下列关于农村承包经营户的说法正确的是：(　　)

A. 农村集体经济组织的成员，依法取得农村土地承包经营权，从事家庭承包经营的，为农村承包经营户

B. 农村集体经济组织的成员，依法取得农村土地使用权，从事家庭承包经营的，为农村承包经营户

C. 农村承包经营户的债务，以从事农村土地承包经营的农户财产承担

D. 农村承包经营户的债务，事实上由农户部分成员经营的，以该部分成员的财产承担

四、填空题

1. 自然人从______起到______止，具有______，依法享有______，承担______。

2. 自然人的出生时间，以______记载的时间为准；没有出生证明的，以______或者______记载的时间为准。

3. 涉及______、______等胎儿利益保护的，胎儿视为具有民事权利能力；但是，胎儿娩出时为死体的，其民事权利能力______。

4. 成年人为______，可以独立实施民事法律行为。______周岁以上的______，以自己的______为主要生活来源的，______完全民事行为能力人。

5. 8周岁以上的未成年人为______，实施民事法律行为由其法定代理人______或者经其法定代理人______、______；但是，可以独立实施______的民事法律行为或者与其______的民事法律行为。

6. 不能______自己行为的成年人为无民事行为能力人，由其______代理实施民事法律行为。

7. 无民事行为能力人、限制民事行为能力人的______是其法定代理人。

8. 被人民法院认定为限制民事行为能力人的，经______、______或者有关组织申请，人民法院可以根据其______、______恢复的状况，认定该成年人恢复为完全民事行为能力人。

9. 自然人以______或者______为住所；经常居所与住所不一致的，______视为住所。

10. 父母对______子女负有______、______和保护的义务。______对父母负有______、______和保护的义务。

11. 依法具有______资格的人之间可以______确定监护人。协议确定监护人应当尊重被监护人的______。

12. 没有______具有监护资格的人的，监护人由______担任，也可以由具备履行监护职责条件的被监护人______的______、______担任。

13. 监护人______履行监护职责产生的权利，受______保护。

14. 监护人______或者______的，应当承担法律责任。

15. 监护人应当按照______的原则履行监护职责。监护人除为维护被监护人利益外，______处分被监护人的财产。

16. 依法负担被监护人抚养费、赡养费、扶养费的父母、子女、配偶等，被______撤销监护人资格后，______履行负担的义务。
17. 被监护人______或者______完全民事行为能力，监护关系终止。
18. 自然人下落不明的时间自其______之日起计算。战争期间下落不明的，下落不明的时间自______之日或者______之日起计算。
19. 财产代管人应当妥善______失踪人的财产，维护其财产权益。
20. 失踪人所欠______、______和应付的其他费用，由财产代管人从失踪人的财产中支付。
21. 财产代管人因______或者______造成失踪人财产损失的，应当承担赔偿责任。
22. 失踪人重新出现，经______或者______申请，人民法院应当______失踪宣告。
23. 失踪人重新出现，有权请求财产代管人______有关财产并______财产代管情况。
24. 自然人有下列情形之一的，利害关系人可以向人民法院申请宣告该自然人死亡：（1）下落不明满______；（2）因意外事件，下落不明满______。
25. 对同一自然人，有的利害关系人申请宣告死亡，有的利害关系人申请宣告失踪，符合本法规定的宣告死亡条件的，人民法院应当______。
26. 被宣告死亡的人，人民法院宣告死亡的______视为其死亡的日期；因意外事件下落不明宣告死亡的，______视为其死亡的日期。
27. 被撤销死亡宣告的人有权请求依照本法第六编取得其财产的民事主体______；无法返还的，应当给予______。
28. 自然人从事______经营，经依法______，为个体工商户。个体工商户______起字号。
29. 农村集体经济组织的成员，依法取得______，从事家庭承包经营的，为农村承包经营户。

30. 个体工商户的债务，个人经营的，以______承担；家庭经营的，以______承担；无法区分的，以______承担。

31. 农村承包经营户的债务，以从事______承担；事实上由农户部分成员经营的，以______承担。

五、简答题

1. 简述撤销监护人资格的条件。
2. 简述监护关系终止的情形。
3. 简述申请宣告死亡的情形。

参考答案

一、判断题

1. √，解析：根据《民法典》第 13 条规定。

2. ×，解析：根据《民法典》第 15 条规定，自然人的出生时间和死亡时间，以出生证明、死亡证明记载的时间为准；没有出生证明、死亡证明的，以户籍登记或者其他有效身份登记记载的时间为准。有其他证据足以推翻以上记载时间的，以该证据证明的时间为准。

3. ×，解析：根据《民法典》第 17 条规定，18 周岁以上的自然人为成年人。不满 18 周岁的自然人为未成年人。

4. ×，解析：根据《民法典》第 20 条规定，不满 8 周岁的未成年人为无民事行为能力人，由其法定代理人代理实施民事法律行为。

5. √，解析：根据《民法典》第 22 条规定。

6. √，解析：根据《民法典》第 24 条规定。

7. √，解析：根据《民法典》第 25 条规定。

8. ×，解析：根据《民法典》第 26 条规定，父母对未成年子女负有抚养、教育和保护的义务。成年子女对父母负有赡养、扶助和保护的义务。

9. √，解析：根据《民法典》第 29 条规定。

10. ×，解析：根据《民法典》第 30 条规定，依法具有监护资格的人之间可以协议确定监护人。协议确定监护人应当尊重被监护人的真实意愿。

11. √，解析：根据《民法典》第 31 条规定。

12. √，解析：根据《民法典》第 32 条规定。

13. √，解析：根据《民法典》第 34 条规定。

14. √，解析：根据《民法典》第 35 条规定。

15. √，解析：根据《民法典》第 37 条规定。

16. √，解析：根据《民法典》第 39 条规定。

17. √，解析：根据《民法典》第 41 条规定。

18. √，解析：根据《民法典》第 42 条规定。

19. ×，解析：根据《民法典》第 44 条第 3 款规定，人民法院变更财产代管人的，变更后的财产代管人有权请求原财产代管人及时移交有关财产并报告财产代管情况。

20. √，解析：根据《民法典》第 45 条规定。

21. ×，解析：《民法典》第 46 条规定："自然人有下列情形之一的，利害关系人可以向人民法院申请宣告该自然人死亡：（一）下落不明满四年；（二）因意外事件，下落不明满二年。因意外事件下落不明，经有关机关证明该自然人不可能生存的，申请宣告死亡不受二年时间的限制。"

22. ×，解析：根据《民法典》第 49 条规定，自然人被宣告死亡但是并未死亡的，不影响该自然人在被宣告死亡期间实施的民事法律行为的效力。

23. ×，解析：根据《民法典》第 51 条规定，被宣告死亡的人的婚姻关系，自死亡宣告之日起消除。死亡宣告被撤销的，婚姻关系自撤销死亡宣告之日起自行恢复。但是，其配偶再婚或者向婚姻登记机关书面声明不愿意恢复的除外。

24. ×，解析：根据《民法典》第52条规定，被宣告死亡的人在被宣告死亡期间，其子女被他人依法收养的，在死亡宣告被撤销后，不得以未经本人同意为由主张收养行为无效。

25. √，解析：根据《民法典》第55条规定。

26. ×，解析：根据《民法典》第56条第1款规定，个体工商户的债务，个人经营的，以个人财产承担；家庭经营的，以家庭财产承担；无法区分的，以家庭财产承担。

27. √，解析：根据《民法典》第56条第2款规定。

二、单项选择题

1. B，解析：根据《民法典》第14条规定，自然人的民事权利能力一律平等。

2. A，解析：根据《民法典》第15条规定，自然人的出生时间和死亡时间，以出生证明、死亡证明记载的时间为准；没有出生证明、死亡证明的，以户籍登记或者其他有效身份登记记载的时间为准。有其他证据足以推翻以上记载时间的，以该证据证明的时间为准。

3. B，解析：根据《民法典》第16条规定，涉及遗产继承、接受赠与等胎儿利益保护的，胎儿视为具有民事权利能力；但是，胎儿娩出时为死体的，其民事权利能力自始不存在。

4. B，解析：根据《民法典》第17条规定，18周岁以上的自然人为成年人。不满18周岁的自然人为未成年人。

5. C，解析：根据《民法典》第18条规定，成年人为完全民事行为能力人，可以独立实施民事法律行为。16周岁以上的未成年人，以自己的劳动收入为主要生活来源的，视为完全民事行为能力人。

6. A，解析：根据《民法典》第21条规定，不能辨认自己行为的成年人为无民事行为能力人，由其法定代理人代理实施民事法律行为。8周岁以上的未成年人不能辨认自己行为的，适用前款规定。

7. C，解析：根据《民法典》第24条第1款规定，不能辨认或者不能完全辨认自己行为的成年人，其利害关系人或者有关组织，可以向人民法院申请认定该成年人为无民事行为能力人或者限制民事行为能力人。

8. B，解析：根据《民法典》第 29 条规定，被监护人的父母担任监护人的，可以通过遗嘱指定监护人。
9. D，解析：根据《民法典》第 29 条规定，被监护人的父母担任监护人的，可以通过遗嘱指定监护人。
10. C，解析：根据《民法典》第 31 条第 2 款规定，居民委员会、村民委员会、民政部门或者人民法院应当尊重被监护人的真实意愿，按照最有利于被监护人的原则在依法具有监护资格的人中指定监护人。
11. C，解析：根据《民法典》第 31 条第 1 款规定，对监护人的确定有争议的，由被监护人住所地的居民委员会、村民委员会或者民政部门指定监护人，有关当事人对指定不服的，可以向人民法院申请指定监护人；有关当事人也可以直接向人民法院申请指定监护人。
12. A，解析：根据《民法典》第 33 条规定，具有完全民事行为能力的成年人，可以与其近亲属、其他愿意担任监护人的个人或者组织事先协商，以书面形式确定自己的监护人，在自己丧失或者部分丧失民事行为能力时，由该监护人履行监护职责。
13. C，解析：根据《民法典》第 37 条规定，依法负担被监护人抚养费、赡养费、扶养费的父母、子女、配偶等，被人民法院撤销监护人资格后，应当继续履行负担的义务。
14. B，解析：根据《民法典》第 38 条规定，被监护人的父母或者子女被人民法院撤销监护人资格后，除对被监护人实施故意犯罪的外，确有悔改表现的，经其申请，人民法院可以在尊重被监护人真实意愿的前提下，视情况恢复其监护人资格，人民法院指定的监护人与被监护人的监护关系同时终止。
15. B，解析：根据《民法典》第 40 条规定，自然人下落不明满 2 年的，利害关系人可以向人民法院申请宣告该自然人为失踪人。

16. A，解析：根据《民法典》第 43 条第 1 款规定，财产代管人应当妥善管理失踪人的财产，维护其财产权益。
17. A，解析：根据《民法典》第 44 条第 2 款规定，财产代管人有正当理由的，可以向人民法院申请变更财产代管人。
18. A，解析：《民法典》第 46 条规定："自然人有下列情形之一的，利害关系人可以向人民法院申请宣告该自然人死亡：（一）下落不明满四年；（二）因意外事件，下落不明满二年。因意外事件下落不明，经有关机关证明该自然人不可能生存的，申请宣告死亡不受二年时间的限制。"
19. A，解析：根据《民法典》第 49 条规定，自然人被宣告死亡但是并未死亡的，不影响该自然人在被宣告死亡期间实施的民事法律行为的效力。
20. D，解析：根据《民法典》第 50 条规定，被宣告死亡的人重新出现，经本人或者利害关系人申请，人民法院应当撤销死亡宣告。
21. C，解析：根据《民法典》第 51 条规定，被宣告死亡的人的婚姻关系，自死亡宣告之日起消除。死亡宣告被撤销的，婚姻关系自撤销死亡宣告之日起自行恢复。但是，其配偶再婚或者向婚姻登记机关书面声明不愿意恢复的除外。
22. D，解析：根据《民法典》第 53 条第 2 款规定，利害关系人隐瞒真实情况，致使他人被宣告死亡而取得其财产的，除应当返还财产外，还应当对由此造成的损失承担赔偿责任。
23. C，解析：根据《民法典》第 54 条规定，自然人从事工商业经营，经依法登记，为个体工商户。个体工商户可以起字号。
24. A，解析：根据《民法典》第 54 条规定，自然人从事工商业经营，经依法登记，为个体工商户。个体工商户可以起字号。
25. A，解析：根据《民法典》第 55 条规定，农村集体经济组织的成员，依法取得农村土地承包经营权，从事家庭承包经营的，为农村承包经营户。

三、多项选择题

1. ABCD，解析：根据《民法典》第13、14、16条规定。
2. ABCD，解析：根据《民法典》第15条规定，自然人的出生时间和死亡时间，以出生证明、死亡证明记载的时间为准；没有出生证明、死亡证明的，以户籍登记或者其他有效身份登记记载的时间为准。有其他证据足以推翻以上记载时间的，以该证据证明的时间为准。
3. AB，解析：根据《民法典》第16条规定，涉及遗产继承、接受赠与等胎儿利益保护的，胎儿视为具有民事权利能力；但是，胎儿娩出时为死体的，其民事权利能力自始不存在。
4. ABC，解析：根据《民法典》第19条规定，8周岁以上的未成年人为限制民事行为能力人，实施民事法律行为由其法定代理人代理或者经其法定代理人同意、追认；但是，可以独立实施纯获利益的民事法律行为或者与其年龄、智力相适应的民事法律行为。
5. ACD，解析：根据《民法典》第22条规定，不能完全辨认自己行为的成年人为限制民事行为能力人，实施民事法律行为由其法定代理人代理或者经其法定代理人同意、追认；但是，可以独立实施纯获利益的民事法律行为或者与其智力、精神健康状况相适应的民事法律行为。
6. BCD，解析：根据《民法典》第20条规定，不满8周岁的未成年人为无民事行为能力人，由其法定代理人代理实施民事法律行为。根据《民法典》第21条规定，不能辨认自己行为的成年人为无民事行为能力人，由其法定代理人代理实施民事法律行为。根据《民法典》第23条规定，无民事行为能力人、限制民事行为能力人的监护人是其法定代理人。
7. ABCD，解析：根据《民法典》第24条规定，不能辨认或者不能完全辨认自己行为的成年人，其利害关系人或者有关组织，可以向人民法院申请认定该成年人为无民事行为能力人或者限制民事行为能力人。被人民法院认定为无民事行为能力人或者限制民事行为能力人的，经本人、利害关系人或者有关组织申请，人民法院可以根据其智力、精神健康恢复的状况，认定该成年人恢复为限制民事行为能力人或者完全民事行为能力人。本条规定的有关组织包括：居民委员会、村民委员会、学校、医疗机构、妇女联合会、残疾人联合会、依法设立的老年人组织、民政部门等。

8. ACD，解析：根据《民法典》第25条规定，自然人以户籍登记或者其他有效身份登记记载的居所为住所；经常居所与住所不一致的，经常居所视为住所。

9. ABCD，解析：《民法典》第27条规定："父母是未成年子女的监护人。未成年人的父母已经死亡或者没有监护能力的，由下列有监护能力的人按顺序担任监护人：（一）祖父母、外祖父母；（二）兄、姐；（三）其他愿意担任监护人的个人或者组织，但是须经未成年人住所地的居民委员会、村民委员会或者民政部门同意。"

10. ACD，解析：《民法典》第27条规定："父母是未成年子女的监护人。未成年人的父母已经死亡或者没有监护能力的，由下列有监护能力的人按顺序担任监护人：（一）祖父母、外祖父母；（二）兄、姐；（三）其他愿意担任监护人的个人或者组织，但是须经未成年人住所地的居民委员会、村民委员会或者民政部门同意。"

11. ABCD，解析：根据《民法典》第28条规定，无民事行为能力或者限制民事行为能力的成年人，由下列有监护能力的人按顺序担任监护人：（1）配偶；（2）父母、子女；（3）其他近亲属；（4）其他愿意担任监护人的个人或者组织，但是须经被监护人住所地的居民委员会、村民委员会或者民政部门同意。

12. ABCD，解析：《民法典》第31条第3款规定："依据本条第一款规定指定监护人前，被监护人的人身权利、财产权利以及其他合法权益处于无人保护状态的，由被监护人住所地的居民委员会、村民委员会、法律规定的有关组织或者民政部门担任临时监护人。"

13. ABCD，解析：根据《民法典》第 34 条第 1 至 3 款规定，监护人的职责是代理被监护人实施民事法律行为，保护被监护人的人身权利、财产权利以及其他合法权益等。监护人依法履行监护职责产生的权利，受法律保护。监护人不履行监护职责或者侵害被监护人合法权益的，应当承担法律责任。

14. BD，解析：根据《民法典》第 35 条第 2 款规定，未成年人的监护人履行监护职责，在作出与被监护人利益有关的决定时，应当根据被监护人的年龄和智力状况，尊重被监护人的真实意愿。

15. AD，解析：根据《民法典》第 35 条第 3 款规定，成年人的监护人履行监护职责，应当最大程度地尊重被监护人的真实意愿，保障并协助被监护人实施与其智力、精神健康状况相适应的民事法律行为。对被监护人有能力独立处理的事务，监护人不得干涉。

16. ABC，解析：《民法典》第 36 条第 1 款规定："监护人有下列情形之一的，人民法院根据有关个人或者组织的申请，撤销其监护人资格，安排必要的临时监护措施，并按照最有利于被监护人的原则依法指定监护人：（一）实施严重损害被监护人身心健康的行为；（二）怠于履行监护职责，或者无法履行监护职责并且拒绝将监护职责部分或者全部委托给他人，导致被监护人处于危困状态；（三）实施严重侵害被监护人合法权益的其他行为。"

17. ABCD，解析：《民法典》第 39 条规定："有下列情形之一的，监护关系终止：（一）被监护人取得或者恢复完全民事行为能力；（二）监护人丧失监护能力；（三）被监护人或者监护人死亡；（四）人民法院认定监护关系终止的其他情形。监护关系终止后，被监护人仍然需要监护的，应当依法另行确定监护人。"

18. CD，解析：根据《民法典》第 41 条规定，自然人下落不明的时间自其失去音讯之日起计算。战争期间下落不明的，下落不明的时间自战争结束之日或者有关机关确定的下落不明之日起计算。

19. ABCD，解析：《民法典》第 42 条规定："失踪人的财产由其配偶、成年子女、父母或者其他愿意担任财产代管人的人代管。代管有争议，没有前款规定的人，或者前款规定的人无代管能力的，由人民法院指定的人代管。"

20. BC，解析：根据《民法典》第 43 条第 3 款规定，财产代管人因故意或者重大过失造成失踪人财产损失的，应当承担赔偿责任。

21. BCD，解析：根据《民法典》第 44 条第 1 款规定，财产代管人不履行代管职责、侵害失踪人财产权益或者丧失代管能力的，失踪人的利害关系人可以向人民法院申请变更财产代管人。

22. CD，解析：根据《民法典》第 45 条规定，失踪人重新出现，经本人或者利害关系人申请，人民法院应当撤销失踪宣告。失踪人重新出现，有权请求财产代管人及时移交有关财产并报告财产代管情况。

23. CD，解析：根据《民法典》第 50 条规定，被宣告死亡的人重新出现，经本人或者利害关系人申请，人民法院应当撤销死亡宣告。

24. AD，解析：根据《民法典》第 54 条规定，自然人从事工商业经营，经依法登记，为个体工商户。个体工商户可以起字号。根据《民法典》第 56 条第 1 款规定，个体工商户的债务，个人经营的，以个人财产承担；家庭经营的，以家庭财产承担；无法区分的，以家庭财产承担。

25. ACD，解析：根据《民法典》第 55 条规定，农村集体经济组织的成员，依法取得农村土地承包经营权，从事家庭承包经营的，为农村承包经营户。根据《民法典》第 56 条第 2 款规定，农村承包经营户的债务，以从事农村土地承包经营的农户财产承担；事实上由农户部分成员经营的，以该部分成员的财产承担。

四、填空题

1. 出生时；死亡时；民事权利能力；民事权利；民事义务。(《民法典》第 13 条)

2. 出生证明；户籍登记；其他有效身份登记。（《民法典》第 15 条）
3. 遗产继承；接受赠与；自始不存在。（《民法典》第 16 条）
4. 完全民事行为能力人；16；未成年人；劳动收入；视为。（《民法典》第 18 条）
5. 限制民事行为能力人；代理；同意；追认；纯获利益；年龄、智力相适应。（《民法典》第 19 条）
6. 辨认；法定代理人。（《民法典》第 21 条）
7. 监护人。（《民法典》第 23 条）
8. 本人；利害关系人；智力；精神健康。（《民法典》第 24 条第 2 款）
9. 户籍登记；其他有效身份登记记载的居所；经常居所。（《民法典》第 25 条）
10. 未成年；抚养；教育；成年子女；赡养；扶助。（《民法典》第 26 条）
11. 监护；协议；真实意愿。（《民法典》第 30 条）
12. 依法；民政部门；住所地；居民委员会；村民委员会。（《民法典》第 32 条）
13. 依法；法律。（《民法典》第 34 条第 2 款）
14. 不履行监护职责；侵害被监护人合法权益。（《民法典》第 34 条第 3 款）
15. 最有利于被监护人；不得。（《民法典》第 35 条第 1 款）
16. 人民法院；应当继续。（《民法典》第 37 条）
17. 取得；恢复。（《民法典》第 39 条）
18. 失去音讯；战争结束；有关机关确定的下落不明。（《民法典》第 41 条）
19. 管理。（《民法典》第 43 条第 1 款）
20. 税款；债务。（《民法典》第 43 条第 2 款）
21. 故意；重大过失。（《民法典》第 43 条第 3 款）
22. 本人；利害关系人；撤销。（《民法典》第 45 条第 1 款）
23. 及时移交；报告。（《民法典》第 45 条第 2 款）
24. 4 年；2 年。（《民法典》第 46 条第 1 款）

25. 宣告死亡。(《民法典》第 47 条)
26. 判决作出之日；意外事件发生之日。(《民法典》第 48 条)
27. 返还财产；适当补偿。(《民法典》第 53 条第 1 款)
28. 工商业；登记；可以。(《民法典》第 54 条)
29. 农村土地承包经营权。(《民法典》第 55 条)
30. 个人财产；家庭财产；家庭财产。(《民法典》第 56 条第 1 款)
31. 农村土地承包经营的农户财产；该部分成员的财产。(《民法典》第 56 条第 2 款)

五、简答题

1. 答：根据《民法典》第 36 条第 1 款规定，监护人有下列情形之一的，人民法院根据有关个人或者组织的申请，撤销其监护人资格，安排必要的临时监护措施，并按照最有利于被监护人的原则依法指定监护人：(1) 实施严重损害被监护人身心健康的行为；(2) 怠于履行监护职责，或者无法履行监护职责且拒绝将监护职责部分或者全部委托给他人，导致被监护人处于危困状态；(3) 实施严重侵害被监护人合法权益的其他行为。
2. 答：根据《民法典》第 39 条第 1 款规定，有下列情形之一的，监护关系终止：(1) 被监护人取得或者恢复完全民事行为能力；(2) 监护人丧失监护能力；(3) 被监护人或者监护人死亡；(4) 人民法院认定监护关系终止的其他情形。
3. 答：根据《民法典》第 46 条第 1 款规定，自然人有下列情形之一的，利害关系人可以向人民法院申请宣告该自然人死亡：(1) 下落不明满 4 年；(2) 因意外事件，下落不明满 2 年。因意外事件下落不明，经有关机关证明该自然人不可能生存的，申请宣告死亡不受 2 年时间的限制。

第三章　法　人

一、判断题

1. 法人是具有民事权利能力和民事行为能力，依法独立享有民事权利和承担民事义务的组织。(　　)
2. 法人的民事权利能力和民事行为能力，从法人成立时产生，到法人清算时消灭。(　　)
3. 法人承担民事责任后，依照法律或者法人章程的规定，可以向法定代表人追偿。(　　)
4. 法人存续期间登记事项发生变化的，应当依法向登记机关申请变更登记。(　　)
5. 法人的实际情况与登记的事项不一致的，不得对抗相对人。(　　)
6. 法人合并的，其债务仍由合并前的法人承担。(　　)
7. 法人依法被吊销营业执照、登记证书，被责令关闭或者被撤销的，法人解散。(　　)
8. 清算结束并完成法人注销登记时，法人终止。(　　)
9. 法律、行政法规、规章规定法人分支机构应当登记的，依照其规定。(　　)
10. 设立人为设立法人以自己的名义从事民事活动产生的民事责任，第三人有权选择请求法人或者设立人承担。(　　)
11. 以取得利润并分配给股东等出资人为目的成立的法人，为营利法人。(　　)
12. 营利法人经依法批准成立。(　　)
13. 营利法人可以不设权力机构。(　　)
14. 营利法人应当设监事会或者监事等监督机构。(　　)

15. 营利法人的出资人不得滥用出资人权利损害法人或者其他出资人的利益。滥用出资人权利造成法人或者其他出资人损失的，应当依法承担民事责任。(　　)
16. 营利法人从事经营活动，应当遵守商业道德，维护交易安全，接受政府和社会的监督，承担社会责任。(　　)
17. 为公益目的或者其他非营利目的成立，不向出资人、设立人或者会员分配所取得利润的法人，为非营利法人。(　　)
18. 具备法人条件，为适应经济社会发展需要，提供公益服务设立的事业单位，经依法登记成立，取得事业单位法人资格；依法不需要办理法人登记的，从成立之日起，具有事业单位法人资格。(　　)
19. 社会团体法人应当设理事会等权力机构。(　　)
20. 为公益目的成立的非营利法人终止时，可以向出资人、设立人或者会员分配剩余财产。(　　)
21. 事业单位法人属于特别法人。(　　)
22. 机关法人被撤销的，法人终止，其民事权利和义务由继任的机关法人享有和承担；没有继任的机关法人的，由上一级机关法人享有和承担。(　　)
23. 未设立村集体经济组织的，村民大会可以依法代行村集体经济组织的职能。(　　)

二、单项选择题

1. 设立法人，法律、行政法规规定须经有关机关(　　)的，依照其规定。

A. 批准　　B. 特许
C. 登记　　D. 核准

2. 法人以其全部财产独立承担(　　)责任。

A. 民事　　B. 行政
C. 刑事　　D. 赔偿

3. 依照法律或者法人章程的规定，代表法人从事民事活动的负责人，为法人的(　　)。

A. 委托代理人　　B. 法定代理人

C. 委托代表人　　D. 法定代表人

4. 法人以其(　　)为住所。

A. 法定代表人住所地　　B. 主要办事机构所在地

C. 法定代表人经常居住地　　D. 办事机构所在地

5. 法人分立的，其债权由分立后的法人享有(　　)，但是债权人和债务人另有约定的除外。

A. 全部债权　　B. 连带债权

C. 部分债权　　D. 按份债权

6. 清算义务人未及时履行清算义务，造成损害的，应当承担(　　)责任。

A. 赔偿　　B. 民事

C. 刑事　　D. 行政

7. 利害关系人可以申请(　　)指定有关人员组成清算组进行清算。

A. 商务部门　　B. 市场监管部门

C. 人民检察院　　D. 人民法院

8. 营利法人经依法(　　)成立。

A. 特许　　B. 登记

C. 批准　　D. 核准

9. 营利法人的成立日期是：(　　)

A. 法人章程确定的日期　　B. 法人权力机构确定的日期

C. 登记机关确定的日期　　D. 营业执照签发日期

10. 未设董事会或者执行董事的，(　　)为其执行机构和法定代表人。

A. 董事长　　B. 执行董事

C. 经理　　D. 法人章程规定的主要负责人

11. 滥用法人独立地位和出资人有限责任，逃避债务，严重损害法人债权人的利益的，应当对法人债务承担(　　)责任。

A. 连带　　B. 刑事

C. 按份　　D. 行政

12. 营利法人的控股出资人利用关联关系造成法人损失的，应当承担(　　)责任。

A. 民事　　B. 行政

C. 刑事　　D. 赔偿

13. 营利法人的权力机构作出的决议内容违反法人章程的，(　　)可以请求人民法院撤销该决议。

A. 营利法人的出资人　　B. 营利法人的董事

C. 营利法人的实际控制人　　D. 营利法人的监事

14. 为公益目的或者其他非营利目的成立，不向出资人、设立人或者会员分配所取得利润的法人，为(　　)。

A. 社会法人　　B. 营利法人

C. 特别法人　　D. 非营利法人

15. 事业单位法人的法定代表人依照(　　)的规定产生。

A. 法律

B. 法律、行政法规

C. 法人章程

D. 法律、行政法规或者法人章程

16. 社会团体法人应当设理事会等执行机构。理事长按照(　　)的规定担任法定代表人。

A. 法律　　B. 法律、行政法规

C. 法人章程　　D. 法律、行政法规或者法人章程

17. 下列关于捐助法人的说法错误的是：(　　)

A. 设立捐助法人应当依法制定法人章程

B. 捐助法人应当设理事会、民主管理组织等决策机构

C. 捐助法人可以不设执行机构

D. 捐助法人应当设监事会等监督机构

18. 下列不是特别法人的是：(　　)

A. 农村集体经济组织法人

B. 社会服务机构法人

C. 基层群众性自治组织法人

D. 机关法人

19. 机关法人被撤销的，法人终止，其民事权利和义务由继任的机关法人享有和承担；没有继任的机关法人的，由(　　)机关法人享有和承担。

A. 上一级

B. 作出撤销决定的上级

C. 作出撤销决定的

D. 作出撤销决定的上一级

20. 未设立村集体经济组织的，(　　)可以依法代行村集体经济组织的职能。

A. 村民委员会

B. 村民代表会议

C. 村民会议

D. 村民小组会议

三、多项选择题

1. 法人应当依法成立。法人应当有自己的(　　)。

A. 名称

B. 组织机构

C. 住所

D. 财产或者经费

2. 下列关于民事权利能力和民事行为能力的说法错误的是：(　　)

A. 法人的民事权利能力和民事行为能力，从法人成立时产生，到法人清算时消灭

B. 法人的民事权利能力和民事行为能力，从法人成立时产生，到法人终止时消灭

C. 自然人从出生时起到死亡时止，具有民事权利能力和民事行为能力

D. 自然人从胎儿时起到死亡时止，具有民事权利能力和民事行为能力

3. 下列关于法人登记的说法正确的是：(　　)

A. 法人的实际情况与登记的事项不一致的，不得对抗善意相对人

B. 法人的实际情况与登记的事项不一致的，可以对抗善意相对人

C. 法人存续期间登记事项发生变化的，应当向登记机关申请变更登记

D. 法人存续期间登记事项发生变化的，可以向登记机关申请变更登记

4. 下列关于法人合并或者分立后，其权利的享有的说法正确的是：(　　)

A. 法人合并的，其权利仍由合并前的法人享有

B. 法人合并的，其权利由合并后的法人享有

C. 法人分立的，其权利由分立后的法人享有连带债权

D. 法人分立的，其权利由分立前的法人享有债权

5. 法人的董事、理事等(　　)的成员为清算义务人。法律、行政法规另有规定的，依照其规定。

A. 执行机构　　B. 监督机构

C. 决策机构　　D. 管理机构

6. 法人清算后的剩余财产，依照(　　)处理。法律另有规定的，依照其规定。

A. 法律规定

B. 人民法院的决定

C. 法人章程的规定

D. 法人权力机构的决议

7. 下列关于法人终止的说法正确的是：(　　)

A. 清算结束并完成法人注销登记时，法人终止

B. 依法不需要办理法人登记的，清算结束时，法人终止

C. 法人被宣告破产的，依法进行破产清算并完成法人注销登记时，法人终止

D. 法人终止，法律、行政法规规定须经有关机关批准的，依照其规定

8. 下列关于法人设立行为的法律后果的说法正确的是：（　　）

A. 设立人为设立法人从事的民事活动，其法律后果由法人承受

B. 法人未成立的，其法律后果由设立人承受

C. 设立人为二人以上的，享有连带债权，承担连带债务

D. 设立人为设立法人以自己的名义从事民事活动产生的民事责任，第三人有权请求法人承担

9. 下列关于营利法人的说法正确的是：（　　）

A. 依法设立的营利法人，由登记机关发给营利法人营业执照

B. 营业执照签发日期为营利法人的成立日期

C. 设立营利法人应当依法制定法人章程

D. 营利法人经依法登记成立

10. 营利法人应当设权力机构。权力机构行使的职权有：（　　）

A. 修改法人章程

B. 选举执行机构成员

C. 选举监督机构成员

D. 更换执行机构、监督机构成员

11. 营利法人应当设执行机构。执行机构行使的职权有：（　　）

A. 召集权力机构会议

B. 决定法人的经营计划

C. 决定法人的投资方案

D. 决定法人内部管理机构的设置

12. 营利法人执行机构为董事会或者执行董事的，按照法人章程的规定可以担任法定代表人的有：（　　）

A. 董事长　　B. 执行董事

C. 经理　　D. 监事

13. 营利法人设监事会或者监事等监督机构的，监督机构依法行使的职权有：(　　)

A. 监督管理人员执行法人职务的行为

B. 监督执行机构成员执行法人职务的行为

C. 监督高级管理人员执行法人职务的行为

D. 检查法人财务

14. 下列关于出资人滥用权利的责任承担的说法正确的是：(　　)

A. 营利法人的出资人不得滥用出资人权利损害法人的利益

B. 滥用出资人权利造成法人损失的，应当依法承担民事责任

C. 营利法人的出资人不得滥用法人独立地位和出资人有限责任损害法人债权人的利益

D. 滥用法人独立地位和出资人有限责任，逃避债务，严重损害法人债权人的利益的，应当对法人债务承担连带责任

15. 下列机构属于非营利法人的是：(　　)

A. 基金会　　B. 事业单位

C. 社会团体　　D. 社会服务机构

16. 下列关于社会团体法人的说法正确的是：(　　)

A. 设立社会团体法人应当依法制定法人章程

B. 社会团体法人应当设会员大会等权力机构

C. 社会团体法人应当设理事会等权力机构

D. 依法不需要办理法人登记的，从成立之日起，具有社会团体法人资格

17. 具备法人条件，为公益目的以捐助财产设立的(　　)等，经依法登记成立，取得捐助法人资格。

A. 社会团体　　B. 基金会

C. 事业单位　　D. 社会服务机构

18. 为公益目的成立的非营利法人终止时，其剩余财产如何处理？(　　)

A. 不得向出资人、设立人或者会员分配

B. 可以向出资人、设立人或者会员分配

C. 应当按照法人章程的规定或者权力机构的决议用于公益目的

D. 无法按照法人章程的规定或者权力机构的决议处理的，由主管机关主持转给宗旨相同或者相近的法人，并向社会公告

19. 特别法人包括：（　　）

A. 农村集体经济组织法人

B. 城镇农村的合作经济组织法人

C. 基层群众性自治组织法人

D. 机关法人

20. 下列关于特别法人的说法正确的是：（　　）

A. 有独立经费的机关和承担行政职能的法定机构从成立之日起，具有机关法人资格

B. 农村集体经济组织依法取得法人资格

C. 城镇农村的合作经济组织依法取得法人资格

D. 居民委员会、村民委员会具有基层群众性自治组织法人资格，可以从事为履行职能所需要的民事活动

四、填空题

1. 法人是具有______和______，依法独立享有______和承担______的组织。

2. 法人应当依法成立。法人应当有自己的______、______、______、______或者______。

3. 法人的民事权利能力和民事行为能力，从______时产生，到______时消灭。

4. 法人章程或者法人权力机构对法定代表人代表权的限制，______对抗______相对人。

5. 法人承担民事责任后，依照______或者______的规定，______向有过错的法定代表人______。

6. 法人以其______为住所。依法需要办理法人登记的，应当将______登记为住所。

7. 法人的实际情况与登记的事项______的，______对抗善意相对人。

8. 登记机关应当依法及时______法人登记的有关信息。

9. 法人的清算程序和清算组职权，依照有关法律的规定；没有规定的，参照适用______的有关规定。

10. 清算结束并完成______时，法人终止；依法______办理法人登记的，清算结束时，法人终止。

11. 法人被宣告破产的，依法进行______并完成______时，法人终止。

12. 设立人为设立法人从事的民事活动，其法律后果由______承受；法人未成立的，其法律后果由______承受，设立人为______以上的，享有连带债权，承担连带债务。

13. 以______并______为目的成立的法人，为营利法人。营利法人包括______、______和其他企业法人等。

14. 营利法人经依法______成立。

15. 依法设立的营利法人，由______发给营利法人营业执照。______为营利法人的成立日期。

16. 营利法人的出资人滥用______和______，逃避债务，严重损害______的利益的，应当对法人债务承担______责任。

17. 营利法人的______、______、董事、监事、高级管理人员不得利用其______损害法人的利益；利用关联关系造成法人损失的，应当承担______责任。

18. 营利法人从事经营活动，应当遵守______，维护______，接受______的监督，承担______责任。

19. 为______或者其他______成立，不向出资人、设立人或者会员______所取得利润的法人，为非营利法人。非营利法人包括______等。

20. 事业单位法人设理事会的，除______另有规定外，理事会为其______。事业单位法人的法定代表人依照______的规定产生。

21. 具备______，基于______，为______或者会员共同利益等非营利目的设立的社会团体，经依法______成立，取得社会团体法人资格；依法不需要办理法人登记的，从______之日起，具有社会团体法人资格。
22. 社会团体法人应当设理事会等______。理事长或者会长等负责人按照法人章程的规定担任______。
23. 具备______条件，为公益目的以______设立的基金会、社会服务机构等，经依法______成立，取得捐助法人资格。
24. 依法设立的______活动场所，具备______条件的，______申请法人登记，取得捐助法人资格。法律、行政法规对宗教活动场所有规定的，依照其规定。
25. 捐助法人应当设理事会、民主管理组织等______机构，并设______机构。理事长等负责人按照法人章程的规定担任______。
26. 捐助人有权向捐助法人查询捐助财产的______情况，并提出______，捐助法人应当______答复。
27. 特别法人包括______、______、______、______。
28. 机关法人被撤销的，法人终止，其民事权利和义务由______的机关法人享有和承担；没有继任的机关法人的，由______的机关法人享有和承担。

五、简答题

简述法人解散的情形。

参考答案

一、判断题

1. √，解析：根据《民法典》第 57 条规定。
2. ×，解析：根据《民法典》第 59 条规定，法人的民事权利能力和民事行为能力，从法人成立时产生，到法人终止时消灭。

3. ×，解析：根据《民法典》第 62 条第 2 款规定，法人承担民事责任后，依照法律或者法人章程的规定，可以向有过错的法定代表人追偿。
4. √，解析：根据《民法典》第 64 条规定。
5. ×，解析：根据《民法典》第 65 条规定，法人的实际情况与登记的事项不一致的，不得对抗善意相对人。
6. ×，解析：根据《民法典》第 67 条第 1 款规定，法人合并的，其权利和义务由合并后的法人享有和承担。
7. √，解析：根据《民法典》第 69 条规定。
8. √，解析：根据《民法典》第 72 条规定。
9. ×，解析：根据《民法典》第 74 条第 1 款规定，法人可以依法设立分支机构。法律、行政法规规定分支机构应当登记的，依照其规定。
10. √，解析：根据《民法典》第 75 条第 2 款规定。
11. √，解析：根据《民法典》第 76 条第 1 款规定。
12. ×，解析：根据《民法典》第 77 条规定，营利法人经依法登记成立。
13. ×，解析：根据《民法典》第 80 条第 1 款规定，营利法人应当设权力机构。
14. ×，解析：根据《民法典》第 82 条规定，营利法人设监事会或者监事等监督机构的，监督机构依法行使检查法人财务，监督执行机构成员、高级管理人员执行法人职务的行为，以及法人章程规定的其他职权。
15. √，解析：根据《民法典》第 83 条第 1 款规定。
16. √，解析：根据《民法典》第 86 条规定。
17. √，解析：根据《民法典》第 87 条第 1 款规定。
18. √，解析：根据《民法典》第 88 条规定。
19. ×，解析：根据《民法典》第 91 条第 3 款规定，社会团体法人应当设理事会等执行机构。理事长或者会长等负责人按照法人章程的规定担任法定代表人。

20. ×，解析：根据《民法典》第 95 条规定，为公益目的成立的非营利法人终止时，不得向出资人、设立人或者会员分配剩余财产。剩余财产应当按照法人章程的规定或者权力机构的决议用于公益目的；无法按照法人章程的规定或者权力机构的决议处理的，由主管机关主持转给宗旨相同或者相近的法人，并向社会公告。
21. ×，解析：根据《民法典》第 96 条规定，本节规定的机关法人、农村集体经济组织法人、城镇农村的合作经济组织法人、基层群众性自治组织法人，为特别法人。
22. ×，解析：根据《民法典》第 98 条规定，机关法人被撤销的，法人终止，其民事权利和义务由继任的机关法人享有和承担；没有继任的机关法人的，由作出撤销决定的机关法人享有和承担。
23. ×，解析：根据《民法典》第 101 条规定，居民委员会、村民委员会具有基层群众性自治组织法人资格，可以从事为履行职能所需要的民事活动。未设立村集体经济组织的，村民委员会可以依法代行村集体经济组织的职能。

二、单项选择题

1. A，解析：根据《民法典》第 58 条第 3 款规定，设立法人，法律、行政法规规定须经有关机关批准的，依照其规定。
2. A，解析：根据《民法典》第 60 条规定，法人以其全部财产独立承担民事责任。
3. D，解析：根据《民法典》第 61 条第 1 款规定，依照法律或者法人章程的规定，代表法人从事民事活动的负责人，为法人的法定代表人。
4. B，解析：根据《民法典》第 63 条规定，法人以其主要办事机构所在地为住所。依法需要办理法人登记的，应当将主要办事机构所在地登记为住所。
5. B，解析：根据《民法典》第 67 条第 2 款规定，法人分立的，其权利和义务由分立后的法人享有连带债权，承担连带债务，但是债权人和债务人另有约定的除外。

6. B，解析：根据《民法典》第 70 条第 3 款规定，清算义务人未及时履行清算义务，造成损害的，应当承担民事责任；主管机关或者利害关系人可以申请人民法院指定有关人员组成清算组进行清算。
7. D，解析：根据《民法典》第 70 条第 3 款规定，清算义务人未及时履行清算义务，造成损害的，应当承担民事责任；主管机关或者利害关系人可以申请人民法院指定有关人员组成清算组进行清算。
8. B，解析：根据《民法典》第 77 条规定，营利法人经依法登记成立。
9. D，解析：根据《民法典》第 78 条规定，依法设立的营利法人，由登记机关发给营利法人营业执照。营业执照签发日期为营利法人的成立日期。
10. D，解析：根据《民法典》第 81 条第 3 款规定，执行机构为董事会或者执行董事的，董事长、执行董事或者经理按照法人章程的规定担任法定代表人；未设董事会或者执行董事的，法人章程规定的主要负责人为其执行机构和法定代表人。
11. A，解析：根据《民法典》第 83 条第 2 款规定，营利法人的出资人不得滥用法人独立地位和出资人有限责任损害法人债权人的利益；滥用法人独立地位和出资人有限责任，逃避债务，严重损害法人债权人的利益的，应当对法人债务承担连带责任。
12. D，解析：根据《民法典》第 84 条规定，营利法人的控股出资人、实际控制人、董事、监事、高级管理人员不得利用其关联关系损害法人的利益；利用关联关系造成法人损失的，应当承担赔偿责任。
13. A，解析：根据《民法典》第 85 条规定，营利法人的权力机构、执行机构作出决议的会议召集程序、表决方式违反法律、行政法规、法人章程，或者决议内容违反法人章程的，营利法人的出资人可以请求人民法院撤销该决议。但是，营利法人依据该决议与善意相对人形成的民事法律关系不受影响。
14. D，解析：根据《民法典》第 87 条规定，为公益目的或者其他非营利目的成立，不向出资人、设立人或者会员分配所取得利润的法人，为非营利法人。非营利法人包括事业单位、社会团体、基金会、社会服务机构等。

15. D，解析：根据《民法典》第 89 条规定，事业单位法人设理事会的，除法律另有规定外，理事会为其决策机构。事业单位法人的法定代表人依照法律、行政法规或者法人章程的规定产生。

16. C，解析：根据《民法典》第 91 条第 3 款规定，社会团体法人应当设理事会等执行机构。理事长或者会长等负责人按照法人章程的规定担任法定代表人。

17. C，解析：根据《民法典》第 93 条规定，设立捐助法人应当依法制定法人章程。捐助法人应当设理事会、民主管理组织等决策机构，并设执行机构。理事长等负责人按照法人章程的规定担任法定代表人。捐助法人应当设监事会等监督机构。

18. B，解析：根据《民法典》第 96 条规定，本节规定的机关法人、农村集体经济组织法人、城镇农村的合作经济组织法人、基层群众性自治组织法人，为特别法人。

19. C，解析：根据《民法典》第 98 条规定，机关法人被撤销的，法人终止，其民事权利和义务由继任的机关法人享有和承担；没有继任的机关法人的，由作出撤销决定的机关法人享有和承担。

20. A，解析：根据《民法典》第 101 条规定，居民委员会、村民委员会具有基层群众性自治组织法人资格，可以从事为履行职能所需要的民事活动。未设立村集体经济组织的，村民委员会可以依法代行村集体经济组织的职能。

三、多项选择题

1. ABCD，解析：根据《民法典》第 58 条第 1、2 款规定，法人应当依法成立。法人应当有自己的名称、组织机构、住所、财产或者经费。

2. ACD，解析：根据《民法典》第 13 条规定，自然人从出生时起到死亡时止，具有民事权利能力，依法享有民事权利，承担民事义务。根据《民法典》第 59 条规定，法人的民事权利能力和民事行为能力，从法人成立时产生，到法人终止时消灭。

3. AC，解析：根据《民法典》第 64 条规定，法人存续期间登记事项发生变化的，应当依法向登记机关申请变更登记。根据《民法典》第 65 条规定，法人的实际情况与登记的事项不一致的，不得对抗善意相对人。
4. BC，解析：根据《民法典》第 67 条规定，法人合并的，其权利和义务由合并后的法人享有和承担。法人分立的，其权利和义务由分立后的法人享有连带债权，承担连带债务，但是债权人和债务人另有约定的除外。
5. AC，解析：根据《民法典》第 70 条第 2 款规定，法人的董事、理事等执行机构或者决策机构的成员为清算义务人。法律、行政法规另有规定的，依照其规定。
6. CD，解析：根据《民法典》第 72 条第 2 款规定，法人清算后的剩余财产，按照法人章程的规定或者法人权力机构的决议处理。法律另有规定的，依照其规定。
7. ABCD，解析：根据《民法典》第 68 条第 2 款规定，法人终止，法律、行政法规规定须经有关机关批准的，依照其规定。根据《民法典》第 72 条第 3 款规定，清算结束并完成法人注销登记时，法人终止；依法不需要办理法人登记的，清算结束时，法人终止。根据《民法典》第 73 条规定，法人被宣告破产的，依法进行破产清算并完成法人注销登记时，法人终止。
8. ABCD，解析：根据《民法典》第 75 条规定，设立人为设立法人从事的民事活动，其法律后果由法人承受；法人未成立的，其法律后果由设立人承受，设立人为二人以上的，享有连带债权，承担连带债务。设立人为设立法人以自己的名义从事民事活动产生的民事责任，第三人有权选择请求法人或者设立人承担。
9. ABCD，解析：根据《民法典》第 77 条规定，营利法人经依法登记成立。根据《民法典》第 78 条规定，依法设立的营利法人，由登记机关发给营利法人营业执照。营业执照签发日期为营利法人的成立日期。根据《民法典》第79条规定，设立营利法人应当依法制定法人章程。

10. ABCD，解析：根据《民法典》第80条规定，营利法人应当设权力机构。权力机构行使修改法人章程，选举或者更换执行机构、监督机构成员，以及法人章程规定的其他职权。

11. ABCD，解析：根据《民法典》第81条规定，营利法人应当设执行机构。执行机构行使召集权力机构会议，决定法人的经营计划和投资方案，决定法人内部管理机构的设置，以及法人章程规定的其他职权。执行机构为董事会或者执行董事的，董事长、执行董事或者经理按照法人章程的规定担任法定代表人；未设董事会或者执行董事的，法人章程规定的主要负责人为其执行机构和法定代表人。

12. ABC，解析：根据《民法典》第81条第3款规定，执行机构为董事会或者执行董事的，董事长、执行董事或者经理按照法人章程的规定担任法定代表人；未设董事会或者执行董事的，法人章程规定的主要负责人为其执行机构和法定代表人。

13. BCD，解析：根据《民法典》第82条规定，营利法人设监事会或者监事等监督机构的，监督机构依法行使检查法人财务，监督执行机构成员、高级管理人员执行法人职务的行为，以及法人章程规定的其他职权。

14. ABCD，解析：根据《民法典》第83条规定，营利法人的出资人不得滥用出资人权利损害法人或者其他出资人的利益；滥用出资人权利造成法人或者其他出资人损失的，应当依法承担民事责任。营利法人的出资人不得滥用法人独立地位和出资人有限责任损害法人债权人的利益；滥用法人独立地位和出资人有限责任，逃避债务，严重损害法人债权人的利益的，应当对法人债务承担连带责任。

15. ABCD，解析：根据《民法典》第87条规定，为公益目的或者其他非营利目的成立，不向出资人、设立人或者会员分配所取得利润的法人，为非营利法人。非营利法人包括事业单位、社会团体、基金会、社会服务机构等。

16. ABD，解析：根据《民法典》第90条规定，具备法人条件，基于会员共同意愿，为公益目的或者会员共同利益等非营利目的设立的社会团体，经依法登记成立，取得社会团体法人资格；依法不需要办理法人登记的，从成立之日起，具有社会团体法人资格。根据《民法典》第91条规定，设立社会团体法人应当依法制定法人章程。社会团体法人应当设会员大会或者会员代表大会等权力机构。社会团体法人应当设理事会等执行机构。理事长或者会长等负责人按照法人章程的规定担任法定代表人。

17. BD，解析：根据《民法典》第92条第1款规定，具备法人条件，为公益目的以捐助财产设立的基金会、社会服务机构等，经依法登记成立，取得捐助法人资格。

18. ACD，解析：根据《民法典》第95条规定，为公益目的成立的非营利法人终止时，不得向出资人、设立人或者会员分配剩余财产。剩余财产应当按照法人章程的规定或者权力机构的决议用于公益目的；无法按照法人章程的规定或者权力机构的决议处理的，由主管机关主持转给宗旨相同或者相近的法人，并向社会公告。

19. ABCD，解析：根据《民法典》第96条规定，本节规定的机关法人、农村集体经济组织法人、城镇农村的合作经济组织法人、基层群众性自治组织法人，为特别法人。

20. ABCD，解析：根据《民法典》第97条规定，有独立经费的机关和承担行政职能的法定机构从成立之日起，具有机关法人资格，可以从事为履行职能所需要的民事活动。根据《民法典》第99条规定，农村集体经济组织依法取得法人资格。法律、行政法规对农村集体经济组织有规定的，依照其规定。根据《民法典》第100条规定，城镇农村的合作经济组织依法取得法人资格。法律、行政法规对城镇农村的合作经济组织有规定的，依照其规定。根据《民法典》第

101 条规定，居民委员会、村民委员会具有基层群众性自治组织法人资格，可以从事为履行职能所需要的民事活动。未设立村集体经济组织的，村民委员会可以依法代行村集体经济组织的职能。

四、填空题

1. 民事权利能力；民事行为能力；民事权利；民事义务。（《民法典》第 57 条）
2. 名称；组织机构；住所；财产；经费。（《民法典》第 58 条第 1、2 款）
3. 法人成立；法人终止。（《民法典》第 59 条）
4. 不得；善意。（《民法典》第 61 条第 3 款）
5. 法律；法人章程；可以；追偿。（《民法典》第 62 条第 2 款）
6. 主要办事机构所在地；主要办事机构所在地。（《民法典》第 63 条）
7. 不一致；不得。（《民法典》第 65 条）
8. 公示。（《民法典》第 66 条）
9. 公司法律。（《民法典》第 71 条）
10. 法人注销登记；不需要。（《民法典》第 72 条第 3 款）
11. 破产清算；法人注销登记。（《民法典》第 73 条）
12. 法人；设立人；二人。（《民法典》第 75 条第 1 款）
13. 取得利润；分配给股东等出资人；有限责任公司；股份有限公司。（《民法典》第 76 条）
14. 登记。（《民法典》第 77 条）
15. 登记机关；营业执照签发日期。（《民法典》第 78 条）
16. 法人独立地位；出资人有限责任；法人债权人；连带。（《民法典》第 83 条第 2 款）
17. 控股出资人；实际控制人；关联关系；赔偿。（《民法典》第 84 条）
18. 商业道德；交易安全；政府和社会；社会。（《民法典》第 86 条）
19. 公益目的；非营利目的；分配；事业单位、社会团体、基金会、社会服务机构。（《民法典》第 87 条）

20. 法律；决策机构；法律、行政法规或者法人章程。(《民法典》第89条)
21. 法人条件；会员共同意愿；公益目的；登记；成立。(《民法典》第90条)
22. 执行机构；法定代表人。(《民法典》第91条第3款)
23. 法人；捐助财产；登记。(《民法典》第92条第1款)
24. 宗教；法人；可以。(《民法典》第92条第2款)
25. 决策；执行；法定代表人。(《民法典》第93条第2款)
26. 使用、管理；意见和建议；及时、如实。(《民法典》第94条第1款)
27. 机关法人；农村集体经济组织法人；城镇农村的合作经济组织法人；基层群众性自治组织法人。(《民法典》第96条)
28. 继任；作出撤销决定。(《民法典》第98条)

五、简答题

答：根据《民法典》第69条规定，有下列情形之一的，法人解散：(1)法人章程规定的存续期间届满或者法人章程规定的其他解散事由出现；(2)法人的权力机构决议解散；(3)因法人合并或者分立需要解散；(4)法人依法被吊销营业执照、登记证书，被责令关闭或者被撤销；(5)法律规定的其他情形。

第四章　非法人组织

一、判断题

1. 非法人组织是不具有法人资格，但是能够依法以其他法人的名义从事民事活动的组织。(　　)
2. 非法人组织只能确定一人代表该组织从事民事活动。(　　)
3. 非法人组织的代表人决定解散的，非法人组织解散。(　　)
4. 非法人组织除适用本章规定外，参照适用《民法典》总则编法人章一般规定。(　　)

二、单项选择题

1. 非法人组织的财产不足以清偿债务的，其出资人或者设立人承担(　　)责任。法律另有规定的，依照其规定。

   A. 有限　　B. 连带

   C. 无限　　D. 按份

2. 非法人组织解散的情形不包括：(　　)

   A. 非法人组织的代表人决定解散的

   B. 章程规定的存续期间届满

   C. 章程规定的其他解散事由出现

   D. 出资人或者设立人决定解散

三、多项选择题

1. 非法人组织包括：(　　)

   A. 个人独资企业　　B. 专业服务机构

   C. 合伙企业　　D. 不具有法人资格的专业服务机构

2. 下列关于非法人组织解散的说法正确的是：(　　)

A. 非法人组织的权力机构决定解散的，非法人组织解散

B. 出资人或者设立人决定解散的，非法人组织解散

C. 非法人组织解散的，应当依法进行清算

D. 非法人组织解散的，可以不进行清算

四、填空题

1. 非法人组织是不具有______资格，但是能够依法以______的名义从事民事活动的组织。非法人组织包括______、______、______等。
2. 非法人组织应当依照法律的规定______。设立非法人组织，法律、行政法规规定须经有关机关______的，依照其规定。
3. 非法人组织解散的，应当依法进行______。

参考答案

一、判断题

1. ×，解析：根据《民法典》第 102 条规定，非法人组织是不具有法人资格，但是能够依法以自己的名义从事民事活动的组织。非法人组织包括个人独资企业、合伙企业、不具有法人资格的专业服务机构等。
2. ×，解析：根据《民法典》第 105 条规定，非法人组织可以确定一人或者数人代表该组织从事民事活动。
3. ×，解析：根据《民法典》第 106 条规定，有下列情形之一的，非法人组织解散：(1) 章程规定的存续期间届满或者章程规定的其他解散事由出现；(2) 出资人或者设立人决定解散；(3) 法律规定的其他情形。
4. √，解析：根据《民法典》第 108 条规定。

二、单项选择题

1. C，解析：根据《民法典》第 104 条规定，非法人组织的财产不足以清偿债务的，其出资人或者设立人承担无限责任。法律另有规定的，

依照其规定。

2. A，解析：根据《民法典》第 106 条规定，有下列情形之一的，非法人组织解散：（1）章程规定的存续期间届满或者章程规定的其他解散事由出现；（2）出资人或者设立人决定解散；（3）法律规定的其他情形。

三、多项选择题

1. ACD，解析：根据《民法典》第 102 条规定，非法人组织是不具有法人资格，但是能够依法以自己的名义从事民事活动的组织。非法人组织包括个人独资企业、合伙企业、不具有法人资格的专业服务机构等。

2. BC，解析：根据《民法典》第 106 条规定，有下列情形之一的，非法人组织解散：（1）章程规定的存续期间届满或者章程规定的其他解散事由出现；（2）出资人或者设立人决定解散；（3）法律规定的其他情形。根据《民法典》第 107 条规定，非法人组织解散的，应当依法进行清算。

四、填空题

1. 法人；自己；个人独资企业；合伙企业；不具有法人资格的专业服务机构。（《民法典》第 102 条）
2. 登记；批准。（《民法典》第 103 条）
3. 清算。（《民法典》第 107 条）

第五章　民事权利

一、判断题

1. 自然人因婚姻家庭关系等产生的人身权利受法律保护。(　　)
2. 民事主体的财产权利受法律平等保护。(　　)
3. 物包括不动产和动产。(　　)
4. 物权的种类和内容，由法律、行政法规规定。(　　)
5. 为了公共利益的需要，依照法律规定的权限和程序征收、征用不动产或者动产的，可以给予适当的补偿。(　　)
6. 依法成立的合同，对当事人具有法律约束力。(　　)
7. 民事权益受到侵害的，被侵权人有权请求侵权人承担侵权责任。(　　)
8. 民事主体依法享有继承权。(　　)
9. 民事主体享有法律规定的其他民事权利和利益。(　　)
10. 法律对数据、网络虚拟财产的保护有规定的，依照其规定。(　　)
11. 民事主体按照自己的意愿依法行使民事权利，不受干涉。(　　)

二、单项选择题

1. 法人、非法人组织享有的权利不包括：(　　)

A. 名称权　　B. 名誉权
C. 姓名权　　D. 荣誉权

2. 物权的种类和内容，由(　　)规定。

A. 宪法　　B. 行政法规
C. 法律　　D. 行政规章

3. 为了(　　)的需要，依照法律规定的权限和程序征收、征用不动产或者动产的，应当给予公平、合理的补偿。

A. 社会利益　　　　B. 集体利益

C. 公共利益　　　　D. 国家利益

4. 没有法定的或者约定的义务，为避免他人利益受损失而进行管理的人，有权请求受益人偿还由此支出的(　　)费用。

A. 部分　　　　B. 必要

C. 全部　　　　D. 适当

5. 因他人没有(　　)根据，取得不当利益，受损失的人有权请求其返还不当利益。

A. 事实　　　　B. 习惯

C. 现实　　　　D. 法律

6. 知识产权的权利人可以就下列哪项客体依法享有专有权利？(　　)

A. 水流　　　　B. 通用公式

C. 商业秘密　　　　D. 矿产资源

三、多项选择题

1. 自然人享有的权利包括：(　　)

A. 身体权　　　　B. 肖像权

C. 荣誉权　　　　D. 婚姻自主权

2. 任何组织或者个人需要获取他人个人信息的，应当依法取得并确保信息安全，不得非法(　　)他人个人信息，不得非法买卖、提供或者公开他人个人信息。

A. 收集　　　　B. 加工

C. 使用　　　　D. 传输

3. 物权包括：(　　)

A. 著作权　　　　B. 所有权

C. 用益物权　　　　D. 担保物权

4. 债权是因(　　)以及法律的其他规定，权利人请求特定义务人为或者不为一定行为的权利。

A. 侵权行为　　B. 合同
C. 无因管理　　D. 不当得利

5. 法律对(　　)等的民事权利保护有特别规定的，依照其规定。
A. 未成年人　　B. 残疾人
C. 老年人　　D. 妇女

6. 民事权利可以依据(　　)取得。
A. 民事法律行为　　B. 事实行为
C. 法律规定的事件　　D. 事件

四、填空题

1. 自然人的______、人格尊严受法律保护。
2. 自然人享有______、身体权、______、姓名权、______、名誉权、荣誉权、______、婚姻自主权等权利。法人、非法人组织享有______、名誉权和荣誉权。
3. 物权是权利人依法对特定的物享有直接______的权利，包括______、______和______。
4. 物包括______和______。法律规定权利作为物权客体的，依照其规定。
5. 为了______的需要，依照法律规定的权限和程序______、______不动产或者动产的，应当给予公平、合理的______。
6. 债权是因______、侵权行为、______、不当得利以及法律的其他规定，权利人请求特定义务人______一定行为的权利。
7. 没有______或者______义务，为避免他人利益受损失而进行______的人，有权请求受益人偿还由此支出的______费用。
8. 知识产权是权利人依法就下列客体享有的专有的权利：（1）作品；（2）______、实用新型、外观设计；（3）______；（4）地理标志；（5）商业秘密；（6）______；（7）植物新品种；（8）法律规定的其他客体。

9. 民事主体依法享有______和其他投资性权利。

10. 民事权利可以依据民事法律行为、______、______或者法律规定的其他方式取得。

11. 民事主体行使权利时，应当履行______的和______的义务。

12. 民事主体______滥用民事权利损害国家利益、______或者他人合法权益。

五、简答题

简述知识产权的客体。

参考答案

一、判断题

1. √，解析：根据《民法典》第 112 条规定。
2. √，解析：根据《民法典》第 113 条规定。
3. √，解析：根据《民法典》第 115 条规定。
4. ×，解析：根据《民法典》第 116 条规定，物权的种类和内容，由法律规定。
5. ×，解析：根据《民法典》第 117 条规定，为了公共利益的需要，依照法律规定的权限和程序征收、征用不动产或者动产的，应当给予公平、合理的补偿。
6. √，解析：根据《民法典》第 119 条规定。
7. √，解析：根据《民法典》第 120 条规定。
8. ×，解析：根据《民法典》第 124 条规定，自然人依法享有继承权。自然人合法的私有财产，可以依法继承。
9. √，解析：根据《民法典》第 126 条规定。
10. √，解析：根据《民法典》第 127 条规定。
11. √，解析：根据《民法典》第 130 条规定。

二、单项选择题

1. C，解析：根据《民法典》第 110 条规定，自然人享有生命权、身体权、健康权、姓名权、肖像权、名誉权、荣誉权、隐私权、婚姻自主权等权利。法人、非法人组织享有名称权、名誉权和荣誉权。
2. C，解析：根据《民法典》第 116 条规定，物权的种类和内容，由法律规定。
3. C，解析：根据《民法典》第 117 条规定，为了公共利益的需要，依照法律规定的权限和程序征收、征用不动产或者动产的，应当给予公平、合理的补偿。
4. B，解析：根据《民法典》第 121 条规定，没有法定的或者约定的义务，为避免他人利益受损失而进行管理的人，有权请求受益人偿还由此支出的必要费用。
5. D，解析：根据《民法典》第 122 条规定，因他人没有法律根据，取得不当利益，受损失的人有权请求其返还不当利益。
6. C，解析：根据《民法典》第 123 条规定，民事主体依法享有知识产权。知识产权是权利人依法就下列客体享有的专有的权利：（1）作品；（2）发明、实用新型、外观设计；（3）商标；（4）地理标志；（5）商业秘密；（6）集成电路布图设计；（7）植物新品种；（8）法律规定的其他客体。

三、多项选择题

1. ABCD，解析：根据《民法典》第 110 条规定，自然人享有生命权、身体权、健康权、姓名权、肖像权、名誉权、荣誉权、隐私权、婚姻自主权等权利。法人、非法人组织享有名称权、名誉权和荣誉权。
2. ABCD，解析：根据《民法典》第 111 条规定，自然人的个人信息受法律保护。任何组织或者个人需要获取他人个人信息的，应当依法取得并确保信息安全，不得非法收集、使用、加工、传输他人个人信息，不得非法买卖、提供或者公开他人个人信息。

3. BCD，解析：根据《民法典》第 114 条第 2 款规定，物权是权利人依法对特定的物享有直接支配和排他的权利，包括所有权、用益物权和担保物权。
4. ABCD，解析：根据《民法典》第 118 条第 2 款规定，债权是因合同、侵权行为、无因管理、不当得利以及法律的其他规定，权利人请求特定义务人为或者不为一定行为的权利。
5. ABCD，解析：根据《民法典》第 128 条规定，法律对未成年人、老年人、残疾人、妇女、消费者等的民事权利保护有特别规定的，依照其规定。
6. ABC，解析：根据《民法典》第 129 条规定，民事权利可以依据民事法律行为、事实行为、法律规定的事件或者法律规定的其他方式取得。

四、填空题

1. 人身自由。(《民法典》第 109 条)
2. 生命权；健康权；肖像权；隐私权；名称权。(《民法典》第 110 条)
3. 支配和排他；所有权；用益物权；担保物权。(《民法典》第 114 条第 2 款)
4. 不动产；动产。(《民法典》第 115 条)
5. 公共利益；征收；征用；补偿。(《民法典》第 117 条)
6. 合同；无因管理；为或者不为。(《民法典》第 118 条第 2 款)
7. 法定的；约定的；管理；必要。(《民法典》第 121 条)
8. 发明；商标；集成电路布图设计。(《民法典》第 123 条第 2 款)
9. 股权。(《民法典》第 125 条)
10. 事实行为；法律规定的事件。(《民法典》第 129 条)
11. 法律规定；当事人约定。(《民法典》第 131 条)
12. 不得；社会公共利益。(《民法典》第 132 条)

五、简答题

答：根据《民法典》第123条第2款规定，知识产权是权利人依法就下列客体享有的专有的权利：（1）作品；（2）发明、实用新型、外观设计；（3）商标；（4）地理标志；（5）商业秘密；（6）集成电路布图设计；（7）植物新品种；（8）法律规定的其他客体。

第六章　民事法律行为

一、判断题

1. 民事法律行为是民事主体通过法律规定设立、变更、终止民事法律关系的行为。(　　)
2. 民事法律行为可以采用书面形式、口头形式或者其他形式。(　　)
3. 无相对人的意思表示，表示完成时生效。(　　)
4. 行为人必须以明示方式作出意思表示。(　　)
5. 撤回意思表示的通知可以在意思表示到达相对人后到达相对人。(　　)
6. 限制行为能力人实施的民事法律行为一律无效。(　　)
7. 行为人与相对人以虚假的意思表示实施的民事法律行为无效。(　　)
8. 基于虚假的意思实施的民事法律行为，行为人有权请求人民法院或者仲裁机构予以撤销。(　　)
9. 一方利用对方处于危困状态、缺乏判断能力等情形，致使民事法律行为成立时显失公平的，受损害方有权请求人民法院或者仲裁机构予以撤销。(　　)
10. 违反法律、行政法规的强制性规定的民事法律行为一律无效。(　　)
11. 被撤销的民事法律行为自被撤销后没有法律约束力。(　　)
12. 民事法律行为部分无效导致整体无效。(　　)
13. 附条件的民事法律行为，当事人为自己的利益不正当地阻止条件成就的，视为条件已经成就；不正当地促成条件成就的，视为条件不成就。(　　)
14. 附生效期限的民事法律行为，自期限届至时生效。(　　)

二、单项选择题

1. 下列关于民事法律行为的说法错误的是：(　　)

A. 民事法律行为是民事主体通过意思表示设立、变更、终止民事法律关系的行为

B. 民事法律行为可以基于双方或者多方的意思表示一致成立

C. 民事法律行为不可以基于单方的意思表示成立

D. 法人依照章程规定的议事方式和表决程序作出决议的，该决议行为成立

2. 以(　　)方式作出的意思表示，相对人知道其内容时生效。

A. 书面　　B. 口头

C. 对话　　D. 公证

3. 有相对人的意思表示的解释，应当按照所使用的词句，结合相关条款、行为的性质和目的、习惯以及(　　)原则，确定意思表示的含义。

A. 公平　　B. 诚信

C. 平等　　D. 自愿

4. 下列关于无民事行为能力人的说法错误的是：(　　)

A. 无民事行为能力人实施的民事法律行为无效

B. 无民事行为能力人实施的民事法律行为经追认后有效

C. 不满 8 周岁的未成年人为无民事行为能力人

D. 不能辨认自己行为的成年人为无民事行为能力人

5. 限制民事行为能力人实施的其他民事法律行为经法定代理人同意或者追认后有效。相对人可以催告法定代理人自收到通知之日起(　　)内予以追认。

A. 3 个月　　B. 15 日

C. 30 日　　D. 6 个月

6. 基于(　　)实施的民事法律行为，行为人有权请求人民法院或者仲裁机构予以撤销。

A. 虚假的意思表示　　B. 误解

C. 限制民事行为能力人　　D. 重大误解

7. 一方或者第三人以(　　)手段，使对方在违背真实意思的情况下实施的民事法律行为，(　　)有权请求人民法院或者仲裁机构予以撤销。

A. 引诱；受引诱方　　B. 胁迫；受胁迫方

C. 欺诈；受欺诈方　　D. 强制；受强制方

8. 当事人自民事法律行为发生之日起(　　)没有行使撤销权的，撤销权消灭。

A. 5 年内　　B. 1 年内

C. 6 个月内　　D. 3 年内

9. 违背公序良俗的民事法律行为(　　)。

A. 有效　　B. 无效

C. 可撤销　　D. 效力待定

10. 下列关于无效的民事法律行为的法律约束力的说法正确的是：(　　)

A. 自行为人知道该行为时起没有法律约束力

B. 自行为人申请该行为无效时起没有法律约束力

C. 自人民法院确定该行为无效时起没有法律约束力

D. 自始没有法律约束力

11. 民事法律行为无效、被撤销或者确定不发生效力后，行为人因该行为取得的财产，应当予以返还；不能返还或者没有必要返还的，(　　)。

A. 可以折价赔偿　　B. 应当折价赔偿

C. 可以折价补偿　　D. 应当折价补偿

12. 下列关于附条件的民事法律行为的说法错误的是：(　　)

A. 民事法律行为可以附条件

B. 附生效条件的民事法律行为，自条件成就时生效

C. 所有的民事法律行为都可以附条件

D. 附解除条件的民事法律行为，自条件成就时失效

三、多项选择题

1. 民事法律行为可以基于(　　)成立。

A. 单方的意思表示　　B. 双方的意思表示一致

C. 法律规定　　D. 多方的意思表示一致

2. 民事法律行为可以采用的形式有：(　　)

A. 书面　　B. 口头

C. 公证　　D. 登记

3. 行为人(　　)，不得擅自变更或者解除民事法律行为。

A. 非依人民法院判决　　B. 非依仲裁机构裁决

C. 非依法律规定　　D. 未经对方同意

4. 下列关于意思表示的生效时间的说法正确的是：(　　)

A. 以对话方式作出的意思表示，相对人知道其内容时生效

B. 以非对话方式作出的意思表示，到达相对人时生效

C. 无相对人的意思表示，表示完成时生效

D. 以公告方式作出的意思表示，公告发布时生效

5. 沉默只有在(　　)时，才可以视为意思表示。

A. 符合当地交易习惯　　B. 符合当事人之间的交易习惯

C. 有当事人约定　　D. 有法律规定

6. 行为人可以撤回意思表示。撤回意思表示的通知应当(　　)到达相对人。

A. 在意思表示到达相对人前　　B. 在意思表示到达相对人后

C. 与意思表示同时　　D. 以上情形都可以

7. 民事法律行为有效的条件有：(　　)

A. 行为人具有相应的民事行为能力

B. 意思表示真实

C. 不违反法律、行政法规的强制性规定

D. 不违背公序良俗

8. 限制民事行为能力人实施的(　　)民事法律行为有效。

A. 纯获利益的

B. 与其年龄、智力、精神健康状况相适应的

C. 经法定代理人追认的

D. 经法定代理人同意的

9. 下列民事法律行为无效的是：(　　)

A. 无民事行为能力人实施的民事法律行为

B. 行为人与相对人以虚假的意思表示实施的民事法律行为

C. 限制民事行为能力人实施的民事法律行为

D. 以虚假的意思表示隐藏的民事法律行为

10. 以下哪些民事法律行为可以请求人民法院或者仲裁机构予以撤销？(　　)

A. 一方利用对方处于危困状态、缺乏判断能力等情形，致使民事法律行为成立时显失公平的

B. 第三人实施欺诈行为，使一方在违背真实意思的情况下实施的民事法律行为，对方知道或者应当知道该欺诈行为的

C. 一方或者第三人以胁迫手段，使对方在违背真实意思的情况下实施的民事法律行为

D. 一方以欺诈手段，使对方在违背真实意思的情况下实施的民事法律行为

11. 下列关于无效的民事法律行为的说法正确的是：(　　)

A. 行为人与相对人恶意串通，损害他人合法权益的民事法律行为无效

B. 违背公序良俗的民事法律行为无效

C. 违反法律的强制性规定的民事法律行为无效，但该强制性规定不导致该民事法律行为无效的除外

D. 限制民事行为能力人实施的民事法律行为无效

12. 下列关于附条件和附期限的民事法律行为的说法正确的是：（　　）

A. 附生效条件的民事法律行为，自条件成就时生效

B. 附解除条件的民事法律行为，自条件成就时失效

C. 附生效期限的民事法律行为，自期限届至时生效

D. 附终止期限的民事法律行为，自期限届满时失效

四、填空题

1. 民事法律行为可以基于______的意思表示一致成立，也可以基于______的意思表示成立。法人、非法人组织依照法律或者章程规定的______作出决议的，该决议行为成立。

2. 民事法律行为可以采用______形式、______形式或者其他形式；法律、行政法规规定或者当事人约定采用特定形式的，应当采用特定形式。

3. 以对话方式作出的意思表示，相对人______时生效。以非对话方式作出的意思表示，______时生效。

4. 行为人可以______或者______作出意思表示。沉默只有在有法律规定、______或者符合当事人之间的______时，才可以视为意思表示。

5. ______的意思表示的解释，______拘泥于所使用的词句，而应当结合______、行为的性质和目的、______以及诚信原则，确定行为人的真实意思。

6. 具备下列条件的民事法律行为有效：（1）行为人具有相应的______；（2）意思表示真实；（3）不违反法律、行政法规的强制性规定，不违背______。

7. 限制民事行为能力人实施的______的民事法律行为或者与其______、______、______相适应的民事法律行为有效；实施的其他民事法律行为经法定代理人______或者______后有效。

8. 一方或者第三人以胁迫手段，使对方在违背______的情况下实施的民事法律行为，受胁迫方有权请求人民法院或者仲裁机构予以______。

9. 一方利用对方处于______、______等情形，致使民事法律行为成立时______的，受损害方有权请求人民法院或者仲裁机构予以撤销。
10. 当事人自知道或者应当知道撤销事由之日起______内、______的当事人自知道或者应当知道撤销事由之日起______内没有行使撤销权，撤销权消灭。
11. 当事人受胁迫，自胁迫行为终止之日起______内没有行使撤销权，撤销权消灭。
12. 当事人自民事法律行为发生之日起______内没有行使撤销权的，撤销权消灭。
13. 行为人与相对人______，损害他人合法权益的民事法律行为无效。
14. 民事法律行为部分无效，不影响其他部分效力的，其他部分仍然______。
15. 民事法律行为可以附条件，但是根据其______不得附条件的除外。
16. 附生效期限的民事法律行为，自期限______时生效。附终止期限的民事法律行为，自期限______时失效。

五、简答题

简述撤销权消灭的情形。

参考答案

一、判断题

1. ×，解析：根据《民法典》第133条规定，民事法律行为是民事主体通过意思表示设立、变更、终止民事法律关系的行为。
2. √，解析：根据《民法典》第135条规定。
3. √，解析：根据《民法典》第138条规定。
4. ×，解析：根据《民法典》第140条规定，行为人可以明示或者默示作出意思表示。沉默只有在有法律规定、当事人约定或者符合当事人之间的交易习惯时，才可以视为意思表示。

5. ×，解析：根据《民法典》第 141 条规定，行为人可以撤回意思表示。撤回意思表示的通知应当在意思表示到达相对人前或者与意思表示同时到达相对人。

6. ×，解析：根据《民法典》第 143 条规定，具备下列条件的民事法律行为有效：（1）行为人具有相应的民事行为能力；（2）意思表示真实；（3）不违反法律、行政法规的强制性规定，不违背公序良俗。

7. √，解析：根据《民法典》第 146 条第 1 款规定。

8. ×，解析：根据《民法典》第 146 条第 1 款规定，行为人与相对人以虚假的意思表示实施的民事法律行为无效。根据《民法典》第 147 条规定，基于重大误解实施的民事法律行为，行为人有权请求人民法院或者仲裁机构予以撤销。

9. √，解析：根据《民法典》第 151 条规定。

10. ×，解析：根据《民法典》第 153 条规定，违反法律、行政法规的强制性规定的民事法律行为无效。但是，该强制性规定不导致该民事法律行为无效的除外。违背公序良俗的民事法律行为无效。

11. ×，解析：根据《民法典》第 155 条规定，无效的或者被撤销的民事法律行为自始没有法律约束力。

12. ×，解析：根据《民法典》第 156 条规定，民事法律行为部分无效，不影响其他部分效力的，其他部分仍然有效。

13. √，解析：根据《民法典》第 159 条规定。

14. √，解析：根据《民法典》第 160 条规定。

二、单项选择题

1. C，解析：根据《民法典》第 133 条规定，民事法律行为是民事主体通过意思表示设立、变更、终止民事法律关系的行为。根据《民法典》第 134 条规定，民事法律行为可以基于双方或者多方的意思表示一致成立，也可以基于单方的意思表示成立。法人、非法人组织依照法律或者章程规定的议事方式和表决程序作出决议的，该决议行为成立。

2. C，解析：根据《民法典》第 137 条第 1 款规定，以对话方式作出的意思表示，相对人知道其内容时生效。
3. B，解析：根据《民法典》第 142 条第 1 款规定，有相对人的意思表示的解释，应当按照所使用的词句，结合相关条款、行为的性质和目的、习惯以及诚信原则，确定意思表示的含义。
4. B，解析：根据《民法典》第 20 条规定，不满 8 周岁的未成年人为无民事行为能力人，由其法定代理人代理实施民事法律行为。根据《民法典》第 21 条规定，不能辨认自己行为的成年人为无民事行为能力人，由其法定代理人代理实施民事法律行为。根据《民法典》第 144 条规定，无民事行为能力人实施的民事法律行为无效。
5. C，解析：根据《民法典》第 145 条规定，限制民事行为能力人实施的纯获利益的民事法律行为或者与其年龄、智力、精神健康状况相适应的民事法律行为有效；实施的其他民事法律行为经法定代理人同意或者追认后有效。相对人可以催告法定代理人自收到通知之日起 30 日内予以追认。法定代理人未作表示的，视为拒绝追认。民事法律行为被追认前，善意相对人有撤销的权利。撤销应当以通知的方式作出。
6. D，解析：根据《民法典》第 147 条规定，基于重大误解实施的民事法律行为，行为人有权请求人民法院或者仲裁机构予以撤销。
7. B，解析：根据《民法典》第 150 条规定，一方或者第三人以胁迫手段，使对方在违背真实意思的情况下实施的民事法律行为，受胁迫方有权请求人民法院或者仲裁机构予以撤销。
8. A，解析：根据《民法典》第 152 条第 2 款规定，当事人自民事法律行为发生之日起 5 年内没有行使撤销权的，撤销权消灭。
9. B，解析：根据《民法典》第 153 条规定，违反法律、行政法规的强制性规定的民事法律行为无效。但是，该强制性规定不导致该民事法律行为无效的除外。违背公序良俗的民事法律行为无效。
10. D，解析：根据《民法典》第 155 条规定，无效的或者被撤销的民事法律行为自始没有法律约束力。

11. D，解析：根据《民法典》第 157 条规定，民事法律行为无效、被撤销或者确定不发生效力后，行为人因该行为取得的财产，应当予以返还；不能返还或者没有必要返还的，应当折价补偿。有过错的一方应当赔偿对方由此所受到的损失；各方都有过错的，应当各自承担相应的责任。法律另有规定的，依照其规定。
12. C，解析：根据《民法典》第 158 条规定，民事法律行为可以附条件，但是根据其性质不得附条件的除外。附生效条件的民事法律行为，自条件成就时生效。附解除条件的民事法律行为，自条件成就时失效。

三、多项选择题

1. ABCD，解析：根据《民法典》第 134 条规定，民事法律行为可以基于双方或者多方的意思表示一致成立，也可以基于单方的意思表示成立。法人、非法人组织依照法律或者章程规定的议事方式和表决程序作出决议的，该决议行为成立。
2. ABCD，解析：根据《民法典》第 135 条规定，民事法律行为可以采用书面形式、口头形式或者其他形式；法律、行政法规规定或者当事人约定采用特定形式的，应当采用特定形式。
3. CD，解析：根据《民法典》第 136 条规定，民事法律行为自成立时生效，但是法律另有规定或者当事人另有约定的除外。行为人非依法律规定或者未经对方同意，不得擅自变更或者解除民事法律行为。
4. ABCD，解析：根据《民法典》第 137 条规定，以对话方式作出的意思表示，相对人知道其内容时生效。以非对话方式作出的意思表示，到达相对人时生效。以非对话方式作出的采用数据电文形式的意思表示，相对人指定特定系统接收数据电文的，该数据电文进入该特定系统时生效；未指定特定系统的，相对人知道或者应当知道该数据电文进入其系统时生效。当事人对采用数据电文形式的意思表示的生效时间另有约定的，按照其约定。根据《民法典》第 138 条规定，无相对人的意思表示，表示完成时生效。法律另有规定的，依照其规定。

根据《民法典》第 139 条规定，以公告方式作出的意思表示，公告发布时生效。

5. BCD，解析：根据《民法典》第 140 条规定，行为人可以明示或者默示作出意思表示。沉默只有在有法律规定、当事人约定或者符合当事人之间的交易习惯时，才可以视为意思表示。

6. AC，解析：根据《民法典》第 141 条规定，行为人可以撤回意思表示。撤回意思表示的通知应当在意思表示到达相对人前或者与意思表示同时到达相对人。

7. ABCD，解析：根据《民法典》第 143 条规定，具备下列条件的民事法律行为有效：（1）行为人具有相应的民事行为能力；（2）意思表示真实；（3）不违反法律、行政法规的强制性规定，不违背公序良俗。

8. ABCD，解析：根据《民法典》第 145 条规定，限制民事行为能力人实施的纯获利益的民事法律行为或者与其年龄、智力、精神健康状况相适应的民事法律行为有效；实施的其他民事法律行为经法定代理人同意或者追认后有效。相对人可以催告法定代理人自收到通知之日起 30 日内予以追认。法定代理人未作表示的，视为拒绝追认。民事法律行为被追认前，善意相对人有撤销的权利。撤销应当以通知的方式作出。

9. AB，解析：根据《民法典》第 144 条规定，无民事行为能力人实施的民事法律行为无效。根据《民法典》第 145 条第 1 款规定，限制民事行为能力人实施的纯获利益的民事法律行为或者与其年龄、智力、精神健康状况相适应的民事法律行为有效；实施的其他民事法律行为经法定代理人同意或者追认后有效。根据《民法典》第 146 条规定，行为人与相对人以虚假的意思表示实施的民事法律行为无效。以虚假的意思表示隐藏的民事法律行为的效力，依照有关法律规定处理。

10. ABCD，解析：根据《民法典》第 148 条规定，一方以欺诈手段，使对方在违背真实意思的情况下实施的民事法律行为，受欺诈方有权请求人民法院或者仲裁机构予以撤销。根据《民法典》第149条规定，第三人实施欺诈行为，使一方在违背真实意思的情况下实施的民事法律行为，对方知道或者应当知道该欺诈行为的，受欺诈方有权请求人民法院或者仲裁机构予以撤销。根据《民法典》第150条规定，一方或者第三人以胁迫手段，使对方在违背真实意思的情况下实施的民事法律行为，受胁迫方有权请求人民法院或者仲裁机构予以撤销。根据《民法典》第151条规定，一方利用对方处于危困状态、缺乏判断能力等情形，致使民事法律行为成立时显失公平的，受损害方有权请求人民法院或者仲裁机构予以撤销。

11. ABC，解析：根据《民法典》第145条第1款规定，限制民事行为能力人实施的纯获利益的民事法律行为或者与其年龄、智力、精神健康状况相适应的民事法律行为有效；实施的其他民事法律行为经法定代理人同意或者追认后有效。根据《民法典》第153条规定，违反法律、行政法规的强制性规定的民事法律行为无效。但是，该强制性规定不导致该民事法律行为无效的除外。违背公序良俗的民事法律行为无效。根据《民法典》第154条规定，行为人与相对人恶意串通，损害他人合法权益的民事法律行为无效。

12. ABCD，解析：根据《民法典》第158条规定，民事法律行为可以附条件，但是根据其性质不得附条件的除外。附生效条件的民事法律行为，自条件成就时生效。附解除条件的民事法律行为，自条件成就时失效。根据《民法典》第160条规定，民事法律行为可以附期限，但是根据其性质不得附期限的除外。附生效期限的民事法律行为，自期限届至时生效。附终止期限的民事法律行为，自期限届满时失效。

四、填空题

1. 双方或者多方；单方；议事方式和表决程序。（《民法典》第134条）
2. 书面；口头。（《民法典》第135条）
3. 知道其内容；到达相对人。（《民法典》第137条）

4. 明示；默示；当事人约定；交易习惯。(《民法典》第 140 条)
5. 无相对人；不能完全；相关条款；习惯。(《民法典》第 142 条第 2 款)
6. 民事行为能力；公序良俗。(《民法典》第 143 条)
7. 纯获利益；年龄；智力；精神健康状况；同意；追认。(《民法典》第 145 条第 1 款)
8. 真实意思；撤销。(《民法典》第 150 条)
9. 危困状态；缺乏判断能力；显失公平。(《民法典》第 151 条)
10. 1 年；重大误解；90 日。(《民法典》第 152 条第 1 款第 1 项)
11. 1 年。(《民法典》第 152 条第 1 款第 2 项)
12. 5 年。(《民法典》第 152 条第 2 款)
13. 恶意串通。(《民法典》第 154 条)
14. 有效。(《民法典》第 156 条)
15. 性质。(《民法典》第 158 条)
16. 届至；届满。(《民法典》第 160 条)

五、简答题

答：根据《民法典》152 条规定，有下列情形之一的，撤销权消灭：(1) 当事人自知道或者应当知道撤销事由之日起 1 年内、重大误解的当事人自知道或者应当知道撤销事由之日起 90 日内没有行使撤销权；(2) 当事人受胁迫，自胁迫行为终止之日起 1 年内没有行使撤销权；(3) 当事人知道撤销事由后明确表示或者以自己的行为表明放弃撤销权。当事人自民事法律行为发生之日起 5 年内没有行使撤销权的，撤销权消灭。

第七章　代　理

一、判断题

1. 代理人在代理权限外，以被代理人名义实施的民事法律行为，对被代理人发生效力。(　　)
2. 委托代理人按照法律的规定行使代理权。(　　)
3. 数人为同一代理事项的代理人的，应当分别行使代理权。(　　)
4. 代理人不得以被代理人的名义与自己实施民事法律行为，但是被代理人同意或者追认的除外。(　　)
5. 法人或者非法人组织对执行其工作任务的人员职权范围的限制，不得对抗相对人。(　　)
6. 行为人没有代理权、超越代理权或者代理权终止后，仍然实施代理行为，相对人有理由相信行为人有代理权的，代理行为无效。(　　)
7. 被代理人死亡后，被代理人的继承人予以承认的，委托代理人实施的代理行为有效。(　　)
8. 代理人丧失民事行为能力，法定代理终止。(　　)

二、单项选择题

1. 代理人在代理权限内，以(　　)名义实施的民事法律行为，对被代理人发生效力。

A. 被代理人　　B. 自己
C. 代理人　　D. 第三人

2. 代理人和相对人恶意串通，损害被代理人合法权益的，代理人和相对人应当承担(　　)责任。

A. 违约　　B. 侵权

C. 赔偿　　　　　　　　　　D. 连带

3. 下列关于授权委托书的说法正确的是：（　　）

A. 授权委托书应当载明被代理人的姓名或者名称、代理事项、权限和期限，并由被代理人签名和盖章

B. 授权委托书应当载明代理人的姓名或者名称、代理事项、权限和期限，并由代理人签名和盖章

C. 授权委托书应当载明被代理人的姓名或者名称、代理事项、权限和期限，并由代理人签名或者盖章

D. 授权委托书应当载明代理人的姓名或者名称、代理事项、权限和期限，并由被代理人签名或者盖章

4. 代理人不得以被代理人的名义与自己同时代理的其他人实施民事法律行为，但是（　　）同意或者追认的除外。

A. 被代理人　　　　　　　　B. 代理人

C. 被代理的双方　　　　　　D. 同时代理的其他人

5. 行为人没有代理权、超越代理权或者代理权终止后，仍然实施代理行为，相对人有理由相信行为人有代理权的，代理行为（　　）。

A. 无效　　　　　　　　　　B. 效力待定

C. 有效　　　　　　　　　　D. 经追认后有效

6. 被代理人死亡后，（　　）的，委托代理人实施的代理行为有效。

A. 代理人知道被代理人死亡

B. 被代理人的继承人不予承认

C. 授权中明确代理权在代理事务完成时终止

D. 被代理人死亡后实施，为了被代理人的继承人的利益继续代理

7. 法定代理终止的情形不包括：（　　）

A. 被代理人恢复完全民事行为能力

B. 代理人丧失民事行为能力

C. 被代理人取得限制民事行为能力

D. 代理人死亡

三、多项选择题

1. 依照(　　)，应当由本人亲自实施的民事法律行为，不得代理。

A. 国际公约　　B. 当事人约定

C. 法律规定　　D. 民事法律行为的性质

2. 下列关于代理人的说法正确的是：(　　)

A. 委托代理人按照被代理人的委托行使代理权

B. 法定代理人依照法律的规定行使代理权

C. 代理人不履行职责，造成被代理人损害的，应当承担民事责任

D. 代理人和相对人恶意串通，损害被代理人合法权益的，代理人和相对人应当承担连带责任

3. 下列行为被代理人和代理人应当承担连带责任的是：(　　)

A. 代理人知道或者应当知道代理事项违法没有实施代理行为的

B. 代理人知道或者应当知道代理事项违法仍然实施代理行为的

C. 被代理人知道或者应当知道代理人的代理行为违法且表示反对的

D. 被代理人知道或者应当知道代理人的代理行为违法未作反对表示的

4. 下列关于行为人没有代理权，仍然实施代理行为的说法正确的是：(　　)

A. 未经被代理人追认的，对被代理人不发生效力

B. 相对人可以催告被代理人自收到通知之日起30日内予以追认

C. 行为人实施的行为未被追认的，善意相对人有权请求行为人履行债务

D. 行为人实施的行为被追认前，善意相对人有撤销的权利

5. 行为人(　　)，仍然实施代理行为，相对人有理由相信行为人有代理权的，代理行为有效。

A. 代理权中止　　B. 没有代理权

C. 超越代理权　　D. 代理权终止后

四、填空题

1. 依照法律规定、______或者民事法律行为的性质，应当由______的民事法律行为，______代理。
2. 委托代理人按照______行使代理权。法定代理人依照______行使代理权。
3. 代理人______或者______职责，造成被代理人损害的，应当承担民事责任。
4. 委托代理授权采用______形式的，授权委托书应当载明代理人的姓名或者名称、______、权限和期限，并由被代理人______。
5. 代理人不得以被代理人的名义与______实施民事法律行为，但是被代理人______的除外。
6. 代理人需要转委托第三人代理的，应当取得被代理人的______。
7. 转委托代理经被代理人同意或者追认的，被代理人可以就代理事务直接指示转委托的第三人，代理人仅就______以及______承担责任。
8. 法人或者非法人组织对执行其工作任务的人员职权范围的限制，不得对抗______。
9. 行为人没有代理权、______或者代理权终止后，仍然实施代理行为，未经被代理人追认的，对被代理人______效力。
10. 行为人实施的行为未被追认的，善意相对人有权请求行为人______或者就其受到的损害请求行为人______。但是，赔偿的范围______被代理人追认时相对人所能获得的利益。
11. 有下列情形之一的，法定代理终止：（1）被代理人取得或者恢复______；（2）代理人______民事行为能力；（3）代理人或者被代理人______；（4）法律规定的其他情形。

五、简答题

简述委托代理终止的情形。

参考答案

一、判断题

1. ×，解析：根据《民法典》第 162 条规定，代理人在代理权限内，以被代理人名义实施的民事法律行为，对被代理人发生效力。
2. ×，解析：根据《民法典》第 163 条规定，代理包括委托代理和法定代理。委托代理人按照被代理人的委托行使代理权。法定代理人依照法律的规定行使代理权。
3. ×，解析：根据《民法典》第 166 条规定，数人为同一代理事项的代理人的，应当共同行使代理权，但当事人另有约定的除外。
4. √，解析：根据《民法典》第 168 条第 1 款规定。
5. ×，解析：根据《民法典》第 170 条第 2 款规定，法人或者非法人组织对执行其工作任务的人员职权范围的限制，不得对抗善意相对人。
6. ×，解析：根据《民法典》第 172 条规定，行为人没有代理权、超越代理权或者代理权终止后，仍然实施代理行为，相对人有理由相信行为人有代理权的，代理行为有效。
7. √，解析：根据《民法典》第 174 条规定。
8. √，解析：根据《民法典》第 175 条规定。

二、单项选择题

1. A，解析：根据《民法典》第 162 条规定，代理人在代理权限内，以被代理人名义实施的民事法律行为，对被代理人发生效力。
2. D，解析：根据《民法典》第 164 条第 2 款规定，代理人和相对人恶意串通，损害被代理人合法权益的，代理人和相对人应当承担连带责任。
3. D，解析：根据《民法典》第 165 条规定，委托代理授权采用书面形式的，授权委托书应当载明代理人的姓名或者名称、代理事项、权限和期限，并由被代理人签名或者盖章。

4. C，解析：根据《民法典》第 168 条第 2 款规定，代理人不得以被代理人的名义与自己同时代理的其他人实施民事法律行为，但是被代理的双方同意或者追认的除外。
5. C，解析：根据《民法典》第 172 条规定，行为人没有代理权、超越代理权或者代理权终止后，仍然实施代理行为，相对人有理由相信行为人有代理权的，代理行为有效。
6. C，解析：根据《民法典》第 174 条规定，被代理人死亡后，有下列情形之一的，委托代理人实施的代理行为有效：（1）代理人不知道且不应当知道被代理人死亡；（2）被代理人的继承人予以承认；（3）授权中明确代理权在代理事务完成时终止；（4）被代理人死亡前已经实施，为了被代理人的继承人的利益继续代理。作为被代理人的法人、非法人组织终止的，参照适用前述规定。
7. C，解析：根据《民法典》第 175 条规定，有下列情形之一的，法定代理终止：（1）被代理人取得或者恢复完全民事行为能力；（2）代理人丧失民事行为能力；（3）代理人或者被代理人死亡；（4）法律规定的其他情形。

三、多项选择题

1. BCD，解析：根据《民法典》第 161 条第 2 款规定，依照法律规定、当事人约定或者民事法律行为的性质，应当由本人亲自实施的民事法律行为，不得代理。
2. ABCD，解析：根据《民法典》第 163 条规定，代理包括委托代理和法定代理。委托代理人按照被代理人的委托行使代理权。法定代理人依照法律的规定行使代理权。根据《民法典》第 164 条规定，代理人不履行或者不完全履行职责，造成被代理人损害的，应当承担民事责任。代理人和相对人恶意串通，损害被代理人合法权益的，代理人和相对人应当承担连带责任。
3. BD，解析：根据《民法典》第 167 条规定，代理人知道或者应当知道代理事项违法仍然实施代理行为，或者被代理人知道或者应当知道代理人的代理行为违法未作反对表示的，被代理人和代理人应当承担连带责任。

4. ABCD，解析：根据《民法典》第171条规定，行为人没有代理权、超越代理权或者代理权终止后，仍然实施代理行为，未经被代理人追认的，对被代理人不发生效力。相对人可以催告被代理人自收到通知之日起30日内予以追认。被代理人未作表示的，视为拒绝追认。行为人实施的行为被追认前，善意相对人有撤销的权利。撤销应当以通知的方式作出。行为人实施的行为未被追认的，善意相对人有权请求行为人履行债务或者就其受到的损害请求行为人赔偿。但是，赔偿的范围不得超过被代理人追认时相对人所能获得的利益。相对人知道或者应当知道行为人无权代理的，相对人和行为人按照各自的过错承担责任。
5. BCD，解析：根据《民法典》第172条规定，行为人没有代理权、超越代理权或者代理权终止后，仍然实施代理行为，相对人有理由相信行为人有代理权的，代理行为有效。

四、填空题

1. 当事人约定；本人亲自实施；不得。（《民法典》第161条第2款）
2. 被代理人的委托；法律的规定。（《民法典》第163条第2款）
3. 不履行；不完全履行。（《民法典》第164条第1款）
4. 书面；代理事项；签名或者盖章。（《民法典》第165条）
5. 自己；同意或者追认。（《民法典》第168条第1款）
6. 同意或者追认。（《民法典》第169条第1款）
7. 第三人的选任；对第三人的指示。（《民法典》第169条第2款）
8. 善意相对人。（《民法典》第170条第2款）
9. 超越代理权；不发生。（《民法典》第171条第1款）
10. 履行债务；赔偿；不得超过。（《民法典》第171条第3款）
11. 完全民事行为能力；丧失；死亡。（《民法典》第175条）

五、简答题

答：根据《民法典》第 173 条规定，有下列情形之一的，委托代理终止：（1）代理期间届满或者代理事务完成；（2）被代理人取消委托或者代理人辞去委托；（3）代理人丧失民事行为能力；（4）代理人或者被代理人死亡；（5）作为代理人或者被代理人的法人、非法人组织终止。

第八章　民事责任

一、判断题

1. 二人以上依法承担按份责任，能够确定责任大小的，各自承担相应的责任；难以确定责任大小的，平均承担责任。(　　)
2. 危险由自然原因引起的，紧急避险人不承担民事责任，可以给予适当补偿。(　　)
3. 因自愿实施紧急救助行为造成受助人损害的，救助人不承担民事责任。(　　)
4. 侵害英雄烈士等的姓名、肖像、名誉、荣誉，损害社会公共利益的，应当承担民事责任。(　　)
5. 因当事人一方的违约行为，损害对方人身权益、财产权益的，受损害方有权选择请求其承担违约责任和侵权责任。(　　)
6. 民事主体因同一行为应当承担民事责任、行政责任和刑事责任的，承担行政责任或者刑事责任不影响承担民事责任。(　　)

二、单项选择题

1. 下列不属于承担民事责任的方式的是：(　　)

A. 停止侵害　　B. 排除妨碍

C. 消除危险　　D. 支付补偿金

2. 不可抗力是(　　)的客观情况。

A. 不能预见且不能克服

B. 不能避免且不能克服

C. 不能预见且不能避免

D. 不能预见、不能避免且不能克服

3. 因当事人一方的违约行为，损害对方人身权益、财产权益的，受损害方有权选择请求其承担(　　)。

A. 违约责任　　B. 违约责任和侵权责任

C. 侵权责任　　D. 违约责任或者侵权责任

4. 民事主体因同一行为应当承担民事责任、行政责任和刑事责任的，承担行政责任或者刑事责任不影响承担民事责任；民事主体的财产不足以支付的，(　　)。

A. 优先用于承担民事责任

B. 优先用于承担行政责任

C. 优先用于承担刑事责任

D. 按比例分别用于承担民事责任、行政责任和刑事责任

三、多项选择题

1. 下列关于责任承担的说法正确的是：(　　)

A. 二人以上依法承担按份责任，能够确定责任大小的，各自承担相应的责任

B. 二人以上依法承担按份责任，难以确定责任大小的，平均承担责任

C. 二人以上依法承担连带责任的，权利人有权请求部分连带责任人承担责任

D. 二人以上依法承担连带责任的，连带责任人的责任份额根据各自责任大小确定

2. 下列属于承担民事责任的方式的是：(　　)

A. 返还财产　　B. 恢复原状

C. 继续履行　　D. 修理、重作、更换

3. 不承担民事责任的情形有：(　　)

A. 因正当防卫造成损害的

B. 因不可抗力不能履行民事义务的

C. 因紧急避险造成损害的

D. 因不可抗力造成损害的

4. 下列关于紧急避险的说法正确的是：（　　）

A. 因紧急避险造成损害的，由引起险情发生的人承担民事责任

B. 危险由自然原因引起的，紧急避险人不承担民事责任，可以给予适当补偿

C. 危险由自然原因引起的，紧急避险人不承担民事责任，应当给予适当补偿

D. 紧急避险采取措施不当，造成不应有的损害的，紧急避险人应当承担适当的民事责任

5. 因保护他人民事权益使自己受到损害的，由侵权人承担民事责任，受益人可以给予适当补偿。（　　），受害人请求补偿的，受益人应当给予适当补偿。

A. 没有侵权人　　B. 侵权人不愿承担民事责任

C. 侵权人逃逸　　D. 侵权人无力承担民事责任

6. 侵害英雄烈士等的（　　），损害社会公共利益的，应当承担民事责任。

A. 姓名　　B. 肖像

C. 名誉　　D. 荣誉

四、填空题

1. 民事主体依照______或者按照______，履行民事义务，承担民事责任。

2. 因不可抗力不能履行民事义务的，______民事责任。法律另有规定的，依照其规定。不可抗力是不能预见、______且______的客观情况。

3. 因紧急避险造成损害的，由______承担民事责任。

4. 危险由______原因引起的，紧急避险人不承担民事责任，可以给予适当______。

5. 因自愿实施______造成受助人损害的，救助人不承担民事责任。
6. 侵害______烈士等的姓名、肖像、名誉、荣誉，损害______的，应当承担民事责任。

五、简答题

简述承担民事责任的方式。

参考答案

一、判断题

1. √，解析：根据《民法典》第 177 条规定。
2. √，解析：根据《民法典》第 182 条第 2 款规定。
3. √，解析：根据《民法典》第 184 条规定。
4. √，解析：根据《民法典》第 185 条规定。
5. ×，解析：根据《民法典》第 186 条规定，因当事人一方的违约行为，损害对方人身权益、财产权益的，受损害方有权选择请求其承担违约责任或者侵权责任。
6. √，解析：根据《民法典》第 187 条规定。

二、单项选择题

1. D，解析：根据《民法典》第 179 条第 1 款规定，承担民事责任的方式主要有：（1）停止侵害；（2）排除妨碍；（3）消除危险；（4）返还财产；（5）恢复原状；（6）修理、重作、更换；（7）继续履行；（8）赔偿损失；（9）支付违约金；（10）消除影响、恢复名誉；（11）赔礼道歉。
2. D，解析：根据《民法典》第 180 条规定，因不可抗力不能履行民事义务的，不承担民事责任。法律另有规定的，依照其规定。不可抗力是不能预见、不能避免且不能克服的客观情况。

3. D，解析：根据《民法典》第 186 条规定，因当事人一方的违约行为，损害对方人身权益、财产权益的，受损害方有权选择请求其承担违约责任或者侵权责任。
4. A，解析：根据《民法典》第 187 条规定，民事主体因同一行为应当承担民事责任、行政责任和刑事责任的，承担行政责任或者刑事责任不影响承担民事责任；民事主体的财产不足以支付的，优先用于承担民事责任。

三、多项选择题

1. ABCD，解析：根据《民法典》第 177 条规定，二人以上依法承担按份责任，能够确定责任大小的，各自承担相应的责任；难以确定责任大小的，平均承担责任。根据《民法典》第 178 条规定，二人以上依法承担连带责任的，权利人有权请求部分或者全部连带责任人承担责任。连带责任人的责任份额根据各自责任大小确定；难以确定责任大小的，平均承担责任。实际承担责任超过自己责任份额的连带责任人，有权向其他连带责任人追偿。连带责任，由法律规定或者当事人约定。
2. ABCD，解析：根据《民法典》第 179 条第 1 款规定，承担民事责任的方式主要有：（1）停止侵害；（2）排除妨碍；（3）消除危险；（4）返还财产；（5）恢复原状；（6）修理、重作、更换；（7）继续履行；（8）赔偿损失；（9）支付违约金；（10）消除影响、恢复名誉；（11）赔礼道歉。
3. AB，解析：根据《民法典》第 180 条规定，因不可抗力不能履行民事义务的，不承担民事责任。法律另有规定的，依照其规定。不可抗力是不能预见、不能避免且不能克服的客观情况。根据《民法典》第 181 条规定，因正当防卫造成损害的，不承担民事责任。正当防卫超过必要的限度，造成不应有的损害的，正当防卫人应当承担适当的民事责任。根据《民法典》第 182 条第 1 款规定，因紧急避险造成损害的，由引起险情发生的人承担民事责任。

4. ABD，解析：根据《民法典》第 182 条规定，因紧急避险造成损害的，由引起险情发生的人承担民事责任。危险由自然原因引起的，紧急避险人不承担民事责任，可以给予适当补偿。紧急避险采取措施不当或者超过必要的限度，造成不应有的损害的，紧急避险人应当承担适当的民事责任。
5. ACD，解析：根据《民法典》第 183 条规定，因保护他人民事权益使自己受到损害的，由侵权人承担民事责任，受益人可以给予适当补偿。没有侵权人、侵权人逃逸或者无力承担民事责任，受害人请求补偿的，受益人应当给予适当补偿。
6. ABCD，解析：根据《民法典》第 185 条规定，侵害英雄烈士等的姓名、肖像、名誉、荣誉，损害社会公共利益的，应当承担民事责任。

四、填空题

1. 法律规定；当事人约定。（《民法典》第 176 条）
2. 不承担；不能避免；不能克服。（《民法典》第 180 条）
3. 引起险情发生的人。（第 182 条第 1 款）
4. 自然；补偿。（第 182 条第 2 款）
5. 紧急救助行为。（《民法典》第 184 条）
6. 英雄；社会公共利益。（《民法典》第 185 条）

五、简答题

答：根据《民法典》第 179 条第 1 款规定，承担民事责任的方式主要有：（1）停止侵害；（2）排除妨碍；（3）消除危险；（4）返还财产；（5）恢复原状；（6）修理、重作、更换；（7）继续履行；（8）赔偿损失；（9）支付违约金；（10）消除影响、恢复名誉；（11）赔礼道歉。

第九章　诉讼时效

一、判断题

1. 当事人约定同一债务分期履行的，诉讼时效期间自第一期履行期限届满之日起计算。(　　)
2. 无民事行为能力人或者限制民事行为能力人对其法定代理人的请求权的诉讼时效期间，自该法定代理终止之日起计算。(　　)
3. 未成年人遭受性侵害的损害赔偿请求权的诉讼时效期间，自受害人年满 18 周岁之日起计算。(　　)
4. 人民法院不得主动适用诉讼时效的规定。(　　)
5. 登记的动产物权的权利人请求返还财产，适用诉讼时效的规定。(　　)
6. 诉讼时效的期间、计算方法以及中止、中断的事由由法律规定或者当事人约定。(　　)

二、单项选择题

1. 向人民法院请求保护民事权利的诉讼时效期间为(　　)。法律另有规定的，依照其规定。

   A. 6 个月　　B. 1 年
   C. 2 年　　D. 3 年

2. 自权利受到损害之日起超过(　　)的，人民法院不予保护，有特殊情况的，人民法院可以根据权利人的申请决定延长。

   A. 5 年　　B. 10 年
   C. 20 年　　D. 30 年

3. 未成年人遭受性侵害的损害赔偿请求权的诉讼时效期间，自(　　)之日起计算。

A. 未成年人知道或者应当知道权利受到损害以及义务人

B. 受害人年满 18 周岁

C. 该法定代理中止

D. 该法定代理终止

4. 在诉讼时效期间的最后(　　)内，因不可抗力，不能行使请求权的，诉讼时效中止。

A. 15 日　　B. 1 个月

C. 3 个月　　D. 6 个月

5. 当事人对诉讼时效利益的预先放弃(　　)。

A. 有效　　B. 效力待定

C. 无效　　D. 经确认后有效

三、多项选择题

1. 下列关于诉讼时效期间的说法正确的是：(　　)

A. 向人民法院请求保护民事权利的诉讼时效期间为 3 年

B. 当事人约定同一债务分期履行的，诉讼时效期间自第一期履行期限届满之日起计算

C. 自权利受到损害之日起超过 20 年的，人民法院不予保护

D. 无民事行为能力人或者限制民事行为能力人对其法定代理人的请求权的诉讼时效期间，自该法定代理终止之日起计算

2. 有(　　)的，诉讼时效中断，从中断、有关程序终结时起，诉讼时效期间重新计算。

A. 权利人向义务人提出履行请求

B. 义务人同意履行义务

C. 权利人提起诉讼

D. 权利人申请仲裁

3. 下列不适用诉讼时效的是：(　　)

A. 请求停止侵害　　B. 请求排除妨碍

C. 请求消除危险　　　　D. 请求支付抚养费

4. 诉讼时效的(　　)由法律规定，当事人约定无效。

A. 期间　　　　B. 计算方法

C. 中止的事由　　　　D. 中断的事由

四、填空题

1. 向人民法院请求保护民事权利的诉讼时效期间为______。法律另有规定的，依照其规定。
2. 诉讼时效期间自权利人知道或者应当知道______以及______之日起计算。法律另有规定的，依照其规定。但是，自权利受到损害之日起超过______的，人民法院不予保护，有特殊情况的，人民法院可以根据权利人的申请______延长。
3. 未成年人遭受性侵害的损害赔偿请求权的诉讼时效期间，自______之日起计算。
4. 诉讼时效期间届满后，义务人同意履行的，不得以______为由抗辩；义务人已经自愿履行的，不得请求______。
5. 下列请求权不适用诉讼时效的规定：（1）请求停止侵害、______、消除危险；（2）不动产物权和登记的动产物权的权利人请求______；（3）请求支付抚养费、______或者扶养费；（4）依法不适用诉讼时效的其他请求权。
6. 法律对仲裁时效有规定的，依照其规定；没有规定的，适用______的规定。
7. 法律规定或者当事人约定的撤销权、解除权等权利的存续期间，除法律另有规定外，自权利人知道或者应当知道权利产生之日起计算，______有关诉讼时效中止、中断和延长的规定。存续期间届满，撤销权、解除权等______。

五、简答题

简述导致诉讼时效中止的情形。

参考答案

一、判断题

1. ×，解析：根据《民法典》第 189 条规定，当事人约定同一债务分期履行的，诉讼时效期间自最后一期履行期限届满之日起计算。
2. √，解析：根据《民法典》第 190 条规定。
3. √，解析：根据《民法典》第 191 条规定。
4. √，解析：根据《民法典》第 193 条规定。
5. ×，解析：根据《民法典》第 196 条规定，下列请求权不适用诉讼时效的规定：（1）请求停止侵害、排除妨碍、消除危险；（2）不动产物权和登记的动产物权的权利人请求返还财产；（3）请求支付抚养费、赡养费或者扶养费；（4）依法不适用诉讼时效的其他请求权。
6. ×，解析：根据《民法典》第 197 条第 1 款规定，诉讼时效的期间、计算方法以及中止、中断的事由由法律规定，当事人约定无效。

二、单项选择题

1. D，解析：根据《民法典》第 188 条第 1 款规定，向人民法院请求保护民事权利的诉讼时效期间为 3 年。法律另有规定的，依照其规定。
2. C，解析：根据《民法典》第 188 条第 2 款规定，诉讼时效期间自权利人知道或者应当知道权利受到损害以及义务人之日起计算。法律另有规定的，依照其规定。但是，自权利受到损害之日起超过 20 年的，人民法院不予保护，有特殊情况的，人民法院可以根据权利人的申请决定延长。
3. B，解析：根据《民法典》第 191 条规定，未成年人遭受性侵害的损害赔偿请求权的诉讼时效期间，自受害人年满 18 周岁之日起计算。
4. D，解析：根据《民法典》第 194 条规定，在诉讼时效期间的最后 6 个月内，因下列障碍，不能行使请求权的，诉讼时效中止：（1）不可抗力；（2）无民事行为能力人或者限制民事行为能力人没有法定代理人，或者法定代理人死亡、丧失民事行为能力、丧失代理权；（3）继承开始后未确定继承人或者遗产管理人；（4）权利人被义务人或者其他人控制；（5）其他导致权利人不能行使请求权的障碍。自中止时效的原因消除之日起满6个月，诉讼时效期间届满。

5. C，解析：根据《民法典》第197条第2款规定，当事人对诉讼时效利益的预先放弃无效。

三、多项选择题

1. ACD，解析：根据《民法典》第188条规定，向人民法院请求保护民事权利的诉讼时效期间为3年。法律另有规定的，依照其规定。诉讼时效期间自权利人知道或者应当知道权利受到损害以及义务人之日起计算。法律另有规定的，依照其规定。但是，自权利受到损害之日起超过20年的，人民法院不予保护，有特殊情况的，人民法院可以根据权利人的申请决定延长。根据《民法典》第189条规定，当事人约定同一债务分期履行的，诉讼时效期间自最后一期履行期限届满之日起计算。根据《民法典》第190条规定，无民事行为能力人或者限制民事行为能力人对其法定代理人的请求权的诉讼时效期间，自该法定代理终止之日起计算。
2. ABCD，解析：根据《民法典》第195条规定，有下列情形之一的，诉讼时效中断，从中断、有关程序终结时起，诉讼时效期间重新计算：（1）权利人向义务人提出履行请求；（2）义务人同意履行义务；（3）权利人提起诉讼或者申请仲裁；（4）与提起诉讼或者申请仲裁具有同等效力的其他情形。
3. ABCD，解析：根据《民法典》第196条规定，下列请求权不适用诉讼时效的规定：（1）请求停止侵害、排除妨碍、消除危险；（2）不动产物权和登记的动产物权的权利人请求返还财产；（3）请求支付抚养费、赡养费或者扶养费；（4）依法不适用诉讼时效的其他请求权。
4. ABCD，解析：根据《民法典》第197条第1款规定，诉讼时效的期间、计算方法以及中止、中断的事由由法律规定，当事人约定无效。

四、填空题

1. 3 年。(《民法典》第 188 条第 1 款)

2. 权利受到损害；义务人；20 年；决定。(《民法典》第 188 条第 2 款)

3. 受害人年满 18 周岁。(《民法典》第 191 条)

4. 诉讼时效期间届满；返还。(《民法典》第 192 条第 2 款)

5. 排除妨碍；返还财产；赡养费。(《民法典》第 196 条)

6. 诉讼时效。(《民法典》第 198 条)

7. 不适用；权利消灭。(《民法典》第 199 条)

五、简答题

答：根据《民法典》第 194 条规定，在诉讼时效期间的最后 6 个月内，因下列障碍，不能行使请求权的，诉讼时效中止：(1) 不可抗力；(2) 无民事行为能力人或者限制民事行为能力人没有法定代理人，或者法定代理人死亡、丧失民事行为能力、丧失代理权；(3) 继承开始后未确定继承人或者遗产管理人；(4) 权利人被义务人或者其他人控制；(5) 其他导致权利人不能行使请求权的障碍。自中止时效的原因消除之日起满 6 个月，诉讼时效期间届满。

第十章　期间计算

一、判断题

1. 按照年、月、日计算期间的，自开始的当日进行计算。(　　)
2. 按照年、月计算期间的，到期月的对应日为期间的最后一日；没有对应日的，月末日为期间的最后一日。(　　)

二、单项选择题

按照年、月计算期间的，到期月的(　　)为期间的最后一日。

A. 对应日　　B. 对应日的前一日

C. 月末日　　D. 对应日的后一日

三、多项选择题

1. 民法所称的期间按照公历(　　)计算。

A. 年　　B. 月

C. 日　　D. 小时

2. 下列关于期间的最后一日的说法正确的是：(　　)

A. 期间的最后一日是法定休假日的，以法定休假日前的工作日为期间的最后一日

B. 期间的最后一日是法定休假日的，以法定休假日结束的次日为期间的最后一日

C. 期间的最后一日的截止时间为 12 时

D. 期间的最后一日的截止时间，有业务时间的，停止业务活动的时间为截止时间

四、填空题

1. 按照年、月、日计算期间的，开始的______不计入，自______开始计算。
2. 按照年、月计算期间的，到期月的______为期间的最后一日；没有对应日的，______为期间的最后一日。
3. 期间的计算方法依照本法的规定，但是______或者______的除外。

参考答案

一、判断题

1. ×，解析：根据《民法典》第 201 条第 1 款规定，按照年、月、日计算期间的，开始的当日不计入，自下一日开始计算。

2. √，解析：根据《民法典》第 202 条规定。

二、单项选择题

A，解析：根据《民法典》第 202 条规定，按照年、月计算期间的，到期月的对应日为期间的最后一日；没有对应日的，月末日为期间的最后一日。

三、多项选择题

1. ABCD，解析：根据《民法典》第 200 条规定，民法所称的期间按照公历年、月、日、小时计算。
2. BD，解析：根据《民法典》第 203 条规定，期间的最后一日是法定休假日的，以法定休假日结束的次日为期间的最后一日。期间的最后一日的截止时间为 24 时；有业务时间的，停止业务活动的时间为截止时间。

四、填空题

1. 当日；下一日。（《民法典》第 201 条第 1 款）
2. 对应日；月末日。（《民法典》第 202 条）
3. 法律另有规定；当事人另有约定。（《民法典》第 204 条）

第二编　物　权

第一分编　通　则

第一章　一般规定

一、判断题

1. 国家、集体、私人的物权和其他权利人的物权受法律平等保护，任何组织或者个人不得侵犯。（　　）
2. 动产物权的设立、变更、转让和消灭，应当依照法律规定登记。不动产物权的设立和转让，应当依照法律规定交付。（　　）

二、单项选择题

1.《民法典》物权编调整因物的（　　）产生的民事关系。
   A. 占有和使用
   B. 收益和处分
   C. 占有和处分
   D. 归属和利用
2. 关于物权的公示原则，以下说法错误的是：（　　）
   A. 不动产物权的设立和变更，应当依照法律规定登记
   B. 动产物权的设立和转让，应当依照法律规定登记
   C. 不动产物权的转让和消灭，应当依照法律规定登记
   D. 动产物权的设立和转让，应当依照法律规定交付

三、多项选择题

我国《民法典》物权编的适用范围是：（　　）

A. 调整因物的归属产生的民事关系

B. 调整因债的变更产生的民事关系

C. 调整因物的利用产生的民事关系

D. 调整因债的消灭产生的民事关系

四、填空题

1. 《民法典》物权编调整因物的______和______而产生的民事关系。
2. 国家坚持和完善______、______，按劳分配为主体、多种分配方式并存，社会主义市场经济体制等社会主义基本经济制度。国家巩固和发展公有制经济，鼓励、支持和引导______的发展。国家实行______，保障一切市场主体的平等法律地位和发展权利。

参考答案

一、判断题

1. √，解析：根据《民法典》第 207 条规定。
2. ×，解析：根据《民法典》第 208 条规定，不动产物权的设立、变更、转让和消灭，应当依照法律规定登记。动产物权的设立和转让，应当依照法律规定交付。

二、单项选择题

1. D，解析：根据《民法典》第 205 条规定，本编调整因物的归属和利用产生的民事关系。
2. B，解析：根据《民法典》第 208 条规定，不动产物权的设立、变更、转让和消灭，应当依照法律规定登记。动产物权的设立和转让，应当依照法律规定交付。

三、多项选择题

AC，解析：根据《民法典》第 205 条规定，本编调整因物的归属和利用产生的民事关系。

四、填空题

1. 归属；利用。（《民法典》第 205 条）
2. 公有制为主体；多种所有制经济共同发展；非公有制经济；社会主义市场经济。（《民法典》第 206 条）

第二章 物权的设立、变更、转让和消灭

一、判断题

1. 不动产物权的设立、变更、转让和消灭，无论是否登记，均发生效力，但是法律另有规定的除外。(　　)
2. 当事人申请登记，应当根据不同登记事项提供权属证明和不动产界址、面积等必要材料。(　　)
3. 登记机构可以要求对不动产进行评估。(　　)
4. 当事人之间订立有关设立、变更、转让和消灭不动产物权的合同，除法律另有规定或者当事人另有约定外，自合同成立时生效；未办理物权登记的，影响合同效力。(　　)
5. 权利人、利害关系人可以申请查询、复制不动产登记资料，登记机构应当提供。(　　)
6. 权利人、利害关系人认为不动产登记簿记载的事项错误的，可以申请更正登记。不动产登记簿记载的权利人书面同意更正或者有证据证明登记确有错误的，登记机构应当予以更正。(　　)
7. 不动产登记费按件收取，也可以按照不动产的面积、体积或者价款的比例收取。(　　)
8. 船舶、航空器和机动车等的物权的设立、变更、转让和消灭，未经登记，可以对抗善意第三人。(　　)
9. 动产物权设立和转让前，权利人已经占有该动产的，物权自权利人占有该动产时发生效力。(　　)
10. 因继承取得物权的，自继承开始时发生效力。(　　)
11. 处分不动产物权，未经登记亦可发生物权效力。(　　)

二、单项选择题

1. 关于不动产物权的登记申请材料，以下说法错误的是：（　　）

   A. 当事人申请登记，应当根据不同登记事项提供权属证明等必要材料

   B. 当事人申请登记，应当根据不同登记事项提供不动产界址等必要材料

   C. 当事人申请登记，应当根据不同登记事项提供不动产面积等必要材料

   D. 当事人申请登记，无须提供材料

2. 关于不动产物权的登记机构的职责，以下说法错误的是：（　　）

   A. 查验申请人提供的权属证明和其他必要材料

   B. 就有关登记事项询问申请人

   C. 如实、及时登记有关事项

   D. 申请登记的不动产的有关情况需要进一步证明的，登记机构应当要求申请人补充材料，必要时应当实地查看

3. 不动产物权的设立，依照法律规定应当登记的，自（　　）时发生效力。

   A. 不动产物权交付　　　　B. 取得不动产权属证书

   C. 记载于不动产登记簿　　D. 不动产物权合同签订

4. 关于不动产登记簿，以下说法正确的是：（　　）

   A. 不动产登记簿是物权归属和内容的根据

   B. 不动产登记簿由物权人管理

   C. 不动产登记簿由业主委员会管理

   D. 不动产登记簿由用益物权人管理

5. 关于不动产登记资料，以下说法错误的是：（　　）

   A. 权利人可以申请查询、复制不动产登记资料

   B. 利害关系人可以申请查询、复制不动产登记资料

   C. 任何人均可以申请查询、复制不动产登记资料

   D. 利害关系人不得公开、非法使用权利人的不动产登记资料

6. 关于预告登记，以下说法错误的是：(　　)

A. 当事人签订买卖房屋的协议或者签订其他不动产物权的协议，按照约定可以向登记机构申请预告登记

B. 预告登记后，未经预告登记的权利人同意，处分该不动产的，发生物权效力

C. 预告登记后，债权消灭或者自能够进行不动产登记之日起90日内未申请登记的，预告登记失效

D. 预告登记是为了保障将来实现物权

7. 关于登记错误的责任承担，以下说法错误的是：(　　)

A. 当事人提供虚假材料申请登记，造成他人损害的，应当承担赔偿责任

B. 因登记错误，造成他人损害的，登记机构应当承担赔偿责任

C. 登记机构赔偿后，不得向造成登记错误的人追偿

D. 登记机构赔偿后，可以向造成登记错误的人追偿

8. 动产物权的设立和转让，自(　　)时发生效力，但是法律另有规定的除外。

A. 登记　　B. 合同成立

C. 合同生效　　D. 交付

9. 关于船舶、航空器和机动车等的物权的登记，以下说法错误的是：(　　)

A. 船舶、航空器和机动车等的物权的设立，未经登记，可以对抗善意第三人

B. 船舶、航空器和机动车等的物权的变更，未经登记，不得对抗善意第三人

C. 船舶、航空器和机动车等的物权的转让，未经登记，不得对抗善意第三人

D. 船舶、航空器和机动车等的物权的消灭，未经登记，不得对抗善意第三人

10. 下列属于指示交付的是：(　　)

A. 动产物权设立和转让前，第三人占有该动产的，负有交付义务的人可以通过转让请求第三人返还原物的权利代替交付

B. 动产物权设立和转让前，权利人已经占有该动产的，物权自民事法律行为生效时发生效力

C. 动产物权转让时，当事人又约定由出让人继续占有该动产的，物权自该约定生效时发生效力

D. 动产物权的设立和转让，自交付时发生效力，但是法律另有规定的除外

11. 下列关于因法律文书或者征收导致的物权变动，说法错误的是：(　　)

A. 因人民法院的法律文书，导致物权设立、变更、转让或者消灭的，自法律文书生效时发生效力

B. 因仲裁机构的法律文书，导致物权设立、变更、转让或者消灭的，自法律文书生效时发生效力

C. 因人民政府的征收决定，导致物权设立、变更、转让或者消灭的，自征收决定生效时发生效力

D. 因人民法院的法律文书，导致物权设立、变更、转让或者消灭的，自物权设立、变更、转让或者消灭时发生效力

12. 因合法建造、拆除房屋等事实行为设立或者消灭物权的，自(　　)时发生效力。

A. 物权登记　　B. 事实行为成就

C. 物权转让　　D. 不动产交付

三、多项选择题

1. 关于不动产物权的登记，以下说法正确的是：(　　)

A. 不动产物权的设立、变更、转让和消灭，经依法登记，发生效力

B. 不动产物权的设立、变更、转让和消灭，未经登记，不发生效力

C. 属于国家所有的自然资源，所有权可以不登记

D. 所有动产物权的设立和转让，未经登记，不发生效力

2. 我国对不动产实行统一登记制度。统一登记的（　　），由法律、行政法规规定。

A. 范围　　B. 登记机构

C. 登记办法　　D. 以上说法均正确

3. 关于不动产物权的登记机构禁止从事的行为，以下说法正确的是：（　　）

A. 登记机构不得要求对不动产进行评估

B. 登记机构不得以年检等名义进行重复登记

C. 登记机构不得有超出登记职责范围的其他行为

D. 登记机构可以要求对不动产进行评估

4. 关于合同效力与物权效力的区分，以下说法错误的是：（　　）

A. 当事人之间订立有关设立、变更、转让和消灭不动产物权的合同，除法律另有规定或者当事人另有约定外，自合同成立时生效；未办理物权登记的，不影响合同效力

B. 当事人之间订立有关设立、变更、转让和消灭不动产物权的合同，除法律另有规定或者当事人另有约定外，自合同成立时生效；未办理物权登记的，影响合同效力

C. 当事人之间订立有关设立、变更、转让和消灭不动产物权的合同，除法律另有规定或者当事人另有约定外，自物权登记时生效；未办理物权登记的，影响合同效力

D. 当事人之间订立有关设立、变更、转让和消灭不动产物权的合同，除法律另有规定或者当事人另有约定外，自不动产物权交付时生效；未办理物权登记的，不影响合同效力

5. 关于不动产登记簿与不动产权属证书的关系，以下说法正确的是：（　　）

A. 不动产权属证书是权利人享有该不动产物权的证明

B. 不动产登记簿是物权归属和内容的根据

C. 不动产权属证书记载的事项，应当与不动产登记簿一致

D. 记载不一致的，除有证据证明不动产登记簿确有错误外，以不动产登记簿为准

6. 关于预告登记，以下说法正确的是：（　　）

A. 当事人签订买卖房屋的协议或者签订其他不动产物权的协议，为保障将来实现物权，按照约定可以向登记机构申请预告登记

B. 预告登记后，未经预告登记的权利人同意，处分该不动产的，不发生物权效力

C. 预告登记后，债权消灭或者自能够进行不动产登记之日起90日内未申请登记的，预告登记失效

D. 预告登记后，债权消灭或者自能够进行不动产登记之日起180日内未申请登记的，预告登记失效

7. 关于不动产登记费用，以下说法正确的是：（　　）

A. 不动产登记费按件收取

B. 不动产登记费不得按照不动产的面积的比例收取

C. 不动产登记费不得按照不动产的体积的比例收取

D. 不动产登记费不得按照不动产的价款的比例收取

8. 关于动产物权的设立和转让，以下说法错误的是：（　　）

A. 动产物权的设立和转让，自登记时发生效力，但是法律另有规定的除外

B. 动产物权的设立和转让，自合同成立时发生效力，但是法律另有规定的除外

C. 动产物权的设立和转让，自合同生效时发生效力，但是法律另有规定的除外

D. 动产物权的设立和转让，自交付时发生效力，但是法律另有规定的除外

9. 关于简易交付，以下说法错误的是：（　　）

A. 动产物权设立和转让前，权利人已经占有该动产的，物权自权利人占有该动产时发生效力

B. 动产物权设立和转让前，权利人已经占有该动产的，物权自动产物权登记时发生效力

C. 动产物权设立和转让前，权利人已经占有该动产的，物权自民事法律行为成立时发生效力

D. 动产物权设立和转让前，权利人已经占有该动产的，物权自民事法律行为生效时发生效力

10. 下列交付方式不属于占有改定的是：（　　）

A. 动产物权设立和转让前，第三人占有该动产的，负有交付义务的人可以通过转让请求第三人返还原物的权利代替交付

B. 动产物权设立和转让前，权利人已经占有该动产的，物权自民事法律行为生效时发生效力

C. 动产物权转让时，当事人又约定由出让人继续占有该动产的，物权自该约定生效时发生效力

D. 动产物权的设立和转让，自交付时发生效力，但是法律另有规定的除外

11. 下列关于继承取得物权的说法错误的是：（　　）

A. 因继承取得物权的，自物权登记时发生效力

B. 因继承取得物权的，自物权交付时发生效力

C. 因继承取得物权的，自物权转让时发生效力

D. 因继承取得物权的，自继承开始时发生效力

四、填空题

1. ______的设立、变更、转让和消灭，经依法登记，发生效力；未经登记，不发生效力，但是法律另有规定的除外。依法属于______，所有权可以不登记。

2. 登记机构不得有下列行为：（1）要求对不动产进行______；（2）以年检等名义进行______；（3）超出______的其他行为。
3. 不动产物权的设立、变更、转让和消灭，依照法律规定应当登记的，自记载于______时发生效力。
4. 不动产登记簿是______的根据。不动产登记簿由______管理。
5. ______是权利人享有该不动产物权的证明。不动产权属证书记载的事项，应当与不动产登记簿一致；记载不一致的，除有证据证明不动产登记簿确有错误外，以______为准。
6. 权利人、利害关系人可以申请______不动产登记资料，登记机构______提供。
7. 当事人提供______申请登记，造成他人损害的，应当承担赔偿责任。因登记错误，造成他人损害的，登记机构应当承担赔偿责任。登记机构赔偿后，可以向造成登记错误的人______。
8. 不动产登记费______收取，不得按照不动产的______收取。
9. 动产物权的设立和转让，自______时发生效力，但是法律另有规定的除外。
10. 动产物权设立和转让前，权利人已经占有该动产的，物权自______时发生效力。
11. 动产物权转让时，当事人又约定由出让人继续占有该动产的，物权自______时发生效力。
12. 因人民法院、仲裁机构的法律文书或者人民政府的征收决定等，导致物权设立、变更、转让或者消灭的，自______时发生效力。
13. 因合法建造、拆除房屋等事实行为设立或者消灭物权的，自______时发生效力。

五、简答题

简述动产物权的变动。

参考答案

一、判断题

1. ×，解析：根据《民法典》第 209 条规定，不动产物权的设立、变更、转让和消灭，经依法登记，发生效力；未经登记，不发生效力，但是法律另有规定的除外。依法属于国家所有的自然资源，所有权可以不登记。
2. √，解析：根据《民法典》第 211 条规定，当事人申请登记，应当根据不同登记事项提供权属证明和不动产界址、面积等必要材料。
3. ×，解析：根据《民法典》第 213 条规定，登记机构不得有下列行为：（1）要求对不动产进行评估；（2）以年检等名义进行重复登记；（3）超出登记职责范围的其他行为。
4. ×，解析：根据《民法典》第 215 条规定，当事人之间订立有关设立、变更、转让和消灭不动产物权的合同，除法律另有规定或者当事人另有约定外，自合同成立时生效；未办理物权登记的，不影响合同效力。
5. √，解析：根据《民法典》第 218 条规定，权利人、利害关系人可以申请查询、复制不动产登记资料，登记机构应当提供。
6. √，解析：根据《民法典》第 220 条规定。
7. ×，解析：根据《民法典》第 223 条规定，不动产登记费按件收取，不得按照不动产的面积、体积或者价款的比例收取。
8. ×，解析：根据《民法典》第 225 条规定，船舶、航空器和机动车等的物权的设立、变更、转让和消灭，未经登记，不得对抗善意第三人。
9. ×，解析：根据《民法典》第 226 条规定，动产物权设立和转让前，权利人已经占有该动产的，物权自民事法律行为生效时发生效力。
10. √，解析：根据《民法典》第 230 条规定，因继承取得物权的，自继承开始时发生效力。

11. ×，解析：根据《民法典》第 232 条规定，处分依照本节规定享有的不动产物权，依照法律规定需要办理登记的，未经登记，不发生物权效力。

二、单项选择题

1. D，解析：根据《民法典》第 211 条规定，当事人申请登记，应当根据不同登记事项提供权属证明和不动产界址、面积等必要材料。
2. D，解析：根据《民法典》第 212 条规定，登记机构应当履行下列职责：（1）查验申请人提供的权属证明和其他必要材料；（2）就有关登记事项询问申请人；（3）如实、及时登记有关事项；（4）法律、行政法规规定的其他职责。申请登记的不动产的有关情况需要进一步证明的，登记机构可以要求申请人补充材料，必要时可以实地查看。
3. C，解析：根据《民法典》第 214 条规定，不动产物权的设立、变更、转让和消灭，依照法律规定应当登记的，自记载于不动产登记簿时发生效力。
4. A，解析：根据《民法典》第 216 条规定，不动产登记簿是物权归属和内容的根据。不动产登记簿由登记机构管理。
5. C，解析：根据《民法典》第 218 条规定，权利人、利害关系人可以申请查询、复制不动产登记资料，登记机构应当提供。根据《民法典》第 219 条规定，利害关系人不得公开、非法使用权利人的不动产登记资料。
6. B，解析：根据《民法典》第 221 条规定，当事人签订买卖房屋的协议或者签订其他不动产物权的协议，为保障将来实现物权，按照约定可以向登记机构申请预告登记。预告登记后，未经预告登记的权利人同意，处分该不动产的，不发生物权效力。预告登记后，债权消灭或者自能够进行不动产登记之日起 90 日内未申请登记的，预告登记失效。

7. C，解析：根据《民法典》第 222 条规定，当事人提供虚假材料申请登记，造成他人损害的，应当承担赔偿责任。因登记错误，造成他人损害的，登记机构应当承担赔偿责任。登记机构赔偿后，可以向造成登记错误的人追偿。
8. D，解析：根据《民法典》第 224 条规定，动产物权的设立和转让，自交付时发生效力，但是法律另有规定的除外。
9. A，解析：根据《民法典》第 225 条规定，船舶、航空器和机动车等的物权的设立、变更、转让和消灭，未经登记，不得对抗善意第三人。
10. A，解析：根据《民法典》第 227 条规定，动产物权设立和转让前，第三人占有该动产的，负有交付义务的人可以通过转让请求第三人返还原物的权利代替交付。
11. D，解析：根据《民法典》第 229 条规定，因人民法院、仲裁机构的法律文书或者人民政府的征收决定等，导致物权设立、变更、转让或者消灭的，自法律文书或者征收决定等生效时发生效力。
12. B，解析：根据《民法典》第 231 条规定，因合法建造、拆除房屋等事实行为设立或者消灭物权的，自事实行为成就时发生效力。

三、多项选择题

1. ABC，解析：根据《民法典》第 209 条规定，不动产物权的设立、变更、转让和消灭，经依法登记，发生效力；未经登记，不发生效力，但是法律另有规定的除外。依法属于国家所有的自然资源，所有权可以不登记。
2. ABCD，解析：根据《民法典》第 210 条规定，不动产登记，由不动产所在地的登记机构办理。国家对不动产实行统一登记制度。统一登记的范围、登记机构和登记办法，由法律、行政法规规定。
3. ABC，解析：根据《民法典》第 213 条规定，登记机构不得有下列行为：（1）要求对不动产进行评估；（2）以年检等名义进行重复登记；（3）超出登记职责范围的其他行为。

4. BCD，解析：根据《民法典》第 215 条规定，当事人之间订立有关设立、变更、转让和消灭不动产物权的合同，除法律另有规定或者当事人另有约定外，自合同成立时生效；未办理物权登记的，不影响合同效力。
5. ABCD，解析：根据《民法典》第 216 条第 1 款规定，不动产登记簿是物权归属和内容的根据。根据《民法典》第 217 条规定，不动产权属证书是权利人享有该不动产物权的证明。不动产权属证书记载的事项，应当与不动产登记簿一致；记载不一致的，除有证据证明不动产登记簿确有错误外，以不动产登记簿为准。
6. ABC，解析：根据《民法典》第 221 条规定，当事人签订买卖房屋的协议或者签订其他不动产物权的协议，为保障将来实现物权，按照约定可以向登记机构申请预告登记。预告登记后，未经预告登记的权利人同意，处分该不动产的，不发生物权效力。预告登记后，债权消灭或者自能够进行不动产登记之日起 90 日内未申请登记的，预告登记失效。
7. ABCD，解析：根据《民法典》第 223 条规定，不动产登记费按件收取，不得按照不动产的面积、体积或者价款的比例收取。
8. ABC，解析：根据《民法典》第 224 条规定，动产物权的设立和转让，自交付时发生效力，但是法律另有规定的除外。
9. ABC，解析：根据《民法典》第 226 条规定，动产物权设立和转让前，权利人已经占有该动产的，物权自民事法律行为生效时发生效力。
10. ABD，解析：根据《民法典》第 228 条规定，动产物权转让时，当事人又约定由出让人继续占有该动产的，物权自该约定生效时发生效力。
11. ABC，解析：根据《民法典》第 230 条规定，因继承取得物权的，自继承开始时发生效力。

四、填空题

1. 不动产物权；国家所有的自然资源。(《民法典》第 209 条)

2. 评估；重复登记；登记职责范围。(《民法典》第 213 条)
3. 不动产登记簿。(《民法典》第 214 条)
4. 物权归属和内容；登记机构。(《民法典》第 216 条)
5. 不动产权属证书；不动产登记簿。(《民法典》第 217 条)
6. 查询、复制；应当。(《民法典》第 218 条)
7. 虚假材料；追偿。(《民法典》第 222 条)
8. 按件；面积、体积或者价款的比例。(《民法典》第 223 条)
9. 交付。(《民法典》第 224 条)
10. 民事法律行为生效。(《民法典》第 226 条)
11. 该约定生效。(《民法典》第 228 条)
12. 法律文书或者征收决定等生效。(《民法典》第 229 条)
13. 事实行为成就。(《民法典》第 231 条)

五、简答题

答：动产物权的变动，是指动产物权的设立、变更、转让和消灭。动产物权变动需有能够引起物权变动的法律事实，主要包括法律行为、事件和事实行为、公法上的原因。通常可以将动产物权的变动分为基于法律行为的物权变动和非基于法律行为的物权变动。

1. 基于法律行为的动产物权变动，除法律另有规定外，以交付作为物权设立与转让的生效条件。交付是转移标的物占有的行为，交付方式包括：(1) 现实交付，即将出让物置于受让人的实际控制之下。(2) 简易交付，动产物权的受让人因合同业已占有出让人的出让物的，出让人与受让人达成物权转让合意或设立合意时，交付即完成。(3) 指示交付，出让人的出让动产被第三人占有的，出让人将返还请求权让与受让人，并告知占有人向受让人交付该动产，交付即完成。(4) 占有改定，出让人在转让物权后，仍需要继续占有出让的动产的，由出让人与受让人订立合同，由出让人继续占有该动产，在约定期限届满时，出让人再按约定将该动产交还受让人占有，即为占有改定。

2. 非基于法律行为的动产物权变动不需要公示。根据《民法典》物权编的相关规定，因人民法院、仲裁委员会的法律文书或者人民政府的征收决定等，导致物权设立、变更、转让或者消灭的，自法律文书或者人民政府的征收决定等生效时发生效力。因继承取得物权的，自继承开始时发生效力。因事实行为设立或者消灭物权的，自事实行为成就时发生效力。

第三章　物权的保护

一、判断题

1. 物权受到侵害的，权利人可以通过和解、调解、仲裁、诉讼等途径解决。(　　)
2. 无权占有不动产或者动产的，权利人可以请求返还原物。(　　)
3. 造成不动产或者动产毁损的，权利人可以依法请求修理、重作、更换或者恢复原状。(　　)
4. 物权保护方式不得合并适用。(　　)

二、单项选择题

1. 关于物权确认请求权，以下说法错误的是：(　　)
   A. 因物权的归属发生争议的，利害关系人可以请求确认权利
   B. 因物权的内容发生争议的，利害关系人可以请求确认权利
   C. 利害关系人请求确认物权的归属属于物权确认请求权的内容
   D. 因物权的内容发生争议的，利害关系人不得请求确认权利
2. 妨害物权或者可能妨害物权的，权利人可以请求(　　)。
   A. 停止侵害　　B. 损害赔偿
   C. 返还原物　　D. 消除危险
3. 侵害物权，造成权利人损害的，权利人依法不得请求(　　)。
   A. 排除妨碍　　B. 损害赔偿
   C. 消除危险　　D. 惩罚性赔偿

三、多项选择题

1. 物权受到侵害的，权利人可以通过(　　)等途径解决。
   A. 和解　　B. 调解

C. 仲裁　　D. 诉讼

2. 关于返还原物请求权以下说法正确的是：(　　)

A. 无权占有不动产的，权利人可以请求返还原物

B. 无权占有动产的，权利人可以请求返还原物

C. 无权占有不动产的，权利人不得请求返还原物

D. 权利人请求无权占有人返还原物属于返还原物请求权的内容

3. 造成不动产或者动产毁损的，权利人可以依法请求(　　)。

A. 修理　　B. 重作

C. 更换　　D. 恢复原状

4. 关于物权的保护方式以下说法正确的是：(　　)

A. 物权保护方式，可以单独适用

B. 根据权利被侵害的情形，物权保护方式不得合并适用

C. 停止侵害请求权与损害赔偿请求权可以合并适用

D. 物权保护方式，可以根据权利被侵害的情形合并适用

四、填空题

1. 物权受到侵害的，权利人可以通过______、______、______、______等途径解决。

2. 因物权的_____、_____发生争议的，利害关系人可以请求确认权利。

3. 妨害物权或者可能妨害物权的，权利人可以请求______或者______。

4. 侵害物权，造成权利人损害的，权利人可以依法请求______，也可以依法请求承担其他民事责任。

五、简答题

简述物权的保护。

参考答案

一、判断题

1. √，解析：根据《民法典》第233条规定，物权受到侵害的，权利人可以通过和解、调解、仲裁、诉讼等途径解决。
2. √，解析：根据《民法典》第235条规定，无权占有不动产或者动产的，权利人可以请求返还原物。
3. √，解析：根据《民法典》第237条规定，造成不动产或者动产毁损的，权利人可以依法请求修理、重作、更换或者恢复原状。
4. ×，解析：根据《民法典》第239条规定，本章规定的物权保护方式，可以单独适用，也可以根据权利被侵害的情形合并适用。

二、单项选择题

1. D，解析：根据《民法典》第234条规定，因物权的归属、内容发生争议的，利害关系人可以请求确认权利。
2. D，解析：根据《民法典》第236条规定，妨害物权或者可能妨害物权的，权利人可以请求排除妨害或者消除危险。
3. D，解析：根据《民法典》第238条规定，侵害物权，造成权利人损害的，权利人可以依法请求损害赔偿，也可以依法请求承担其他民事责任。

三、多项选择题

1. ABCD，解析：根据《民法典》第233条规定，物权受到侵害的，权利人可以通过和解、调解、仲裁、诉讼等途径解决。
2. ABD，解析：根据《民法典》第235条规定，无权占有不动产或者动产的，权利人可以请求返还原物。
3. ABCD，解析：根据《民法典》第237条规定，造成不动产或者动产毁损的，权利人可以依法请求修理、重作、更换或者恢复原状。
4. ACD，解析：根据《民法典》第239条规定，本章规定的物权保护方式，可以单独适用，也可以根据权利被侵害的情形合并适用。

四、填空题

1. 和解；调解；仲裁；诉讼。(《民法典》第233条)
2. 归属；内容。(《民法典》第234条)
3. 排除妨害；消除危险。(《民法典》第236条)
4. 损害赔偿。(《民法典》第238条)

五、简答题

答：根据《民法典》物权编的规定，物权的保护方式可以大致分为三类，详述如下：

（1）物权确认请求权。因物权的归属、内容发生争议的，利害关系人可以请求确认权利。此种请求可以通过向行政机关、法院或者仲裁机构提起。在确认之前，物权是否存在尚处于不确定状态，因此，此项权利不是物权请求权的内容。

（2）通过物权请求权的保护。此种请求权是基于物权而产生的一种请求权，旨在排除对于物权现实的或者潜在的损害，恢复物权圆满之支配状态。主要包括三种具体类型：返还原物请求权、妨害排除请求权和消除危险请求权。前两项旨在恢复已经造成的损害，后一项旨在排除对于物权潜在的侵害。

（3）通过债权请求权的保护。债权请求权是基于特定原因引起的，在特定当事人之间发生请求相对人为或不为一定行为的权利。根据《民法典》物权编的规定，进行物权保护的债权请求权主要包括恢复原状请求权和赔偿损失请求权。

第二分编　所 有 权

第四章　一般规定

一、判断题

1. 所有权人有权在自己的不动产或者动产上设立用益物权和担保物权。（　　）
2. 为了公共利益的需要，依照法律规定的权限和程序可以征收集体所有的土地和组织、个人的房屋以及其他不动产。（　　）
3. 被征用的不动产或者动产使用后，可以视情况返还被征用人。（　　）

二、单项选择题

1. 关于所有权的权能以下说法错误的是：（　　）
   A. 所有权人对自己的不动产或者动产，依法享有占有、使用的权利
   B. 所有权人对自己的不动产或者动产，依法享有收益的权利
   C. 所有权不是最完全的物权
   D. 所有权人对自己的不动产或者动产，依法享有处分的权利
2. 法律规定专属于国家所有的不动产和动产，任何组织或者个人不能取得（　　）。
   A. 经营权　　B. 使用权
   C. 占有权　　D. 所有权
3. 关于耕地的保护，以下说法错误的是：（　　）
   A. 我国对耕地实行特殊保护

B. 我国适当限制农用地转为建设用地

C. 我国控制建设用地总量

D. 不得违反法律规定的权限和程序征收集体所有的土地

三、多项选择题

1. 所有权人对自己的不动产或者动产，依法享有(　　)的权利。

A. 占有　　B. 使用

C. 收益　　D. 处分

2. 下列关于征收的表述正确的是：(　　)

A. 为了公共利益的需要，依照法律规定的权限和程序可以征收集体所有的土地和组织、个人的房屋以及其他不动产

B. 征收集体所有的土地，应当依法及时足额支付土地补偿费、安置补助费以及农村村民住宅、其他地上附着物和青苗等的补偿费用

C. 征收组织、个人的房屋以及其他不动产，应当依法给予征收补偿，维护被征收人的合法权益

D. 任何组织或者个人不得贪污、挪用、私分、截留、拖欠征收补偿费等费用

四、填空题

1. 所有权人对自己的不动产或者动产，依法享有______、______、______和______的权利。

2. 法律规定______不动产和动产，任何组织或者个人不能取得所有权。

3. 国家对耕地实行______，严格限制______，控制______。不得违反法律规定的______征收集体所有的土地。

4. 因______、______等紧急需要，依照法律规定的权限和程序可以征用组织、个人的不动产或者动产。被征用的不动产或者动产使用后，______被征用人。组织、个人的不动产或者动产被征用或者征用后毁损、灭失的，应当给予______。

参考答案

一、判断题

1. √，解析：根据《民法典》第 241 条规定，所有权人有权在自己的不动产或者动产上设立用益物权和担保物权。用益物权人、担保物权人行使权利，不得损害所有权人的权益。
2. √，解析：根据《民法典》第 243 条第 1 款规定，为了公共利益的需要，依照法律规定的权限和程序可以征收集体所有的土地和组织、个人的房屋以及其他不动产。
3. ×，解析：根据《民法典》第 245 条规定，因抢险救灾、疫情防控等紧急需要，依照法律规定的权限和程序可以征用组织、个人的不动产或者动产。被征用的不动产或者动产使用后，应当返还被征用人。组织、个人的不动产或者动产被征用或者征用后毁损、灭失的，应当给予补偿。

二、单项选择题

1. C，解析：根据《民法典》第 240 条规定，所有权人对自己的不动产或者动产，依法享有占有、使用、收益和处分的权利。所有权是最完全的物权。
2. D，解析：根据《民法典》第 242 条规定，法律规定专属于国家所有的不动产和动产，任何组织或者个人不能取得所有权。
3. B，解析：根据《民法典》第 244 条规定，国家对耕地实行特殊保护，严格限制农用地转为建设用地，控制建设用地总量。不得违反法律规定的权限和程序征收集体所有的土地。

三、多项选择题

1. ABCD，解析：根据《民法典》第 240 条规定，所有权人对自己的不动产或者动产，依法享有占有、使用、收益和处分的权利。
2. ABCD，解析：根据《民法典》第 243 条规定，为了公共利益的需要，依照法律规定的权限和程序可以征收集体所有的土地和组织、个人的房屋以及其他不动产。征收集体所有的土地，应当依法及时足额支付土地补偿费、安置补助费以及农村村民住宅、其他地上附着物和青苗等的补偿费用，并安排被征地农民的社会保障费用，保障被征地农民的生活，维护被征地农民的合法权益。征收组织、个人的房屋以及其他不动产，应当依法给予征收补偿，维护被征收人的合法权益；征收个人住宅的，还应当保障被征收人的居住条件。任何组织或者个人不得贪污、挪用、私分、截留、拖欠征收补偿费等费用。

四、填空题

1. 占有；使用；收益；处分。(《民法典》第 240 条)
2. 专属于国家所有的。(《民法典》第 242 条)
3. 特殊保护；农用地转为建设用地；建设用地总量；权限和程序。(《民法典》第 244 条)
4. 抢险救灾；疫情防控；应当返还；补偿。(《民法典》第 245 条)

第五章　国家所有权和集体所有权、私人所有权

一、判断题

1. 法律规定属于国家所有的财产，属于国家所有即全民所有。(　　)
2. 无居民海岛属于国家所有。(　　)
3. 森林、山岭、草原、荒地、滩涂等自然资源，无一例外全部属于国家所有。(　　)
4. 所有的野生动植物资源，均属于国家所有。(　　)
5. 国防资产属于国家所有。(　　)
6. 国家举办的事业单位对其直接支配的不动产和动产，享有占有、使用以及依照法律和国务院的有关规定收益、处分的权利。(　　)
7. 国家所有的财产受法律保护，禁止任何组织或者个人侵占、哄抢、私分、截留、破坏。(　　)
8. 集体所有的不动产和动产包括城市的土地。(　　)
9. 农民集体所有的不动产和动产，属于本集体成员集体所有。(　　)
10. 属于村农民集体所有的土地和森林、山岭、草原、荒地、滩涂等，由村集体经济组织或者村民委员会依法代表集体行使所有权。(　　)
11. 国家、集体和私人依法可以出资设立有限责任公司、股份有限公司或者其他企业。(　　)
12. 社会团体法人、捐助法人依法所有的不动产和动产，受法律保护。(　　)

二、单项选择题

1. 无居民海岛属于国家所有，(　　)代表国家行使无居民海岛所有权。

A. 全国人大　　B. 国务院

C. 全国人大常委会　　D. 国有企业

2. 国家机关对其直接支配的不动产和动产，不享有(　　)的权利。

A. 占有

B. 使用

C. 收益

D. 依照法律和国务院的有关规定处分

3. 以下单位中，可以对其直接支配的不动产和动产，依照法律和国务院的有关规定进行收益、处分的是：(　　)

A. 中国社会科学院　　B. 财政部

C. 外交部　　D. 国家发展和改革委员会

4. 国家出资的企业，由(　　)依照法律、行政法规规定分别代表国家履行出资人职责，享有出资人权益。

A. 全国人大　　B. 地方人大

C. 国有企业　　D. 国务院、地方人民政府

5. 关于国家所有权的保护，以下说法错误的是：(　　)

A. 国家所有的财产受法律保护，禁止任何组织或者个人侵占、哄抢

B. 国家所有的财产受法律保护，禁止任何组织或者个人截留、私分

C. 国家所有的财产受法律保护，禁止任何组织或者个人使用、收益

D. 国家所有的财产受法律保护，禁止任何组织或者个人破坏

6. 关于国有资产的监管，以下说法错误的是：(　　)

A. 履行国有财产管理、监督职责的机构及其工作人员，应当依法加强对国有财产的管理、监督

B. 履行国有财产管理、监督职责的机构及其工作人员，应当依法促进国有财产保值增值，防止国有财产损失

C. 履行国有财产管理、监督职责的机构及其工作人员，滥用职权，玩忽职守，造成国有财产损失的，应当依法承担法律责任

D. 在企业改制过程中，提供担保造成国有财产损失的，应当承担法律责任

7. 集体所有的不动产和动产不包括：(　　)

A. 矿藏　　B. 集体所有的建筑物

C. 集体所有的土地　　D. 集体所有的教育设施

8. 关于城镇集体所有权，以下表述错误的是：(　　)

A. 城镇集体所有的不动产，依照法律、行政法规的规定由本集体享有占有和使用的权利

B. 城镇集体所有的动产，依照法律、行政法规的规定由本集体享有收益和处分的权利

C. 城镇集体所有的不动产，依照法律、行政法规的规定由本集体享有收益和处分的权利

D. 城镇集体所有的不动产和动产，依照法律、行政法规的规定均由本集体成员个人享有占有、使用、收益和处分的权利

9. 关于集体财产状况的公布，以下说法错误的是：(　　)

A. 农村集体经济组织或者村民委员会、村民小组应当依照法律、行政法规以及章程、村规民约向本集体成员公布集体财产的状况

B. 农村集体经济组织或者村民委员会、村民小组应当向全社会公开公布集体财产的状况

C. 集体成员有权查阅相关资料

D. 集体成员有权复制相关资料

10. 关于集体所有权的保护，以下说法错误的是：(　　)

A. 集体所有的财产受法律保护，禁止任何组织或者个人侵占、哄抢

B. 集体所有的财产受法律保护，禁止任何组织或者个人私分、破坏

C. 农村集体经济组织、村民委员会或者其负责人作出的决定侵害集体成员合法权益的，受侵害的集体成员可以请求人民法院予以撤销

D. 农村集体经济组织、村民委员会或者其负责人作出的决定侵害集体成员合法权益的，受侵害的集体成员可以请求仲裁机构予以撤销

11. 私人对(　　)不享有所有权。

A. 合法的收入　　B. 城市的土地

C. 合法的生活用品　　D. 合法的生产工具、原材料

12. 关于私有财产的保护，以下说法错误的是：(　　)

A. 私人的合法财产受法律保护，禁止任何组织或者个人侵占

B. 私人的合法财产受法律保护，禁止任何组织或者个人哄抢

C. 私人的合法财产受法律保护，禁止任何组织或者个人破坏

D. 私人的合法财产受法律保护，禁止任何组织或者个人使用

13. 关于营利法人的权利，以下说法错误的是：(　　)

A. 营利法人对其不动产和动产依照法律享有占有的权利

B. 营利法人对其不动产和动产依照行政法规享有使用的权利

C. 营利法人对其不动产和动产依照章程享有收益的权利

D. 营利法人对其不动产和动产依照规章享有处分的权利

三、多项选择题

1. 关于国家所有权及其行使，以下说法正确的是：(　　)

A. 法律规定属于国家所有的财产，属于国家所有即全民所有

B. 国有财产原则上由国务院代表国家行使所有权

C. 法律关于国家所有权及其行使另有规定的，依照其规定

D. 国有财产原则上由全国人大代表国家行使所有权

2. (　　)属于国家所有。

A. 海域　　B. 矿藏

C. 水流　　D. 无居民海岛

3. (　　)等自然资源，属于国家所有，但是法律规定属于集体所有的除外。

A. 滩涂　　B. 山岭

C. 荒地　　　　　　　　　　　　D. 森林

4. (　　)属于国家所有。

A. 法律规定属于国家所有的文物

B. 无线电频谱资源

C. 城市的土地

D. 法律规定属于国家所有的野生动植物资源

5. 国家机关对其直接支配的不动产和动产，享有(　　)的权利。

A. 占有

B. 使用

C. 收益

D. 依照法律和国务院的有关规定处分

6. 国家举办的事业单位对其直接支配的不动产和动产，享有(　　)的权利。

A. 占有

B. 依照法律和国务院的有关规定收益

C. 使用

D. 依照法律和国务院的有关规定处分

7. 关于私有财产的保护，以下说法正确的是：(　　)

A. 私人的合法财产受法律保护，禁止任何组织或者个人侵占

B. 私人的非法财产受法律保护，禁止任何组织或者个人哄抢

C. 私人的合法财产受法律保护，禁止任何组织或者个人破坏

D. 私人的非法财产受法律保护，禁止任何组织或者个人侵占

8. 关于企业出资人，以下说法正确的是：(　　)

A. 国家、集体和私人依法可以出资设立有限责任公司、股份有限公司或者其他企业

B. 国家、集体和私人所有的不动产或者动产投到企业的，由出资人按照约定或者出资比例享有资产收益等权利并履行义务

C. 国家、集体和私人所有的不动产或者动产投到企业的，由出资人

按照约定或者出资比例享有重大决策等权利并履行义务

D. 国家、集体和私人所有的不动产或者动产投到企业的，由出资人按照约定或者出资比例享有选择经营管理者等权利并履行义务

9. 关于社会团体法人、捐助法人所有权的保护，以下说法正确的是：(　　)

A. 社会团体法人依法所有的不动产，受法律保护

B. 社会团体法人依法所有的动产，受法律保护

C. 捐助法人依法所有的不动产，受法律保护

D. 捐助法人依法所有的动产，受法律保护

四、填空题

1. 法律规定属于国家所有的财产，属于______即______。国有财产由______代表国家行使所有权。法律另有规定的，依照其规定。

2. 无居民海岛属于______，______代表国家行使无居民海岛所有权。

3. ______、______、______、______、______等自然资源，属于国家所有，但是法律规定属于集体所有的除外。

4. ______、公路、电力设施、电信设施和______等基础设施，依照法律规定为国家所有的，属于国家所有。

5. 国家机关对其______的不动产和动产，享有占有、使用以及依照法律和国务院的有关规定______的权利。

6. 国家所有的财产受法律保护，禁止任何组织或者个人______、______、______、______、______。

7. 集体所有的不动产和动产包括：（1）法律规定属于集体所有的______、山岭、草原、荒地、滩涂；（2）集体所有的建筑物、______、农田水利设施；（3）集体所有的教育、科学、______、卫生、体育等设施；（4）集体所有的其他不动产和动产。

8. 集体所有的财产受法律保护，禁止任何组织或者个人______、______、______、______。农村集体经济组织、村民委员会或者其负责人作出的决定侵害集体成员合法权益的，______可以请求人民法院予以撤销。

9. 私人对其合法的______、______、______、______、______等不动产和动产享有所有权。

10. 私人的合法财产受法律保护，禁止任何组织或者个人______、______、______。

11. 国家、集体和私人依法可以出资设立有限责任公司、股份有限公司或者其他企业。国家、集体和私人所有的不动产或者动产投到企业的，由出资人按照约定或者出资比例享有______、______以及______等权利并履行义务。

12. 营利法人对其不动产和动产依照法律、行政法规以及章程享有______、______、______和______的权利。营利法人以外的法人，对其不动产和动产的权利，适用有关法律、行政法规以及章程的规定。

参考答案

一、判断题

1. √，解析：根据《民法典》第 246 条规定，法律规定属于国家所有的财产，属于国家所有即全民所有。国有财产由国务院代表国家行使所有权。法律另有规定的，依照其规定。

2. √，解析：根据《民法典》第 248 条规定，无居民海岛属于国家所有，国务院代表国家行使无居民海岛所有权。

3. ×，解析：根据《民法典》第 250 条规定，森林、山岭、草原、荒地、滩涂等自然资源，属于国家所有，但是法律规定属于集体所有的除外。

4. ×，解析：根据《民法典》第 251 条规定，法律规定属于国家所有的野生动植物资源，属于国家所有。

5. √，解析：根据《民法典》第 254 条规定，国防资产属于国家所有。铁路、公路、电力设施、电信设施和油气管道等基础设施，依照法律规定为国家所有的，属于国家所有。
6. √，解析：根据《民法典》第 256 条规定，国家举办的事业单位对其直接支配的不动产和动产，享有占有、使用以及依照法律和国务院的有关规定收益、处分的权利。
7. √，解析：根据《民法典》第 258 条规定，国家所有的财产受法律保护，禁止任何组织或者个人侵占、哄抢、私分、截留、破坏。
8. ×，解析：根据《民法典》第 260 条规定，集体所有的不动产和动产包括：（1）法律规定属于集体所有的土地和森林、山岭、草原、荒地、滩涂；（2）集体所有的建筑物、生产设施、农田水利设施；（3）集体所有的教育、科学、文化、卫生、体育等设施；（4）集体所有的其他不动产和动产。
9. √，解析：根据《民法典》第 261 条规定。
10. √，解析：根据《民法典》第 262 条规定。
11. √，解析：根据《民法典》第 268 条规定。
12. √，解析：根据《民法典》第 270 条规定，社会团体法人、捐助法人依法所有的不动产和动产，受法律保护。

二、单项选择题

1. B，解析：根据《民法典》第 248 条规定，无居民海岛属于国家所有，国务院代表国家行使无居民海岛所有权。
2. C，解析：根据《民法典》第 255 条规定，国家机关对其直接支配的不动产和动产，享有占有、使用以及依照法律和国务院的有关规定处分的权利。
3. A，解析：根据《民法典》第 256 条规定，国家举办的事业单位对其直接支配的不动产和动产，享有占有、使用以及依照法律和国务院的有关规定收益、处分的权利。选项中，A 为国务院直属事业单位，其他均为国家机关。

4. D，解析：根据《民法典》第 257 条规定，国家出资的企业，由国务院、地方人民政府依照法律、行政法规规定分别代表国家履行出资人职责，享有出资人权益。
5. C，解析：根据《民法典》第 258 条规定，国家所有的财产受法律保护，禁止任何组织或者个人侵占、哄抢、私分、截留、破坏。
6. D，解析：根据《民法典》第 259 条规定，履行国有财产管理、监督职责的机构及其工作人员，应当依法加强对国有财产的管理、监督，促进国有财产保值增值，防止国有财产损失；滥用职权，玩忽职守，造成国有财产损失的，应当依法承担法律责任。违反国有财产管理规定，在企业改制、合并分立、关联交易等过程中，低价转让、合谋私分、擅自担保或者以其他方式造成国有财产损失的，应当依法承担法律责任。D 项表述不全面。
7. A，解析：根据《民法典》第 260 条规定，集体所有的不动产和动产包括：（1）法律规定属于集体所有的土地和森林、山岭、草原、荒地、滩涂；（2）集体所有的建筑物、生产设施、农田水利设施；（3）集体所有的教育、科学、文化、卫生、体育等设施；（4）集体所有的其他不动产和动产。
8. D，解析：根据《民法典》第 263 条规定，城镇集体所有的不动产和动产，依照法律、行政法规的规定由本集体享有占有、使用、收益和处分的权利。
9. B，解析：根据《民法典》第 264 条规定，农村集体经济组织或者村民委员会、村民小组应当依照法律、行政法规以及章程、村规民约向本集体成员公布集体财产的状况。集体成员有权查阅、复制相关资料。
10. D，解析：根据《民法典》第 265 条规定，集体所有的财产受法律保护，禁止任何组织或者个人侵占、哄抢、私分、破坏。农村集体经济组织、村民委员会或者其负责人作出的决定侵害集体成员合法权益的，受侵害的集体成员可以请求人民法院予以撤销。
11. B，解析：根据《民法典》第 266 条规定，私人对其合法的收入、房屋、生活用品、生产工具、原材料等不动产和动产享有所有权。

12. D，解析：根据《民法典》第 267 条规定，私人的合法财产受法律保护，禁止任何组织或者个人侵占、哄抢、破坏。

13. D，解析：根据《民法典》第 269 条规定，营利法人对其不动产和动产依照法律、行政法规以及章程享有占有、使用、收益和处分的权利。营利法人以外的法人，对其不动产和动产的权利，适用有关法律、行政法规以及章程的规定。

三、多项选择题

1. ABC，解析：根据《民法典》第 246 条规定，法律规定属于国家所有的财产，属于国家所有即全民所有。国有财产由国务院代表国家行使所有权。法律另有规定的，依照其规定。

2. ABCD，解析：根据《民法典》第 247 条规定，矿藏、水流、海域属于国家所有。根据《民法典》第 248 条规定，无居民海岛属于国家所有，国务院代表国家行使无居民海岛所有权。

3. ABCD，解析：根据《民法典》第 250 条规定，森林、山岭、草原、荒地、滩涂等自然资源，属于国家所有，但是法律规定属于集体所有的除外。

4. ABCD，解析：根据《民法典》第 249 条规定，城市的土地，属于国家所有。法律规定属于国家所有的农村和城市郊区的土地，属于国家所有。根据《民法典》第 251 条规定，法律规定属于国家所有的野生动植物资源，属于国家所有。根据《民法典》第 252 条规定，无线电频谱资源属于国家所有。根据《民法典》第 253 条规定，法律规定属于国家所有的文物，属于国家所有。

5. ABD，解析：根据《民法典》第 255 条规定，国家机关对其直接支配的不动产和动产，享有占有、使用以及依照法律和国务院的有关规定处分的权利。

6. ABCD，解析：根据《民法典》第 256 条规定，国家举办的事业单位对其直接支配的不动产和动产，享有占有、使用以及依照法律和国务院的有关规定收益、处分的权利。
7. AC，解析：根据《民法典》第 267 条规定，私人的合法财产受法律保护，禁止任何组织或者个人侵占、哄抢、破坏。
8. ABCD，解析：根据《民法典》第 268 条规定，国家、集体和私人依法可以出资设立有限责任公司、股份有限公司或者其他企业。国家、集体和私人所有的不动产或者动产投到企业的，由出资人按照约定或者出资比例享有资产收益、重大决策以及选择经营管理者等权利并履行义务。
9. ABCD，解析：根据《民法典》第 270 条规定，社会团体法人、捐助法人依法所有的不动产和动产，受法律保护。

四、填空题

1. 国家所有；全民所有；国务院。(《民法典》第 246 条)
2. 国家所有；国务院。(《民法典》第 248 条)
3. 森林；山岭；草原；荒地；滩涂。(《民法典》第 250 条)
4. 铁路；油气管道。(《民法典》第 254 条)
5. 直接支配；处分。(《民法典》第 255 条)
6. 侵占；哄抢；私分；截留；破坏。(《民法典》第 258 条)
7. 土地和森林；生产设施；文化。(《民法典》第 260 条)
8. 侵占；哄抢；私分；破坏；受侵害的集体成员。(《民法典》第 265 条)
9. 收入；房屋；生活用品；生产工具；原材料。(《民法典》第 266 条)
10. 侵占；哄抢；破坏。(《民法典》第 267 条)
11. 资产收益；重大决策；选择经营管理者。(《民法典》第 268 条)
12. 占有；使用；收益；处分。(《民法典》第 269 条)

第六章　业主的建筑物区分所有权

一、判断题

1. 业主对其建筑物共有部分享有占有、使用、收益和处分的权利。(　　)
2. 业主转让建筑物内的住宅、经营性用房，其对共有部分享有的共有和共同管理的权利可以分别转让。(　　)
3. 建筑区划内，规划用于停放汽车的车位、车库应当首先满足业主的需要。(　　)
4. 业主可以设立业主大会，选举业主委员会。业主大会、业主委员会成立的具体条件和程序，依照法律、法规的规定。(　　)
5. 业主大会或者业主委员会的决定，对业主具有法律约束力。(　　)
6. 建设单位、物业服务企业或者其他管理人等利用业主的共有部分产生的收入，在扣除合理成本之后，属于业主共有。(　　)
7. 业主可以自行管理建筑物及其附属设施，也可以委托物业服务企业或者其他管理人管理。(　　)
8. 业主应当遵守法律、法规以及管理规约，相关行为应当符合节约资源、保护生态环境的要求。对于物业服务企业或者其他管理人执行政府依法实施的应急处置措施和其他管理措施，业主应当依法予以配合。(　　)

二、单项选择题

1. 关于建筑物区分所有权，以下说法错误的是：(　　)

   A. 业主对建筑物内的住宅专有部分享有所有权

   B. 业主对建筑物内的经营性用房专有部分享有所有权

   C. 业主对建筑物内的住宅共有部分享有所有权

D. 业主对专有部分以外的共有部分享有共有和共同管理的权利

2. 关于建筑物区分所有权专有部分的权利义务，以下说法错误的是：(　　)

A. 业主对其建筑物共有部分享有占有和使用的权利

B. 业主对其建筑物专有部分享有收益和处分的权利

C. 业主行使权利不得损害其他业主的合法权益

D. 业主行使权利不得危及建筑物的安全

3. 关于建筑物区分所有权共有部分的权利义务，以下说法错误的是：(　　)

A. 业主对建筑物专有部分以外的共有部分，享有权利

B. 业主对建筑物专有部分以外的共有部分，承担义务

C. 业主对建筑物专有部分以外的共有部分，不得以放弃权利为由不履行义务

D. 业主转让建筑物内的住宅、经营性用房，其对共有部分享有的共有和共同管理的权利可以分别转让

4. 关于车位、车库的归属，以下说法错误的是：(　　)

A. 建筑区划内，规划用于停放汽车的车位、车库的归属，可以由当事人通过出售的方式约定

B. 建筑区划内，规划用于停放汽车的车位、车库的归属，可以由当事人通过附赠的方式约定

C. 建筑区划内，规划用于停放汽车的车位、车库的归属，可以由当事人通过出租的方式约定

D. 占用业主共有的道路或者其他场地用于停放汽车的车位，可以由业主个人所有

5. 关于建筑物及其附属设施的维修资金，以下说法错误的是：(　　)

A. 建筑物及其附属设施的维修资金，属于业主共有

B. 经业主共同决定，可以用于电梯、屋顶、外墙、无障碍设施等共有部分的维修、更新和改造

C. 建筑物及其附属设施的维修资金的筹集、使用情况可以视情况公布

D. 紧急情况下需要维修建筑物及其附属设施的，业主大会或者业主委员会可以依法申请使用建筑物及其附属设施的维修资金

6. 关于建筑物及其附属设施的费用分摊、收益分配，以下说法错误的是：(　　)

A. 建筑物及其附属设施的费用分摊，有约定的，按照约定

B. 建筑物及其附属设施的收益分配，有约定的，按照约定

C. 没有约定或者约定不明确的，按照业主人数占比确定

D. 没有约定或者约定不明确的，按照业主专有部分面积所占比例确定

7. 关于委托管理，以下说法错误的是：(　　)

A. 物业服务企业或者其他管理人根据业主的委托，依照物业服务合同的有关规定管理建筑区划内的建筑物及其附属设施

B. 物业服务企业或者其他管理人根据业主的委托管理，并接受业主的监督

C. 物业服务企业或者其他管理人应当及时答复业主对物业服务情况提出的询问

D. 物业服务企业或者其他管理人应当书面答复业主对物业服务情况提出的询问

三、多项选择题

1. 关于建筑区划内共有的范围，以下说法正确的是：(　　)

A. 建筑区划内的绿地，原则上属于业主共有

B. 建筑区划内的道路，属于业主共有，但是属于城镇公共道路的除外

C. 建筑区划内的绿地，属于城镇公共绿地或者明示属于个人的，不属于业主共有

D. 建筑区划内的其他公共场所、公用设施和物业服务用房，属于业主共有

2. 关于业主共同决定的事项，以下说法正确的是：（　　）

A. 制定和修改业主大会议事规则，应当经参与表决专有部分面积过半数的业主且参与表决人数过半数的业主同意

B. 选聘和解聘物业服务企业或者其他管理人，应当经参与表决专有部分面积过半数的业主且参与表决人数过半数的业主同意

C. 改建、重建建筑物及其附属设施，应当经参与表决专有部分面积 3/4 以上的业主且参与表决人数 3/4 以上的业主同意

D. 使用建筑物及其附属设施的维修资金，应当经参与表决专有部分面积过半数的业主且参与表决人数过半数的业主同意

3. 关于住宅改为经营性用房的条件，以下说法正确的是：（　　）

A. 业主不得违反法律、法规以及管理规约，将住宅改变为经营性用房

B. 业主将住宅改变为经营性用房的，需遵守法律、法规以及管理规约

C. 业主将住宅改变为经营性用房的，应当经有利害关系的业主一致同意

D. 业主将住宅改变为经营性用房的，应当经全体业主一致同意

4. 关于业主大会、业主委员会的决定，以下说法正确的是：（　　）

A. 业主大会的决定，对业主具有法律约束力

B. 业主大会或者业主委员会作出的决定侵害业主合法权益的，受侵害的业主可以请求人民法院予以撤销

C. 业主委员会的决定，对业主具有法律约束力

D. 业主大会或者业主委员会作出的决定侵害业主合法权益的，任何业主均可以请求人民法院予以撤销

5. 关于利用业主的共有部分产生的收入归属，以下说法正确的是：（　　）

A. 建设单位利用业主的共有部分产生的收入，在扣除合理成本之后，属于业主共有

B. 物业服务企业利用业主的共有部分产生的收入，在扣除合理成本之后，属于业主共有

C. 其他管理人利用业主的共有部分产生的收入，在扣除合理成本之后，属于业主共有

D. 物业服务企业利用业主的共有部分产生的收入，在扣除合理成本之后，属于业主个人所有

6. 关于业主权益的保护，以下说法正确的是：(　　)

A. 业主对建设单位侵害自己合法权益的行为，有权请求其承担民事责任

B. 业主对物业服务企业侵害自己合法权益的行为，有权请求其承担民事责任

C. 业主对其他管理人侵害自己合法权益的行为，有权请求其承担民事责任

D. 业主对物业服务企业侵害其他业主合法权益的行为，有权请求其承担民事责任

四、填空题

1. 业主对建筑物内的住宅、经营性用房等______享有所有权，对专有部分以外的______享有共有和共同管理的权利。

2. 业主对建筑物专有部分以外的共有部分，享有权利，承担义务；不得以______为由不履行义务。业主转让建筑物内的住宅、经营性用房，其对共有部分享有的共有和共同管理的权利______。

3. 建筑区划内，规划用于停放汽车的车位、车库的归属，由当事人通过______等方式约定。占用业主共有的道路或者其他场地用于停放汽车的车位，属于______。

4. 下列事项由业主共同决定：(1）制定和修改业主大会议事规则；(2）制定和修改管理规约；(3）选举业主委员会或者更换业主委员会成员；(4）选聘和解聘物业服务企业或者其他管理人；(5）使用建筑物及

其附属设施的维修资金；（6）筹集建筑物及其附属设施的维修资金；（7）改建、重建建筑物及其附属设施；（8）改变共有部分的用途或者利用共有部分从事经营活动；（9）有关共有和共同管理权利的其他重大事项。业主共同决定事项，应当由______占比 2/3 以上的业主且______占比 2/3 以上的业主参与表决。决定前述第 6 项至第 8 项规定的事项，应当经参与表决专有部分面积______以上的业主且参与表决人数______以上的业主同意。决定前述其他事项，应当经参与表决专有部分面积______的业主且参与表决人数______的业主同意。

5. 业主不得违反法律、法规以及管理规约，将住宅改变为经营性用房。业主将住宅改变为经营性用房的，除遵守法律、法规以及管理规约外，______经有利害关系的业主______。
6. 建设单位、物业服务企业或者其他管理人等利用业主的共有部分产生的收入，在扣除合理成本之后，属于______。
7. 建筑物及其附属设施的费用分摊、收益分配等事项，有约定的，按照约定；没有约定或者约定不明确的，按照业主______确定。
8. 物业服务企业或者其他管理人根据业主的______，依照物业服务合同的有关规定管理建筑区划内的建筑物及其附属设施，接受业主的监督，并______业主对物业服务情况提出的询问。物业服务企业或者其他管理人应当执行政府依法实施的应急处置措施和其他管理措施，积极配合开展相关工作。

参考答案

一、判断题

1. ×，解析：根据《民法典》第 272 条规定，业主对其建筑物专有部分享有占有、使用、收益和处分的权利。业主行使权利不得危及建筑物的安全，不得损害其他业主的合法权益。

2. ×，解析：根据《民法典》第273条规定，业主对建筑物专有部分以外的共有部分，享有权利，承担义务；不得以放弃权利为由不履行义务。业主转让建筑物内的住宅、经营性用房，其对共有部分享有的共有和共同管理的权利一并转让。

3. √，解析：根据《民法典》第276条规定，建筑区划内，规划用于停放汽车的车位、车库应当首先满足业主的需要。

4. √，解析：根据《民法典》第277条规定，业主可以设立业主大会，选举业主委员会。业主大会、业主委员会成立的具体条件和程序，依照法律、法规的规定。地方人民政府有关部门、居民委员会应当对设立业主大会和选举业主委员会给予指导和协助。

5. √，解析：根据《民法典》第280条规定，业主大会或者业主委员会的决定，对业主具有法律约束力。业主大会或者业主委员会作出的决定侵害业主合法权益的，受侵害的业主可以请求人民法院予以撤销。

6. √，解析：根据《民法典》第282条规定，建设单位、物业服务企业或者其他管理人等利用业主的共有部分产生的收入，在扣除合理成本之后，属于业主共有。

7. √，解析：根据《民法典》第284条规定，业主可以自行管理建筑物及其附属设施，也可以委托物业服务企业或者其他管理人管理。对建设单位聘请的物业服务企业或者其他管理人，业主有权依法更换。

8. √，解析：根据《民法典》第286条第1款规定，业主应当遵守法律、法规以及管理规约，相关行为应当符合节约资源、保护生态环境的要求。对于物业服务企业或者其他管理人执行政府依法实施的应急处置措施和其他管理措施，业主应当依法予以配合。

二、单项选择题

1. C，解析：根据《民法典》第271条规定，业主对建筑物内的住宅、经营性用房等专有部分享有所有权，对专有部分以外的共有部分享有共有和共同管理的权利。

2. A，解析：根据《民法典》第272条规定，业主对其建筑物专有部分享有占有、使用、收益和处分的权利。业主行使权利不得危及建筑物的安全，不得损害其他业主的合法权益。
3. D，解析：根据《民法典》第273条规定，业主对建筑物专有部分以外的共有部分，享有权利，承担义务；不得以放弃权利为由不履行义务。业主转让建筑物内的住宅、经营性用房，其对共有部分享有的共有和共同管理的权利一并转让。
4. D，解析：根据《民法典》第275条规定，建筑区划内，规划用于停放汽车的车位、车库的归属，由当事人通过出售、附赠或者出租等方式约定。占用业主共有的道路或者其他场地用于停放汽车的车位，属于业主共有。
5. C，解析：根据《民法典》第281条规定，建筑物及其附属设施的维修资金，属于业主共有。经业主共同决定，可以用于电梯、屋顶、外墙、无障碍设施等共有部分的维修、更新和改造。建筑物及其附属设施的维修资金的筹集、使用情况应当公布。紧急情况下需要维修建筑物及其附属设施的，业主大会或者业主委员会可以依法申请使用建筑物及其附属设施的维修资金。
6. C，解析：根据《民法典》第283条规定，建筑物及其附属设施的费用分摊、收益分配等事项，有约定的，按照约定；没有约定或者约定不明确的，按照业主专有部分面积所占比例确定。
7. D，解析：根据《民法典》第285条规定，物业服务企业或者其他管理人根据业主的委托，依照本法第三编有关物业服务合同的规定管理建筑区划内的建筑物及其附属设施，接受业主的监督，并及时答复业主对物业服务情况提出的询问。物业服务企业或者其他管理人应当执行政府依法实施的应急处置措施和其他管理措施，积极配合开展相关工作。

三、多项选择题

1. ABCD，解析：根据《民法典》第274条规定，建筑区划内的道路，属于业主共有，但是属于城镇公共道路的除外。建筑区划内的绿地，属于业主共有，但是属于城镇公共绿地或者明示属于个人的除外。建筑区划内的其他公共场所、公用设施和物业服务用房，属于业主共有。

2. ABCD，解析：根据《民法典》第 278 条规定，下列事项由业主共同决定：（1）制定和修改业主大会议事规则；（2）制定和修改管理规约；（3）选举业主委员会或者更换业主委员会成员；（4）选聘和解聘物业服务企业或者其他管理人；（5）使用建筑物及其附属设施的维修资金；（6）筹集建筑物及其附属设施的维修资金；（7）改建、重建建筑物及其附属设施；（8）改变共有部分的用途或者利用共有部分从事经营活动；（9）有关共有和共同管理权利的其他重大事项。业主共同决定事项，应当由专有部分面积占比 2/3 以上的业主且人数占比 2/3 以上的业主参与表决。决定前款第 6 项至第 8 项规定的事项，应当经参与表决专有部分面积 3/4 以上的业主且参与表决人数 3/4 以上的业主同意。决定前款其他事项，应当经参与表决专有部分面积过半数的业主且参与表决人数过半数的业主同意。

3. ABC，解析：根据《民法典》第 279 条规定，业主不得违反法律、法规以及管理规约，将住宅改变为经营性用房。业主将住宅改变为经营性用房的，除遵守法律、法规以及管理规约外，应当经有利害关系的业主一致同意。

4. ABC，解析：根据《民法典》第 280 条规定，业主大会或者业主委员会的决定，对业主具有法律约束力。业主大会或者业主委员会作出的决定侵害业主合法权益的，受侵害的业主可以请求人民法院予以撤销。

5. ABC，解析：根据《民法典》第 282 条规定，建设单位、物业服务企业或者其他管理人等利用业主的共有部分产生的收入，在扣除合理成本之后，属于业主共有。

6. ABC，解析：根据《民法典》第 287 条规定，业主对建设单位、物业服务企业或者其他管理人以及其他业主侵害自己合法权益的行为，有权请求其承担民事责任。

四、填空题

1. 专有部分；共有部分。（《民法典》第 271 条）
2. 放弃权利；一并转让。（《民法典》第 273 条）
3. 出售、附赠或者出租；业主共有。（《民法典》第 275 条）
4. 专有部分面积；人数；3/4；3/4；过半数；过半数。（《民法典》第 278 条）
5. 应当；一致同意。（《民法典》第 279 条）
6. 业主共有。（《民法典》第 282 条）
7. 专有部分面积所占比例。（《民法典》第 283 条）
8. 委托；及时答复。（《民法典》第 285 条）

第七章　相邻关系

一、判断题

1. 不动产的相邻权利人应当按照有利生产、方便生活、团结互助、公平合理的原则，正确处理相邻关系。(　　)
2. 法律、法规、规章对处理相邻关系有规定的，依照其规定；法律、法规、规章没有规定的，可以按照当地习惯。(　　)
3. 不动产权利人应当为相邻权利人用水、排水提供一切便利。(　　)
4. 不动产权利人对相邻权利人请求利用其土地的，应当提供必要的便利。(　　)
5. 不动产权利人因用水、排水、通行、铺设管线等利用相邻不动产的，不得对相邻的不动产权利人造成损害。(　　)

二、单项选择题

1. 关于相邻关系，以下说法错误的是：(　　)
   A. 法律、法规对处理相邻关系有规定的，依照其规定
   B. 法律、法规没有规定的，可以按照当地习惯
   C. 处理相邻关系首先按照当地习惯处理
   D. 不动产的相邻权利人应当按照有利生产、方便生活、团结互助、公平合理的原则，正确处理相邻关系
2. 关于相邻关系用水、排水，以下说法错误的是：(　　)
   A. 不动产权利人应当为相邻权利人用水提供必要的便利
   B. 不动产权利人应当为相邻权利人排水提供必要的便利
   C. 对自然流水的利用，应当在不动产的相邻权利人之间平均分配
   D. 对自然流水的排放，应当尊重自然流向

3. 关于相邻关系的处理，以下说法错误的是：（ ）
   A. 不动产权利人应当为相邻权利人用水提供必要的便利
   B. 不动产权利人应当为相邻权利人排水提供必要的便利
   C. 不动产权利人对相邻权利人因通行等必须利用其土地的，应当提供一切便利
   D. 不动产的相邻权利人应当按照有利生产、方便生活、团结互助、公平合理的原则，正确处理相邻关系
4. 关于维护相邻不动产安全，以下说法错误的是：（ ）
   A. 不动产权利人挖掘土地，不得危及相邻不动产的安全
   B. 不动产权利人建造建筑物，不得危及相邻不动产的安全
   C. 不动产权利人铺设管线，应当尽量避免危及相邻不动产的安全
   D. 不动产权利人安装设备，不得危及相邻不动产的安全

三、多项选择题

1. 关于相邻关系利用相邻土地、建筑物，以下说法正确的是：（ ）
   A. 不动产权利人因建造、修缮建筑物必须利用相邻土地，该土地的权利人应当提供必要的便利
   B. 不动产权利人因建造、修缮建筑物必须利用相邻建筑物的，该建筑物的权利人应当提供必要的便利
   C. 不动产权利人因铺设电线、电缆、水管、暖气和燃气管线等必须利用相邻土地的，该土地的权利人应当提供必要的便利
   D. 不动产权利人因铺设电线、电缆、水管、暖气和燃气管线等必须利用相邻建筑物的，该建筑物的权利人应当提供必要的便利
2. 关于有害物质的排放，以下说法正确的是：（ ）
   A. 不动产权利人不得违反国家规定弃置固体废物
   B. 不动产权利人不得违反国家规定排放大气污染物、水污染物
   C. 不动产权利人不得违反国家规定排放土壤污染物、噪声
   D. 不动产权利人不得违反国家规定排放光辐射、电磁辐射等有害物质

3. 关于相邻权行驶时的义务，以下说法正确的是：（　　）
   A. 不动产权利人因用水利用相邻不动产的，不得对相邻的不动产权利人造成损害
   B. 不动产权利人因排水利用相邻不动产的，应当尽量避免对相邻的不动产权利人造成损害
   C. 不动产权利人因通行利用相邻不动产的，不得对相邻的不动产权利人造成损害
   D. 不动产权利人因铺设管线利用相邻不动产的，应当尽量避免对相邻的不动产权利人造成损害

四、填空题

1. 不动产的相邻权利人应当按照______、______、______、______的原则，正确处理相邻关系。
2. 不动产权利人应当为相邻权利人用水、排水提供______。对自然流水的利用，应当在不动产的相邻权利人之间______。对自然流水的排放，应当尊重自然流向。
3. 建造建筑物，不得违反国家有关工程建设标准，不得妨碍相邻建筑物的______、______和______。
4. 不动产权利人不得违反国家规定______，排放大气污染物、水污染物、土壤污染物、______、光辐射、电磁辐射等有害物质。
5. 不动产权利人因用水、排水、______、铺设管线等利用相邻不动产的，应当______对相邻的不动产权利人造成损害。

参考答案

一、判断题

1. √，解析：根据《民法典》第 288 条规定，不动产的相邻权利人应当按照有利生产、方便生活、团结互助、公平合理的原则，正确处理

相邻关系。

2. ×，解析：根据《民法典》第 289 条规定，法律、法规对处理相邻关系有规定的，依照其规定；法律、法规没有规定的，可以按照当地习惯。

3. ×，解析：根据《民法典》第 290 条规定，不动产权利人应当为相邻权利人用水、排水提供必要的便利。对自然流水的利用，应当在不动产的相邻权利人之间合理分配。对自然流水的排放，应当尊重自然流向。

4. ×，解析：根据《民法典》第 291 条规定，不动产权利人对相邻权利人因通行等必须利用其土地的，应当提供必要的便利。

5. ×，解析：根据《民法典》第 296 条规定，不动产权利人因用水、排水、通行、铺设管线等利用相邻不动产的，应当尽量避免对相邻的不动产权利人造成损害。

二、单项选择题

1. C，解析：根据《民法典》第 289 条规定，法律、法规对处理相邻关系有规定的，依照其规定；法律、法规没有规定的，可以按照当地习惯。

2. C，解析：根据《民法典》第 290 条规定，不动产权利人应当为相邻权利人用水、排水提供必要的便利。对自然流水的利用，应当在不动产的相邻权利人之间合理分配。对自然流水的排放，应当尊重自然流向。

3. C，解析：根据《民法典》第 291 条规定，不动产权利人对相邻权利人因通行等必须利用其土地的，应当提供必要的便利。

4. C，解析：根据《民法典》第 295 条规定，不动产权利人挖掘土地、建造建筑物、铺设管线以及安装设备等，不得危及相邻不动产的安全。

三、多项选择题

1. ABCD，解析：根据《民法典》第 292 条规定，不动产权利人因建造、修缮建筑物以及铺设电线、电缆、水管、暖气和燃气管线等必须利用相邻土地、建筑物的，该土地、建筑物的权利人应当提供必要的便利。

2. ABCD，解析：根据《民法典》第 294 条规定，不动产权利人不得违反国家规定弃置固体废物，排放大气污染物、水污染物、土壤污染物、噪声、光辐射、电磁辐射等有害物质。

3. BD，解析：根据《民法典》第 296 条规定，不动产权利人因用水、排水、通行、铺设管线等利用相邻不动产的，应当尽量避免对相邻的不动产权利人造成损害。

四、填空题

1. 有利生产；方便生活；团结互助；公平合理。(《民法典》第 288 条)
2. 必要的便利；合理分配。(《民法典》第 290 条)
3. 通风；采光；日照。(《民法典》第 293 条)
4. 弃置固体废物；噪声。(《民法典》第 294 条)
5. 通行；尽量避免。(《民法典》第 296 条)

第八章　共　有

一、判断题

1. 不动产或者动产可以由两个以上组织、个人共有。（　　）
2. 共同共有人对共有的不动产或者动产共同享有所有权。（　　）
3. 处分共有的不动产，应当经占份额3/4以上的按份共有人或者全体共同共有人同意，但是共有人之间另有约定的除外。（　　）
4. 共有人约定不得分割共有的不动产或者动产，以维持共有关系的，应当按照约定。（　　）
5. 按份共有人可以转让其享有的共有的不动产或者动产份额。其他共有人在同等条件下享有优先购买的权利。（　　）
6. 共有人对共有的不动产或者动产没有约定为按份共有或者共同共有，或者约定不明确的，除共有人具有家庭关系等外，视为共同共有。（　　）
7. 按份共有人对共有的不动产或者动产享有的份额，没有约定或者约定不明确的，按照出资额确定；不能确定出资额的，视为等额享有。（　　）

二、单项选择题

1. 关于共有，以下说法错误的是：（　　）

   A. 不动产可以由两个以上组织、个人按份共有

   B. 按份共有人对共有的不动产或者动产共同享有所有权

   C. 共有包括按份共有和共同共有

   D. 动产可以由两个以上组织、个人按份共有

2. 关于共有物的分割，以下说法错误的是：（　　）

   A. 因分割造成其他共有人损害的，可以给予适当补偿

   B. 共有人有重大理由需要分割的，可以请求分割

C. 没有约定或者约定不明确的，按份共有人可以随时请求分割，共同共有人在共有的基础丧失或者有重大理由需要分割时可以请求分割

D. 共有人约定不得分割共有的不动产或者动产，以维持共有关系的，应当按照约定

3. 关于共有物的分割方式，以下说法错误的是：(　　)

A. 共有人可以协商确定分割方式

B. 达不成协议，共有的不动产或者动产可以分割且不会因分割减损价值的，应当对实物予以分割

C. 共有人分割所得的不动产或者动产有瑕疵的，由其自行承担损失

D. 难以分割或者因分割会减损价值的，应当对折价或者拍卖、变卖取得的价款予以分割

4. 关于按份共有的优先购买权，以下说法错误的是：(　　)

A. 按份共有人转让其享有的共有的不动产的，应当将转让条件及时通知其他共有人

B. 其他共有人应当在合理期限内行使优先购买权

C. 两个以上其他共有人主张行使优先购买权的，协商确定各自的购买比例

D. 协商不成的，由转让时共有份额多的共有人行使优先购买权

三、多项选择题

1. 关于按份共有，以下说法正确的是：(　　)

A. 不动产可以由两个以上组织、个人按份共有

B. 动产可以由两个以上组织、个人按份共有

C. 按份共有人对共有的不动产按照其份额享有所有权

D. 按份共有人对共有的动产按照其份额享有所有权

2. 关于共有物的处分，以下说法正确的是：(　　)

A. 处分共有的不动产或者动产，原则上应当经占份额2/3以上的按份共有人或者全体共同共有人同意

B. 对共有的不动产或者动产作重大修缮的，原则上应当经占份额2/3以上的按份共有人或者全体共同共有人同意

C. 对共有的不动产或者动产变更性质或者用途的，原则上应当经占份额2/3以上的按份共有人或者全体共同共有人同意

D. 处分共有的不动产或者动产，原则上应当经占份额3/4以上的按份共有人或者全体共同共有人同意

3. 关于共有人对共有物的管理费用以及其他负担的分担，以下说法正确的是：（　　）

A. 有约定的，按照其约定

B. 没有约定的，按份共有人按照其份额负担

C. 没有约定的，共同共有人共同负担

D. 约定不明确的，按份共有人平均负担

4. 关于按份共有份额的确定，以下说法正确的是：（　　）

A. 按份共有份额确定的前提是，按份共有人对共有的份额没有约定或者约定不明确

B. 没有约定或者约定不明确的，按照出资额确定

C. 不能确定出资额的，视为等额享有

D. 不能确定出资额的，视为单独所有

四、填空题

1. 不动产或者动产可以由两个以上组织、个人共有。共有包括______和______。

2. 按份共有人对共有的不动产或者动产______享有所有权。

3. 共有人______管理共有的不动产或者动产；______，各共有人都有管理的权利和义务。

4. 共有人可以______确定分割方式。达不成协议，共有的不动产或者动产可以分割并且不会______的，应当对实物予以分割；难以分割或者因分割会减损价值的，应当对折价或者拍卖、变卖取得的______予以

分割。共有人分割所得的不动产或者动产有瑕疵的，其他共有人应当______。

5. 按份共有人可以______其享有的共有的不动产或者动产份额。其他共有人在______条件下享有优先购买的权利。
6. 偿还债务超过自己应当承担份额的______，有权向其他共有人______。
7. 按份共有人对共有的不动产或者动产享有的份额，没有约定或者约定不明确的，按照出资额确定；不能确定出资额的，视为______。
8. 两个以上组织、个人共同享有______、______的，参照适用《民法典》物权编共有章的有关规定。

参考答案

一、判断题

1. √，解析：根据《民法典》第 297 条规定，不动产或者动产可以由两个以上组织、个人共有。共有包括按份共有和共同共有。
2. √，解析：根据《民法典》第 299 条规定，共同共有人对共有的不动产或者动产共同享有所有权。
3. ×，解析：根据《民法典》第 301 条规定，处分共有的不动产或者动产以及对共有的不动产或者动产作重大修缮、变更性质或者用途的，应当经占份额 2/3 以上的按份共有人或者全体共同共有人同意，但是共有人之间另有约定的除外。
4. √，解析：参见《民法典》第 303 条规定。
5. √，解析：根据《民法典》第 305 条规定，按份共有人可以转让其享有的共有的不动产或者动产份额。其他共有人在同等条件下享有优先购买的权利。
6. ×，解析：根据《民法典》第 308 条规定，共有人对共有的不动产或者动产没有约定为按份共有或者共同共有，或者约定不明确的，除共有人具有家庭关系等外，视为按份共有。

7. √，解析：根据《民法典》第 309 条规定，按份共有人对共有的不动产或者动产享有的份额，没有约定或者约定不明确的，按照出资额确定；不能确定出资额的，视为等额享有。

二、单项选择题

1. B，解析：根据《民法典》第 298 条规定，按份共有人对共有的不动产或者动产按照其份额享有所有权。根据《民法典》第 299 条规定，共同共有人对共有的不动产或者动产共同享有所有权。
2. A，解析：根据《民法典》第 303 条规定，共有人约定不得分割共有的不动产或者动产，以维持共有关系的，应当按照约定，但是共有人有重大理由需要分割的，可以请求分割；没有约定或者约定不明确的，按份共有人可以随时请求分割，共同共有人在共有的基础丧失或者有重大理由需要分割时可以请求分割。因分割造成其他共有人损害的，应当给予赔偿。
3. C，解析：根据《民法典》第 304 条规定，共有人可以协商确定分割方式。达不成协议，共有的不动产或者动产可以分割且不会因分割减损价值的，应当对实物予以分割；难以分割或者因分割会减损价值的，应当对折价或者拍卖、变卖取得的价款予以分割。共有人分割所得的不动产或者动产有瑕疵的，其他共有人应当分担损失。
4. D，解析：根据《民法典》第 306 条规定，按份共有人转让其享有的共有的不动产或者动产份额的，应当将转让条件及时通知其他共有人。其他共有人应当在合理期限内行使优先购买权。两个以上其他共有人主张行使优先购买权的，协商确定各自的购买比例；协商不成的，按照转让时各自的共有份额比例行使优先购买权。

三、多项选择题

1. ABCD，解析：根据《民法典》第 297 条规定，不动产或者动产可以由两个以上组织、个人共有。共有包括按份共有和共同共有。根据《民法典》第 298 条规定，按份共有人对共有的不动产或者动产按照其份额享有所有权。

2. ABC，解析：根据《民法典》第301条规定，处分共有的不动产或者动产以及对共有的不动产或者动产作重大修缮、变更性质或者用途的，应当经占份额2/3以上的按份共有人或者全体共同共有人同意，但是共有人之间另有约定的除外。
3. ABC，解析：根据《民法典》第302条规定，共有人对共有物的管理费用以及其他负担，有约定的，按照其约定；没有约定或者约定不明确的，按份共有人按照其份额负担，共同共有人共同负担。
4. ABC，解析：根据《民法典》第309条规定，按份共有人对共有的不动产或者动产享有的份额，没有约定或者约定不明确的，按照出资额确定；不能确定出资额的，视为等额享有。

四、填空题

1. 按份共有；共同共有。(《民法典》第297条)
2. 按照其份额。(《民法典》第298条)
3. 按照约定；没有约定或者约定不明确的。(《民法典》第300条)
4. 协商；因分割减损价值；价款；分担损失。(《民法典》第304条)
5. 转让；同等。(《民法典》第305条)
6. 按份共有人；追偿。(《民法典》第307条)
7. 等额享有。(《民法典》第309条)
8. 用益物权；担保物权。(《民法典》第310条)

第九章　所有权取得的特别规定

一、判断题

1. 善意受让人取得动产后，该动产上的原有权利消灭。但是，善意受让人在受让时知道或者应当知道该权利的除外。（　　）
2. 拾得遗失物，应当返还权利人。（　　）
3. 拾得人在遗失物送交有关部门前，有关部门在遗失物被领取前，应当妥善保管遗失物。（　　）
4. 遗失物自发布招领公告之日起5年内无人认领的，归国家所有。（　　）
5. 主物转让的，所有从物均随主物转让。（　　）
6. 天然孳息，由所有权人取得；既有所有权人又有用益物权人的，由所有权人取得。（　　）

二、单项选择题

1. 关于善意取得的构成要件，以下说法错误的是：（　　）

   A. 受让人受让该不动产或者动产时是善意

   B. 以合理的价格转让

   C. 转让的不动产或者动产依照法律规定应当登记的已经登记，不需要登记的已经交付给受让人

   D. 善意取得制度的适用前提是有权处分

2. 关于拾得遗失物，以下说法错误的是：（　　）

   A. 拾得人可以将遗失物拍卖或者变卖

   B. 拾得人应当及时通知权利人领取

   C. 拾得人应当送交公安等有关部门

   D. 拾得遗失物，应当返还权利人

3. 关于遗失物的保管费用以及悬赏广告，以下说法错误的是：(　　)
   A. 权利人领取遗失物时，应当向拾得人或者有关部门支付保管遗失物等支出的必要费用
   B. 权利人悬赏寻找遗失物的，领取遗失物时应当按照承诺履行义务
   C. 拾得人侵占遗失物的，无权请求保管遗失物等支出的费用
   D. 拾得人侵占遗失物的，有权请求权利人按照承诺履行义务
4. 关于孳息的取得，以下说法错误的是：(　　)
   A. 天然孳息，由所有权人取得
   B. 天然孳息，既有所有权人又有用益物权人的，由所有权人取得
   C. 法定孳息，当事人有约定的，按照约定取得
   D. 法定孳息，没有约定或者约定不明确的，按照交易习惯取得

三、多项选择题

1. 关于遗失物的转让，以下说法正确的是：(　　)
   A. 遗失物通过转让被他人占有的，权利人有权向无处分权人请求损害赔偿
   B. 权利人有权自知道或者应当知道受让人之日起2年内向受让人请求返还原物
   C. 受让人通过拍卖或者向具有经营资格的经营者购得该遗失物的，权利人请求返还原物时应当支付受让人所付的费用
   D. 权利人向受让人支付所付费用后，有权向无处分权人追偿
2. 关于善意取得制度，以下说法正确的是：(　　)
   A. 善意取得制度的适用前提是无权处分
   B. 善意受让人取得动产后，该动产上的原有权利消灭
   C. 善意受让人取得动产后，该动产上的原有权利继续存在
   D. 善意受让人在受让时知道或者应当知道该动产上的原有权利的，该动产上的原有权利不消灭

3. 关于遗失物的领取与招领，以下说法正确的是：（　　）

A. 有关部门收到遗失物，知道权利人的，应当及时通知其领取

B. 有关部门收到遗失物，不知道权利人的，应当及时发布招领公告

C. 拾得人应当及时通知权利人领取

D. 有关部门收到遗失物，应当及时收归国有

4. 关于无人认领的遗失物，以下说法正确的是：（　　）

A. 有关部门在遗失物被领取前，应当妥善保管遗失物

B. 有关部门收到遗失物，知道权利人的，应当及时通知其领取

C. 有关部门收到遗失物，不知道权利人的，应当及时发布招领公告

D. 遗失物自发布招领公告之日起 1 年内无人认领的，归国家所有

四、填空题

1. 善意受让人取得动产后，该动产上的原有权利______。但是，善意受让人在受让时______该权利的除外。

2. 有关部门收到遗失物，知道权利人的，应当及时______其领取；不知道的，应当及时______。

3. 遗失物自发布招领公告之日起______内无人认领的，归______所有。

4. 拾得漂流物、发现埋藏物或者隐藏物的，参照适用______的有关规定。

5. 主物转让的，______，但是当事人另有约定的除外。

6. 天然孳息，由所有权人取得；既有所有权人又有用益物权人的，由______取得。当事人另有约定的，按照其约定。法定孳息，当事人有约定的，按照约定取得；没有约定或者约定不明确的，按照______取得。

7. 因加工、附合、混合而产生的物的归属，没有约定或者约定不明确，且法律没有规定的，按照______以及______的原则确定。

参考答案

一、判断题

1. √，解析：根据《民法典》第 313 条规定，善意受让人取得动产后，该动产上的原有权利消灭。但是，善意受让人在受让时知道或者应当知道该权利的除外。
2. √，解析：根据《民法典》第 314 条规定，拾得遗失物，应当返还权利人。拾得人应当及时通知权利人领取，或者送交公安等有关部门。
3. √，解析：根据《民法典》第 316 条规定，拾得人在遗失物送交有关部门前，有关部门在遗失物被领取前，应当妥善保管遗失物。因故意或者重大过失致使遗失物毁损、灭失的，应当承担民事责任。
4. ×，解析：根据《民法典》第 318 条规定，遗失物自发布招领公告之日起 1 年内无人认领的，归国家所有。
5. ×，解析：根据《民法典》第 320 条规定，主物转让的，从物随主物转让，但是当事人另有约定的除外。
6. ×，解析：根据《民法典》第 321 条规定，天然孳息，由所有权人取得；既有所有权人又有用益物权人的，由用益物权人取得。当事人另有约定的，按照其约定。法定孳息，当事人有约定的，按照约定取得；没有约定或者约定不明确的，按照交易习惯取得。

二、单项选择题

1. D，解析：根据《民法典》第 311 条规定，无处分权人将不动产或者动产转让给受让人的，所有权人有权追回；除法律另有规定外，符合下列情形的，受让人取得该不动产或者动产的所有权：（1）受让人受让该不动产或者动产时是善意的；（2）以合理的价格转让；（3）转让的不动产或者动产依照法律规定应当登记的已经登记，不需要登记的已经交付给受让人。受让人依照前款规定取得不动产或者动产的所有权的，原所有权人有权向无处分权人请求损害赔偿。当事人善意取得其他物权的，参照适用前两款规定。

2. A，解析：根据《民法典》第 314 条规定，拾得遗失物，应当返还权利人。拾得人应当及时通知权利人领取，或者送交公安等有关部门。
3. D，解析：根据《民法典》第 317 条规定，权利人领取遗失物时，应当向拾得人或者有关部门支付保管遗失物等支出的必要费用。权利人悬赏寻找遗失物的，领取遗失物时应当按照承诺履行义务。拾得人侵占遗失物的，无权请求保管遗失物等支出的费用，也无权请求权利人按照承诺履行义务。
4. B，解析：根据《民法典》第 321 条规定，天然孳息，由所有权人取得；既有所有权人又有用益物权人的，由用益物权人取得。当事人另有约定的，按照其约定。法定孳息，当事人有约定的，按照约定取得；没有约定或者约定不明确的，按照交易习惯取得。

三、多项选择题

1. ABCD，解析：根据《民法典》第 312 条规定，所有权人或者其他权利人有权追回遗失物。该遗失物通过转让被他人占有的，权利人有权向无处分权人请求损害赔偿，或者自知道或者应当知道受让人之日起 2 年内向受让人请求返还原物；但是，受让人通过拍卖或者向具有经营资格的经营者购得该遗失物的，权利人请求返还原物时应当支付受让人所付的费用。权利人向受让人支付所付费用后，有权向无处分权人追偿。
2. ABD，解析：根据《民法典》第 313 条规定，善意受让人取得动产后，该动产上的原有权利消灭。但是，善意受让人在受让时知道或者应当知道该权利的除外。
3. ABC，解析：根据《民法典》第 314 条规定，拾得遗失物，应当返还权利人。拾得人应当及时通知权利人领取，或者送交公安等有关部门。根据《民法典》第 315 条规定，有关部门收到遗失物，知道权利人的，应当及时通知其领取；不知道的，应当及时发布招领公告。

4. ABCD，解析：根据《民法典》第 318 条规定，遗失物自发布招领公告之日起 1 年内无人认领的，归国家所有。

四、填空题

1. 消灭；知道或者应当知道。（《民法典》第 313 条）
2. 通知；发布招领公告。（《民法典》第 315 条）
3. 1 年；国家。（《民法典》第 318 条）
4. 拾得遗失物。（《民法典》第 319 条）
5. 从物随主物转让。（《民法典》第 320 条）
6. 用益物权人；交易习惯。（《民法典》第 321 条）
7. 充分发挥物的效用；保护无过错当事人。（《民法典》第 322 条）

第三分编　用益物权

第十章　一般规定

一、判断题

1. 用益物权人对他人所有的不动产或者动产，依法享有占有、使用、收益和处分的权利。（　　）
2. 因不动产或者动产被征收、征用致使用益物权消灭或者影响用益物权行使的，用益物权人有权依据《民法典》的相关规定获得相应补偿。（　　）
3. 依法取得的海域使用权受法律保护。（　　）

二、单项选择题

1. 用益物权人对他人所有的不动产或者动产，依法不享有（　　）的权利。

   A. 占有　　B. 处分

   C. 收益　　D. 使用
2. 关于国家、集体自然资源用益物权，以下说法错误的是：（　　）

   A. 国家所有的自然资源，组织、个人依法可以占有、使用和收益

   B. 国家所有由集体使用的自然资源，组织、个人依法可以占有、使用和收益

   C. 法律规定属于集体所有的自然资源，组织、个人依法可以占有、使用和收益

D. 国家所有的自然资源，组织、个人依法可以占有、使用、收益和处分

三、多项选择题

1. 关于用益物权人、所有权人义务，以下说法正确的是：(　　)
   A. 用益物权人行使权利，应当遵守法律有关保护生态环境的规定
   B. 用益物权人行使权利，应当遵守法律有关保护和合理开发利用资源的规定
   C. 所有权人不得干涉用益物权人行使权利
   D. 用益物权人应当在所有权人指导下行使权利
2. 依法取得的(　　)受法律保护。
   A. 探矿权
   B. 采矿权
   C. 取水权
   D. 使用水域、滩涂从事养殖、捕捞的权利

四、填空题

1. 用益物权人对他人所有的不动产或者动产，依法享有______、______和______的权利。
2. 国家实行自然资源______制度，但是法律另有规定的除外。
3. 用益物权人行使权利，应当遵守法律有关保护和合理开发利用资源、保护生态环境的规定。所有权人______用益物权人行使权利。

参考答案

一、判断题

1. ×，解析：根据《民法典》第323条规定，用益物权人对他人所有的不动产或者动产，依法享有占有、使用和收益的权利。

2. √，解析：根据《民法典》第 327 条规定，因不动产或者动产被征收、征用致使用益物权消灭或者影响用益物权行使的，用益物权人有权依据本法第 243 条、第 245 条的规定获得相应补偿。
3. √，解析：根据《民法典》第 328 条规定，依法取得的海域使用权受法律保护。

二、单项选择题

1. B，解析：根据《民法典》第 323 条规定，用益物权人对他人所有的不动产或者动产，依法享有占有、使用和收益的权利。
2. D，解析：根据《民法典》第 324 条规定，国家所有或者国家所有由集体使用以及法律规定属于集体所有的自然资源，组织、个人依法可以占有、使用和收益。

三、多项选择题

1. ABC，解析：根据《民法典》第 326 条规定，用益物权人行使权利，应当遵守法律有关保护和合理开发利用资源、保护生态环境的规定。所有权人不得干涉用益物权人行使权利。
2. ABCD，解析：根据《民法典》第 329 条规定，依法取得的探矿权、采矿权、取水权和使用水域、滩涂从事养殖、捕捞的权利受法律保护。

四、填空题

1. 占有；使用；收益。(《民法典》第 323 条)
2. 有偿使用。(《民法典》第 325 条)
3. 不得干涉。(《民法典》第 326 条)

第十一章　土地承包经营权

一、判断题

1. 农村集体经济组织实行家庭承包经营为基础、统分结合的双层经营体制。(　　)
2. 土地承包经营权自土地承包经营权登记造册时设立。(　　)
3. 土地承包经营权互换、转让的，当事人可以向登记机构申请登记；未经登记，可以对抗善意第三人。(　　)
4. 因自然灾害严重毁损承包地等特殊情形，需要适当调整承包的耕地和草地的，应当依照农村土地承包的法律规定办理。(　　)
5. 承包地被征收的，土地承包经营权人有权依据《民法典》第 243 条的规定获得相应补偿。(　　)
6. 土地经营权人有权在合同约定的期限内占有农村土地，自主开展农业生产经营并取得收益。(　　)
7. 流转期限为 3 年以上的土地经营权，自流转合同生效时设立。(　　)

二、单项选择题

1. 关于承包期，以下说法错误的是：(　　)

   A. 耕地的承包期为 50 年

   B. 草地的承包期为 30 年至 50 年

   C. 林地的承包期为 30 年至 70 年

   D. 承包期限届满，由土地承包经营权人依照农村土地承包的法律规定继续承包

2. 关于土地承包经营权，以下说法错误的是：(　　)

   A. 土地承包经营权自土地承包经营权合同生效时设立

B. 土地承包经营权自土地承包经营权登记造册时设立

C. 登记机构应当向土地承包经营权人发放土地承包经营权证、林权证等证书

D. 登记机构应当登记造册，确认土地承包经营权人的土地承包经营权

3. 关于土地承包经营权，以下说法错误的是：( )

A. 当事人可以向登记机构申请土地经营权登记

B. 流转合同未经登记，不得对抗善意第三人

C. 流转期限为 5 年以上的土地经营权，自流转合同生效时设立

D. 流转期限为 5 年以上的土地经营权，自流转合同签订时设立

三、多项选择题

1. 土地承包经营权人依法对其承包经营的耕地、林地、草地等享有( )的权利，有权从事种植业、林业、畜牧业等农业生产。

A. 占有　　B. 使用

C. 收益　　D. 处分

2. 关于土地承包经营权互换和转让，以下说法正确的是：( )

A. 土地承包经营权人依照法律规定，有权将土地承包经营权互换、转让

B. 未经依法批准，不得将承包地用于非农建设

C. 土地承包经营权互换、转让的，当事人可以向登记机构申请登记

D. 未经登记，不得对抗善意第三人

3. 通过( )等方式承包农村土地，经依法登记取得权属证书的，可以依法采取出租、入股、抵押或者其他方式流转土地经营权。

A. 招标　　B. 拍卖

C. 公开协商　　D. 变卖

四、填空题

1. 土地承包经营权人依照法律规定，有权将土地承包经营权______。未

经依法批准，不得将承包地用于______。

2. 承包期内发包人不得______。法律另有规定的，依照其规定。
3. 承包地被征收的，土地承包经营权人有权依据《民法典》第 243 条的规定获得______。
4. 土地承包经营权人可以自主决定依法采取______、______或者其他方式向他人流转土地经营权。
5. 土地经营权人有权在合同约定的期限内______农村土地，自主开展______并取得收益。
6. 通过招标、拍卖、公开协商等方式承包农村土地，经依法登记取得权属证书的，可以依法采取______、______、______或者其他方式______土地经营权。
7. 国家所有的______实行承包经营的，参照适用《民法典》物权编的有关规定。

参考答案

一、判断题

1. √，解析：根据《民法典》第 330 条规定，农村集体经济组织实行家庭承包经营为基础、统分结合的双层经营体制。农民集体所有和国家所有由农民集体使用的耕地、林地、草地以及其他用于农业的土地，依法实行土地承包经营制度。
2. ×，解析：根据《民法典》第 333 条规定，土地承包经营权自土地承包经营权合同生效时设立。登记机构应当向土地承包经营权人发放土地承包经营权证、林权证等证书，并登记造册，确认土地承包经营权。
3. √，解析：根据《民法典》第 335 条规定，土地承包经营权互换、转让的，当事人可以向登记机构申请登记；未经登记，不得对抗善意第三人。

4. √，解析：根据《民法典》第 336 条规定，承包期内发包人不得调整承包地。因自然灾害严重毁损承包地等特殊情形，需要适当调整承包的耕地和草地的，应当依照农村土地承包的法律规定办理。
5. √，解析：根据《民法典》第 338 条规定，承包地被征收的，土地承包经营权人有权依据本法第 243 条的规定获得相应补偿。
6. √，解析：根据《民法典》第 340 条规定，土地经营权人有权在合同约定的期限内占有农村土地，自主开展农业生产经营并取得收益。
7. ×，解析：根据《民法典》第 341 条规定，流转期限为 5 年以上的土地经营权，自流转合同生效时设立。当事人可以向登记机构申请土地经营权登记；未经登记，不得对抗善意第三人。

二、单项选择题

1. A，解析：根据《民法典》第 332 条规定，耕地的承包期为 30 年。草地的承包期为 30 年至 50 年。林地的承包期为 30 年至 70 年。前款规定的承包期限届满，由土地承包经营权人依照农村土地承包的法律规定继续承包。
2. B，解析：根据《民法典》第 333 条规定，土地承包经营权自土地承包经营权合同生效时设立。登记机构应当向土地承包经营权人发放土地承包经营权证、林权证等证书，并登记造册，确认土地承包经营权。
3. D，解析：根据《民法典》第 341 条规定，流转期限为 5 年以上的土地经营权，自流转合同生效时设立。当事人可以向登记机构申请土地经营权登记；未经登记，不得对抗善意第三人。

三、多项选择题

1. ABC，解析：根据《民法典》第 331 条规定，土地承包经营权人依法对其承包经营的耕地、林地、草地等享有占有、使用和收益的权利，有权从事种植业、林业、畜牧业等农业生产。
2. ABCD，解析：根据《民法典》第 334 条规定，土地承包经营权人依照法律规定，有权将土地承包经营权互换、转让。未经依法批准，不得将承包地用于非农建设。根据《民法典》第 335 条规定，土地承包经营权互换、转让的，当事人可以向登记机构申请登记；未经登记，不得对抗善意第三人。

3. ABC，解析：《民法典》第 342 条规定，通过招标、拍卖、公开协商等方式承包农村土地，经依法登记取得权属证书的，可以依法采取出租、入股、抵押或者其他方式流转土地经营权。

四、填空题

1. 互换、转让；非农建设。（《民法典》第 334 条）
2. 收回承包地。（《民法典》第 337 条）
3. 相应补偿。（《民法典》第 338 条）
4. 出租；入股。（《民法典》第 339 条）
5. 占有；农业生产经营。（《民法典》第 340 条）
6. 出租；入股；抵押；流转。（《民法典》第 342 条）
7. 农用地。（《民法典》第 343 条）

第十二章　建设用地使用权

一、判断题

1. 建设用地使用权应当在土地的地表、地上或者地下整体设立。(　　)
2. 设立建设用地使用权应当符合节约资源、保护生态环境的要求。(　　)
3. 采取招标、拍卖、协议等出让方式设立建设用地使用权的，当事人应当采用书面形式订立建设用地使用权出让合同。(　　)
4. 建设用地使用权人应当合理利用土地，不得改变土地用途；需要改变土地用途的，应当依法经有关行政主管部门批准。(　　)
5. 建设用地使用权人建造的建筑物、构筑物及其附属设施的所有权属于建设用地使用权人，但是有相反证据证明的除外。(　　)
6. 建设用地使用权转让、互换、出资、赠与或者抵押的，当事人应当采用书面形式订立相应的合同。使用期限由当事人约定，但是不得超过建设用地使用权的剩余期限。(　　)
7. 建设用地使用权转让、互换、出资或者赠与的，附着于该土地上的建筑物、构筑物及其附属设施可以分别处分。(　　)
8. 建设用地使用权期限届满前，因公共利益需要提前收回该土地的，应当对该土地上的房屋及其他不动产给予赔偿，并退还相应的出让金。(　　)
9. 集体所有的土地作为建设用地的，应当依照土地管理的法律规定办理。(　　)

二、单项选择题

1. 关于建设用地使用权，以下说法错误的是：(　　)

　A. 建设用地使用权人依法对国家所有的土地享有占有的权利，有权

利用该土地建造建筑物

B. 建设用地使用权人依法对国家所有的土地享有使用的权利，有权利用该土地建造构筑物

C. 建设用地使用权人依法对国家所有的土地享有收益的权利，有权利用该土地建造建筑物附属设施

D. 建设用地使用权人依法对国家所有的土地享有处分的权利，有权利用该土地建造建筑物

2. 关于建设用地使用权的设立，以下说法错误的是：(　　)

A. 建设用地使用权自登记时设立

B. 设立建设用地使用权的，应当向登记机构申请建设用地使用权登记

C. 建设用地使用权自交付时设立

D. 登记机构应当向建设用地使用权人发放权属证书

3. 关于建设用地使用权的附着物，以下说法错误的是：(　　)

A. 建设用地使用权转让的，附着于该土地上的建筑物、构筑物及其附属设施一并处分

B. 建设用地使用权互换的，附着于该土地上的建筑物、构筑物及其附属设施一并处分

C. 建设用地使用权出资的，附着于该土地上的建筑物、构筑物及其附属设施一并处分

D. 建设用地使用权赠与的，附着于该土地上的建筑物、构筑物及其附属设施分别处分

4. 关于建筑物、构筑物及其附属设施，以下说法错误的是：(　　)

A. 建筑物、构筑物及其附属设施转让的，该建筑物、构筑物及其附属设施占用范围内的建设用地使用权一并处分

B. 建筑物、构筑物及其附属设施赠与的，该建筑物、构筑物及其附属设施占用范围内的建设用地使用权分别处分

C. 建筑物、构筑物及其附属设施出资的，该建筑物、构筑物及其附属设施占用范围内的建设用地使用权一并处分

D. 建筑物、构筑物及其附属设施互换的，该建筑物、构筑物及其附属设施占用范围内的建设用地使用权一并处分

5. 关于住宅建设用地使用权期限，以下说法错误的是：（　　）

A. 住宅建设用地使用权期限届满的，依照法律、行政法规和规章的规定续期

B. 续期费用的缴纳或者减免，依照法律、行政法规的规定办理

C. 非住宅建设用地使用权期限届满后的续期，依照法律规定办理

D. 该土地上的房屋及其他不动产的归属，有约定的，按照约定

三、多项选择题

1. 关于建设用地使用权的设立方式，以下说法正确的是：（　　）

A. 设立建设用地使用权，可以采取出让方式

B. 设立建设用地使用权，可以采取划拨方式

C. 适当限制以划拨方式设立建设用地使用权

D. 工业、商业、旅游、娱乐和商品住宅等经营性用地以及同一土地有两个以上意向用地者的，应当采取招标、拍卖等公开竞价的方式出让

2. 关于建设用地使用权的设立，以下说法正确的是：（　　）

A. 设立建设用地使用权，可以采取出让或者划拨等方式

B. 设立建设用地使用权的，应当向登记机构申请建设用地使用权登记

C. 建设用地使用权自登记时设立

D. 登记机构应当向建设用地使用权人发放权属证书

3. 建设用地使用权人有权将建设用地使用权（　　），但是法律另有规定的除外。

A. 转让　　　　B. 互换

C. 出资　　　　D. 赠与或者抵押

4. 关于建设用地流转合同，以下说法正确的是：（　　）

A. 建设用地使用权转让、互换的，当事人应当采用书面形式订立相应的合同

B. 建设用地使用权出资、赠与或者抵押的，当事人可以采用书面形式订立相应的合同

C. 使用期限由法律规定

D. 使用期限不得超过建设用地使用权的剩余期限

四、填空题

1. 建设用地使用权可以在土地的______、______或者______分别设立。

2. 设立建设用地使用权的，应当向登记机构申请建设用地使用权登记。建设用地使用权自______时设立。登记机构应当向建设用地使用权人发放______。

3. 建设用地使用权人应当依照法律规定以及合同约定支付______　等费用。

4. 建设用地使用权人有权将建设用地使用权______、互换、出资、______，但是法律另有规定的除外。

5. 建设用地使用权转让、互换、出资或者赠与的，应当向登记机构申请______。

6. 建设用地使用权转让、互换、出资或者赠与的，附着于该土地上的建筑物、构筑物及其附属设施______。

7. 建设用地使用权期限届满前，因公共利益需要提前收回该土地的，应当依据《民法典》第 243 条的规定对该土地上的房屋及其他不动产给予______，并退还相应的______。

8. 建设用地使用权消灭的，出让人应当及时办理______。登记机构应当收回______。

参考答案

一、判断题

1. ×，解析：根据《民法典》第 345 条规定，建设用地使用权可以在土地的地表、地上或者地下分别设立。
2. √，解析：根据《民法典》第 346 条规定，设立建设用地使用权应当符合节约资源、保护生态环境的要求，遵守法律、行政法规关于土地用途的规定，不得损害已设立的用益物权。
3. √，解析：参见《民法典》第 348 条规定。
4. √，解析：根据《民法典》第 350 条规定，建设用地使用权人应当合理利用土地，不得改变土地用途；需要改变土地用途的，应当依法经有关行政主管部门批准。
5. √，解析：根据《民法典》第 352 条规定，建设用地使用权人建造的建筑物、构筑物及其附属设施的所有权属于建设用地使用权人，但是有相反证据证明的除外。
6. √，解析：根据《民法典》第 354 条规定，建设用地使用权转让、互换、出资、赠与或者抵押的，当事人应当采用书面形式订立相应的合同。使用期限由当事人约定，但是不得超过建设用地使用权的剩余期限。
7. ×，解析：根据《民法典》第 356 条规定，建设用地使用权转让、互换、出资或者赠与的，附着于该土地上的建筑物、构筑物及其附属设施一并处分。
8. ×，解析：根据《民法典》第 358 条规定，建设用地使用权期限届满前，因公共利益需要提前收回该土地的，应当依据本法第 243 条的规定对该土地上的房屋及其他不动产给予补偿，并退还相应的出让金。
9. √，解析：根据《民法典》第 361 条规定，集体所有的土地作为建设用地的，应当依照土地管理的法律规定办理。

二、单项选择题

1. D，解析：根据《民法典》第344条规定，建设用地使用权人依法对国家所有的土地享有占有、使用和收益的权利，有权利用该土地建造建筑物、构筑物及其附属设施。
2. C，解析：根据《民法典》第349条规定，设立建设用地使用权的，应当向登记机构申请建设用地使用权登记。建设用地使用权自登记时设立。登记机构应当向建设用地使用权人发放权属证书。
3. D，解析：根据《民法典》第356条规定，建设用地使用权转让、互换、出资或者赠与的，附着于该土地上的建筑物、构筑物及其附属设施一并处分。
4. B，解析：根据《民法典》第357条规定，建筑物、构筑物及其附属设施转让、互换、出资或者赠与的，该建筑物、构筑物及其附属设施占用范围内的建设用地使用权一并处分。
5. A，解析：根据《民法典》第359条规定，住宅建设用地使用权期限届满的，自动续期。续期费用的缴纳或者减免，依照法律、行政法规的规定办理。非住宅建设用地使用权期限届满后的续期，依照法律规定办理。该土地上的房屋及其他不动产的归属，有约定的，按照约定；没有约定或者约定不明确的，依照法律、行政法规的规定办理。

三、多项选择题

1. ABD，解析：根据《民法典》第347条规定，设立建设用地使用权，可以采取出让或者划拨等方式。工业、商业、旅游、娱乐和商品住宅等经营性用地以及同一土地有两个以上意向用地者的，应当采取招标、拍卖等公开竞价的方式出让。严格限制以划拨方式设立建设用地使用权。
2. ABCD，解析：根据《民法典》第349条规定，设立建设用地使用权的，应当向登记机构申请建设用地使用权登记。建设用地使用权自登记时设立。登记机构应当向建设用地使用权人发放权属证书。

3. ABCD，解析：根据《民法典》第 353 条规定，建设用地使用权人有权将建设用地使用权转让、互换、出资、赠与或者抵押，但是法律另有规定的除外。
4. AD，解析：根据《民法典》第 354 条规定，建设用地使用权转让、互换、出资、赠与或者抵押的，当事人应当采用书面形式订立相应的合同。使用期限由当事人约定，但是不得超过建设用地使用权的剩余期限。

四、填空题

1. 地表；地上；地下。(《民法典》第 345 条)
2. 登记；权属证书。(《民法典》第 349 条)
3. 出让金。(《民法典》第 351 条)
4. 转让；赠与或者抵押。(《民法典》第 353 条)
5. 变更登记。(《民法典》第 355 条)
6. 一并处分。(《民法典》第 356 条)
7. 补偿；出让金。(《民法典》第 358 条)
8. 注销登记；权属证书。(《民法典》第 360 条)

第十三章　宅基地使用权

一、判断题

1. 宅基地使用权人依法对国有土地享有占有和使用的权利，有权依法利用该土地建造住宅及其附属设施。(　　)
2. 已经登记的宅基地使用权转让或者消灭的，应当及时办理变更登记或者注销登记。(　　)

二、单项选择题

1. 关于宅基地使用权，以下说法错误的是：(　　)
   A. 宅基地使用权人依法对集体所有的土地享有占有和使用的权利，有权依法利用该土地建造住宅及其附属设施
   B. 宅基地使用权的取得、行使和转让，适用土地管理的法律和国家有关规定
   C. 宅基地因自然灾害等原因灭失的，宅基地使用权消灭。对失去宅基地的村民，应当重新出让宅基地
   D. 已经登记的宅基地使用权转让或者消灭的，应当及时办理变更登记或者注销登记
2. 宅基地使用权人依法对集体所有的土地享有占有和使用的权利，有权依法利用该土地建造(　　)。
   A. 住宅及其附属设施
   B. 学校及其附属设施
   C. 商场及其附属设施
   D. 厂矿及其附属设施

三、多项选择题

宅基地使用权的(　　)，适用土地管理的法律和国家有关规定。

A. 取得　　B. 行使

C. 转让　　D. 消灭

四、填空题

1. 宅基地使用权人依法对集体所有的土地享有______的权利，有权依法利用该土地建造住宅及其附属设施。
2. 宅基地使用权的取得、行使和转让，适用______和国家有关规定。
3. 宅基地因______等原因灭失的，宅基地使用权消灭。对失去宅基地的村民，应当依法______宅基地。

参考答案

一、判断题

1. ×，解析：根据《民法典》第 362 条规定，宅基地使用权人依法对集体所有的土地享有占有和使用的权利，有权依法利用该土地建造住宅及其附属设施。
2. √，解析：根据《民法典》第 365 条规定，已经登记的宅基地使用权转让或者消灭的，应当及时办理变更登记或者注销登记。

二、单项选择题

1. C，解析：根据《民法典》第 364 条规定，宅基地因自然灾害等原因灭失的，宅基地使用权消灭。对失去宅基地的村民，应当依法重新分配宅基地。
2. A，解析：根据《民法典》第 362 条规定，宅基地使用权人依法对集体所有的土地享有占有和使用的权利，有权依法利用该土地建造住宅及其附属设施。

三、多项选择题

ABC，解析：根据《民法典》第 363 条规定，宅基地使用权的取得、行使和转让，适用土地管理的法律和国家有关规定。

四、填空题

1. 占有和使用。(《民法典》第 362 条)
2. 土地管理的法律。(《民法典》第 363 条)
3. 自然灾害；重新分配。(《民法典》第 364 条)

第十四章 居住权

一、判断题

1. 居住权人有权按照合同约定，对他人的住宅享有占有、使用的用益物权，以满足生活居住的需要。(　　)
2. 居住权有偿设立，但是当事人另有约定的除外。(　　)
3. 居住权期限届满或者居住权人死亡的，居住权消灭。(　　)

二、单项选择题

1. 关于居住权的设立，以下说法错误的是：(　　)

   A. 设立居住权，当事人应当采用书面形式订立居住权合同

   B. 居住权无偿设立，但是当事人另有约定的除外

   C. 设立居住权的，应当向登记机构申请居住权登记

   D. 居住权自合同订立时设立

2. 关于居住权，以下说法错误的是：(　　)

   A. 居住权无偿设立，但是当事人另有约定的除外

   B. 居住权不得转让

   C. 居住权可以继承

   D. 设立居住权的住宅不得出租，但是当事人另有约定的除外

三、多项选择题

居住权合同一般包括下列条款：(　　)

A. 当事人的姓名或者名称和住所　　B. 住宅的位置

C. 居住的条件和要求　　D. 居住权期间

四、填空题

1. 居住权人有权按照合同约定，对他人的住宅享有______、______的用益物权，以满足生活居住的需要。
2. 居住权不得______、______。设立居住权的住宅不得______，但是当事人另有约定的除外。
3. 以______方式设立居住权的，参照适用居住权的有关规定。

参考答案

一、判断题

1. √，解析：根据《民法典》第366条规定，居住权人有权按照合同约定，对他人的住宅享有占有、使用的用益物权，以满足生活居住的需要。
2. ×，解析：根据《民法典》第368条规定，居住权无偿设立，但是当事人另有约定的除外。设立居住权的，应当向登记机构申请居住权登记。居住权自登记时设立。
3. √，解析：根据《民法典》第370条规定，居住权期限届满或者居住权人死亡的，居住权消灭。居住权消灭的，应当及时办理注销登记。

二、单项选择题

1. D，解析：根据《民法典》第368条规定，居住权无偿设立，但是当事人另有约定的除外。设立居住权的，应当向登记机构申请居住权登记。居住权自登记时设立。
2. C，解析：根据《民法典》第369条规定，居住权不得转让、继承。设立居住权的住宅不得出租，但是当事人另有约定的除外。

三、多项选择题

ABCD，解析：根据《民法典》第367条规定，设立居住权，当事人应当采用书面形式订立居住权合同。居住权合同一般包括下列条款：(1) 当事人的姓名或者名称和住所；(2) 住宅的位置；(3) 居住的条件和要求；(4) 居住权期间；(5) 解决争议的方法。

四、填空题

1. 占有；使用。(《民法典》第 366 条)

2. 转让；继承；出租。(《民法典》第 369 条)

3. 遗嘱。(《民法典》第 371 条)

第十五章　地 役 权

一、判断题

1. 地役权人有权按照合同约定，利用他人的不动产，以提高自己的不动产的效益。(　　)
2. 地役权自地役权登记时设立。(　　)
3. 地役权人应当按照合同约定的利用目的和方法利用供役地，尽量减少对供役地权利人物权的限制。(　　)
4. 地役权期限由当事人约定；但是，不得超过土地承包经营权、建设用地使用权等用益物权的剩余期限。(　　)
5. 土地上已经设立土地承包经营权、建设用地使用权、宅基地使用权等用益物权的，土地所有权人不得再设立地役权。(　　)
6. 供役地以及供役地上的土地承包经营权、建设用地使用权等部分转让时，转让部分涉及地役权的，地役权对受让人具有法律约束力。(　　)
7. 已经登记的地役权变更、转让或者消灭的，应当及时办理变更登记或者注销登记。(　　)

二、单项选择题

1. 关于地役权的转让，以下说法错误的是：(　　)

   A. 地役权可以单独转让

   B. 土地承包经营权转让的，地役权一并转让

   C. 建设用地使用权转让的，地役权一并转让

   D. 地役权不得单独转让

2. 关于地役权的转让，以下说法错误的是：(　　)

   A. 需役地以及需役地上的土地承包经营权、建设用地使用权等部

分转让时，转让部分涉及地役权的，受让人不享有地役权

B. 土地承包经营权转让的，地役权一并转让

C. 建设用地使用权转让的，地役权一并转让

D. 地役权不得单独转让

3. 地役权人有下列哪一情形的，不是供役地权利人有权解除地役权合同的事由：（　　）

A. 违反法律规定，滥用地役权

B. 违反合同约定，滥用地役权

C. 有偿利用供役地，约定的付款期限届满后在合理期限内经 2 次催告未支付费用

D. 有偿利用供役地，约定的付款期限届满后在合理期限内经 3 次催告未支付费用

三、多项选择题

1. 关于地役权合同，以下说法正确的是：（　　）

A. 当事人应当采用书面形式订立地役权合同

B. 地役权合同一般包括当事人的姓名或者名称和住所条款

C. 地役权合同一般包括供役地和需役地的位置条款

D. 地役权合同一般包括利用目的和方法条款

2. 关于地役权的设立与登记，以下说法正确的是：（　　）

A. 地役权自地役权合同生效时设立

B. 当事人要求登记的，可以向登记机构申请地役权登记

C. 未经登记，不得对抗善意第三人

D. 当事人应当采用书面形式订立地役权合同

3. 关于地役权，以下说法正确的是：（　　）

A. 供役地权利人应当按照合同约定，允许地役权人利用其不动产，不得妨害地役权人行使权利

B. 地役权人应当按照合同约定的利用目的和方法利用供役地，尽量

减少对供役地权利人物权的限制

C. 土地所有权人享有地役权或者负担地役权的，设立土地承包经营权、宅基地使用权等用益物权时，该用益物权人继续享有或者负担已经设立的地役权

D. 土地上已经设立土地承包经营权、建设用地使用权、宅基地使用权等用益物权的，未经用益物权人同意，土地所有权人不得设立地役权

4. 关于地役权的抵押，以下说法正确的是：（　　）

A. 地役权可以单独抵押

B. 土地经营权抵押的，在实现抵押权时，地役权一并转让

C. 建设用地使用权抵押的，在实现抵押权时，地役权一并转让

D. 地役权不得单独抵押

5. 关于地役权的，以下说法正确的是：（　　）

A. 需役地以及需役地上的土地承包经营权、建设用地使用权等部分转让时，转让部分涉及地役权的，受让人同时享有地役权

B. 供役地以及供役地上的土地承包经营权、建设用地使用权等部分转让时，转让部分涉及地役权的，地役权对受让人具有法律约束力

C. 地役权不得单独抵押

D. 地役权不得单独转让

四、填空题

1. 地役权人有权按照合同约定，利用他人的不动产，以提高自己的不动产的效益。前述他人的不动产为______，自己的不动产为______。

2. 地役权自______时设立。当事人要求登记的，可以向登记机构申请地役权登记；未经登记，不得对抗______。

3. 供役地权利人应当按照合同约定，允许地役权人______，不得妨害地役权人______。

4. 地役权期限由当事人约定；但是，不得超过土地承包经营权、建设用地使用权等用益物权的______。
5. 土地所有权人享有地役权或者负担地役权的，设立土地承包经营权、宅基地使用权等用益物权时，该用益物权人______已经设立的地役权。
6. 地役权不得______。土地经营权、建设用地使用权等抵押的，在实现抵押权时，地役权______。

参考答案

一、判断题

1. √，解析：根据《民法典》第 372 条规定，地役权人有权按照合同约定，利用他人的不动产，以提高自己的不动产的效益。前款所称他人的不动产为供役地，自己的不动产为需役地。
2. ×，解析：根据《民法典》第 374 条规定，地役权自地役权合同生效时设立。当事人要求登记的，可以向登记机构申请地役权登记；未经登记，不得对抗善意第三人。
3. √，解析：根据《民法典》第 376 条规定，地役权人应当按照合同约定的利用目的和方法利用供役地，尽量减少对供役地权利人物权的限制。
4. √，解析：根据《民法典》第 377 条规定，地役权期限由当事人约定；但是，不得超过土地承包经营权、建设用地使用权等用益物权的剩余期限。
5. ×，解析：根据《民法典》第 379 条规定，土地上已经设立土地承包经营权、建设用地使用权、宅基地使用权等用益物权的，未经用益物权人同意，土地所有权人不得设立地役权。
6. √，解析：根据《民法典》第 383 条规定，供役地以及供役地上的土地承包经营权、建设用地使用权等部分转让时，转让部分涉及地役权的，地役权对受让人具有法律约束力。

7. √，解析：根据《民法典》第385条规定，已经登记的地役权变更、转让或者消灭的，应当及时办理变更登记或者注销登记。

二、单项选择题

1. A，解析：根据《民法典》第380条规定，地役权不得单独转让。土地承包经营权、建设用地使用权等转让的，地役权一并转让，但是合同另有约定的除外。
2. A，解析：根据《民法典》第382条规定，需役地以及需役地上的土地承包经营权、建设用地使用权等部分转让时，转让部分涉及地役权的，受让人同时享有地役权。
3. D，解析：根据《民法典》第384条规定，地役权人有下列情形之一的，供役地权利人有权解除地役权合同，地役权消灭：（1）违反法律规定或者合同约定，滥用地役权；（2）有偿利用供役地，约定的付款期限届满后在合理期限内经2次催告未支付费用。

三、多项选择题

1. ABCD，解析：根据《民法典》第373条规定，设立地役权，当事人应当采用书面形式订立地役权合同。地役权合同一般包括下列条款：（1）当事人的姓名或者名称和住所；（2）供役地和需役地的位置；（3）利用目的和方法；（4）地役权期限；（5）费用及其支付方式；（6）解决争议的方法。
2. ABCD，解析：根据《民法典》第374条规定，地役权自地役权合同生效时设立。当事人要求登记的，可以向登记机构申请地役权登记；未经登记，不得对抗善意第三人。
3. ABCD，解析：根据《民法典》第379条规定，土地上已经设立土地承包经营权、建设用地使用权、宅基地使用权等用益物权的，未经用益物权人同意，土地所有权人不得设立地役权。
4. BCD，解析：根据《民法典》第381条规定，地役权不得单独抵押。土地经营权、建设用地使用权等抵押的，在实现抵押权时，地役权一并转让。

5. ABCD，解析：根据《民法典》第 383 条规定，供役地以及供役地上的土地承包经营权、建设用地使用权等部分转让时，转让部分涉及地役权的，地役权对受让人具有法律约束力。

四、填空题

1. 供役地；需役地。(《民法典》第 372 条)
2. 地役权合同生效；善意第三人。(《民法典》第 374 条)
3. 利用其不动产；行使权利。(《民法典》第 375 条)
4. 剩余期限。(《民法典》第 377 条)
5. 继续享有或者负担。(《民法典》第 378 条)
6. 单独抵押；一并转让。(《民法典》第 381 条)

第四分编　担保物权

第十六章　一般规定

一、判断题

1. 原则上，担保物权人在债务人不履行到期债务或者发生当事人约定的实现担保物权的情形，依法享有就担保财产优先受偿的权利。(　　)
2. 担保期间，担保财产毁损、灭失或者被征收等，担保物权人可以就获得的保险金、赔偿金或者补偿金等优先受偿。(　　)
3. 主债权消灭，担保物权中止。(　　)

二、单项选择题

1. 关于担保物权，以下说法错误的是：(　　)
   A. 债权人在借贷中，为保障实现其债权，需要担保的，可以设立担保物权
   B. 债权人在买卖中，为保障实现其债权，需要担保的，可以设立担保物权
   C. 第三人为债务人向债权人提供担保的，可以要求债务人提供反担保
   D. 第三人为债务人向债权人提供担保的，不得要求债务人提供反担保
2. 关于设立担保物权，以下说法错误的是：(　　)
   A. 应当依照法律的规定订立担保合同
   B. 主债权债务合同是担保合同的从合同
   C. 主债权债务合同无效，担保合同无效，但是法律另有规定的除外

D. 担保合同被确认无效后，债务人、担保人、债权人有过错的，应当根据其过错各自承担相应的民事责任

3. 关于被担保的债权既有物的担保又有人的担保，以下说法错误的是：(　　)

A. 债务人不履行到期债务或者发生当事人约定的实现担保物权的情形，债权人应当按照约定实现债权

B. 没有约定或者约定不明确，债务人自己提供物的担保的，债权人应当先请求保证人承担保证责任

C. 第三人提供物的担保的，债权人可以就物的担保实现债权，也可以请求保证人承担保证责任

D. 提供担保的第三人承担担保责任后，有权向债务人追偿

三、多项选择题

1. 担保物权的担保范围包括(　　)。

A. 主债权及其利息

B. 违约金

C. 损害赔偿金

D. 保管担保财产和实现担保物权的费用

2. 有下列情形之一的，担保物权消灭：(　　)

A. 主债权消灭

B. 担保物权实现

C. 债权人放弃担保物权

D. 法律规定担保物权消灭的其他情形

四、填空题

1. 债权人在借贷、买卖等民事活动中，为保障实现其债权，需要担保的，可以依照《民法典》和其他法律的规定设立担保物权。第三人为债务人向债权人提供担保的，可以要求债务人提供______。反担保

适用《民法典》和其他法律的规定。

2. 担保物权的担保范围包括______、______、______、______。当事人另有约定的，按照其约定。
3. 第三人提供担保，未经其______，债权人允许债务人______的，担保人不再承担相应的担保责任。
4. 有下列情形之一的，担保物权消灭：（1）______消灭；（2）担保物权______；（3）债权人______担保物权；（4）法律规定担保物权消灭的其他情形。

五、简答题

简述担保物权的概念和特征。

参考答案

一、判断题

1. √，解析：根据《民法典》第 386 条规定，担保物权人在债务人不履行到期债务或者发生当事人约定的实现担保物权的情形，依法享有就担保财产优先受偿的权利，但是法律另有规定的除外。
2. √，解析：参见《民法典》第 390 条规定。
3. ×，解析：根据《民法典》第 393 条规定，有下列情形之一的，担保物权消灭：（1）主债权消灭；（2）担保物权实现；（3）债权人放弃担保物权；（4）法律规定担保物权消灭的其他情形。

二、单项选择题

1. D，解析：根据《民法典》第 387 条规定，债权人在借贷、买卖等民事活动中，为保障实现其债权，需要担保的，可以依照本法和其他法律的规定设立担保物权。第三人为债务人向债权人提供担保的，可以要求债务人提供反担保。反担保适用本法和其他法律的规定。

2. B，解析：根据《民法典》第 388 条规定，设立担保物权，应当依照本法和其他法律的规定订立担保合同。担保合同包括抵押合同、质押合同和其他具有担保功能的合同。担保合同是主债权债务合同的从合同。主债权债务合同无效，担保合同无效，但是法律另有规定的除外。担保合同被确认无效后，债务人、担保人、债权人有过错的，应当根据其过错各自承担相应的民事责任。
3. B，解析：根据《民法典》第 392 条规定，被担保的债权既有物的担保又有人的担保的，债务人不履行到期债务或者发生当事人约定的实现担保物权的情形，债权人应当按照约定实现债权；没有约定或者约定不明确，债务人自己提供物的担保的，债权人应当先就该物的担保实现债权；第三人提供物的担保的，债权人可以就物的担保实现债权，也可以请求保证人承担保证责任。提供担保的第三人承担担保责任后，有权向债务人追偿。

三、多项选择题

1. ABCD，解析：根据《民法典》第 389 条规定，担保物权的担保范围包括主债权及其利息、违约金、损害赔偿金、保管担保财产和实现担保物权的费用。当事人另有约定的，按照其约定。
2. ABCD，解析：根据《民法典》第 393 条规定，有下列情形之一的，担保物权消灭：（1）主债权消灭；（2）担保物权实现；（3）债权人放弃担保物权；（4）法律规定担保物权消灭的其他情形。

四、填空题

1. 反担保。（《民法典》第 387 条）
2. 主债权及其利息；违约金；损害赔偿金；保管担保财产和实现担保物权的费用。（《民法典》第 389 条）
3. 书面同意；转移全部或者部分债务。（《民法典》第 391 条）
4. 主债权；实现；放弃。（《民法典》第 393 条）

五、简答题

答：担保物权是指以担保债务清偿为目的，而在债务人或者第三人的特定物或者权利上设立的定限物权。担保物权的特征包括：(1) 优先受偿性。担保物权人可以就担保物的价值优先于债务人的普通债权人受偿。(2) 从属性。担保物权是为担保债权受偿而设定的，从属于所担保的债权。(3) 不可分性。债权人在全部债权受清偿前，可就担保物的全部行使其权利。(4) 物上代位性。担保期间，担保财产毁损、灭失或者被征收等，担保物权人可以就获得的保险金、赔偿金或者补偿金等优先受偿。

第十七章　抵 押 权

一、判断题

1. 为担保债务的履行，债务人或者第三人不转移财产的占有，将该财产抵押给债权人的，债务人不履行到期债务或者发生当事人约定的实现抵押权的情形，债权人有权就该财产优先受偿。（　　）
2. 企业、个体工商户、农业生产经营者可以将现有的以及将有的生产设备、原材料、半成品、产品抵押，债务人不履行到期债务或者发生当事人约定的实现抵押权的情形，债权人有权就抵押财产确定时的动产优先受偿。（　　）
3. 乡镇、村企业的建设用地使用权可以单独抵押。（　　）
4. 设立抵押权，当事人可以采用口头形式订立抵押合同。（　　）
5. 以交通运输工具抵押的，应当办理抵押登记。抵押权自抵押合同生效时设立。（　　）
6. 以动产抵押的，不得对抗正常经营活动中已经支付合理价款并取得抵押财产的买受人。（　　）
7. 抵押期间，抵押人不得转让抵押财产。当事人另有约定的，按照其约定。抵押财产转让的，抵押权不受影响。（　　）
8. 抵押权人可以放弃抵押权或者抵押权的顺位。（　　）
9. 债务人不履行到期债务，致使抵押财产被人民法院依法扣押的，自扣押之日起，原则上抵押权人有权收取该抵押财产的天然孳息或者法定孳息。（　　）
10. 同一财产向两个以上债权人抵押的，抵押权已经登记的，按照登记的时间先后确定清偿顺序。（　　）

11. 同一财产既设立抵押权又设立质权的，拍卖、变卖该财产所得的价款按照登记、交付的时间先后确定清偿顺序。(　　)
12. 建设用地使用权抵押后，该土地上新增的建筑物属于抵押财产。(　　)
13. 以集体所有土地的使用权依法抵押的，实现抵押权后，未经法定程序，不得改变土地所有权的性质和土地用途。(　　)
14. 最高额抵押权设立前已经存在的债权，经当事人同意，可以转入最高额抵押担保的债权范围。(　　)
15. 最高额抵押担保的债权确定前，抵押权人与抵押人可以通过协议变更债权确定的期间、债权范围以及最高债权额。但是，变更的内容不得对其他抵押权人产生影响。(　　)

二、单项选择题

1. 关于浮动抵押，以下说法错误的是：(　　)
   A. 企业可以将现有的以及将有的生产设备、原材料、半成品、产品抵押
   B. 个体工商户可以将现有的以及将有的生产设备、原材料、半成品、产品抵押
   C. 农业生产经营者可以将现有的以及将有的生产设备、原材料、半成品、产品抵押
   D. 债务人不履行到期债务或者发生当事人约定的实现抵押权的情形，债权人可以就抵押财产确定时的动产及不动产优先受偿
2. 下列财产可以抵押的是：(　　)
   A. 土地所有权
   B. 医疗设施
   C. 学校、幼儿园、医疗机构等以公益为目的成立的非营利法人的教育设施
   D. 建设用地使用权

3. 关于设立抵押权，以下说法错误的是：（　　）

A. 抵押合同一般包括被担保债权的种类和数额条款

B. 抵押合同一般包括债务人履行债务的期限条款

C. 抵押合同一般包括担保的范围条款

D. 设立抵押权，当事人可以采用口头形式订立抵押合同

4. 关于动产抵押，以下说法错误的是：（　　）

A. 以动产抵押的，抵押权自抵押合同生效时设立

B. 未经登记，不得对抗善意第三人

C. 以动产抵押的，抵押权自抵押登记时设立

D. 以动产抵押的，不得对抗正常经营活动中已支付合理价款并取得抵押财产的买受人

5. 关于抵押权的保护，以下说法错误的是：（　　）

A. 抵押人的行为足以使抵押财产价值减少的，抵押权人有权请求抵押人停止其行为

B. 抵押财产价值减少的，抵押权人有权请求恢复抵押财产的价值

C. 抵押财产价值减少的，抵押权人有权请求提供与减少的价值相应的担保

D. 抵押人不恢复抵押财产的价值，也不提供担保的，抵押权人有权请求债务人变卖抵押财产以实现抵押权

6. 关于抵押权的实现，以下说法错误的是：（　　）

A. 债务人不履行到期债务或者发生当事人约定的实现抵押权的情形，抵押权人可以与抵押人协议以抵押财产折价或者以拍卖、变卖该抵押财产所得的价款优先受偿

B. 协议损害其他债权人利益的，其他债权人可以请求人民法院撤销该协议

C. 抵押权人与抵押人未就抵押权实现方式达成协议的，抵押权人可以请求人民法院拍卖、变卖抵押财产

D. 抵押财产折价或者变卖的，应当参照政府定价或者政府指导价

7. 关于最高额抵押，以下说法错误的是：（　　）

A. 最高额抵押权设立前已经存在的债权，经当事人同意，可以转入最高额抵押担保的债权范围

B. 最高额抵押担保的债权确定前，部分债权转让的，最高额抵押权可以转让

C. 最高额抵押担保的债权确定前，抵押权人与抵押人可以通过协议变更债权确定的期间、债权范围以及最高债权额

D. 变更的内容不得对其他抵押权人产生不利影响

三、多项选择题

1. 债务人或者第三人有权处分的下列财产可以抵押的是：（　　）

A. 建筑物　　B. 土地附着物

C. 建设用地使用权　　D. 海域使用权

2. 抵押合同一般包括下列条款：（　　）

A. 被担保债权的种类和数额

B. 债务人履行债务的期限

C. 抵押财产的名称、数量等情况

D. 担保的范围

3. 关于抵押权的处分，以下说法正确的是：（　　）

A. 抵押权不得与债权分离而单独转让

B. 债权转让的，担保该债权的抵押权一并转让

C. 关于债权转让，法律另有规定或者当事人另有约定的，依该规定、约定

D. 抵押权可以与债权分离而单独转让

4. 关于抵押权的顺位，以下说法正确的是：（　　）

A. 抵押权人不得放弃抵押权或者抵押权的顺位

B. 抵押权人与抵押人可以协议变更抵押权顺位，但是抵押权的变更，未经其他抵押权人书面同意，不得对其他抵押权人产生不利影响

C. 抵押权人与抵押人可以协议变更被担保的债权数额。但是，抵押权的变更未经其他抵押权人书面同意的，不得对其他抵押权人产生不利影响

D. 债务人以自己的财产设定抵押，抵押权人放弃该抵押权、抵押权顺位或者变更抵押权的，其他担保人在抵押权人丧失优先受偿权益的范围内免除担保责任，但是其他担保人承诺仍然提供担保的除外

5. 抵押财产自下列哪些情形发生时确定：(　　)

A. 债务履行期限届满，债权未实现

B. 抵押人被宣告破产或者解散

C. 当事人约定的实现抵押权的情形

D. 严重影响债权实现的其他情形

6. 关于抵押权对新增建筑物的效力，以下说法正确的是：(　　)

A. 建设用地使用权抵押后，该土地上新增的建筑物不属于抵押财产

B. 建设用地使用权实现抵押权时，应当将该土地上新增的建筑物与建设用地使用权一并处分

C. 新增建筑物所得的价款，抵押权人无权优先受偿

D. 建设用地使用权抵押后，该土地上新增的建筑物属于抵押财产

7. 有下列哪些情形的，抵押权人的债权确定：(　　)

A. 约定的债权确定期间届满

B. 没有约定债权确定期间或者约定不明确，抵押权人或者抵押人自最高额抵押权设立之日起满 2 年后请求确定债权

C. 债务人、抵押人被宣告破产或者解散

D. 抵押权人知道或者应当知道抵押财产被查封、扣押

四、填空题

1. 为担保债务的履行，债务人或者第三人______，将该财产抵押给债权人的，债务人不履行到期债务或者发生当事人约定的实现抵押权的情形，债权人有权就该财产______。

2. 以建筑物抵押的，该建筑物占用范围内的建设用地使用权______。以建设用地使用权抵押的，该土地上的建筑物一并抵押。抵押人未依照上述规定______的，未抵押的财产______。
3. 乡镇、村企业的建设用地使用权不得______。以乡镇、村企业的厂房等建筑物抵押的，其占用范围内的建设用地使用权______。
4. 抵押权人在债务履行期限届满前，与抵押人约定债务人不履行到期债务时抵押财产归债权人所有的，只能依法就抵押财产______。
5. 以动产抵押的，抵押权自______时设立；未经登记，不得______。
6. 抵押权设立前，抵押财产已经出租并转移占有的，原租赁关系______。
7. 抵押权不得与债权分离而______或者作为其他债权的担保。债权转让的，担保该债权的抵押权______，但是法律另有规定或者当事人另有约定的除外。
8. 抵押人的行为足以使抵押财产价值减少的，抵押权人有权请求抵押人______其行为。抵押财产价值减少的，抵押权人有权请求恢复抵押财产的价值，或者提供与减少的价值相应的______。抵押人不恢复抵押财产的价值，也不提供担保的，抵押权人有权请求债务人提前清偿债务。
9. 抵押财产自下列情形之一发生时确定：（1）债务履行期限届满，债权未实现；（2）抵押人______或者解散；（3）当事人约定的实现抵押权的情形；（4）严重影响______的其他情形。
10. 抵押财产折价或者拍卖、变卖后，其价款超过债权数额的部分归抵押人所有，不足部分由______。
11. 动产抵押担保的主债权是抵押物的价款，标的物交付后______办理抵押登记的，该抵押权人______于抵押物买受人的其他担保物权人受偿，但是留置权人除外。
12. 建设用地使用权抵押后，该土地上新增的建筑物______抵押财产。该建设用地使用权实现抵押权时，应当将该土地上新增的建筑物与建设用地使用权一并处分，但是新增建筑物所得的价款，抵押权人无权______。

13. 抵押权人应当在______期间行使抵押权；未行使的，人民法院不予保护。
14. 最高额抵押担保的债权确定前，抵押权人与抵押人可以通过______债权确定的期间、债权范围以及最高债权额。但是，变更的内容不得对其他抵押权人产生______。
15. 有下列情形之一的，抵押权人的债权确定：（1）约定的债权确定期间届满；（2）没有约定债权确定期间或者约定不明确，抵押权人或者抵押人自最高额抵押权设立之日起______请求确定债权；（3）新的债权不可能发生；（4）抵押权人知道或者应当知道抵押财产被查封、扣押；（5）债务人、抵押人______或者解散；（6）法律规定债权确定的其他情形。

参考答案

一、判断题

1. √，解析：参见《民法典》第 394 条规定。
2. √，解析：根据《民法典》第 396 条规定。
3. ×，解析：根据《民法典》第 398 条规定，乡镇、村企业的建设用地使用权不得单独抵押。以乡镇、村企业的厂房等建筑物抵押的，其占用范围内的建设用地使用权一并抵押。
4. ×，解析：根据《民法典》第 400 条规定，设立抵押权，当事人应当采用书面形式订立抵押合同。抵押合同一般包括下列条款：（1）被担保债权的种类和数额；（2）债务人履行债务的期限；（3）抵押财产的名称、数量等情况；（4）担保的范围。
5. ×，解析：根据《民法典》第 402 条规定，以《民法典》第 395 条第 1 款第 1 项至第 3 项规定的财产或者第 5 项规定的正在建造的建筑物抵押的，应当办理抵押登记。抵押权自登记时设立。
6. √，解析：根据《民法典》第 404 条规定，以动产抵押的，不得对抗正常经营活动中已经支付合理价款并取得抵押财产的买受人。

7. ×，解析：根据《民法典》第 406 条第 1 款规定，抵押期间，抵押人可以转让抵押财产。当事人另有约定的，按照其约定。抵押财产转让的，抵押权不受影响。

8. √，解析：根据《民法典》第 409 条规定。

9. √，解析：根据《民法典》第 412 条第 1 款规定，债务人不履行到期债务或者发生当事人约定的实现抵押权的情形，致使抵押财产被人民法院依法扣押的，自扣押之日起，抵押权人有权收取该抵押财产的天然孳息或者法定孳息，但是抵押权人未通知应当清偿法定孳息义务人的除外。

10. √，解析：根据《民法典》第 414 条第 1 款规定，同一财产向两个以上债权人抵押的，拍卖、变卖抵押财产所得的价款依照下列规定清偿：（1）抵押权已经登记的，按照登记的时间先后确定清偿顺序；（2）抵押权已经登记的先于未登记的受偿；（3）抵押权未登记的，按照债权比例清偿。

11. √，解析：根据《民法典》第 415 条规定，同一财产既设立抵押权又设立质权的，拍卖、变卖该财产所得的价款按照登记、交付的时间先后确定清偿顺序。

12. ×，解析：根据《民法典》第 417 条规定，建设用地使用权抵押后，该土地上新增的建筑物不属于抵押财产。该建设用地使用权实现抵押权时，应当将该土地上新增的建筑物与建设用地使用权一并处分。但是，新增建筑物所得的价款，抵押权人无权优先受偿。

13. √，解析：根据《民法典》第 418 条规定。

14. √，解析：根据《民法典》第 420 条规定。

15. ×，解析：根据《民法典》第 422 条规定，最高额抵押担保的债权确定前，抵押权人与抵押人可以通过协议变更债权确定的期间、债权范围以及最高债权额。但是，变更的内容不得对其他抵押权人产生不利影响。

二、单项选择题

1. D，解析：根据《民法典》第396条规定，企业、个体工商户、农业生产经营者可以将现有的以及将有的生产设备、原材料、半成品、产品抵押，债务人不履行到期债务或者发生当事人约定的实现抵押权的情形，债权人有权就抵押财产确定时的动产优先受偿。
2. D，解析：根据《民法典》第399条规定，下列财产不得抵押：（1）土地所有权；（2）宅基地、自留地、自留山等集体所有土地的使用权，但是法律规定可以抵押的除外；（3）学校、幼儿园、医疗机构等为公益目的成立的非营利法人的教育设施、医疗卫生设施和其他公益设施；（4）所有权、使用权不明或者有争议的财产；（5）依法被查封、扣押、监管的财产；（6）法律、行政法规规定不得抵押的其他财产。
3. D，解析：根据《民法典》第400条规定，设立抵押权，当事人应当采用书面形式订立抵押合同。抵押合同一般包括下列条款：（1）被担保债权的种类和数额；（2）债务人履行债务的期限；（3）抵押财产的名称、数量等情况；（4）担保的范围。
4. C，解析：根据《民法典》第403条规定，以动产抵押的，抵押权自抵押合同生效时设立；未经登记，不得对抗善意第三人。
5. D，解析：根据《民法典》第408条规定，抵押人的行为足以使抵押财产价值减少的，抵押权人有权请求抵押人停止其行为；抵押财产价值减少的，抵押权人有权请求恢复抵押财产的价值，或者提供与减少的价值相应的担保。抵押人不恢复抵押财产的价值，也不提供担保的，抵押权人有权请求债务人提前清偿债务。
6. D，解析：根据《民法典》第410条规定，债务人不履行到期债务或者发生当事人约定的实现抵押权的情形，抵押权人可以与抵押人协议以抵押财产折价或者以拍卖、变卖该抵押财产所得的价款优先受偿。协议损害其他债权人利益的，其他债权人可以请求人民法院撤销该协议。抵押权人与抵押人未就抵押权实现方式达成协议的，抵押权人可以请求人民法院拍卖、变卖抵押财产。抵押财产折价或者变卖的，应当参照市场价格。

7. B，解析：根据《民法典》第421条规定，最高额抵押担保的债权确定前，部分债权转让的，最高额抵押权不得转让，但是当事人另有约定的除外。

三、多项选择题

1. ABCD，解析：根据《民法典》第395条规定，债务人或者第三人有权处分的下列财产可以抵押：（1）建筑物和其他土地附着物；（2）建设用地使用权；（3）海域使用权；（4）生产设备、原材料、半成品、产品；（5）正在建造的建筑物、船舶、航空器；（6）交通运输工具；（7）法律、行政法规未禁止抵押的其他财产。抵押人可以将前款所列财产一并抵押。
2. ABCD，解析：根据《民法典》第400条规定，设立抵押权，当事人应当采用书面形式订立抵押合同。抵押合同一般包括下列条款：（1）被担保债权的种类和数额；（2）债务人履行债务的期限；（3）抵押财产的名称、数量等情况；（4）担保的范围。
3. ABC，解析：根据《民法典》第407条规定，抵押权不得与债权分离而单独转让或者作为其他债权的担保。债权转让的，担保该债权的抵押权一并转让，但是法律另有规定或者当事人另有约定的除外。
4. BCD，解析：根据《民法典》第409条规定，抵押权人可以放弃抵押权或者抵押权的顺位。抵押权人与抵押人可以协议变更抵押权顺位以及被担保的债权数额等内容。但是，抵押权的变更未经其他抵押权人书面同意的，不得对其他抵押权人产生不利影响。债务人以自己的财产设定抵押，抵押权人放弃该抵押权、抵押权顺位或者变更抵押权的，其他担保人在抵押权人丧失优先受偿权益的范围内免除担保责任，但是其他担保人承诺仍然提供担保的除外。
5. ABCD，解析：根据《民法典》第411条规定，依据本法第396条规定设定抵押的，抵押财产自下列情形之一发生时确定：（1）债务履行期限届满，债权未实现；（2）抵押人被宣告破产或者解散；（3）当事人约定的实现抵押权的情形；（4）严重影响债权实现的其他情形。

6. ABC，解析：根据《民法典》第 417 条规定，建设用地使用权抵押后，该土地上新增的建筑物不属于抵押财产。该建设用地使用权实现抵押权时，应当将该土地上新增的建筑物与建设用地使用权一并处分。但是，新增建筑物所得的价款，抵押权人无权优先受偿。

7. ABCD，解析：根据《民法典》第 423 条规定，有下列情形之一的，抵押权人的债权确定：（1）约定的债权确定期间届满；（2）没有约定债权确定期间或者约定不明确，抵押权人或者抵押人自最高额抵押权设立之日起满 2 年后请求确定债权；（3）新的债权不可能发生；（4）抵押权人知道或者应当知道抵押财产被查封、扣押；（5）债务人、抵押人被宣告破产或者解散；（6）法律规定债权确定的其他情形。

四、填空题

1. 不转移财产的占有；优先受偿。（《民法典》第 394 条）
2. 一并抵押；一并抵押；视为一并抵押。（《民法典》第 397 条）
3. 单独抵押；一并抵押。（《民法典》第 398 条）
4. 优先受偿。（《民法典》第 401 条）
5. 抵押合同生效；对抗善意第三人。（《民法典》第 403 条）
6. 不受该抵押权的影响。（《民法典》第 405 条）
7. 单独转让；一并转让。（《民法典》第 407 条）
8. 停止；担保。（《民法典》第 408 条）
9. 被宣告破产；债权实现。（《民法典》第 411 条）
10. 债务人清偿。（《民法典》第 413 条）
11. 10 日内；优先。（《民法典》第 416 条）
12. 不属于；优先受偿。（《民法典》第 417 条）
13. 主债权诉讼时效。（《民法典》第 419 条）
14. 协议变更；不利影响。（《民法典》第 422 条）
15. 满 2 年后；被宣告破产。（《民法典》第 423 条）

第十八章　质　权

一、判断题

1. 法律、行政法规、规章禁止转让的动产不得出质。(　　)
2. 质权人在债务履行期限届满前，与出质人约定债务人不履行到期债务时质押财产归债权人所有的，只能依法就质押财产优先受偿。(　　)
3. 质权自质押合同订立时设立。(　　)
4. 质权人有权收取质押财产的孳息。(　　)
5. 质权人不得放弃质权。(　　)
6. 出质人可以请求质权人在债务履行期限届满后及时行使质权；质权人不行使的，出质人可以请求人民法院拍卖、变卖质押财产。(　　)
7. 出质人与质权人可以协议设立最高额质权。(　　)
8. 汇票、本票、支票、债券、存款单、仓单、提单的兑现日期或者提货日期先于主债权到期的，质权人可以兑现或者提货，并与出质人协议将兑现的价款或者提取的货物提前清偿债务或者提存。(　　)
9. 以注册商标专用权、专利权、著作权等知识产权中的财产权出质的，质权自质押合同订立时设立。(　　)
10. 权利质权可以适用动产质权的有关规定。(　　)

二、单项选择题

1. 关于质权的设立，以下说法错误的是：(　　)

   A. 设立质权，当事人可以采用口头形式订立质押合同

   B. 质押合同一般包括被担保债权的种类和数额

   C. 质押合同一般包括债务人履行债务的期限

   D. 质押合同一般包括质押财产的名称、数量等情况

2. 债务人或者第三人有权处分的下列哪项权利不得出质：（　　）

A. 债券、存款单

B. 仓单、提单

C. 可以转让的基金份额、股权

D. 可以转让的著作权中的署名权

3. 关于质权出质，以下说法错误的是：（　　）

A. 以基金份额、股权出质的，质权自质押合同订立时时设立

B. 基金份额、股权出质后，不得转让，但是出质人与质权人协商同意的除外

C. 出质人转让基金份额、股权所得的价款，应当向质权人提前清偿债务

D. 出质人转让基金份额、股权所得的价款，应当向质权人提存

4. 关于以应收账款出质的质权的设立及转让限制，以下说法错误的是：（　　）

A. 以应收账款出质的，质权自权利凭证交付质权人时设立

B. 应收账款出质后，不得转让，但是出质人与质权人协商同意的除外

C. 出质人转让应收账款所得的价款，应当向质权人提前清偿债务

D. 出质人转让应收账款所得的价款，应当向质权人提存

三、多项选择题

1. 质押合同一般包括下列条款的有：（　　）

A. 担保的范围

B. 质押财产交付的时间、方式

C. 被担保债权的种类和数额

D. 债务人履行债务的期限

2. 关于质物返还及质权实现，以下说法正确的是：（　　）

A. 债务人履行债务或者出质人提前清偿所担保的债权的，质权人应

当返还质押财产

B. 债务人不履行到期债务或者发生当事人约定的实现质权的情形，质权人可以与出质人协议以质押财产折价

C. 债务人不履行到期债务或者发生当事人约定的实现质权的情形，质权人可以就拍卖、变卖质押财产所得的价款优先受偿

D. 质押财产折价或者变卖的，应当参照市场价格

3. 关于质权的行使，以下说法正确的是：（　　）

A. 出质人可以请求质权人在债务履行期限届满后及时行使质权

B. 质权人不行使的，出质人可以请求人民法院拍卖、变卖质押财产

C. 出质人有权请求质权人及时行使质权

D. 因质权人怠于行使权利造成出质人损害的，由质权人承担赔偿责任

4. 关于有价证券出质的质权的设立，以下说法正确的是：（　　）

A. 以汇票、本票、支票出质的，质权自权利凭证交付质权人时设立

B. 以债券、存款单出质的，质权自办理出质登记时设立

C. 以仓单、提单出质的，质权自权利凭证交付质权人时设立

D. 没有权利凭证的，质权自办理出质登记时设立

5. 关于以知识产权中的财产权出质的质权的设立及转让限制，以下说法正确的是：（　　）

A. 以注册商标专用权、专利权、著作权等知识产权中的财产权出质的，质权自办理出质登记时设立

B. 知识产权中的财产权出质后，出质人不得转让或者许可他人使用，但是出质人与质权人协商同意的除外

C. 出质人转让或者许可他人使用出质的知识产权中的财产权所得的价款，应当向质权人提前清偿债务

D. 出质人转让或者许可他人使用出质的知识产权中的财产权所得的价款，应当向质权人提存

四、填空题

1. 为担保债务的履行，债务人或者第三人将其动产出质给债权人占有的，债务人不履行到期债务或者发生当事人约定的实现质权的情形，债权人有权就该动产______。
2. 质权人在______前，与出质人约定债务人不履行到期债务时质押财产归债权人所有的，只能依法就质押财产______。
3. 质权人在质权存续期间，未经出质人同意，擅自______、______质押财产，造成出质人损害的，应当承担______。
4. 质权人负有______质押财产的义务；因保管不善致使质押财产毁损、灭失的，应当承担赔偿责任。质权人的行为可能使质押财产毁损、灭失的，出质人可以请求质权人将质押财产______，或者请求提前清偿债务并______。
5. 因不可归责于质权人的事由可能使质押财产毁损或者价值______，足以危害质权人权利的，质权人有权请求出质人提供相应的______。
6. 质权人在质权存续期间，未经出质人同意转质，造成质押财产毁损、灭失的，应当承担______。
7. 质押财产折价或者变卖的，应当参照______。
8. 质押财产折价或者拍卖、变卖后，其价款超过债权数额的部分归______所有，不足部分由______清偿。
9. 汇票、本票、支票、债券、存款单、仓单、提单的兑现日期或者提货日期______，质权人可以兑现或者提货，并与出质人协议将兑现的价款或者提取的货物提前清偿债务或者提存。
10. 以基金份额、股权出质的，质权自______时设立。基金份额、股权出质后，不得______，但是出质人与质权人协商同意的除外。出质人转让基金份额、股权所得的价款，应当向质权人提前清偿债务或者提存。

参考答案

一、判断题

1. ×，解析：根据《民法典》第 426 条规定，法律、行政法规禁止转让的动产不得出质。
2. √，解析：根据《民法典》第 428 条规定，质权人在债务履行期限届满前，与出质人约定债务人不履行到期债务时质押财产归债权人所有的，只能依法就质押财产优先受偿。
3. ×，解析：根据《民法典》第 429 条规定，质权自出质人交付质押财产时设立。
4. √，解析：根据《民法典》第 430 条规定，质权人有权收取质押财产的孳息，但是合同另有约定的除外。前款规定的孳息应当先充抵收取孳息的费用。
5. ×，解析：根据《民法典》第 435 条规定，质权人可以放弃质权。债务人以自己的财产出质，质权人放弃该质权的，其他担保人在质权人丧失优先受偿权益的范围内免除担保责任，但是其他担保人承诺仍然提供担保的除外。
6. √，解析：参见《民法典》第 437 条规定。
7. √，解析：参见《民法典》第 439 条规定。
8. √，解析：参见《民法典》第 442 条规定。
9. ×，解析：根据《民法典》第 444 条规定，以注册商标专用权、专利权、著作权等知识产权中的财产权出质的，质权自办理出质登记时设立。知识产权中的财产权出质后，出质人不得转让或者许可他人使用，但是出质人与质权人协商同意的除外。出质人转让或者许可他人使用出质的知识产权中的财产权所得的价款，应当向质权人提前清偿债务或者提存。
10. √，解析：参见《民法典》第 446 条规定。

二、单项选择题

1. A，解析：根据《民法典》第 427 条规定，设立质权，当事人应当采用书面形式订立质押合同。质押合同一般包括下列条款：（1）被担保债权的种类和数额；（2）债务人履行债务的期限；（3）质押财产的名称、数量等情况；（4）担保的范围；（5）质押财产交付的时间、方式。
2. D，解析：根据《民法典》第 440 条规定，债务人或者第三人有权处分的下列权利可以出质：（1）汇票、本票、支票；（2）债券、存款单；（3）仓单、提单；（4）可以转让的基金份额、股权；（5）可以转让的注册商标专用权、专利权、著作权等知识产权中的财产权；（6）现有的以及将有的应收账款；（7）法律、行政法规规定可以出质的其他财产权利。
3. A，解析：根据《民法典》第 443 条规定，以基金份额、股权出质的，质权自办理出质登记时设立。基金份额、股权出质后，不得转让，但是出质人与质权人协商同意的除外。出质人转让基金份额、股权所得的价款，应当向质权人提前清偿债务或者提存。
4. A，解析：根据《民法典》第 445 条规定，以应收账款出质的，质权自办理出质登记时设立。应收账款出质后，不得转让，但是出质人与质权人协商同意的除外。出质人转让应收账款所得的价款，应当向质权人提前清偿债务或者提存。

三、多项选择题

1. ABCD，解析：根据《民法典》第 427 条规定，设立质权，当事人应当采用书面形式订立质押合同。质押合同一般包括下列条款：（1）被担保债权的种类和数额；（2）债务人履行债务的期限；（3）质押财产的名称、数量等情况；（4）担保的范围；（5）质押财产交付的时间、方式。
2. ABCD，解析：根据《民法典》第 436 条规定，债务人履行债务或者出质人提前清偿所担保的债权的，质权人应当返还质押财产。债务人不履行到期债务或者发生当事人约定的实现质权的情形，质权人可以与出质人协议以质押财产折价，也可以就拍卖、变卖质押财产所得的价款优先受偿。质押财产折价或者变卖的，应当参照市场价格。

3. ABCD，解析：根据《民法典》第 437 条规定，出质人可以请求质权人在债务履行期限届满后及时行使质权；质权人不行使的，出质人可以请求人民法院拍卖、变卖质押财产。出质人请求质权人及时行使质权，因质权人怠于行使权利造成出质人损害的，由质权人承担赔偿责任。
4. ACD，解析：根据《民法典》第 441 条规定，以汇票、本票、支票、债券、存款单、仓单、提单出质的，质权自权利凭证交付质权人时设立；没有权利凭证的，质权自办理出质登记时设立。法律另有规定的，依照其规定。
5. ABCD，解析：根据《民法典》第 444 条规定，以注册商标专用权、专利权、著作权等知识产权中的财产权出质的，质权自办理出质登记时设立。知识产权中的财产权出质后，出质人不得转让或者许可他人使用，但是出质人与质权人协商同意的除外。出质人转让或者许可他人使用出质的知识产权中的财产权所得的价款，应当向质权人提前清偿债务或者提存。

四、填空题

1. 优先受偿。(《民法典》第 425 条)
2. 债务履行期限届满；优先受偿。(《民法典》第 428 条)
3. 使用；处分；赔偿责任。(《民法典》第 431 条)
4. 妥善保管；提存；返还质押财产。(《民法典》第 432 条)
5. 明显减少；担保。(《民法典》第 433 条)
6. 赔偿责任。(《民法典》第 434 条)
7. 市场价格。(《民法典》第 436 条)
8. 出质人；债务人。(《民法典》第 438 条)
9. 先于主债权到期的。(《民法典》第 442 条)
10. 办理出质登记；转让。(《民法典》第 443 条)

第十九章　留置权

一、判断题

1. 债务人不履行到期债务，债权人可以留置债务人的动产，并有权就该动产优先受偿。(　　)
2. 法律规定或者当事人约定不得留置的动产，不得留置。(　　)
3. 留置期间发生留置财产毁损、灭失的，留置权人应当承担赔偿责任。(　　)
4. 债务人可以请求留置权人在债务履行期限届满后行使留置权；留置权人不行使的，债务人可以请求人民法院拍卖、变卖留置财产。(　　)
5. 留置财产折价或者拍卖、变卖后，其价款超过债权数额的部分归债务人所有，不足部分不再清偿。(　　)

二、单项选择题

同一动产上已经设立抵押权或者质权，该动产又被留置的，受偿顺序为：(　　)

A. 抵押权人优先受偿　　B. 质权人优先受偿

C. 留置权人优先受偿　　D. 按比例受偿

三、多项选择题

关于留置权债务人的债务履行期，以下说法正确的是：(　　)

A. 留置权人与债务人应当约定留置财产后的债务履行期限

B. 没有约定或者约定不明确的，留置权人应当给债务人 60 日以上履行债务的期限，但是鲜活易腐等不易保管的动产除外

C. 债务人逾期未履行的，留置权人可以与债务人协议以留置财产折价，也可以就拍卖、变卖留置财产所得的价款优先受偿

D. 留置财产折价或者变卖的，应当参照市场价格

四、填空题

1. 债权人留置的动产，应当与债权属于______，但是______的除外。
2. 留置财产为______的，留置财产的价值应当相当于债务的金额。
3. 留置权人有权收取留置财产的______。前述孳息应当先充抵收取孳息的______。
4. 同一动产上已经设立抵押权或者质权，该动产又被留置的，留置权人______。
5. 留置权人对留置财产______或者留置权人接受债务人______的，留置权消灭。

参考答案

一、判断题

1. ×，解析：根据《民法典》第447条第1款规定，债务人不履行到期债务，债权人可以留置已经合法占有的债务人的动产，并有权就该动产优先受偿。
2. √，解析：根据《民法典》第449条规定，法律规定或者当事人约定不得留置的动产，不得留置。
3. ×，解析：根据《民法典》第451条规定，留置权人负有妥善保管留置财产的义务；因保管不善致使留置财产毁损、灭失的，应当承担赔偿责任。
4. √，解析：根据《民法典》第454条规定，债务人可以请求留置权人在债务履行期限届满后行使留置权；留置权人不行使的，债务人可以请求人民法院拍卖、变卖留置财产。

5. ×，解析：根据《民法典》第 455 条规定，留置财产折价或者拍卖、变卖后，其价款超过债权数额的部分归债务人所有，不足部分由债务人清偿。

二、单项选择题

C，解析：根据《民法典》第 456 条规定，同一动产上已经设立抵押权或者质权，该动产又被留置的，留置权人优先受偿。

三、多项选择题

ABCD，解析：根据《民法典》第 453 条规定，留置权人与债务人应当约定留置财产后的债务履行期限；没有约定或者约定不明确的，留置权人应当给债务人 60 日以上履行债务的期限，但是鲜活易腐等不易保管的动产除外。债务人逾期未履行的，留置权人可以与债务人协议以留置财产折价，也可以就拍卖、变卖留置财产所得的价款优先受偿。留置财产折价或者变卖的，应当参照市场价格。

四、填空题

1. 同一法律关系；企业之间留置。（《民法典》第 448 条）
2. 可分物。（《民法典》第 450 条）
3. 孳息；费用。（《民法典》第 452 条）
4. 优先受偿。（《民法典》第 456 条）
5. 丧失占有；另行提供担保。（《民法典》第 457 条）

第五分编　占　有

第二十章　占　有

一、判断题

1. 基于合同关系等产生的占有，有关不动产或者动产的使用、收益、违约责任等，按照合同约定。(　　)
2. 占有的不动产或者动产毁损、灭失，该不动产或者动产的权利人请求赔偿的，占有人应当承担赔偿责任。(　　)

二、单项选择题

1. 占有人因使用占有的不动产或者动产，致使该不动产或者动产受到损害的，(　　)应当承担赔偿责任。

   A. 担保物权人　　B. 用益物权人

   C. 善意占有人　　D. 恶意占有人

2. 占有的不动产或者动产毁损、灭失，该不动产或者动产的权利人请求赔偿的，占有人应当将因毁损、灭失取得的保险金、赔偿金或者补偿金等返还给权利人；权利人的损害未得到足够弥补的，(　　)还应当赔偿损失。

   A. 担保物权人　　B. 用益物权人

   C. 善意占有人　　D. 恶意占有人

三、多项选择题

关于占有，以下说法正确的是：(　　)

A. 占有的不动产或者动产被侵占的，占有人有权请求返还原物

B. 对妨害占有的行为，占有人有权请求排除妨害或者消除危险
C. 因侵占或者妨害造成损害的，占有人有权请求损害赔偿
D. 占有人返还原物的请求权，自侵占发生之日起 1 年内未行使的，该请求权消灭

四、填空题

1. 占有人因使用占有的不动产或者动产，致使该不动产或者动产受到损害的，______应当承担赔偿责任。
2. 不动产或者动产被占有人占有的，权利人可以请求返还原物及其孳息；但是，应当支付______因维护该不动产或者动产支出的必要费用。
3. 占有的不动产或者动产被侵占的，占有人有权请求______；对妨害占有的行为，占有人有权请求排除妨害或者消除危险；因侵占或者妨害造成损害的，占有人有权请求损害赔偿。占有人返还原物的请求权，自侵占发生之日起______的，该请求权消灭。

参考答案

一、判断题

1. √，解析：根据《民法典》第 458 条规定，基于合同关系等产生的占有，有关不动产或者动产的使用、收益、违约责任等，按照合同约定；合同没有约定或者约定不明确的，依照有关法律规定。
2. ×，解析：根据《民法典》第 461 条规定，占有的不动产或者动产毁损、灭失，该不动产或者动产的权利人请求赔偿的，占有人应当将因毁损、灭失取得的保险金、赔偿金或者补偿金等返还给权利人；权利人的损害未得到足够弥补的，恶意占有人还应当赔偿损失。

二、单项选择题

1. D，解析：根据《民法典》第 459 条规定，占有人因使用占有的不动产或者动产，致使该不动产或者动产受到损害的，恶意占有人应当

承担赔偿责任。

2. D，解析：根据《民法典》第 461 条规定，占有的不动产或者动产毁损、灭失，该不动产或者动产的权利人请求赔偿的，占有人应当将因毁损、灭失取得的保险金、赔偿金或者补偿金等返还给权利人；权利人的损害未得到足够弥补的，恶意占有人还应当赔偿损失。

三、多项选择题

ABCD，解析：根据《民法典》第 462 条规定，占有的不动产或者动产被侵占的，占有人有权请求返还原物；对妨害占有的行为，占有人有权请求排除妨害或者消除危险；因侵占或者妨害造成损害的，占有人有权请求损害赔偿。占有人返还原物的请求权，自侵占发生之日起 1 年内未行使的，该请求权消灭。

四、填空题

1. 恶意占有人。（《民法典》第 459 条）
2. 善意占有人。（《民法典》第 460 条）
3. 返还原物；1 年内未行使。（《民法典》第 462 条）

第三编 合 同

第一分编 通 则

第一章 一般规定

一、判断题

1.《民法典》合同编调整因合同产生的民事关系。（ ）
2. 依法成立的合同，仅对当事人具有法律约束力，但是法律另有规定的除外。（ ）
3. 合同文本采用两种文字且两个文本词句不一致的，合同无效。（ ）
4. 非因合同产生的债权债务关系优先适用合同编通则的规定。（ ）

二、单项选择题

1. 下列哪种协议，适用民法典合同编的规定？（ ）
   A. 租房　B. 结婚
   C. 离婚　D. 收养
2. 没有明文规定的合同，适用什么规定？（ ）
   A. 合同编通则　B. 合同编
   C. 物权法编　D. 侵权责任编
3. 非因合同产生的债权债务关系，优先适用什么法律规定？（ ）
   A. 合同编通则　B. 有关该债权债务关系的法律
   C. 物权编　D. 侵权责任编

三、多项选择题

1. 以下哪些协议，不优先适用民法典合同编的规定？（　　）

A. 婚姻　　B. 收养

C. 监护　　D. 买房

2. 当事人对合同条款的理解有争议的，应当依据什么来确定争议条款的含义？（　　）

A. 习惯　　B. 诚信原则

C. 行为的性质和目的　　D. 对方的身份

3. 法律没有明文规定的合同，适用什么规定？（　　）

A. 民法典合同编通则　　B. 民法典合同编典型合同

C. 其他法律最相类似合同　　D. 国际条约

四、填空题

1. 合同是民事主体之间______、______、______民事法律关系的协议。婚姻、收养、监护等有关身份关系的协议，适用______的法律规定；没有规定的，可以根据其性质参照适用本编规定。

2. 合同文本采用______以上文字订立并约定具有同等效力的，对各文本使用的______推定具有相同含义。各文本使用的______不一致的，应当根据合同的______、______、______以及______等予以解释。

参考答案

一、判断题

1. √，解析：参见《民法典》第463条规定。

2. √，解析：《民法典》第465条第2款规定，依法成立的合同，仅对当事人具有法律约束力，但是法律另有规定的除外。

3. ×，解析：《民法典》第466条规定，合同文本采用两种以上文字订立并约定具有同等效力的，对各文本使用的词句推定具有相同含义。各文本使用的词句不一致的，应当根据合同的相关条款、性质、目的以及诚信原则等予以解释。由此可见这种情况下合同并非当然无效。

4. ×，解析：《民法典》第468条规定，非因合同产生的债权债务关系，适用有关该债权债务关系的法律规定；没有规定的，适用本编通则的有关规定，但是根据其性质不能适用的除外。

二、单项选择题

1. A，解析：《民法典》第464条规定，婚姻、收养、监护等有关身份关系的协议，适用有关该身份关系的法律规定。
2. A，解析：《民法典》第467条规定，本法或者其他法律没有明文规定的合同，适用本编通则的规定，并可以参照适用本编典型合同或者其他法律最相类似合同的规定。
3. B，解析：《民法典》第468条规定，非因合同产生的债权债务关系，适用有关该债权债务关系的法律规定；没有规定的，适用本编通则的有关规定，但是根据其性质不能适用的除外。

三、多项选择题

1. ABC，解析：《民法典》第464条规定，婚姻、收养、监护等有关身份关系的协议，适用有关该身份关系的法律规定；没有规定的，可以根据其性质参照适用本编规定。
2. ABC，解析：《民法典》第466条规定，当事人对合同条款的理解有争议的，应当依据本法第142条第1款的规定，确定争议条款的含义。《民法典》第142条第1款规定，有相对人的意思表示的解释，应当按照所使用的词句，结合相关条款、行为的性质和目的、习惯以及诚信原则，确定意思表示的含义。
3. ABC，解析：《民法典》第467条规定，本法或者其他法律没有明文规定的合同，适用本编通则的规定，并可以参照适用本编典型合同或者其他法律最相类似合同的规定。

四、填空题

1. 设立；变更；终止；有关该身份关系。（《民法典》第464条）
2. 两种；词句；词句；相关条款；性质；目的；诚信原则。（《民法典》第466条）

第二章　合同的订立

一、判断题

1. 电子邮件形式可以视为书面形式。(　　)
2. 当事人订立合同，必须采用要约、承诺的方式。(　　)
3. 口头要约生效时间以口头表达作出之时生效。(　　)
4. 要约不可以撤销。(　　)
5. 要约被拒绝，要约失效。(　　)
6. 承诺只能以通知的方式作出。(　　)
7. 承诺生效时合同成立。(　　)
8. 承诺不可以撤回。(　　)
9. 受要约人因不可抗力导致承诺超过期限的，该承诺无效。(　　)
10. 以合同书形式签订合同，需要当事人签字、盖章或者按指印。(　　)
11. 承诺发生的地点为合同成立的起点。(　　)
12. 国家根据需要下达指令性任务或者国家订货任务的，有关民事主体之间可以依照有关法律、行政法规、规章规定的权利和义务订立合同。(　　)
13. 提供格式条款的一方有提示说明的义务。(　　)
14. 格式条款和非格式条款不一致的，应当采用格式条款。(　　)
15. 当事人在订立合同过程中知悉的商业秘密或者其他应当保密的信息，无论合同是否成立，不得泄露或者不正当地使用。(　　)

二、单项选择题

1. 订立合同可以用以下哪种形式？(　　)

A. 信件　　B. 电子邮件

C. 口头　　D. 以上都对

2. 以下哪一项不是合同的一般条款？(　　)

A. 当事人的姓名　　B. 履约期限

C. 合同标的　　D. 当事人的联系方式

3. 以下属于要约的是：(　　)

A. 寄送的价目表

B. 招股说明书

C. 某已处于运营中的自动售货机，投入 1 元硬币，则自动送出 1 杯可乐

D. 拍卖公告

4. 小明去某名牌包店买包，试了 5 款之后对店员甲说要买，店员甲因为在接待别的顾客没有听到，等了一会儿店员乙转告给店员甲，小明买包的要约生效时间是：(　　)

A. 小明进店的时候

B. 小明试包的时候

C. 小明说要买的时候

D. 店员乙转告给店员甲的时候

5. 下列关于要约撤销的说法，正确的是：(　　)

A. 撤销要约的通知应当与要约同时到达受要约人

B. 要约人确定承诺期限的，该要约不得撤销

C. 受要约人有理由认为要约是不可撤销，该要约即不得撤销

D. 要约人明示要约不可撤销，但受要约人尚未开始为履行合同作准备的，该要约可以撤销

6. 承诺是受要约人(　　)要约的意思表示。

A. 收到　　B. 质疑

C. 理解　　D. 同意

7. 关于承诺，下列说法不正确的是：(　　)

A. 承诺不需要在要约确定的期限内到达要约人

B. 承诺应当在要约确定的期限内到达要约人

C. 要约以对话方式作出的，应当即时作出承诺

D. 要约以非对话方式作出的，承诺应当在合理期限内到达

8. 以对话方式作出的承诺何时生效？（　　）

A. 承诺发出　　B. 相对人收到其内容

C. 承诺到达　　D. 相对人知道其内容

9. 关于承诺撤回，下列说法正确的是：（　　）

A. 承诺不可以撤回

B. 撤回承诺的通知应当在意思表示到达相对人前或者与意思表示同时到达相对人

C. 撤回承诺的通知应当在承诺通知到达要约人之后

D. 撤回承诺的通知应当在承诺通知到达相对人之后

10. 以下哪项为新要约？（　　）

A. 招标公告　　B. 广告

C. 变更合同标的　　D. 招股书

11. 以下属于新要约的是：（　　）

A. 招股书　　B. 招标书

C. 自动贩卖机买汽水　　D. 变更买卖价款

12. 当事人采用信件、数据电文等形式订立合同要求签订确认书的，（　　）时合同成立。

A. 签订确认书　　B. 送达确认书

C. 发出确认书　　D. 签订合同书

13. 合同成立的地点为：（　　）

A. 要约生效的地点　　B. 承诺发出的地点

C. 要约邀请生效的地点　　D. 承诺生效的地点

14. 当事人约定在将来一定期限内订立合同的认购书、订购书、预订书、意向书等，构成：（　　）

A. 要约　　B. 要约邀请

C. 格式合同　　D. 预约合同

15. 在下列情形中，格式条款并非当然无效的是：(　　)

A. 提供格式条款方免除其责任

B. 提供格式条款方加重对方责任

C. 提供格式条款方排除对方主要权利

D. 对格式条款的理解发生争议

16. 对格式条款的理解发生争议的，应当按照(　　)予以解释。

A. 专业理解　　B. 字面理解

C. 通常理解　　D. 当事人约定

三、多项选择题

1. 订立合同可以用以下哪些形式？(　　)

A. 信件　　B. 电子邮件

C. 口头　　D. 传真

2. 以下属于要约的有：(　　)

A. 拍卖公告　　B. 投标书

C. 标价出售的货品　　D. 售房广告

3. 以下属于要约邀请的有：(　　)

A. 拍卖公告　　B. 招股说明书

C. 招标公告　　D. 售房广告

4. 关于要约，下列说法正确的是：(　　)

A. 要约一旦发出不可以撤回

B. 要约可以撤回

C. 撤回要约的通知可以与要约同时到达相对人

D. 撤回要约的通知必须在要约到达相对人之前才有效

5. 下列关于要约撤销的说法，不正确的是：(　　)

A. 撤销要约的通知应当与要约同时到达受要约人

B. 要约人确定承诺期限的，该要约不得撤销

C. 受要约人有理由认为要约是不可撤销，该要约即不得撤销

D. 要约人明示要约不可撤销，但受要约人尚未开始为履行合同作准备的，该要约可以撤销

6. 关于承诺，下列说法正确的是：（ ）

A. 承诺可以超越要约确定的期限内到达要约人

B. 承诺应当在要约确定的期限内到达要约人

C. 要约以对话方式作出的，应当即时作出承诺

D. 要约以非对话方式作出的，承诺应当在合理期限内到达

7. 下列情形中，承诺可以撤回的有：（ ）

A. 撤回承诺的通知在承诺通知到达要约人之前

B. 撤回承诺的通知与承诺通知同时到达要约人

C. 撤回承诺的通知在承诺通知到达要约人之后

D. 承诺生效之后

8. 以下哪些选项为新要约？（ ）

A. 招标公告　　B. 广告

C. 变更合同标的　　D. 变更报酬

9. 受要约人在承诺期限内发出承诺的，下列说法不正确的是：（ ）

A. 该承诺为有效承诺

B. 除要约人通知受要约人该承诺有效的以外，为新要约

C. 该承诺一律为新要约

D. 除要约人及时反对的外，该承诺有效

10. 承诺对要约的内容作出非实质性变更的，在什么情况下该承诺有效？（ ）

A. 要约人及时表示反对

B. 要约表明承诺不得对要约的内容作出任何变更

C. 要约人表示同意

D. 要约表明承诺可以对要约的内容作出变更

11. 以下合同成立的有：（　　）

A. 甲乙双方采用信件形式订立合同，并要求签订确认书，合同自签订确认书时成立

B. 甲乙双方采用数据电文形式订立合同，并要求签订确认书，合同自签订确认书时成立

C. 甲在互联网发布的商品信息且符合要约条件，乙选择甲发布的商品并提交订单，在订单提交成功时合同成立

D. 甲在互联网发布的服务信息且符合要约条件，乙选择甲发布的服务并提交订单，在订单提交成功时合同成立

12. 关于合同成立的地点，以下错误的是：（　　）

A. 要约生效的地点　　B. 承诺发出的地点

C. 要约邀请生效的地点　　D. 承诺生效的地点

13. 关于国家根据需要下达指令性任务或者国家订货任务情况下订立合同，以下说法正确的是：（　　）

A. 有关民事主体之间应当依照有关法律、行政法规规定的权利和义务订立合同

B. 依照法律、行政法规的规定负有发出要约义务的当事人，应当及时发出合理的要约

C. 依照法律、行政法规的规定负有作出承诺义务的当事人，不得拒绝对方合理的订立合同要求

D. 依照法律、行政法规的规定负有作出承诺义务的当事人，不得拒绝对方的订立合同要求

14. 当事人约定在将来一定期限内订立合同的（　　）等，构成预约合同。

A. 认购书　　B. 订购书

C. 预订书　　D. 意向书

15. 在下列情形中，属于格式条款无效的有：（　　）

A. 提供格式条款方免除其责任

B. 提供格式条款方加重对方责任

C. 提供格式条款方排除对方主要权利

D. 对格式条款的理解发生争议

16. 当事人在订立合同过程中有下列哪些情形，造成对方损失的，应当承担赔偿责任：（　　）

A. 假借订立合同，恶意进行磋商

B. 故意隐瞒与订立合同有关的重要事实或者提供虚假情况

C. 过失隐瞒与订立合同有关的重要事实或者提供虚假情况

D. 隐瞒非重要事实

四、填空题

1. 当事人订立合同，可以采用______形式、______形式或者其他形式。书面形式是合同书、信件、电报、电传、传真等可以______地表现所载内容的形式。

2. 合同的内容由当事人______，一般包括下列条款：（一）当事人的______或者______和______；（二）______；（三）______；（四）______；（五）______或者______；（六）履行______、______和______；（七）______；（八）解决争议的方法。

当事人可以参照各类合同的______订立合同。

3. 当事人订立合同，可以采取______、______方式或者其他方式。

4. 要约邀请是______他人向自己发出______的表示。

5. 撤销要约的意思表示以对话方式作出的，该意思表示的内容应当在受要约人______为受要约人所知道；撤销要约的意思表示以非对话方式作出的，应当在受要约人______到达受要约人。

6. 承诺应当以______的方式作出；但是，根据交易习惯或者要约表明可以通过______作出承诺的除外。

7. 要约以______、______、______等快速通讯方式作出的，承诺期限自要约______时开始计算。

8. ______时合同成立，但是法律另有规定或者当事人另有约定的除外。
9. 受要约人超过______发出承诺，或者在承诺期限内发出承诺，按照通常情形______及时到达要约人的，为新要约；但是，要约人______受要约人该承诺有效的除外。
10. 承诺的内容应当与要约的内容______ 。受要约人对要约的内容作出实质性变更的，为______。
11. ______的地点为合同成立的地点。采用数据电文形式订立合同的，收件人的______为合同成立的地点；没有主营业地的，其______为合同成立的地点。当事人另有约定的，按照其约定。
12. 当事人采用合同书形式订立合同的，最后______、______或者______的地点为合同成立的地点，但是当事人另有约定的除外。
13. 当事人约定在将来一定期限内订立合同的认购书、订购书、预订书、意向书等，构成______。
14. ______是当事人为了重复使用而预先拟定，并在订立合同时未与对方协商的条款。
15. 对格式条款的理解发生争议的，应当按照______予以解释。
16. 悬赏人以______对完成特定行为的人支付报酬的，完成该行为的人可以请求其支付。

参考答案

一、判断题

1. √，解析：《民法典》第469条规定，以电子数据交换、电子邮件等方式能够有形地表现所载内容，并可以随时调取查用的数据电文，视为书面形式。
2. ×，解析：《民法典》第471条规定，当事人订立合同，可以采取要约、承诺方式或者其他方式。

3. ×，解析：《民法典》第 474 条规定，要约生效的时间适用本法第 137 条的规定。《民法典》第 137 条规定，以对话方式作出的意思表示，相对人知道其内容时生效。
4. ×，解析：《民法典》第 476 条规定，要约可以撤销。
5. √，解析：《民法典》第 478 条规定，有下列情形之一的，要约失效：（1）要约被拒绝；（2）要约被依法撤销；（3）承诺期限届满，受要约人未作出承诺；（4）受要约人对要约的内容作出实质性变更。
6. ×，解析：《民法典》第 480 条规定，承诺应当以通知的方式作出；但是，根据交易习惯或者要约表明可以通过行为作出承诺的除外。
7. √，解析：《民法典》第 483 条规定，承诺生效时合同成立，但是法律另有规定或者当事人另有约定的除外。
8. ×，解析：《民法典》第 485 条规定，承诺可以撤回。承诺的撤回适用本法第 141 条的规定。
9. ×，解析：《民法典》第 487 条规定，受要约人在承诺期限内发出承诺，按照通常情形能够及时到达要约人，但是因其他原因致使承诺到达要约人时超过承诺期限的，除要约人及时通知受要约人因承诺超过期限不接受该承诺外，该承诺有效。
10. √，解析：《民法典》第 490 条规定，当事人采用合同书形式订立合同的，自当事人均签名、盖章或者按指印时合同成立。
11. ×，解析：《民法典》第 492 条规定，承诺生效的地点为合同成立的地点。
12. ×，解析：《民法典》第 494 条规定，国家根据抢险救灾、疫情防控或者其他需要下达国家订货任务、指令性任务的，有关民事主体之间应当依照有关法律、行政法规规定的权利和义务订立合同。
13. √，解析：《民法典》第 496 条规定，采用格式条款订立合同的，提供格式条款的一方应当遵循公平原则确定当事人之间的权利和义务，并采取合理的方式提示对方注意免除或者减轻其责任等与对方有重大利害关系的条款，按照对方的要求，对该条款予以说明。

14. ×，解析：《民法典》第 498 条规定，格式条款和非格式条款不一致的，应当采用非格式条款。
15. √，解析：根据《民法典》第 501 条规定，当事人在订立合同过程中知悉的商业秘密或者其他应当保密的信息，无论合同是否成立，不得泄露或者不正当地使用；泄露、不正当地使用该商业秘密或者信息，造成对方损失的，应当承担赔偿责任。

二、单项选择题

1. D，解析：《民法典》第 469 条规定，当事人订立合同，可以采用书面形式、口头形式或者其他形式。书面形式是合同书、信件、电报、电传、传真等可以有形地表现所载内容的形式。以电子数据交换、电子邮件等方式能够有形地表现所载内容，并可以随时调取查用的数据电文，视为书面形式。
2. D，解析：《民法典》第 470 条规定，合同的内容由当事人约定，一般包括下列条款：（1）当事人的姓名或者名称和住所；（2）标的；（3）数量；（4）质量；（5）价款或者报酬；（6）履行期限、地点和方式；（7）违约责任；（8）解决争议的方法。因此，D 选项错误。
3. C，解析：《民法典》第 472 条规定，要约是希望与他人订立合同的意思表示。C 正确，ABD 为要约邀请。
4. D，解析：《民法典》第 474 条规定，要约生效的时间适用本法第 137 条的规定。《民法典》第 137 条规定，以对话方式作出的意思表示，相对人知道其内容时生效。
5. B，解析：《民法典》第 476 条规定，要约可以撤销，但是有下列情形之一的除外：（1）要约人以确定承诺期限或者其他形式明示要约不可撤销；（2）受要约人有理由认为要约是不可撤销的，并已经为履行合同做了合理准备工作。因此 B 正确。
6. D，解析：《民法典》第 479 条规定，承诺是受要约人同意要约的意思表示。

7. A，解析：《民法典》第 481 条规定，承诺应当在要约确定的期限内到达要约人。要约没有确定承诺期限的，承诺应当依照下列规定到达：（1）要约以对话方式作出的，应当即时作出承诺；（2）要约以非对话方式作出的，承诺应当在合理期限内到达。
8. D，解析：《民法典》第 484 条规定，以通知方式作出的承诺，生效的时间适用本法第 137 条的规定。《民法典》第 137 条规定，以对话方式作出的意思表示，相对人知道其内容时生效。
9. B，解析：《民法典》第 485 条规定，承诺可以撤回。承诺的撤回适用本法第 141 条的规定。《民法典》第 141 条规定，行为人可以撤回意思表示。撤回意思表示的通知应当在意思表示到达相对人前或者与意思表示同时到达相对人。
10. C，解析：《民法典》第 486 条规定，受要约人超过承诺期限发出承诺，或者在承诺期限内发出承诺，按照通常情形不能及时到达要约人的，为新要约。《民法典》第 488 条规定，承诺的内容应当与要约的内容一致。受要约人对要约的内容作出实质性变更的，为新要约。有关合同标的、数量、质量、价款或者报酬、履行期限、履行地点和方式、违约责任和解决争议方法等的变更，是对要约内容的实质性变更。
11. D，解析：《民法典》第 488 条规定，承诺的内容应当与要约的内容一致。受要约人对要约的内容作出实质性变更的，为新要约。有关合同标的、数量、质量、价款或者报酬、履行期限、履行地点和方式、违约责任和解决争议方法等的变更，是对要约内容的实质性变更。
12. A，解析：《民法典》第 491 条规定，当事人采用信件、数据电文等形式订立合同要求签订确认书的，签订确认书时合同成立。
13. D，解析：《民法典》第 492 规定，承诺生效的地点为合同成立的地点。
14. D，解析：《民法典》第 495 条规定，当事人约定在将来一定期限内订立合同的认购书、订购书、预订书、意向书等，构成预约合同。

15. D，解析：《民法典》第497条规定，有下列情形之一的，该格式条款无效：（1）具有第一编第六章第三节和本法第506条规定的无效情形；（2）提供格式条款一方不合理地免除或者减轻其责任、加重对方责任、限制对方主要权利；（3）提供格式条款一方排除对方主要权利。
16. C，解析：《民法典》第498条规定，对格式条款的理解发生争议的，应当按照通常理解予以解释。对格式条款有两种以上解释的，应当作出不利于提供格式条款一方的解释。格式条款和非格式条款不一致的，应当采用非格式条款。

三、多项选择题

1. ABCD，解析：《民法典》第469条规定，当事人订立合同，可以采用书面形式、口头形式或者其他形式。书面形式是合同书、信件、电报、电传、传真等可以有形地表现所载内容的形式。以电子数据交换、电子邮件等方式能够有形地表现所载内容，并可以随时调取查用的数据电文，视为书面形式。
2. BC，解析：《民法典》第472条规定，要约是希望与他人订立合同的意思表示。BC项符合题意。AD项属于要约邀请。
3. ABCD，解析：《民法典》第473条规定，要约邀请是希望他人向自己发出要约的表示。拍卖公告、招标公告、招股说明书、债券募集办法、基金招募说明书、商业广告和宣传、寄送的价目表等为要约邀请。ABCD正确。
4. BC，解析：《民法典》第475条规定，要约可以撤回。要约的撤回适用本法第141条的规定。因此B正确。《民法典》第141条规定，行为人可以撤回意思表示。撤回意思表示的通知应当在意思表示到达相对人前或者与意思表示同时到达相对人。因此C正确。
5. ACD，解析：《民法典》第476条规定，要约可以撤销，但是有下列情形之一的除外：（1）要约人以确定承诺期限或者其他形式明示要约不可撤销；（2）受要约人有理由认为要约是不可撤销的，并已经为履行合同做了合理准备工作。因此ACD错误，当选。

6. BCD，解析：《民法典》第 481 条规定，承诺应当在要约确定的期限内到达要约人。要约没有确定承诺期限的，承诺应当依照下列规定到达：（1）要约以对话方式作出的，应当即时作出承诺；（2）要约以非对话方式作出的，承诺应当在合理期限内到达。
7. AB，解析：《民法典》第 485 条规定，承诺可以撤回。承诺的撤回适用本法第 141 条的规定。《民法典》第 141 条规定，行为人可以撤回意思表示。撤回意思表示的通知应当在意思表示到达相对人前或者与意思表示同时到达相对人。
8. CD，解析：《民法典》第 486 条规定，受要约人超过承诺期限发出承诺，或者在承诺期限内发出承诺，按照通常情形不能及时到达要约人的，为新要约。《民法典》第 488 条规定，承诺的内容应当与要约的内容一致。受要约人对要约的内容作出实质性变更的，为新要约。有关合同标的、数量、质量、价款或者报酬、履行期限、履行地点和方式、违约责任和解决争议方法等的变更，是对要约内容的实质性变更。
9. ABC，解析：《民法典》第 487 条规定，受要约人在承诺期限内发出承诺，按照通常情形能够及时到达要约人，但是因其他原因致使承诺到达要约人时超过承诺期限的，除要约人及时通知受要约人因承诺超过期限不接受该承诺外，该承诺有效。
10. CD，解析：《民法典》第 489 条规定，承诺对要约的内容作出非实质性变更的，除要约人及时表示反对或者要约表明承诺不得对要约的内容作出任何变更外，该承诺有效，合同的内容以承诺的内容为准。
11. ABCD，解析：《民法典》第 491 条规定，当事人采用信件、数据电文等形式订立合同要求签订确认书的，签订确认书时合同成立。当事人一方通过互联网等信息网络发布的商品或者服务信息符合要约条件的，对方选择该商品或者服务并提交订单成功时合同成立，但是当事人另有约定的除外。

12. ABC，解析：《民法典》第 492 规定，承诺生效的地点为合同成立的地点。

13. ABC，解析：《民法典》第 494 条规定，国家根据抢险救灾、疫情防控或者其他需要下达国家订货任务、指令性任务的，有关民事主体之间应当依照有关法律、行政法规规定的权利和义务订立合同。依照法律、行政法规的规定负有发出要约义务的当事人，应当及时发出合理的要约。依照法律、行政法规的规定负有作出承诺义务的当事人，不得拒绝对方合理的订立合同要求。

14. ABCD，解析：《民法典》第 495 条规定，当事人约定在将来一定期限内订立合同的认购书、订购书、预订书、意向书等，构成预约合同。

15. ABC，解析：《民法典》第 497 条规定，有下列情形之一的，该格式条款无效：（1）具有本法第一编第六章第三节和本法第 506 条规定的无效情形；（2）提供格式条款一方不合理地免除或者减轻其责任、加重对方责任、限制对方主要权利；（3）提供格式条款一方排除对方主要权利。

16. AB，解析：《民法典》第 500 条规定，当事人在订立合同过程中有下列情形之一，造成对方损失的，应当承担赔偿责任：（1）假借订立合同，恶意进行磋商；（2）故意隐瞒与订立合同有关的重要事实或者提供虚假情况；（3）有其他违背诚信原则的行为。

四、填空题

1. 书面；口头；有形。（《民法典》第 469 条）
2. 约定；姓名；名称；住所；标的；数量；质量；价款；报酬；期限；地点；方式；违约责任；示范文本。（《民法典》第 470 条）
3. 要约；承诺。（《民法典》第 471 条）
4. 希望；要约。（《民法典》第 473 条）
5. 作出承诺之前；作出承诺之前。（《民法典》第 477 条）
6. 通知；行为。（《民法典》第 480 条）

7. 电话；传真；电子邮件；到达受要约人。(《民法典》第 482 条)

8. 承诺生效。(《民法典》第 483 条)

9. 承诺期限；不能；及时通知。(《民法典》第 486 条)

10. 一致；新要约。(《民法典》第 488 条)

11. 承诺生效；主营业地；住所地。(《民法典》第 492 条)

12. 签名；盖章；按指印。(《民法典》第 493 条)

13. 预约合同。(《民法典》第 495 条)

14. 格式条款。(《民法典》第 496 条)

15. 通常理解。(《民法典》第 498 条)

16. 公开方式声明。(《民法典》第 499 条)

第三章　合同的效力

一、判断题

1. 依法成立的合同，自成立时生效。(　　)
2. 法人的法定代表人或者非法人组织的负责人超越权限订立的合同，该合同对法人或者非法人组织发生效力。(　　)
3. 当事人超越经营范围订立的合同的效力，仅以超越经营范围确认合同无效。(　　)
4. 造成人身损害的免责条款无效。(　　)
5. 合同不生效、无效、被撤销或者终止的，会影响合同中有关解决争议方法的条款的效力。(　　)
6. 本编对合同的效力没有规定的，适用本法关于民事法律行为效力的有关规定。(　　)

二、单项选择题

1. 法人的法定代表人超越权限订立的合同的效力为：(　　)

   A. 绝对有效

   B. 绝对无效

   C. 除相对人知道或应当知道其超越权限外，订立的合同对法人发生效力

   D. 法人不追认的，对法人无效

2. 以下不属于合同中免责条款无效的有：(　　)

   A. 造成对方人身伤害的

   B. 因故意造成对方财产损失的

   C. 因过失造成对方财产损失的

   D. 因重大过失造成对方财产损失的

三、多项选择题

1. 关于合同成立，下列说法正确的是：（　　）

   A. 依法成立的合同，自成立时生效，但是法律另有规定或者当事人另有约定的除外

   B. 依照法律、行政法规的规定，合同应当办理批准等手续的，依照其规定

   C. 未办理批准等手续影响合同生效的，不影响合同中履行报批等义务条款以及相关条款的效力

   D. 应当办理申请批准等手续的当事人未履行义务的，对方可以请求其承担违反该义务的责任

2. 无权代理人以被代理人的名义订立合同，被代理人（　　）的，视为对合同的追认。

   A. 已经开始履行合同义务　　B. 接受相对人履行

   C. 拒绝履行合同　　D. 拒绝相对人履行

3. 以下哪些情况，不影响合同中有关解决争议方法的条款的效力？（　　）

   A. 合同不生效　　B. 合同无效

   C. 合同被撤销　　D. 合同终止

四、填空题

1. 无权代理人以被代理人的名义订立合同，被代理人已经开始履行合同义务或者接受相对人履行的，视为对合同的______。

2. 合同中的下列免责条款无效：（1）造成对方______的；（2）因故意或者重大过失造成对方______的。

参考答案

一、判断题

1. √，解析：《民法典》第 502 条规定，依法成立的合同，自成立时生效。
2. ×，解析：《民法典》第 504 条规定，法人的法定代表人或者非法人组织的负责人超越权限订立的合同，除相对人知道或者应当知道其超越权限外，该代表行为有效，订立的合同对法人或者非法人组织发生效力。
3. ×，解析：《民法典》第 505 条规定，当事人超越经营范围订立的合同的效力，应当依照本法第一编第六章第三节和本编的有关规定确定，不得仅以超越经营范围确认合同无效。
4. √，解析：《民法典》第 506 条规定，合同中的下列免责条款无效：（1）造成对方人身损害的；（2）因故意或者重大过失造成对方财产损失的。
5. ×，解析：《民法典》第 507 条规定，合同不生效、无效、被撤销或者终止的，不影响合同中有关解决争议方法的条款的效力。
6. √，解析：《民法典》第 508 条规定，本编对合同的效力没有规定的，适用本法第一编第六章第三节的有关规定，即民法典关于民事法律行为效力的规定。

二、单项选择题

1. C，解析：《民法典》第 504 条规定，法人的法定代表人或者非法人组织的负责人超越权限订立的合同，除相对人知道或者应当知道其超越权限外，该代表行为有效，订立的合同对法人或者非法人组织发生效力。
2. C，解析：《民法典》第 506 条规定，合同中的下列免责条款无效：（1）造成对方人身损害的；（2）因故意或者重大过失造成对方财产损失的。

三、多项选择题

1. ABCD，解析：《民法典》第 502 条规定，依法成立的合同，自成立时生效，但是法律另有规定或者当事人另有约定的除外。依照法律、行政法规的规定，合同应当办理批准等手续的，依照其规定。未办理批准等手续影响合同生效的，不影响合同中履行报批等义务条款以及相关条款的效力。应当办理申请批准等手续的当事人未履行义务的，对方可以请求其承担违反该义务的责任。
2. AB，解析：《民法典》第 503 条规定，无权代理人以被代理人的名义订立合同，被代理人已经开始履行合同义务或者接受相对人履行的，视为对合同的追认。
3. ABCD，解析：《民法典》第 507 条规定，合同不生效、无效、被撤销或者终止的，不影响合同中有关解决争议方法的条款的效力。

四、填空题

1. 追认。(《民法典》第 503 条)
2. 人身损害；财产损失。(《民法典》第 506 条)

第四章　合同的履行

一、判断题

1. 当事人应当遵循经济合理原则，根据合同的性质、目的和交易习惯履行通知、协助、保密等义务。(　　)
2. 当事人由于合同中对履行地点约定不明确，又无法按照合同相关条款或者交易习惯确定的，给付货币的，在支付货币一方所在地履行。(　　)
3. 执行政府定价或者政府指导价的，在合同约定的交付期限内政府价格调整时，按照合同签订时的原价格计价。(　　)
4. 标的有多项而债务人只需履行其中一项的，除当事人另有约定的外，由债务人享有选择权。(　　)
5. 债权人为二人以上，标的可分，按照份额共同享有债权的，为按份债权。(　　)
6. 连带债务人之间的份额难以确定的，视为份额相同。(　　)
7. 部分连带债务人履行、抵销债务或者提存标的物的，其他债务人对债权人的债务消灭。(　　)
8. 当事人约定由债务人向第三人履行债务，债务人未向第三人履行债务，应当向第三人承担违约责任。(　　)
9. 债务人不履行债务，第三人对履行该债务具有合法利益的，第三人有权向债权人代为履行。(　　)
10. 当事人互负债务，有先后履行顺序，应当先履行债务一方履行债务不符合约定的，后履行一方有权拒绝其履行请求。(　　)
11. 当事人因行使不安抗辩权中止履行的，应当及时通知对方。(　　)
12. 债务人提前履行债务给债权人增加的费用，由债权人负担。(　　)

13. 债权人可以拒绝债务人部分履行债务，但是部分履行不损害债权人利益的除外。(　　)
14. 合同成立后，合同的基础条件发生了当事人在订立合同时无法预见的商业风险的重大变化，继续履行合同对于当事人一方明显不公平的，受不利影响的当事人可以与对方重新协商。(　　)

二、单项选择题

1. 当事人在合同履行过程中，由于合同内容约定不明确，又无法按照合同相关条款或者交易习惯确定，以下说法不正确的是：(　　)

   A. 交付不动产的，在接受不动产一方所在地履行

   B. 履行地点不明确，给付货币的，在接受货币一方所在地履行

   C. 履行方式不明确的，按照有利于实现合同目的的方式履行

   D. 履行费用的负担不明确的，由履行义务方负担

2. 关于通过互联网等信息网络订立电子合同的说法，不正确的是：(　　)

   A. 合同的标的为交付商品并采用快递物流方式交付的，收货人的签收时间为交付时间

   B. 电子合同的标的为提供服务的，生成的电子凭证或者实物凭证中载明的时间为提供服务时间

   C. 电子合同的标的物为采用在线传输方式交付的，合同标的物发出时为交付时间

   D. 电子合同当事人对交付商品或者提供服务的方式、时间另有约定的，按照其约定

3. 以支付金钱为内容的债，除法律另有规定或者当事人另有约定外，债权人可以请求债务人以(　　)的法定货币履行。

   A. 实际履行地　　B. 合同签订地

   C. 债务人所在地　　D. 债权人所在地

4. 关于选择之债中当事人行使选择权，下列说法正确的是：(　　)

   A. 当事人行使选择权应当及时通知对方，通知到达对方时，债务标

的确定

B. 当事人行使选择权应当书面通知对方，通知到达对方时，债务标的确定

C. 当事人行使选择权应当及时通知对方，通知发出时，债务标的确定

D. 当事人行使选择权应当书面通知对方，通知发出时，债务标的确定

5. 关于连带债权和债务，下列说法错误的是：（　　）

A. 债权人为2人以上，部分或者全部债权人均可以请求债务人履行债务的，为连带债权

B. 债务人为2人以上，债权人可以请求部分或者全部债务人履行全部债务的，为连带债务

C. 连带债权或者连带债务，可以由法律、行政法规规定

D. 连带债权或者连带债务，可以由当事人约定

6. 部分连带债务人实施以下哪一行为，其他债务人对债权人的债务在相应范围内不消灭？（　　）

A. 履行　　B. 抵销债务

C. 提存标的物　　D. 提供担保

7. 当事人约定由债务人向第三人履行债务，债务人未向第三人履行债务或者履行债务不符合约定的，债务人应当向（　　）承担违约责任。

A. 债权人　　B. 第三人

C. 债权人和第三人　　D. 债权人或第三人

8. 债务人不履行债务，第三人对履行该债务具有合法利益，第三人有权向债权人代为履行的除外情形不包括：（　　）

A. 根据债务性质只能由债务人履行

B. 按照当事人约定只能由债务人履行

C. 依照法律规定只能由债务人履行

D. 按照交易习惯只能由债务人履行

9. 关于先履行抗辩权，以下表述正确的是：（　　）

A. 当事人互负债务，没有先后履行顺序的，应当同时履行

B. 应当先履行债务一方未履行的，后履行一方有权拒绝其履行请求

C. 一方在对方履行之前有权拒绝其履行请求

D. 先履行一方履行债务不符合约定的，后履行一方有权拒绝其履行请求

10. 当事人行使不安抗辩权中止履行后，对方在合理期限内（　　）的，视为以自己的行为表明不履行合同主要义务，中止履行的一方可以解除合同并可以请求对方承担违约责任。

A. 未恢复适当履行能力且未提供适当担保

B. 未恢复履行能力且未提供担保

C. 未恢复适当履行能力且未提供担保

D. 未恢复履行能力且未提供适当担保

11. 下列关于提前履行债务的说法，正确的是：（　　）

A. 债权人可以拒绝债务人提前履行债务

B. 债权人不得拒绝债务人提前履行债务

C. 债务人提前履行债务给债权人增加的费用，由债权人负担

D. 债务人提前履行债务给债权人增加的费用，由债权人和债务人共同负担

12. 下列关于部分履行债务的说法，正确的是：（　　）

A. 债权人可以拒绝债务人部分履行债务，但是部分履行不损害债权人利益的除外

B. 债权人不得拒绝债务人部分履行债务

C. 债务人部分履行债务给债权人增加的费用，由债权人负担

D. 债务人部分履行债务给债权人增加的费用，由债权人和债务人共同负担

13. 合同成立后，合同的基础条件发生了何种情形，继续履行合同对于当事人一方明显不公平的，受不利影响的当事人可以与对方重新协商？（　　）

A. 当事人在订立合同时无法预见的商业风险的重大变化

B. 当事人在合同生效后无法克服的、不属于商业风险的重大变化

C. 当事人在订立合同时无法预见的、不属于商业风险的重大变化

D. 当事人在合同生效后无法克服的商业风险的重大变化

三、多项选择题

1. 合同生效后，当事人就质量、价款或者报酬、履行地点等内容没有约定或者约定不明确的，可以以协议补充；不能达成补充协议的，按照(　　)确定。

A. 合同有关条款　　B. 合同性质

C. 合同目的　　D. 交易习惯

2. 当事人在合同履行过程中，由于合同内容约定不明确，又无法按照合同相关条款或者交易习惯确定，以下说法正确的是：(　　)

A. 价款或者报酬不明确的，按照订立合同时履行地的市场价格履行

B. 履行地点不明确，给付货币的，在支付货币一方所在地履行

C. 履行方式不明确的，按照有利于实现合同目的的方式履行

D. 履行费用的负担不明确的，由履行义务方负担

3. 执行政府定价或政府指导价，如逾期交付标的物，则下列选项错误的是：(　　)

A. 按照交付标的物时的价格计价

B. 仍然按照合同签订时的价格计价

C. 价格上涨时按新价格执行

D. 价格下降时按原价格执行

4. 关于标的有多项而债务人只需履行其中一项的情况，下列说法正确的是：(　　)

A. 一般情况下，债权人享有选择权

B. 享有选择权的当事人在约定期限内未作选择，经催告后在合理期限内仍未选择的，选择权转移至对方

C. 一般情况下，债务人享有选择权

D. 享有选择权的当事人履行期限届满未作选择，经催告后在合理期限内仍未选择的，选择权转移至对方

5. 关于债权债务共享，下列说法正确的有：(　　)

A. 债权人为2人以上，标的可分，按照份额各自享有债权的，为按份债权

B. 债权人为2人以上，标的可分，按照份额共同享有债权的，为按份债权

C. 债务人为2人以上，标的可分，按照份额各自负担债务的，为按份债务

D. 按份债权人或者按份债务人的份额难以确定的，视为份额相同

6. 关于连带债务人，下列说法正确的是：(　　)

A. 连带债务人之间的份额难以确定的，视为份额相同

B. 实际承担债务超过自己份额的连带债务人，有权就超出部分在其他连带债务人未履行的份额范围内向其追偿

C. 实际承担超出自己份额的连带债务人，有权就自己已经履行的部分向其他连带债务人追偿

D. 其他连带债务人对债权人的抗辩，不得向实际承担债务的连带债务人主张

7. 关于连带债权和连带债权人，下列说法错误的是：(　　)

A. 连带债权人之间的份额难以确定的，视为份额相同

B. 实际受领债权的连带债权人，应当按约定向其他连带债权人返还

C. 实际受领债权的连带债权人，应当按比例向其他连带债权人返还

D. 部分连带债权人免除债务人债务的，其他连带债权人的债权不受影响

8. 当事人约定由第三人向债权人履行债务的，第三人不履行债务或者履行债务不符合约定的，下列说法错误的是：(　　)

A. 债务人应当向债权人承担违约责任

B. 第三人应当向债务人承担违约责任

C. 第三人应当向债权人承担违约责任

D. 债务人和第三人共同向债权人承担违约责任

9. 关于同时履行抗辩权，以下表述正确的是：（　　）

A. 当事人互负债务，没有先后履行顺序的，应当同时履行

B. 一方在对方履行之前有权拒绝其履行请求

C. 一方在对方履行债务不符合约定时，有权拒绝其相应的履行请求

D. 先履行一方履行债务不符合约定的，后履行一方有权拒绝其相应的履行请求

10. 应当先履行债务的当事人，有确切证据证明下列哪些情形，可以中止履行：（　　）

A. 经营状况严重恶化　　B. 转移财产

C. 抽逃资金　　D. 丧失商誉

11. 债权人分立、合并或者变更住所没有通知债务人，致使履行债务发生困难的，债务人可以(　　)。

A. 中止履行　　B. 终止履行

C. 将标的物留置　　D. 将标的物提存

12. 合同生效后，当事人不得因（　　）而不履行合同义务。

A. 姓名的变更　　B. 名称的变更

C. 法定代表人的变动　　D. 负责人的变动

13. 对当事人利用合同实施的哪些行为，市场监督管理和其他有关行政主管部门依照法律、行政法规的规定负责监督处理？(　　)

A. 危害国家利益的行为　　B. 危害个人利益的行为

C. 危害社会公共利益的行为　　D. 危害企业利益的行为

四、填空题

1. 当事人在履行合同过程中，应当避免______、______和______。

2. 合同生效后，当事人就质量、价款或者报酬、履行地点等内容没有约定或者约定不明确的，可以______。

3. 当事人在合同履行过程中，价款或者报酬约定不明确的，按照订立合同时履行地的______履行；依法应当执行______或者______的，依照规定履行。
4. 以支付金钱为内容的债，除法律另有规定或者当事人另有约定外，债权人可以请求债务人以______的法定货币履行。
5. 可选择的标的之中发生不能履行情形的，享有选择权的当事人不得选择不能履行的标的，但是该不能履行的情形是由______的除外。
6. 连带债权或者连带债务，由______或者______。
7. 连带债权人之间的份额难以确定的，视为______。
8. 当事人约定由第三人向债权人履行债务，第三人不履行债务或者履行债务不符合约定的，______应当向______承担违约责任。
9. 当事人互负债务，没有先后履行顺序的，应当______履行。
10. 当事人没有______中止履行的，应当承担违约责任。
11. 债权人分立、合并或者变更住所没有通知债务人，致使履行债务发生困难的，债务人也可以______或者将标的物______。
12. ______后，当事人不得因姓名、名称的变更或者法定代表人、负责人、承办人的变动而不履行合同义务。
13. 对当事人利用合同实施危害______、______行为的，______和其他有关行政主管部门依照法律、行政法规的规定负责监督处理。

参考答案

一、判断题

1. ×，解析：《民法典》第509条规定，当事人应当遵循诚信原则，根据合同的性质、目的和交易习惯履行通知、协助、保密等义务。
2. ×，解析：《民法典》第511条第3项。
3. ×，解析：《民法典》第513条。
4. ×，解析：《民法典》第515条第1款规定，标的有多项而债务人只需履行其中一项的，债务人享有选择权；但是，法律另有规定、当事人另有约定或者另有交易习惯的除外。

5. ×，解析：《民法典》第517条。
6. √，解析：《民法典》第519条。
7. ×，解析：《民法典》第520条规定，部分连带债务人履行、抵销债务或者提存标的物的，其他债务人对债权人的债务在相应范围内消灭。
8. ×，解析：《民法典》第522条规定，当事人约定由债务人向第三人履行债务，债务人未向第三人履行债务或者履行债务不符合约定的，应当向债权人承担违约责任。
9. √，解析：《民法典》第524条。
10. ×，解析：《民法典》第526条
11. √，解析：《民法典》第528条。
12. ×，解析：《民法典》第530条规定，债务人提前履行债务给债权人增加的费用，由债务人负担。
13. √，解析：《民法典》第531条。
14. ×，解析：《民法典》第533条。

二、单项选择题

1. A，解析：《民法典》第511条规定，当事人就有关合同内容约定不明确，依据前条规定仍不能确定的，适用下列规定：（1）质量要求不明确的，按照强制性国家标准履行；没有强制性国家标准的，按照推荐性国家标准履行；没有推荐性国家标准的，按照行业标准履行；没有国家标准、行业标准的，按照通常标准或者符合合同目的的特定标准履行。（2）价款或者报酬不明确的，按照订立合同时履行地的市场价格履行；依法应当执行政府定价或者政府指导价的，依照规定履行。（3）履行地点不明确，给付货币的，在接受货币一方所在地履行；交付不动产的，在不动产所在地履行；其他标的，在履行义务一方所在地履行。（4）履行期限不明确的，债务人可以随时履行，债权人也可以随时请求履行，但是应当给对方必要的准备时间。（5）履行方式不明确的，按照有利于实现合同目的的方式履行。（6）履行费用的负担不明确的，由履行义务一方负担；因债权人原因增加的履行费用，由债权人负担。

2. C，解析：《民法典》第 512 条规定，通过互联网等信息网络订立的电子合同的标的为交付商品并采用快递物流方式交付的，收货人的签收时间为交付时间。电子合同的标的为提供服务的，生成的电子凭证或者实物凭证中载明的时间为提供服务时间；前述凭证没有载明时间或者载明时间与实际提供服务时间不一致的，以实际提供服务的时间为准。电子合同的标的物为采用在线传输方式交付的，合同标的物进入对方当事人指定的特定系统且能够检索识别的时间为交付时间。电子合同当事人对交付商品或者提供服务的方式、时间另有约定的，按照其约定。

3. A，解析：《民法典》第 514 条规定，以支付金钱为内容的债，除法律另有规定或者当事人另有约定外，债权人可以请求债务人以实际履行地的法定货币履行。

4. A，解析：《民法典》第 516 条规定，当事人行使选择权应当及时通知对方，通知到达对方时，债务标的确定。标的确定后不得变更，但是经对方同意的除外。可选择的标的之中发生不能履行情形的，享有选择权的当事人不得选择不能履行的标的，但是该不能履行的情形是由对方造成的除外。

5. C，解析：《民法典》第 518 条规定，债权人为 2 人以上，部分或者全部债权人均可以请求债务人履行债务的，为连带债权；债务人为 2 人以上，债权人可以请求部分或者全部债务人履行全部债务的，为连带债务。连带债权或者连带债务，由法律规定或者当事人约定。

6. D，解析：《民法典》第 520 条规定，部分连带债务人履行、抵销债务或者提存标的物的，其他债务人对债权人的债务在相应范围内消灭。

7. A，解析：《民法典》第 522 条第 1 款规定，当事人约定由债务人向第三人履行债务，债务人未向第三人履行债务或者履行债务不符合约定的，应当向债权人承担违约责任。
8. D，解析：《民法典》第 524 条第 1 款规定，债务人不履行债务，第三人对履行该债务具有合法利益的，第三人有权向债权人代为履行；但是，根据债务性质、按照当事人约定或者依照法律规定只能由债务人履行的除外。
9. B，解析：《民法典》第 526 条规定，当事人互负债务，有先后履行顺序，应当先履行债务一方未履行的，后履行一方有权拒绝其履行请求。先履行一方履行债务不符合约定的，后履行一方有权拒绝其相应的履行请求。
10. D，解析：《民法典》第 528 条规定，当事人依据前条规定中止履行的，应当及时通知对方。对方提供适当担保的，应当恢复履行。中止履行后，对方在合理期限内未恢复履行能力且未提供适当担保的，视为以自己的行为表明不履行主要债务，中止履行的一方可以解除合同并可以请求对方承担违约责任。
11. A，解析：《民法典》第 530 条规定，债权人可以拒绝债务人提前履行债务，但是提前履行不损害债权人利益的除外。债务人提前履行债务给债权人增加的费用，由债务人负担。
12. A，解析：《民法典》第 531 条规定，债权人可以拒绝债务人部分履行债务，但是部分履行不损害债权人利益的除外。债务人部分履行债务给债权人增加的费用，由债务人负担。
13. C，解析：《民法典》第 533 条规定，合同成立后，合同的基础条件发生了当事人在订立合同时无法预见的、不属于商业风险的重大变化，继续履行合同对于当事人一方明显不公平的，受不利影响的当事人可以与对方重新协商。

三、多项选择题

1. AD，解析：《民法典》第 510 条规定，合同生效后，当事人就质量、价款或者报酬、履行地点等内容没有约定或者约定不明确的，可以协议补充；不能达成补充协议的，按照合同相关条款或者交易习惯确定。

2. ACD，解析：《民法典》第511条规定，当事人就有关合同内容约定不明确，依据前条规定仍不能确定的，适用下列规定：（1）质量要求不明确的，按照强制性国家标准履行；没有强制性国家标准的，按照推荐性国家标准履行；没有推荐性国家标准的，按照行业标准履行；没有国家标准、行业标准的，按照通常标准或者符合合同目的的特定标准履行。（2）价款或者报酬不明确的，按照订立合同时履行地的市场价格履行；依法应当执行政府定价或者政府指导价的，依照规定履行。（3）履行地点不明确，给付货币的，在接受货币一方所在地履行；交付不动产的，在不动产所在地履行；其他标的，在履行义务一方所在地履行。（4）履行期限不明确的，债务人可以随时履行，债权人也可以随时请求履行，但是应当给对方必要的准备时间。（5）履行方式不明确的，按照有利于实现合同目的的方式履行。（6）履行费用的负担不明确的，由履行义务一方负担；因债权人原因增加的履行费用，由债权人负担。

3. ABCD，解析：《民法典》第513条规定，执行政府定价或者政府指导价的，在合同约定的交付期限内政府价格调整时，按照交付时的价格计价。逾期交付标的物的，遇价格上涨时，按照原价格执行；价格下降时，按照新价格执行。

4. BCD，解析：《民法典》第515条规定，标的有多项而债务人只需履行其中一项的，债务人享有选择权；但是，法律另有规定、当事人另有约定或者另有交易习惯的除外。享有选择权的当事人在约定期限内或者履行期限届满未作选择，经催告后在合理期限内仍未选择的，选择权转移至对方。

5. ACD，解析：《民法典》第517条规定，债权人为2人以上，标的可分，按照份额各自享有债权的，为按份债权；债务人为2人以上，标的可分，按照份额各自负担债务的，为按份债务。按份债权人或者按份债务人的份额难以确定的，视为份额相同。

6. AB，解析：《民法典》第519条规定，连带债务人之间的份额难以确定的，视为份额相同。实际承担债务超过自己份额的连带债务人，有权就超出部分在其他连带债务人未履行的份额范围内向其追偿，并相应地享有债权人的权利，但是不得损害债权人的利益。其他连带债务人对债权人的抗辩，可以向该债务人主张。

7. BD，解析：《民法典》第521条规定，连带债权人之间的份额难以确定的，视为份额相同。实际受领债权的连带债权人，应当按比例向其他连带债权人返还。连带债权参照适用本章连带债务的有关规定。

8. BCD，解析：《民法典》第523条规定，当事人约定由第三人向债权人履行债务，第三人不履行债务或者履行债务不符合约定的，债务人应当向债权人承担违约责任。

9. ABC，解析：《民法典》第525条规定，当事人互负债务，没有先后履行顺序的，应当同时履行。一方在对方履行之前有权拒绝其履行请求。一方在对方履行债务不符合约定时，有权拒绝其相应的履行请求。

10. ABCD，解析：《民法典》第527条规定，应当先履行债务的当事人，有确切证据证明对方有下列情形之一的，可以中止履行：（1）经营状况严重恶化；（2）转移财产、抽逃资金，以逃避债务；（3）丧失商业信誉；（4）有丧失或者可能丧失履行债务能力的其他情形。

11. AD，解析：《民法典》第529条规定，债权人分立、合并或者变更住所没有通知债务人，致使履行债务发生困难的，债务人可以中止履行或者将标的物提存。

12. ABCD，解析：《民法典》第532条规定，合同生效后，当事人不得因姓名、名称的变更或者法定代表人、负责人、承办人的变动而不履行合同义务。

13. AC，解析：《民法典》第 534 条规定，对当事人利用合同实施危害国家利益、社会公共利益行为的，市场监督管理和其他有关行政主管部门依照法律、行政法规的规定负责监督处理。

四、填空题

1. 浪费资源；污染环境；破坏生态。(《民法典》第 509 条)
2. 协议补充。(《民法典》第 510 条)
3. 市场价格；政府定价；政府指导价。(《民法典》第 511 条)
4. 实际履行地。(《民法典》第 514 条)
5. 对方造成。(《民法典》第 516)
6. 法律规定；当事人约定。(《民法典》第 518 条)
7. 份额相同。(《民法典》521 条)
8. 债务人；债权人。(《民法典》第 523 条)
9. 同时。(《民法典》第 525 条)
10. 确切证据。(《民法典》第 527 条)
11. 中止履行；提存。(《民法典》第 529 条)
12. 合同生效。(《民法典》第 532 条)
13. 国家利益；社会公共利益；市场监督管理（《民法典》第 534 条)

第五章　合同的保全

一、判断题

1. 债权人行使代位权所支出的费用，由债务人负担。(　　)
2. 人民法院认定代位权成立的，由债务人的相对人向债权人履行义务，债权人接受履行后，债权人与债务人、债务人与相对人之间相应的权利义务中止。(　　)
3. 债务人以明显不合理的低价转让财产、以明显不合理的高价受让他人财产或者为他人的债务提供担保，影响债权人的债权实现，债务人的相对人知道或者应当知道该情形的，债权人可以请求人民法院撤销债务人的行为。(　　)
4. 自债务人的行为发生之日起 3 年内没有行使撤销权的，该撤销权消灭。(　　)

二、单项选择题

1. 关于债权人的代位权，以下表述正确的是：(　　)
   A. 债权人可以向人民法院请求以自己的名义代位行使债务人对相对人的权利，但是专属债务人自身的除外
   B. 代位权的行使范围以债权人的全部债权为限
   C. 债权人行使代位权支出的费用，由债务人负担
   D. 相对人对债务人的抗辩，不得向债权人主张
2. 人民法院认定代位权成立的，由(　　)向债权人履行义务。
   A. 债权人的相对人　　B. 债务人的相对人
   C. 第三人　　D. 债务人

3. 撤销权的行使范围以(　　)为限。

A. 相对人的债权　　B. 债务人的债务

C. 债权人的债权　　D. 相对人的债务

4. 撤销权自债权人知道或者应当知道撤销事由之日起(　　)年内行使。

A. 1　　B. 2

C. 3　　D. 4

5. 债务人影响债权人的债权实现的行为被撤销的，(　　) 没有法律约束力。

A. 自始　　B. 自被宣告撤销之日起

C. 自判决生效之日起　　D. 自判决送达之日起

三、多项选择题

1. 债权人的债权到期前，债务人的债权或者与该债权有关的从权利存在诉讼时效期间即将届满或者未及时申报破产债权等情形，影响债权人的债权实现的，债权人可以代位向债务人的相对人请求如何处理？(　　)

A. 向债务人履行　　B. 向破产管理人申报

C. 向债权人履行　　D. 作出其他必要的行为

2. 债务人以 (　　) 等方式无偿处分财产权益，或者恶意延长其到期债权的履行期限，影响债权人的债权实现的，债权人可以请求人民法院撤销债务人的行为。

A. 放弃其债权　　B. 放弃债权担保

C. 无偿转让财产　　D. 有偿转让财产

3. 债务人采取以下哪些行为，影响债权人的债权实现，债务人的相对人知道或者应当知道该情形的，债权人可以请求人民法院撤销债务人的行为？(　　)

A. 以明显不合理的低价转让财产

B. 为自己的债务提供担保

C. 以明显不合理的高价受让他人财产

D. 为他人的债务提供担保

四、填空题

1. 债务人无偿处分财产权益，或者______延长其______债权的履行期限，影响债权人的债权实现的，债权人可以请求人民法院______债务人的行为。
2. 撤销权的行使范围以______为限。债权人行使撤销权的必要费用，由______负担。
3. 债务人影响债权人的债权实现的行为被撤销的，______没有法律约束力。

参考答案

一、判断题

1. ×，解析：《民法典》第535条规定，债权人行使代位权的必要费用，由债务人负担。
2. ×，解析：《民法典》第537条规定，人民法院认定代位权成立的，由债务人的相对人向债权人履行义务，债权人接受履行后，债权人与债务人、债务人与相对人之间相应的权利义务终止。
3. √，解析：《民法典》第539条。
4. ×，解析：《民法典》第541条规定，自债务人的行为发生之日起5年内没有行使撤销权的，该撤销权消灭。

二、单项选择题

1. A，解析：《民法典》第535条规定，因债务人怠于行使其债权以及与该债权有关的从权利，影响债权人的到期债权实现的，债权人可以向人民法院请求以自己的名义代位行使债务人对相对人的权利，但是该权利专属于债务人自身的除外。代位权的行使范围以债权人的到期债权为限。债权人行使代位权的必要费用，由债务人负担。

相对人对债务人的抗辩，可以向债权人主张。

2. B，解析：《民法典》第 537 条规定，人民法院认定代位权成立的，由债务人的相对人向债权人履行义务，债权人接受履行后，债权人与债务人、债务人与相对人之间相应的权利义务终止。
3. C，解析：《民法典》第 540 条规定，撤销权的行使范围以债权人的债权为限。债权人行使撤销权的必要费用，由债务人负担。
4. A，解析：《民法典》第 541 条规定，撤销权自债权人知道或者应当知道撤销事由之日起 1 年内行使。
5. A，解析：《民法典》第 542 条规定，债务人影响债权人的债权实现的行为被撤销的，自始没有法律约束力。

三、多项选择题

1. ABD，解析：《民法典》第 536 条规定，债权人的债权到期前，债务人的债权或者与该债权有关的从权利存在诉讼时效期间即将届满或者未及时申报破产债权等情形，影响债权人的债权实现的，债权人可以代位向债务人的相对人请求其向债务人履行、向破产管理人申报或者作出其他必要的行为。
2. ABC，解析：《民法典》第 538 条规定，债务人以放弃其债权、放弃债权担保、无偿转让财产等方式无偿处分财产权益，或者恶意延长其到期债权的履行期限，影响债权人的债权实现的，债权人可以请求人民法院撤销债务人的行为。
3. ACD，解析：《民法典》第 539 条规定，债务人以明显不合理的低价转让财产、以明显不合理的高价受让他人财产或者为他人的债务提供担保，影响债权人的债权实现，债务人的相对人知道或者应当知道该情形的，债权人可以请求人民法院撤销债务人的行为。

四、填空题

1. 恶意；到期；撤销。（《民法典》第 538 条）
2. 债权人的债权；债务人。（《民法典》第 540 条）
3. 自始。（《民法典》第 542 条）

第六章　合同的变更和转让

一、判断题

1. 当事人协商一致，可以变更合同。(　　)
2. 债权人转让债权的，应当通知债务人。(　　)
3. 债务人接到债权转让通知后，债务人对让与人的抗辩，可以向受让人主张。(　　)
4. 因债权转让增加的履行费用，由受让人负担。(　　)
5. 债务人将债务的全部或者部分转移给第三人的，应当经债权人同意。(　　)
6. 债务人转移债务的，新债务人不可以主张原债务人对债权人的抗辩。(　　)
7. 当事人一方经对方同意，可以将自己在合同中的权利和义务一并转让给第三人。(　　)

二、单项选择题

1. 债权人转让债权的，(　　)。

   A. 应当通知第三人　　B. 应当通知债务人

   C. 可以通知第三人　　D. 可以通知债务人

2. 关于债权转让，以下表述正确的是：(　　)

   A. 债权转让的通知不得撤销，但是经债务人同意的除外

   B. 债务人接到债权转让通知后，债务人对让与人的抗辩，可以向受让人主张

   C. 债务人的债权与转让的债权属于同类合同的，债务人可以向受让人主张抵销

D. 因债权转让增加的履行费用，由受让人负担

3. 关于债权转让的履行费用，表述正确的是：(　　)

A. 因债权转让支出的履行费用，由受让人负担

B. 因债权转让增加的履行费用，由受让人负担

C. 因债权转让支出的履行费用，由让与人负担

D. 因债权转让增加的履行费用，由让与人负担

4. 关于债务转移，表述正确的是：(　　)

A. 债务人将债务的全部转移给第三人的，应当经债权人同意

B. 债务人将债务的部分转移给第三人的，应当经第三人同意

C. 债务人可以催告债权人在合理期限内予以同意，债权人未作表示的，视为同意

D. 第三人可以催告债权人在合理期限内予以同意，债权人未作表示的，视为同意

5. 关于债务人转移债务的表述，正确的是：(　　)

A. 原债务人应当承担与主债务有关的从债务

B. 新债务人应当承担与主债务有关的从债务

C. 新债务人应当承担与主债务有关的从债务，但是该从债务专属于原债务人自身的除外

D. 新债务人与原债务人分担与主债务有关的从债务，但是该从债务专属于原债务人自身的除外

三、多项选择题

1. 关于合同变更，以下表述正确的是：(　　)

A. 当事人协商一致，可以变更合同

B. 债权人向债务人发出变更合同通知的，可以变更合同

C. 债务人向债权人发出变更合同通知的，可以变更合同

D. 当事人对合同变更的内容约定不明确的，推定为未变更

2. 关于债权转让的表述，正确的是：（　　）

A. 当事人约定非金钱债权不得转让的，不得对抗第三人

B. 当事人约定非金钱债权不得转让的，不得对抗善意第三人

C. 当事人约定金钱债权不得转让的，不得对抗善意第三人

D. 当事人约定金钱债权不得转让的，不得对抗第三人

3. 关于债权人将债权的全部或者部分转让给第三人，下列说法正确的是：（　　）

A. 根据债权性质不得转让的除外

B. 按照当事人约定不得转让的除外

C. 依照法律规定不得转让的除外

D. 当事人约定非金钱债权不得转让的，不得对抗善意第三人

4. 关于债权转让的表述，正确的有：（　　）

A. 受让人取得与债权有关的从权利，但是该从权利专属于债权人自身的除外

B. 债权人转让债权的，与债权有关的从权利专属于债权人自身的，受让人可以一并取得

C. 受让人取得从权利不因该从权利未办理转移登记手续而受到影响

D. 受让人取得从权利不因该从权利未转移占有而受到影响

5. 有下列哪些情形债务人可以向受让人主张抵销：（　　）

A. 债务人接到债权转让通知时，债务人对让与人享有债权，并且债务人的债权先于转让的债权到期或者同时到期

B. 债务人的债权与转让的债权基于同一合同产生

C. 债务人的债权与转让的债权基于同种合同产生

D. 债务人接到债权转让通知时，债务人对让与人享有债权，或者债务人的债权先于转让的债权到期或者同时到期

6. 对于并存的债务承担，以下哪些情形中债权人可以请求第三人在其愿意承担的债务范围内和债务人承担连带债务？（　　）

A. 第三人与债务人约定加入债务并通知债权人，债权人未在合理期

限内明确拒绝的

B. 第三人与债务人约定加入债务并通知债权人，债权人在合理期限内明确拒绝的

C. 第三人向债权人表示愿意加入债务，债权人在合理期限内明确拒绝的

D. 第三人向债权人表示愿意加入债务，债权人未在合理期限内明确拒绝的

7. 以下关于债务转移的表述，正确的是：(　　)

A. 债务人转移债务的，新债务人不得主张原债务人对债权人的抗辩

B. 债务人转移债务的，新债务人可以主张原债务人对债权人的抗辩

C. 原债务人对债权人享有债权的，新债务人不得向债权人主张抵销

D. 原债务人对债权人享有债权的，新债务人可以向债权人主张抵销

8. 关于合同的概括转移，以下表述正确的是：(　　)

A. 当事人一方经第三人同意，可以将自己在合同中的权利和义务一并转让给第三人

B. 当事人一方经对方同意，可以将自己在合同中的权利和义务一并转让给第三人

C. 当事人一方经对方和第三人同意，可以将自己在合同中的权利和义务一并转让给第三人

D. 合同的权利和义务一并转让的，适用债权转让、债务转移的有关规定

四、填空题

1. 当事人对合同变更的内容约定不明确的，推定为______。

2. 当事人约定非金钱债权不得转让的，不得对抗______。当事人约定金钱债权不得转让的，不得对抗______。

3. 债权人转让债权的，受让人取得与债权有关的从权利，但是该从权利______于债权人自身的除外。

4. 债务人的债权与转让的债权是基于______产生，债务人可以向受让人主张抵销。
5. 第三人与债务人约定加入债务并通知债权人，或者第三人向债权人表示愿意加入债务，债权人未在合理期限内明确拒绝的，债权人可以请求第三人在其愿意承担的债务范围内和债务人承担______。
6. 债务人转移债务的，新债务人不应当承担与______，但该从债务专属于原债务人自身的除外。
7. 合同的权利和义务一并转让的，适用______的有关规定。

参考答案

一、判断题

1. √，解析：《民法典》第 543 条。
2. √，解析：《民法典》第 546 条。
3. √，解析：《民法典》第 548 条。
4. ×，解析：《民法典》第 550 条。
5. √，解析：《民法典》第 551 条。
6. ×，解析：《民法典》第 553 条。
7. √，解析：《民法典》第 555 条。

二、单项选择题

1. B，解析：《民法典》第 546 条第 1 款规定，债权人转让债权未通知债务人的，该转让对债务人不发生效力
2. B，解析：《民法典》第 546 条第 2 款规定，债权转让的通知不得撤销，但是经受让人同意的除外。《民法典》第 548 条规定，债务人接到债权转让通知后，债务人对让与人的抗辩，可以向受让人主张。《民法典》549 条第 2 项规定，债务人的债权与转让的债权是基于同一合同产生的，债务人可以向受让人主张抵销。《民法典》第 550 条规定，因债权转让增加的履行费用，由让与人负担。

3. D，解析：《民法典》第 550 条规定，因债权转让增加的履行费用，由让与人负担。
4. A，解析：《民法典》第 551 条规定，债务人将债务的全部或者部分转移给第三人的，应当经债权人同意。债务人或者第三人可以催告债权人在合理期限内予以同意，债权人未作表示的，视为不同意。
5. C，解析：《民法典》第 554 条规定，债务人转移债务的，新债务人应当承担与主债务有关的从债务，但是该从债务专属于原债务人自身的除外。

三、多项选择题

1. AD，解析：《民法典》第 543 条规定，当事人协商一致，可以变更合同。《民法典》第 544 条规定，当事人对合同变更的内容约定不明确的，推定为未变更。
2. BD，解析：《民法典》第 545 条第 2 款规定，当事人约定非金钱债权不得转让的，不得对抗善意第三人。当事人约定金钱债权不得转让的，不得对抗第三人。
3. ABCD，解析：《民法典》第 545 条规定，债权人可以将债权的全部或者部分转让给第三人，但是有下列情形之一的除外：（1）根据债权性质不得转让；（2）按照当事人约定不得转让；（3）依照法律规定不得转让。当事人约定非金钱债权不得转让的，不得对抗善意第三人。当事人约定金钱债权不得转让的，不得对抗第三人。
4. ACD，解析：《民法典》第 547 条规定，债权人转让债权的，受让人取得与债权有关的从权利，但是该从权利专属于债权人自身的除外。受让人取得从权利不因该从权利未办理转移登记手续或者未转移占有而受到影响。
5. AB，解析：《民法典》第 549 条规定，有下列情形之一的，债务人可以向受让人主张抵销：（1）债务人接到债权转让通知时，债务人对让与人享有债权，且债务人的债权先于转让的债权到期或者同时到期；（2）债务人的债权与转让的债权是基于同一合同产生。

6. AD，解析：《民法典》第 552 条规定，第三人与债务人约定加入债务并通知债权人，或者第三人向债权人表示愿意加入债务，债权人未在合理期限内明确拒绝的，债权人可以请求第三人在其愿意承担的债务范围内和债务人承担连带债务。
7. BC，解析：《民法典》第 553 条规定，债务人转移债务的，新债务人可以主张原债务人对债权人的抗辩；原债务人对债权人享有债权的，新债务人不得向债权人主张抵销。
8. BD，解析：《民法典》第 555 条规定，当事人一方经对方同意，可以将自己在合同中的权利和义务一并转让给第三人。《民法典》第 556 条规定，合同的权利和义务一并转让的，适用债权转让、债务转移的有关规定。

四、填空题

1. 未变更。(《民法典》第 544 条)
2. 善意第三人；第三人。(《民法典》第 545 条)
3. 专属。(《民法典》第 547 条)
4. 同一合同。(《民法典》第 549 条)
5. 连带债务。(《民法典》第 552 条)
6. 主债务有关的从债务。(《民法典》第 554 条)
7. 债权转让、债务转移。(《民法典》第 556 条)

第七章　合同的权利义务终止

一、判断题

1. 合同解除的，该合同的权利义务关系中止。(　　)
2. 债权债务终止后，当事人应当遵循诚信等原则，根据交易习惯履行通知、协助、保密、旧物回收等义务。(　　)
3. 债务人对同一债权人负担的数项债务种类相同，债务人的给付不足以清偿全部债务的，除当事人另有约定外，由债务人在清偿时指定其履行的债务。(　　)
4. 实现债权的有关费用由债权人承担。(　　)
5. 以持续履行的债务为内容的不定期合同，当事人可以随时解除合同，但是应当在合理期限之前通知对方。(　　)
6. 当事人一方依法主张解除合同的，应当通知对方。(　　)
7. 合同的权利义务关系终止，不影响合同中结算和清理条款的效力。(　　)
8. 当事人互负债务，标的物种类、品质不相同的，不得抵销。(　　)
9. 债务人将标的物或者将标的物依法拍卖、变卖所得价款交付提存部门时，提存成立。(　　)
10. 标的物提存后，毁损、灭失的风险由债权人承担。(　　)
11. 债权和债务同归于一人的，债权债务终止，但是损害第三人利益的除外。(　　)

二、单项选择题

1. 债权债务终止后，当事人应当遵循诚实信用等原则，根据(　　)履行通知、协助、保密、旧物回收等义务。

A. 法律　　B. 行政法规

C. 当事人约定　　D. 交易习惯

2. 关于债权债务终止时债权从权利的表述，正确的是：(　　)

A. 债权的从权利独立存在

B. 债权的从权利同时消灭，但是法律另有规定或者当事人另有约定的除外

C. 债权的从权利独立存在，但是法律另有规定或者当事人另有约定的除外

D. 债权的从权利同时消灭

3. 债务人除主债务之外还应当支付利息和费用，当其给付不足以清偿全部债务时，并且当事人没有约定的，人民法院应当按照某一顺序抵充，其中最优先的是：(　　)

A. 利息　　B. 主债务

C. 实现债权的有关费用　　D. 均优先，按照比例清偿

4. 下列不属于当事人可以解除合同的法定情形：(　　)

A. 因不可抗力致使不能实现合同目的

B. 因一方当事人经营困难致使不能实现合同目的

C. 在履行期限届满前，当事人一方明确表示或者以自己的行为表明不履行主要债务

D. 当事人一方迟延履行主要债务，经催告后在合理期限内仍未履行

5. 当事人一方依法主张解除合同的，下列表述错误的是：(　　)

A. 应当通知对方，合同自通知到达对方时解除

B. 应当通知对方，合同自通知发出时解除

C. 对方有异议的，可以请求人民法院确认解除合同的效力

D. 对方有异议的，可以请求仲裁机构确认解除合同的效力

6. 下列关于法定的债务抵销的表述，错误的是：(　　)

A. 前提是当事人互负债务

B. 债务的标的物种类、品质相同

C. 任何一方可以将自己的债务与对方债务抵销

D. 根据债务性质、按照当事人约定或者依照法律规定不得抵销的除外

7. 下列关于约定的债务抵销的表述，错误的是：(　　)

A. 前提是当事人互负债务

B. 标的物种类可以不同，但须当事人协商一致

C. 标的物品质可以不同，但须当事人协商一致

D. 标的物种类和品质都不同的，即使当事人协商一致，也不得抵销

8. 债务人将标的物或者将标的物依法拍卖、变卖所得价款交付(　　)时，提存成立。

A. 提存部门　　B. 第三人

C. 债权人　　D. 相对人

9. 债权人可随时领取提存物，其领取提存物的权利，自提存之日起(　　)内不行使而消灭。

A. 3 年　　B. 1 年

C. 2 个月　　D. 5 年

10. 债权和债务同归于一人的，债权债务终止，但是损害(　　)利益的除外。

A. 第三人　　B. 相对人

C. 债权人　　D. 债务人

三、多项选择题

1. 有下列哪些情形时，债权债务终止：(　　)

A. 债务已经履行　　B. 债务相互抵销

C. 债务人依法将标的物提存　　D. 债权人免除债务

2. 债务人的给付不足以清偿其对同一债权人所负的相同种类的全部债务，且在清偿时未作指定的，下列选项中，正确的是：(　　)

A. 应当优先抵充没有担保的债权

B. 均无担保或者担保相等的，优先抵充债务人负担较重的债务

C. 负担相同的，按照债务到期的先后顺序抵充

D. 债权人与债务人对债务清偿顺序有约定的按照约定

3. 关于解除合同，下列说法正确的是：（　　）

A. 当事人协商一致，可以解除合同

B. 当事人可以约定一方解除合同的事由

C. 当事人一方通知另一方，可以解除合同

D. 解除合同的事由发生时，解除权人可以解除合同

4. 法律没有规定或者当事人没有约定解除权行使期限，（　　），该权利消灭。

A. 自解除权人知道或者应当知道解除事由之日起 1 年内不行使

B. 自解除权人知道或者应当知道解除事由之日起 2 年内不行使

C. 解除权人经对方催告后在合理期限内不行使

D. 解除权人在不合理期限内不行使

5. 关于合同解除的相关事宜，表述正确的是：（　　）

A. 合同解除后，已经履行的，当事人可以请求恢复原状并有权请求赔偿损失

B. 合同解除后，已经履行的，当事人可以采取其他补救措施，并有权请求赔偿损失

C. 合同因违约解除的，解除权人可以请求违约方承担违约责任，但是当事人另有约定的除外

D. 主合同解除后，担保人对债务人应当承担的民事责任不再承担担保责任，但是担保合同另有约定的除外

6. 关于合同的权利义务关系终止对合同条款效力，表述正确的是：（　　）

A. 不影响合同中结算条款的效力

B. 不影响合同中清理条款的效力

C. 合同中结算条款相应终止

D. 合同中清理条款相应终止

7. 有下列情形之一，难以履行债务的，债务人可以将标的物提存：(　　)

A. 债权人无正当理由拒绝受领

B. 债权人下落不明

C. 债权人死亡未确定继承人、遗产管理人或者丧失民事行为能力未确定监护人

D. 法律规定的其他情形

8. 标的物提存后，债务人应当及时通知债权人或者(　　)。

A. 债权人的继承人　　B. 遗产管理人

C. 监护人　　D. 财产代管人

9. 关于标的物提存，下列说法正确的有：(　　)

A. 标的物提存后，毁损、灭失的风险由债权人承担

B. 标的物提存后，毁损、灭失的风险由债务人承担

C. 提存期间，标的物的孳息归债权人所有

D. 提存费用由债权人负担

10. 关于债务免除的表述，正确的是：(　　)

A. 债权人免除债务人部分债务的，债权债务部分终止，但是债务人在合理期限内拒绝的除外

B. 债权人免除债务人全部债务的，债权债务全部终止，但是债务人在合理期限内拒绝的除外

C. 债权人免除债务人部分债务的，债权债务部分终止，但是债务人拒绝的除外

D. 债权人免除债务人全部债务的，债权债务全部终止，但是债务人拒绝的除外

四、填空题

1. 债权债务终止时，债权的______同时消灭。

2. 解除合同的事由发生时，______可以解除合同。

3. 法律没有规定或者当事人没有约定解除权行使期限，自解除权人知道或者应当知道解除事由之日起______年内不行使，或者经对方催告后在______内不行使的，该权利消灭。
4. 主合同解除后，担保人对债务人应当承担的民事责任______，但是担保合同另有约定的除外。
5. 当事人互负债务，该债务的标的物种类、品质相同的，任何一方可以将自己的债务与对方的______抵销。
6. 标的物不适于提存或者提存费用过高的，债务人依法可以______或者______标的物，______所得的价款。
7. 标的物提存后，债务人应当及时通知______或者债权人的继承人、遗产管理人、监护人、财产代管人。
8. 债权人领取提存物的权利，自提存之日起______年内不行使而消灭，提存物扣除提存费用后归国家所有。
9. 债权人免除债务人部分或者全部债务的，债权债务部分或者全部______，但是债务人在合理期限内______的除外。

参考答案

一、判断题

1. ×，解析：《民法典》第 557 条。
2. √，解析：《民法典》第 558 条。
3. √，解析：《民法典》第 560 条。
4. ×，解析：《民法典》第 561 条。
5. √，解析：《民法典》第 563 条。
6. √，解析：《民法典》第 565 条。
7. √，解析：《民法典》第 567 条。
8. ×，解析：《民法典》第 569 条。
9. √，解析：《民法典》第 571 条。

10. √，解析：《民法典》第573条。
11. √，解析：《民法典》第576条。

二、单项选择题

1. D，解析：《民法典》第558条规定，债权债务终止后，当事人应当遵循诚信等原则，根据交易习惯履行通知、协助、保密、旧物回收等义务。
2. B，解析：《民法典》第559条规定，债权债务终止时，债权的从权利同时消灭，但是法律另有规定或者当事人另有约定的除外。
3. C，解析：《民法典》第561条规定，债务人在履行主债务外还应当支付利息和实现债权的有关费用，其给付不足以清偿全部债务的，除当事人另有约定外，应当按照下列顺序履行：（1）实现债权的有关费用；（2）利息；（3）主债务。
4. B，解析：《民法典》第563条规定，有下列情形之一的，当事人可以解除合同：（1）因不可抗力致使不能实现合同目的；（2）在履行期限届满前，当事人一方明确表示或者以自己的行为表明不履行主要债务；（3）当事人一方迟延履行主要债务，经催告后在合理期限内仍未履行；（4）当事人一方迟延履行债务或者有其他违约行为致使不能实现合同目的；（5）法律规定的其他情形。
5. B，解析：《民法典》第565条规定，当事人一方依法主张解除合同的，应当通知对方。合同自通知到达对方时解除；通知载明债务人在一定期限内不履行债务则合同自动解除，债务人在该期限内未履行债务的，合同自通知载明的期限届满时解除。对方对解除合同有异议的，任何一方当事人均可以请求人民法院或者仲裁机构确认解除行为的效力。
6. C，解析：《民法典》第568条规定，当事人互负债务，该债务的标的物种类、品质相同的，任何一方可以将自己的债务与对方的到期债务抵销；但是，根据债务性质、按照当事人约定或者依照法律规定不得抵销的除外。

7. D，解析：《民法典》第569条规定，当事人互负债务，标的物种类、品质不相同的，经协商一致，也可以抵销。
8. A，解析：《民法典》第571条规定，债务人将标的物或者将标的物依法拍卖、变卖所得价款交付提存部门时，提存成立。提存成立的，视为债务人在其提存范围内已经交付标的物。
9. D，解析：《民法典》第574条第2款规定，债权人领取提存物的权利，自提存之日起5年内不行使而消灭，提存物扣除提存费用后归国家所有。
10. A，解析：《民法典》第576条规定，债权和债务同归于一人的，债权债务终止，但是损害第三人利益的除外。

三、多项选择题

1. ABCD，解析：《民法典》第557条规定，有下列情形之一的，债权债务终止：（1）债务已经履行；（2）债务相互抵销；（3）债务人依法将标的物提存；（4）债权人免除债务；（5）债权债务同归于一人；（6）法律规定或者当事人约定终止的其他情形。
2. BCD，解析：《民法典》第560条规定，债务人未作指定的，应当优先履行已经到期的债务；数项债务均到期的，优先履行对债权人缺乏担保或者担保最少的债务；均无担保或者担保相等的，优先履行债务人负担较重的债务；负担相同的，按照债务到期的先后顺序履行；到期时间相同的，按照债务比例履行。
3. ABD，解析：《民法典》第562条规定，当事人协商一致，可以解除合同。当事人可以约定一方解除合同的事由。解除合同的事由发生时，解除权人可以解除合同。
4. AC，解析：《民法典》第564条规定，法律没有规定或者当事人没有约定解除权行使期限，自解除权人知道或者应当知道解除事由之日起1年内不行使，或者经对方催告后在合理期限内不行使的，该权利消灭。
5. ABC，解析：《民法典》第566条规定，合同解除后，尚未履行的，终止履行；已经履行的，根据履行情况和合同性质，当事人可以请求恢复原状或者采取其他补救措施，并有权请求赔偿损失。合同因违约解除的，解除权人可以请求违约方承担违约责任，但是当事人另有约定的除外。主合同解除后，担保人对债务人应当承担的民事责任仍应当承担担保责任，但是担保合同另有约定的除外。

6. AB，解析：《民法典》第 567 条规定，合同的权利义务关系终止，不影响合同中结算和清理条款的效力。
7. ABCD，解析：《民法典》第 570 条规定，有下列情形之一，难以履行债务的，债务人可以将标的物提存：（1）债权人无正当理由拒绝受领；（2）债权人下落不明；（3）债权人死亡未确定继承人、遗产管理人，或者丧失民事行为能力未确定监护人；（4）法律规定的其他情形。
8. ABCD，解析：《民法典》第 572 条规定，标的物提存后，债务人应当及时通知债权人或者债权人的继承人、遗产管理人、监护人、财产代管人。
9. ACD，解析：《民法典》第 573 条规定，标的物提存后，毁损、灭失的风险由债权人承担。提存期间，标的物的孳息归债权人所有。提存费用由债权人负担。
10. AB，解析：《民法典》第 575 条规定，债权人免除债务人部分或者全部债务的，债权债务部分或者全部终止，但是债务人在合理期限内拒绝的除外。

四、填空题

1. 从权利。（《民法典》第 559 条）
2. 解除权人。（《民法典》第 562 条）
3. 1；合理期限。（《民法典》第 564 条）
4. 仍应承担担保责任。（《民法典》第 566 条）
5. 到期债务。（《民法典》第 568 条）
6. 拍卖；变卖；提存。（《民法典》第 570 条）
7. 债权人。（《民法典》第 572 条）
8. 5；国家。（《民法典》第 574 条）
9. 终止；拒绝。（《民法典》第 575 条）

第八章 违约责任

一、判断题

1. 当事人一方明确表示或者以自己的行为表明不履行合同义务的，对方可以在履行期限届满前请求其承担违约责任。(　　)
2. 出现不能强制继续履行非金钱债务的法定情形，致使不能实现合同目的，人民法院或者仲裁机构可以根据当事人的请求终止合同权利义务关系，并免除违约责任的承担。(　　)
3. 履行不符合约定的，应当按照当事人的约定承担缔约过失责任。(　　)
4. 当事人就迟延履行约定违约金的，违约方支付违约金后，还应当履行债务。(　　)
5. 当事人可以约定一方向对方给付订金作为债权的担保。订金合同自实际交付订金时生效。(　　)
6. 债务人履行债务的，定金应当抵作价款或者收回。(　　)
7. 当事人不得以定金不足以弥补违约造成的损失为由请求对方赔偿超过定金数额的损失。(　　)
8. 当事人迟延履行后发生不可抗力的，不免除其违约责任。(　　)
9. 当事人一方因第三人的原因造成违约的，不需向对方承担违约责任。(　　)
10. 因国际货物买卖合同争议提起诉讼的时效期间为 3 年。(　　)

二、单项选择题

1. 以下关于预期违约责任的表述，正确的是：(　　)

A. 当事人一方明确表示不履行合同义务的，对方可以在履行期限届

满前要求其承担违约责任

B. 当事人一方以自己的行为表明不履行合同义务的，对方可以在履行期限届满之时请求其承担违约责任

C. 当事人一方明确表示不履行合同义务的，对方可以在履行期限届满之时请求其承担违约责任

D. 当事人一方以自己的行为表明不履行合同义务的，对方可以在履行期限届满之后请求其承担违约责任

2. 当事人一方不履行非金钱债务或者履行非金钱债务不符合约定的，对方可以请求履行，除非：(　　)

A. 法律上或者事实上不能履行

B. 债务的标的不适于强制履行或者履行费用过高

C. 债权人在合理期限内未请求履行

D. 以上都对

3. 当事人一方不履行合同义务或者履行合同义务不符合约定的，在履行义务或者采取补救措施后，对方还有其他损失的，(　　)。

A. 可以适当补偿　　B. 可以赔偿损失

C. 应当适当补偿　　D. 应当赔偿损失

4. 收受定金的一方不履行债务，或者履行债务不符合约定致使不能实现合同目的的，应当(　　)返还定金。

A. 单倍　　B. 双倍

C. 3 倍　　D. 4 倍

5. 关于债权人拒绝受领，以下表述正确的是：(　　)

A. 债务人按照约定履行债务，债权人拒绝受领的，债务人可以请求债权人赔偿增加的费用

B. 在债权人受领迟延期间，债务人应当支付利息

C. 债务人按照约定履行债务，债权人无正当理由拒绝受领的，债务人可以请求债权人赔偿费用

D. 在债权人受领迟延期间，债务人无须支付利息

6. 在一方违约后，对方因防止损失扩大而支出的合理费用，由(　　)。

A. 违约方负担　　B. 双方平均负担

C. 双方另行约定　　D. 履约方负担

7. 当事人一方因第三人的原因，造成违约的，应由(　　)向对方承担违约责任。

A. 当事人一方

B. 第三人

C. 当事人一方和第三人连带

D. 先由第三人向当事人一方承担，然后再由当事人一方向对方

8. 因技术进出口合同争议申请仲裁的时效期间为(　　)。

A. 1 年　　B. 2 年

C. 3 年　　D. 4 年

三、多项选择题

1. 当事人一方不履行合同义务的，应当承担(　　)等违约责任。

A. 赔礼道歉　　B. 继续履行

C. 采取补救措施　　D. 赔偿损失

2. 当事人一方未支付(　　)，或者不履行其他金钱债务的，对方可以请求其支付。

A. 价款　　B. 报酬

C. 租金　　D. 利息

3. 关于第三人替代履行的表述，正确的是：(　　)

A. 当事人一方不履行债务，根据债务的性质不得强制履行的，对方可以请求其负担由第三人替代履行的费用

B. 当事人一方履行债务不符合约定，根据债务的性质可以强制履行的，对方可以请求其负担由第三人替代履行的费用

C. 当事人一方不履行债务，根据债务的性质可以强制履行的，对方可以请求其负担由第三人替代履行的费用

D. 当事人一方履行债务不符合约定，根据债务的性质不得强制履行的，对方可以请求其负担由第三人替代履行的费用

4. 履行不符合约定的，应当按照当事人的约定承担违约责任。对违约责任没有约定或者约定不明确，依据《民法典》合同编有关合同条款补充和确定的规定仍不能确定的，受损害方根据标的的性质以及损失的大小，可以合理选择请求对方承担（　　）、减少价款或者报酬等违约责任。

A. 修理　　B. 重作

C. 更换　　D. 退货

5. 当事人一方不履行合同义务或者履行合同义务不符合约定，造成对方损失的，损失赔偿额不得超过：（　　）

A. 违约一方订立合同时预见到的因违约可能造成的损失

B. 违约一方订立合同时应当预见到的因违约可能造成的损失

C. 对方订立合同时预见到的因违约可能造成的损失

D. 对方订立合同时应当预见到的因违约可能造成的损失

6. 关于违约金，下列说法正确的是：（　　）

A. 当事人可以约定一方违约时应当根据违约情况向对方支付一定数额的违约金

B. 当事人可以约定因违约产生的损失赔偿额的计算方法

C. 约定的违约金低于造成的损失的，人民法院或者仲裁机构可以根据当事人的请求予以增加

D. 约定的违约金过分高于造成的损失的，人民法院或者仲裁机构可以根据当事人的请求予以适当减少

7. 关于定金，下列说法正确的是：（　　）

A. 当事人可以约定一方向对方给付定金作为债权的担保

B. 定金合同自实际交付定金时成立

C. 定金的数额由当事人约定，但是，不得超过主合同标的额的20%

D. 实际交付的定金数额多于或者少于约定数额的，视为变更约定的

定金数额

8. 当事人既约定违约金，又约定定金的，一方违约时，(　　)。

A. 违约方可以选择适用违约金

B. 守约方可以选择适用定金

C. 违约方可以选择适用定金

D. 守约方可以选择适用违约金

9. 关于当事人一方因不可抗力不能履行合同的表述，正确的是：(　　)

A. 可以部分或者全部免除责任

B. 应当及时通知对方

C. 应当在合理期限内提供证明

D. 当事人迟延履行后发生不可抗力的，可以免除违约责任

10. 关于当事人都违反合同的责任，以下表述正确的是：(　　)

A. 当事人都违反合同的，应当各自承担相应的责任

B. 当事人都违反合同的，应当互相免除对方的责任

C. 当事人一方违约造成对方损失，对方对损失的发生有过错的，应当减少相应的损失赔偿额

D. 当事人一方违约造成对方损失，对方对损失的发生有过错的，可以减少相应的损失赔偿额

四、填空题

1. 当事人一方不履行合同义务或者履行合同义务不符合约定的，应当承担继续履行、采取补救措施或者赔偿损失等______责任。

2. 当事人一方未支付价款、报酬、租金、利息，或者不履行其他______的，对方可以请求其支付。

3. 当事人一方不履行债务或者履行债务不符合约定，根据债务的性质不得强制履行的，对方可以请求其负担由______替代履行的费用。

4. 当事人一方不履行合同义务或者履行合同义务不符合约定的，在履行义务或者采取补救措施后，对方还有其他损失的，应当______。

5. 当事人一方不履行合同义务或者履行合同义务不符合约定，造成对方损失的，损失赔偿额应当______因违约所造成的损失。
6. 在债权人受领迟延期间，债务人______支付利息。
7. 当事人因防止损失扩大而支出的合理费用，由______负担。
8. 当事人都违反合同的，应当______承担相应的责任。

参考答案

一、判断题

1. √，解析：《民法典》第 578 条。
2. ×，解析：《民法典》第 580 条第 2 款规定，出现不能强制继续履行非金钱债务的法定情形，致使不能实现合同目的的，人民法院或者仲裁机构可以根据当事人的请求终止合同权利义务关系，但是不影响违约责任的承担。
3. ×，解析：《民法典》第 582 条。
4. √，解析：《民法典》第 585 条。
5. ×，解析：《民法典》第 586 条规定，作为债权担保方式的是“定金”。
6. √，解析：《民法典》第 587 条。
7. ×，解析：《民法典》第 588 条规定，定金不足以弥补一方违约造成的损失的，对方可以请求赔偿超过定金数额的损失。
8. √，解析：《民法典》第 590 条。
9. ×，解析：《民法典》第 593 条。
10. ×，解析：《民法典》第 594 条规定，因国际货物买卖合同和技术进出口合同争议提起诉讼或者申请仲裁的时效期间为 4 年。

二、单项选择题

1. A，解析：《民法典》第 578 条规定，当事人一方明确表示或者以自己的行为表明不履行合同义务的，对方可以在履行期限届满前请求其承担违约责任。

2. D，解析：《民法典》第 580 条规定，当事人一方不履行非金钱债务或者履行非金钱债务不符合约定的，对方可以请求履行，但是有下列情形之一的除外：（1）法律上或者事实上不能履行；（2）债务的标的不适于强制履行或者履行费用过高；（3）债权人在合理期限内未请求履行。
3. D，解析：《民法典》第 583 条规定，当事人一方不履行合同义务或者履行合同义务不符合约定的，在履行义务或者采取补救措施后，对方还有其他损失的，应当赔偿损失。
4. B，解析：《民法典》第 587 条规定，收受定金的一方不履行债务或者履行债务不符合约定，致使不能实现合同目的的，应当双倍返还定金。
5. D，解析：《民法典》第 589 条规定，债务人按照约定履行债务，债权人无正当理由拒绝受领的，债务人可以请求债权人赔偿增加的费用。在债权人受领迟延期间，债务人无须支付利息。
6. A，解析：《民法典》第 591 条规定，当事人因防止损失扩大而支出的合理费用，由违约方负担。
7. A，解析：《民法典》第 593 条规定，当事人一方因第三人的原因造成违约的，应当依法向对方承担违约责任。当事人一方和第三人之间的纠纷，依照法律规定或者按照约定处理。
8. D，解析：《民法典》第 594 条规定，因国际货物买卖合同和技术进出口合同争议提起诉讼或者申请仲裁的时效期间为 4 年。

三、多项选择题

1. BCD，解析：《民法典》第 577 条规定，当事人一方不履行合同义务或者履行合同义务不符合约定的，应当承担继续履行、采取补救措施或者赔偿损失等违约责任。
2. ABCD，解析：《民法典》第 579 条规定，当事人一方未支付价款、报酬、租金、利息，或者不履行其他金钱债务的，对方可以请求其支付。

3. AD，解析：《民法典》第 581 条规定，当事人一方不履行债务或者履行债务不符合约定，根据债务的性质不得强制履行的，对方可以请求其负担由第三人替代履行的费用。
4. ABCD，解析：《民法典》第 582 条规定，履行不符合约定的，应当按照当事人的约定承担违约责任。对违约责任没有约定或者约定不明确，依据本法第 510 条的规定仍不能确定的，受损害方根据标的的性质以及损失的大小，可以合理选择请求对方承担修理、重作、更换、退货、减少价款或者报酬等违约责任。
5. AB，解析：《民法典》第 584 条规定，当事人一方不履行合同义务或者履行合同义务不符合约定，造成对方损失的，损失赔偿额应当相当于因违约所造成的损失，包括合同履行后可以获得的利益；但是，不得超过违约一方订立合同时预见到或者应当预见到的因违约可能造成的损失。
6. ABCD，解析：《民法典》第 585 条规定，当事人可以约定一方违约时应当根据违约情况向对方支付一定数额的违约金，也可以约定因违约产生的损失赔偿额的计算方法。约定的违约金低于造成的损失的，人民法院或者仲裁机构可以根据当事人的请求予以增加；约定的违约金过分高于造成的损失的，人民法院或者仲裁机构可以根据当事人的请求予以适当减少。
7. ABCD，解析：《民法典》第 586 条规定，当事人可以约定一方向对方给付定金作为债权的担保。定金合同自实际交付定金时成立。定金的数额由当事人约定；但是，不得超过主合同标的额的 20%，超过部分不产生定金的效力。实际交付的定金数额多于或者少于约定数额的，视为变更约定的定金数额。
8. BD，解析：《民法典》第 588 条规定，当事人既约定违约金，又约定定金的，一方违约时，对方可以选择适用违约金或者定金条款。
9. ABC，解析：《民法典》第 590 条规定，当事人一方因不可抗力不能履行合同的，根据不可抗力的影响，部分或者全部免除责任，但是法律另有规定的除外。因不可抗力不能履行合同的，应当及时通知对方，以减轻可能给对方造成的损失，并应当在合理期限内提供证明。当事人迟延履行后发生不可抗力的，不免除其违约责任。

10. AD，解析：《民法典》第592条规定，当事人都违反合同的，应当各自承担相应的责任。当事人一方违约造成对方损失，对方对损失的发生有过错的，可以减少相应的损失赔偿额

四、填空题

1. 违约。(《民法典》第577条)
2. 金钱债务。(《民法典》第579条)
3. 第三人。(《民法典》第581条)
4. 赔偿损失。(《民法典》第583条)
5. 相当于。(《民法典》第584条)
6. 无须。(《民法典》第589条)
7. 违约方。(《民法典》第591条)
8. 各自。(《民法典》第592条)

第二分编　典型合同

第九章　买卖合同

一、判断题

1. 买卖合同的内容一般包括标的物的名称、数量、质量、价款、履行期限、履行地点和方式、包装方式、检验标准和方法、结算方式、合同使用的文字及其效力等条款。（　　）
2. 因出卖人未取得处分权致使标的物所有权不能转移的，买受人可以解除合同并请求出卖人承担缔约过失责任。（　　）
3. 出卖人应当按照约定或者交易习惯向买受人交付提取标的物单证以外的有关单证和资料。（　　）
4. 约定交付期限的，买受人可以指定出卖人在该交付期限内的任何时间交付。（　　）
5. 出卖人应当按照约定的地点交付标的物。（　　）
6. 因买受人的原因致使标的物未按照约定的期限交付的，买受人应当自违反约定时起承担标的物毁损、灭失的风险。（　　）
7. 出卖人出卖交由承运人运输的在途标的物，除当事人另有约定外，毁损、灭失的风险自合同成立时起由出卖人承担。（　　）
8. 出卖人按照约定未交付有关标的物的单证和资料的，影响标的物毁损、灭失风险的转移。（　　）
9. 标的物毁损、灭失的风险由买受人承担的，不影响因出卖人履行义务不符合约定，买受人请求其承担违约责任的权利。（　　）

10. 买受人合同生效时知道或者应当知道第三人对买卖的标的物享有权利的，出卖人不承担法律规定的权利瑕疵担保义务。(　　)
11. 买受人有证据证明第三人对标的物享有权利的，可以中止支付相应的价款，但是出卖人提供适当担保的除外。(　　)
12. 当事人约定减轻或者免除出卖人对标的物瑕疵承担的责任，因出卖人重大过失不告知买受人标的物瑕疵的，出卖人可以主张减轻责任。(　　)
13. 买受人收到标的物时应当在约定的检验期限内检验。没有约定检验期限的，应当及时检验。(　　)
14. 约定的检验期限或者质量保证期短于法律、行政法规、规章规定期限的，应当以法律、行政法规、规章规定的期限为准。(　　)
15. 出卖人依照买受人的指示向第三人交付标的物，出卖人和买受人约定的检验标准与买受人和第三人约定的检验标准不一致的，以出卖人和买受人约定的检验标准为准。(　　)
16. 买受人应当按照约定的数额和支付方式支付价款。(　　)
17. 买受人应当按照约定的地点支付价款。(　　)
18. 出卖人多交标的物的，买受人可以接收或者拒绝接收多交的部分。(　　)
19. 因标的物的从物不符合约定被解除的，解除的效力及于主物。(　　)
20. 标的物为数物，其中一物不符合约定的，买受人可以就该物解除。但是，该物与他物分离使标的物的价值显受损害的，买受人可以就数物解除合同。(　　)
21. 出卖人交付的标的物应当与样品或者其说明的质量相同。(　　)
22. 凭样品买卖的买受人不知道样品有隐蔽瑕疵的，即使交付的标的物与样品相同，出卖人交付的标的物的质量仍然应当符合同种物的行业标准。(　　)
23. 试用买卖的买受人在试用期内可以购买标的物，也可以拒绝购买。

试用期限届满，买受人对是否购买标的物未作表示的，视为购买。(　　)

24. 试用买卖中，标的物在试用期内毁损、灭失的风险由买受人承担。(　　)

25. 在约定所有权保留的买卖合同中，出卖人对标的物保留的所有权，无需登记，即可对抗善意第三人。(　　)

26. 在约定所有权保留的买卖合同中，出卖人依法取回标的物，买受人在合理回赎期限内没有回赎标的物，出卖人以合理价格出卖标的物后，出卖所得价款扣除原买受人未支付的价款及必要费用后仍有剩余的，无需返还原买受人。(　　)

27. 招标投标买卖的当事人的权利和义务以及招标投标程序等，依照有关法律、行政法规的规定。(　　)

28. 法律、行政法规对其他有偿合同有规定的，依照其规定；没有规定的，参照适用买卖合同的有关规定。(　　)

二、单项选择题

1. 买卖合同是出卖人转移标的物的(　　)于买受人，买受人支付价款的合同。

A. 使用权　　B. 占有权

C. 收益权　　D. 所有权

2. 因出卖人未取得处分权致使标的物所有权不能转移的，买受人可以(　　)。

A. 解除合同并请求出卖人承担侵权责任

B. 履行合同并请求出卖人承担违约责任

C. 解除合同并请求出卖人承担违约责任

D. 解除合同并请求出卖人承担缔约过失责任

3. 关于向买受人交付提取标的物单证以外的有关单证和资料的表述，正确的是：(　　)

A. 出卖人应当按照约定向买受人交付

B. 出卖人应当按照交易习惯向第三人交付

C. 第三人应当按照交易习惯向买受人交付

D. 第三人应当按照交易习惯向出卖人交付

4. 关于交付期限的表述，错误的是：（　　）

A. 出卖人应当按照约定的时间交付标的物

B. 约定交付期限的，出卖人可以在该交付期限内的任何时间交付

C. 约定交付期限的，买受人可以指定出卖人在该交付期限内的任何时间交付

D. 对于没有约定交付期限或者约定不明确，出卖人可以按照交易习惯的期限交付标的物

5. 在既无法律另外规定、又无当事人另行约定时，关于标的物毁损、灭失的风险，以下表述正确的是：（　　）

A. 在标的物交付之前由出卖人承担，交付之后由买受人承担

B. 均由出卖人承担

C. 均由买受人承担

D. 由出卖人和买受人共同分担

6. 出卖人出卖交由承运人运输的在途标的物，除当事人另有约定外，毁损、灭失的风险自合同成立时起由（　　）承担。

A. 出卖人　　B. 买受人

C. 出卖人和买受人共同　　D. 承运人

7. 关于根本违约的说法，错误的是：（　　）

A. 因标的物不符合质量要求，致使不能实现合同目的的，买受人可以拒绝接受标的物

B. 因标的物不符合质量要求，致使不能实现合同目的的，买受人可以解除合同

C. 买受人因标的物质量不符合质量要求，不能实现合同目的而拒绝接受标的物的，标的物毁损、灭失的风险由出卖人承担

D. 买受人因标的物质量不符合质量要求，不能实现合同目的而拒绝接受标的物的，标的物毁损、灭失的风险由买受人承担

8. 关于标的物风险与责任承担，以下说法正确的是：（　　）

A. 标的物毁损的风险由买受人承担的，不影响因出卖人履行义务不符合约定，买受人请求其承担违约责任的权利

B. 标的物灭失的风险由买受人承担的，影响因出卖人履行义务不符合约定，买受人请求其承担违约责任的权利

C. 标的物毁损的风险由买受人承担的，不影响因出卖人履行义务不符合约定，买受人请求其承担侵权责任的权利

D. 标的物灭失的风险由买受人承担的，不影响因出卖人履行义务不符合约定，买受人请求其承担缔约过失责任的权利

9. 关于权利瑕疵担保，以下说法正确的是：（　　）

A. 出卖人就要约的标的物，负有保证第三人对该标的物不享有任何权利的义务，但是法律另有规定的除外

B. 出卖人就交付的标的物，负有保证第三人对该标的物不享有任何权利的义务，但是法律另有规定的除外

C. 买受人合同生效时知道第三人对买卖的标的物享有权利的，出卖人不承担法律规定的权利瑕疵担保义务

D. 买受人合同生效时知道第三人对买卖的标的物享有权利的，第三人不承担法律规定的权利瑕疵担保义务

10. 以下关于标的物存在瑕疵时的处理，正确的是：（　　）

A. 买受人知道第三人对标的物享有权利的，可以中止支付相应的价款，但是出卖人提供担保的除外

B. 买受人应当知道第三人对标的物享有权利的，可以中止支付相应的价款，但是出卖人提供适当担保的除外

C. 买受人有证据证明第三人对标的物享有权利的，可以中止支付相应的价款，但是出卖人提供担保的除外

D. 买受人有确切证据证明第三人对标的物享有权利的，可以中止支

付相应的价款，但是出卖人提供适当担保的除外

11. 当事人对标的物的质量要求没有约定或者约定不明确，又不能达成补充协议或按交易习惯确定时，以下表述错误的是：（　　）

A. 选择适用强制性国家标准或推荐性国家标准履行

B. 没有强制性国家标准的，按照推荐性国家标准履行

C. 没有推荐性国家标准的，按照行业标准履行

D. 没有国家标准、行业标准的，按照通常标准或者符合合同目的的特定标准履行

12. 出卖人应当按照约定的包装方式交付标的物。对包装方式没有约定或者约定不明确，依照关于合同履行的规定仍不能确定，且没有通用方式的，应当采取（　　）且有利于节约资源、保护生态环境的方式包装。

A. 足以保护标的物　　　　B. 出卖人确定的

C. 买受人要求的　　　　D. 符合技术标准的

13. 关于标的物的检验，以下表述正确的是：（　　）

A. 买受人收到标的物时应当在约定的检验期限内检验

B. 当事人没有约定检验期限的，买受人可以随时检验

C. 当事人没有约定检验期限的，买受人应当立即检验

D. 买受人应当在出卖人交付标的物时立即检验

14. 当事人约定的检验期限过短，根据标的物的性质和交易习惯，买受人在检验期限内难以完成全面检验的，该期限仅视为买受人对标的物的（　　）提出异议的期限。

A. 质量瑕疵　　　　B. 价格瑕疵

C. 外观瑕疵　　　　D. 权利瑕疵

15. 出卖人依照买受人的指示向第三人交付标的物，出卖人和买受人约定的检验标准与买受人和第三人约定的检验标准不一致的，以（　　）约定的检验标准为准。

A. 出卖人和买受人　　　　B. 出卖人和第三人

C. 买受人和第三人　　　　　　D. 出卖人、买受人和第三人重新

16. 当事人对支付地点没有约定或者约定不明确，又无法协议补充或按交易习惯确定的，对买受人支付地点的表述错误的是：(　　)

A. 出卖人的营业地

B. 买受人的营业地

C. 约定支付价款以交付标的物为条件的，在交付标的物的所在地支付

D. 约定支付价款以交付提取标的物单证为条件的，在交付提取标的物单证的所在地支付

17. 买卖合同中，出卖人多交标的物的，买受人处理方式的下列表述中，错误的是：(　　)

A. 买受人可以接收也可以拒绝接收多交的部分

B. 买受人拒绝接收多交部分的，应及时通知出卖人

C. 买受人接收多交部分的，按照约定的价格支付价款

D. 买受人接收多交部分的，按照接收货物时的市场价支付价款

18. 下列关于买卖合同解除的说法中，错误的是：(　　)

A. 因标的物的主物不符合约定而解除合同的，解除合同的效力及于从物

B. 因标的物的从物不符合约定被解除的，解除的效力及于主物

C. 出卖人分批交付标的物的，出卖人对其中一批标的物不交付或者交付不符合约定，致使该批标的物不能实现合同目的的，买受人可以就该批标的物解除

D. 出卖人不交付其中一批标的物或者交付不符合约定，致使之后其他各批标的物的交付不能实现合同的目的的，买受人可以就该批以及今后其他各批标的物解除

19. 标的物为数物，其中一物不符合约定的，买受人可以就该物解除。但是，该物与他物分离使标的物的价值显受损害的，买受人可以就(　　)解除合同。

A. 该物　　B. 他物
C. 数物　　D. 该物或他物

20. 分期付款的买受人未支付到期价款的数额达到全部价款的(　　)，经催告后在合理期限内仍未支付到期价款的，出卖人可以请求买受人支付全部价款或者解除合同。

A. 1/6　　B. 1/5
C. 1/4　　D. 1/3

21. 凭样品买卖的买受人不知道样品有隐蔽瑕疵的，即使交付的标的物与样品相同，出卖人交付的标的物的质量仍然应当符合同种物的(　　)。

A. 国家强制标准　　B. 国家推荐标准
C. 通常标准　　D. 行业标准

22. 关于试用买卖的错误表述是：(　　)

A. 试用买卖的买受人在试用期内可以购买标的物，也可以拒绝购买
B. 试用期届满，买受人对是否购买标的物未作表示的，视为拒绝购买
C. 试用买卖的买受人在试用期内已经支付部分价款或者对标的物实施设立担保物权行为的，视为同意购买
D. 试用买卖的当事人对标的物使用费没有约定或者约定不明确的，出卖人无权请求买受人支付

23. 在约定所有权保留的买卖合同中，出卖人依法取回标的物，买受人在合理回赎期限内没有回赎标的物，关于出卖人以合理价格出卖标的物后的价款，以下表述正确的是：(　　)

A. 出卖所得价款扣除买受人未支付的价款以及必要费用后仍有剩余的，可以返还买受人；不足部分由买受人清偿
B. 出卖所得价款扣除买受人未支付的价款以及必要费用后仍有剩余的，应当返还买受人；不足部分由出卖人自行承担
C. 出卖所得价款扣除买受人未支付的价款以及必要费用后仍有剩余的，应当返还买受人；不足部分由买受人清偿

D. 出卖所得价款扣除买受人未支付的价款以及必要费用后仍有剩余的，可以返还原买受人；不足部分由出卖人自行承担

24. 根据《民法典》的规定，招标投标买卖的当事人的权利和义务以及招标投标程序等，依照有关法律、(　　)的规定。

A. 行业惯例　　B. 交易习惯

C. 行政法规　　D. 部门规章

25. 根据《民法典》的规定，法律对其他有偿合同有规定的，依照其规定；没有规定的，参照适用(　　)的有关规定。

A. 租赁合同　　B. 承揽合同

C. 供用电合同　　D. 买卖合同

三、多项选择题

1. 买卖合同的内容条款一般包括：(　　)

A. 标的物的名称、数量、质量、价款

B. 履行期限、履行地点和方式

C. 结算方式

D. 合同使用的文字及其效力

2. 出卖人应当履行(　　)的义务。

A. 转移标的物的使用权

B. 向买受人交付标的物

C. 向买受人交付提取标的物的单证

D. 转移标的物所有权

3. 关于买卖合同中标的物的知识产权归属，表述正确的是：(　　)

A. 出卖具有知识产权的标的物的，除法律另有规定外，该标的物的知识产权不属于买受人

B. 出卖具有知识产权的标的物的，除当事人另有约定外，该标的物的知识产权不属于买受人

C. 出卖具有知识产权的标的物的，除法律另有规定外，该标的物的

知识产权属于买受人

D. 出卖具有知识产权的标的物的，除当事人另有约定外，该标的物的知识产权属于买受人

4. 关于买卖合同标的物的交付地点，表述正确的是：(　　)

A. 由当事人约定交付地点

B. 当事人没有约定或者约定不明的，适用民法典关于合同条款补充的规定加以确定

C. 当事人没有约定或者约定不明的，适用民法典关于合同条款补充的规定仍不能确定，对于标的物需要运输的，出卖人应当将标的物交付给第一承运人以运交给买受人

D. 当事人没有约定或者约定不明的，适用民法典关于合同条款补充的规定仍不能确定，对于标的物不需要运输，出卖人和买受人订立合同时不知道标的物在某一地点的，应当在买受人订立合同时的营业地交付标的物

5. 因买受人的原因致使标的物不能按照约定的期限交付的，对于标的物毁损、灭失的风险，以下表述错误的是：(　　)

A. 应当由买受人自标的物交付之日起承担

B. 应当由买受人自违反约定时起承担

C. 应当由买受人自标的物毁损、灭失之日起承担

D. 应当由买受人自依照合同约定之日承担

6. 关于买受人不履行接收标的物的风险负担，以下说法正确的是：(　　)

A. 出卖人按照约定将标的物置于交付地点，买受人违反约定没有收取的，标的物毁损、灭失的风险自违反约定时起由买受人承担

B. 出卖人按照约定将标的物置于交付地点，买受人违反约定没有收取的，标的物毁损、灭失的风险自标的物置于交付地点时由买受人承担

C. 当事人对交付地点约定不明确，出卖人依据民法典相关规定将标

的物置于交付地点，买受人违反约定没有收取的，标的物毁损、灭失的风险自违反约定时起由买受人承担

D. 当事人对交付地点约定不明确，出卖人依据民法典相关规定将标的物置于交付地点，买受人违反约定没有收取的，标的物毁损、灭失的风险自标的物置于交付地点时由买受人承担

7. 关于未交付单证和资料的说法，正确的是：（　　）

A. 出卖人按照约定未交付有关标的物的单证和资料的，不影响标的物毁损风险的转移

B. 出卖人按照约定未交付有关标的物的单证和资料的，影响标的物灭失风险的转移

C. 出卖人按照约定未交付有关标的物的单证和资料的，影响标的物毁损风险的转移

D. 出卖人按照约定未交付有关标的物的单证和资料的，不影响标的物灭失风险的转移

8. 关于权利瑕疵担保，以下说法错误的是：（　　）

A. 出卖人就要约的标的物，负有保证第三人对该标的物不享有任何权利的义务，但是法律另有规定的除外

B. 出卖人就交付的标的物，负有保证第三人对该标的物不享有任何权利的义务，但是法律另有规定的除外

C. 买受人合同生效时知道第三人对买卖的标的物享有权利的，出卖人不承担法律规定的权利瑕疵担保义务

D. 买受人订立合同时知道第三人对买卖的标的物享有权利的，出卖人不承担法律规定的权利瑕疵担保义务

9. 关于标的物的质量瑕疵担保，以下说法正确的是：（　　）

A. 出卖人应当按照约定的质量要求交付标的物

B. 买受人提供有关标的物质量说明的，交付的标的物应当符合该说明的质量要求

C. 出卖人提供有关标的物质量说明的，交付的标的物应当符合该说

明的质量要求

D. 第三人提供有关标的物质量说明的，交付的标的物应当符合该说明的质量要求

10. 出卖人交付的标的物不符合质量要求，以下表述正确的是：（　　）

A. 买受人可以合理选择请求出卖人承担修理、重作、更换、退货、减少价款或者报酬等违约责任

B. 出卖人在履行义务或者采取补救措施后，买受人还有其他损失的，出卖人应当赔偿损失

C. 损失赔偿额应当相当于因出卖人违约所造成的损失

D. 损失赔偿额不得超过买受人订立合同时预见到或者应当预见到的因出卖人违约可能造成的损失

11. 关于不告知标的物瑕疵的责任，以下表述错误的是：（　　）

A. 当事人约定减轻出卖人对标的物瑕疵承担的责任，因出卖人故意不告知买受人标的物瑕疵的，出卖人无权主张减轻责任

B. 当事人约定免除出卖人对标的物瑕疵承担的责任，因出卖人重大过失不告知买受人标的物瑕疵的，出卖人无权主张免除责任

C. 当事人约定减轻出卖人对标的物瑕疵承担的责任，因出卖人重大过失不告知买受人标的物瑕疵的，出卖人可以主张减轻责任

D. 当事人约定免除出卖人对标的物瑕疵承担的责任，因出卖人故意不告知买受人标的物瑕疵的，出卖人可以主张免除责任

12. 关于检验期限，下列说法正确的是：（　　）

A. 当事人约定检验期限的，买受人应当在检验期限内将标的物的数量或者质量不符合约定的情形通知出卖人

B. 买受人怠于通知的，视为标的物的数量或者质量符合约定

C. 当事人没有约定检验期限的，买受人应当在发现或者应当发现标的物的数量或者质量不符合约定的合理期限内通知出卖人

D. 买受人在合理期限内未通知或者自收到标的物之日起 2 年内未通知出卖人的，视为标的物的数量或者质量符合约定

13. 当事人对检验期限未作约定，买受人签收的送货单、确认单等载明标的物哪些事项的，推定买受人已经对数量和外观瑕疵进行检验，但是有相关证据足以推翻的除外？（　　）

A. 数量　　B. 售价

C. 型号　　D. 规格

14. 关于出卖人对标的物的回收义务，以下表述正确的是：（　　）

A. 依据是法律、行政法规的规定或者当事人约定

B. 前提是标的物在有效使用年限届满后应予回收

C. 内容是出卖人自行对标的物予以回收

D. 内容是出卖人委托第三人对标的物予以回收

15. 关于买受人支付价款数额和支付方式的确定，以下表述正确的是：（　　）

A. 买受人应当按照约定的数额和支付方式支付价款

B. 当事人对价款数额和支付方式没有约定或者约定不明确的，可以协议补充或者按照交易习惯确定

C. 当事人对价款数额没有约定或者约定不明确，又无法协议补充或者按照交易习惯确定的，按照订立合同时履行地的政府定价履行

D. 当事人对支付方式履行方式不明确，又无法协议补充或者按照交易习惯确定的，按照有利于实现合同目的的方式履行

16. 买卖合同中，当事人对支付时间没有约定或者约定不明确，又无法协议补充或按交易习惯确定的，对买受人支付时间的表述错误的是：（　　）

A. 应当在收到标的物的同时支付

B. 应当在收到提取标的物单证的同时支付

C. 可以随时支付，但要给对方必要的准备时间

D. 应当在收到标的物或者提取标的物单证之前支付

17. 关于标的物的孳息，下列说法正确的是：（　　）

A. 标的物在交付之前产生的孳息，归出卖人所有

B. 标的物在交付之后产生的孳息，归买受人所有

C. 标的物在交付之后产生的孳息，归出卖人所有

D. 标的物在交付之前产生的孳息，归买受人所有

18. 在分批交付标的物的情况下，关于合同解除的表述正确的是：(　　)

A. 出卖人分批交付标的物的，出卖人对其中一批标的物不交付或者交付不符合约定，致使该批标的物不能实现合同目的的，买受人可以就其他各批标的物解除

B. 出卖人分批交付标的物的，出卖人对其中一批标的物不交付或者交付不符合约定，致使该批标的物不能实现合同目的的，买受人可以就该批标的物解除

C. 出卖人不交付其中一批标的物或者交付不符合约定，致使之后其他各批标的物的交付不能实现合同目的的，买受人可以就该批以及之后其他各批标的物解除

D. 买受人如果就其中一批标的物解除，该批标的物与其他各批标的物相互依存的，可以就已经交付和未交付的各批标的物解除

19. 关于凭样品买卖合同的表述，错误的是：(　　)

A. 当事人可以封存样品

B. 当事人应当对样品质量予以说明

C. 出卖人交付的标的物应当与样品或其说明的质量相同。

D. 出卖人交付的标的物应当与样品及其说明的质量相同

20. 关于试用买卖合同中的试用期限，以下表述正确的是：(　　)

A. 当事人可以约定标的物的试用期限

B. 对试用期限没有约定或者约定不明确，可以由当事人协议补充或者按照交易习惯确定

C. 标的物在试用期内毁损、灭失的风险由买受人承担

D. 对试用期限没有约定或者约定不明确，当事人又无法协议补充或者按照交易习惯确定的，由买受人确定

21. 当事人约定出卖人保留合同标的物的所有权，在标的物所有权转移前，买受人有下列哪些情形，造成出卖人损害的，除当事人另有约定外，出卖人有权取回标的物？（　　）

A. 未按照约定支付价款，经催告后在合理期限内仍未支付

B. 将所有权转让给善意第三人

C. 未按照约定完成特定条件

D. 将标的物出卖、出质或者作出其他不当处分

22. 在所有权保留的合同中，出卖人依法已取回标的物的，买受人在回赎期限内没有回赎标的物，出卖人可以以合理价格出卖标的物，出卖所得价款扣除（　　）仍有剩余的，应当返还原买受人；不足部分由原买受人清偿。

A. 买受人未支付的价款　　B. 违约金

C. 必要费用　　D. 经济补偿金

23. 根据《民法典》的规定，拍卖的当事人的权利和义务以及拍卖程序等，依照有关(　　)的规定。

A. 行业惯例　　B. 法律

C. 行政法规　　D. 部门规章

四、填空题

1. 买卖合同是______转移标的物的所有权于______，______支付价款的合同。

2. 出卖人应当履行向买受人交付______或者交付提取标的物的______，并转移标的物______的义务。

3. 出卖具有知识产权的标的物的，除法律另有规定或者当事人另有约定外，该标的物的知识产权______买受人。

4. 标的物毁损、灭失的风险，在标的物交付之前由______承担，交付之后由______承担，但是法律另有规定或者当事人另有约定的除外。

5. 当事人没有约定交付地点或者约定不明确，依据法律规定标的物需要

运输的，出卖人将标的物交付给第一承运人后，标的物毁损、灭失的风险由______承担。

6. 出卖人按照约定将标的物置于交付地点，买受人违反约定没有收取的，标的物毁损、灭失的风险自违反约定时起由______承担。
7. 因标的物不符合质量要求，致使不能实现合同目的的，______可以拒绝接受标的物或者解除合同。______拒绝接受标的物或者解除合同的，标的物毁损、灭失的风险由______承担。
8. 出卖人就交付的标的物，负有保证______对该标的物不享有任何权利的义务，但是法律另有规定的除外。
9. ______提供有关标的物质量说明的，交付的标的物应当符合该说明的______。
10. 出卖人应当按照______的包装方式交付标的物。对包装方式没有约定或者约定不明确，依据《民法典》关于合同履行的规定仍不能确定的，应当按照______的方式包装；没有通用方式的，应当采取______的包装方式。
11. 当事人约定______的，买受人应当在______内将标的物的数量或者质量不符合约定的情形通知出卖人。
12. 当事人对检验期限未作约定，买受人签收的______、______等载明标的物数量、型号、规格的，推定买受人已经对数量和外观瑕疵进行检验，但是有相关证据足以推翻的除外。
13. 依照法律、行政法规的规定或者按照当事人的约定，标的物在有效使用年限______后应予回收的，出卖人负有自行或者委托第三人对标的物予以回收的义务。
14. 出卖人多交标的物的，买受人可以______或者______多交的部分。
15. 标的物在交付之前产生的孳息，归______所有；交付之后产生的孳息，归______所有。但是，当事人另有约定的除外。
16. 因标的物的主物不符合约定而解除合同的，解除合同的效力______从物。因标的物的从物不符合约定被解除的，解除的效力______主物。

17. 出卖人分批交付标的物的，出卖人对其中一批标的物不交付或者交付不符合约定，致使该批标的物不能实现合同目的的，买受人可以就______解除。
18. 分期付款的买受人未支付到期价款的数额达到全部价款的五分之一，经催告后在合理期限内仍未支付到期价款，出卖人解除合同的，可以向买受人请求支付该标的物的______。
19. 凭样品买卖的当事人应当封存样品，并可以对样品质量予以说明。出卖人交付的标的物应当与样品及其说明的质量______。
20. 试用买卖的当事人可以约定标的物的______。对试用期间没有约定或者约定不明确，当事人无法协议补充或者按照交易习惯仍不能确定的，由______确定。
21. 试用买卖的当事人对标的物使用费没有约定或者约定不明确的，出卖人______请求买受人支付。
22. 试用买卖中，当事人可以在买卖合同中约定买受人未履行______或者其他义务的，标的物的所有权属于______。
23. 试用买卖中，出卖人依法取回标的物后，买受人在双方约定或者买受人指定的合理回赎期限内，______，可以请求回赎标的物。
24. 拍卖的当事人的权利和义务以及拍卖程序等，依照有关______、______的规定。
25. 当事人约定易货交易，转移标的物的所有权的，参照适用______的有关规定。

五、简答题

简答所有权保留合同中，出卖人有权取回标的物的情形。

参考答案

一、判断题

1. √，解析：《民法典》第 596 条。
2. ×，解析：《民法典》第 597 条第 1 款规定，因出卖人未取得处分权致使标的物所有权不能转移的，买受人可以解除合同并请求出卖人承担违约责任。
3. √，解析：《民法典》第 599 条。
4. ×，解析：《民法典》第 601 条规定，出卖人应当按照约定的时间交付标的物。约定交付期限的，出卖人可以在该交付期限内的任何时间交付。
5. √，解析：《民法典》第 603 条。
6. √，解析：《民法典》第 605 条。
7. ×，解析：《民法典》第 606 条。
8. ×，解析：《民法典》第 609 条。
9. √，解析：《民法典》第 611 条。
10. ×，解析：《民法典》第 613 条。
11. ×，解析：《民法典》第 614 条。
12. ×，解析：《民法典》第 618 条。
13. √，解析：《民法典》第 620 条。
14. ×，解析：《民法典》第 622 条。
15. √，解析：《民法典》第 624 条。
16. √，解析：《民法典》第 626 条。
17. √，解析：《民法典》第 627 条。
18. √，解析：《民法典》第 629 条。
19. ×，解析：《民法典》第 631 条规定，因标的物的从物不符合约定被解除的，解除的效力不及于主物。

20. √，解析：《民法典》第 632 条。
21. ×，解析：《民法典》第 635 条。
22. ×，解析：《民法典》第 636 条。
23. √，解析：《民法典》第 638 条。
24. ×，解析：《民法典》第 640 条规定，标的物在试用期内毁损、灭失的风险由出卖人承担。
25. ×，解析：《民法典》第 641 条第 2 款规定，出卖人对标的物保留的所有权，未经登记，不得对抗善意第三人。
26. ×，解析：《民法典》第 643 条第 2 款规定，买受人在回赎期限内没有回赎标的物，出卖人可以以合理价格将标的物出卖给第三人，出卖所得价款扣除买受人未支付的价款以及必要费用后仍有剩余的，应当返还买受人；不足部分由买受人清偿。
27. √，解析：《民法典》第 644 条规定，招标投标买卖的当事人的权利和义务以及招标投标程序等，依照有关法律、行政法规的规定。
28. ×，解析：《民法典》第 646 条规定，法律对其他有偿合同有规定的，依照其规定；没有规定的，参照适用买卖合同的有关规定。

二、单项选择题

1. D，解析：《民法典》第 595 条规定，买卖合同是出卖人转移标的物的所有权于买受人，买受人支付价款的合同。
2. C，解析：《民法典》第 597 条规定，因出卖人未取得处分权致使标的物所有权不能转移的，买受人可以解除合同并请求出卖人承担违约责任。
3. A，解析：《民法典》第 599 条规定，出卖人应当按照约定或者交易习惯向买受人交付提取标的物单证以外的有关单证和资料。
4. C，解析：《民法典》第 601 条规定，出卖人应当按照约定的时间交付标的物。约定交付期限的，出卖人可以在该交付期限内的任何时间交付。《民法典》第 602 条规定，当事人没有约定标的物的交付期限或者约定不明确的，适用《民法典》第 510 条、第 511 条第 4 项的规定。

5. A，解析：《民法典》第 604 条规定，标的物毁损、灭失的风险，在标的物交付之前由出卖人承担，交付之后由买受人承担，但是法律另有规定或者当事人另有约定的除外。
6. B，解析：《民法典》第 606 条规定，出卖人出卖交由承运人运输的在途标的物，除当事人另有约定外，毁损、灭失的风险自合同成立时起由买受人承担。
7. D，解析：《民法典》第 610 条规定，因标的物不符合质量要求，致使不能实现合同目的的，买受人可以拒绝接受标的物或者解除合同。买受人拒绝接受标的物或者解除合同的，标的物毁损、灭失的风险由出卖人承担。
8. A，解析：《民法典》第 611 条规定，标的物毁损、灭失的风险由买受人承担的，不影响因出卖人履行义务不符合约定，买受人请求其承担违约责任的权利。
9. B，解析：《民法典》第 612 条规定，出卖人就交付的标的物，负有保证第三人对该标的物不享有任何权利的义务，但是法律另有规定的除外。《民法典》第 613 条规定，买受人订立合同时知道或者应当知道第三人对买卖的标的物享有权利的，出卖人不承担前条规定的义务。
10. D，解析：《民法典》第 614 条规定，买受人有确切证据证明第三人对标的物享有权利的，可以中止支付相应的价款，但是出卖人提供适当担保的除外。
11. A，解析：《民法典》第 616 条规定，当事人对标的物的质量要求没有约定或者约定不明确，依据本法第 510 条的规定仍不能确定的，适用本法第 511 条第 1 项的规定。
12. A，解析：《民法典》第 619 条规定，出卖人应当按照约定的包装方式交付标的物。对包装方式没有约定或者约定不明确，依据本法第 510 条的规定仍不能确定的，应当按照通用的方式包装；没有通用方式的，应当采取足以保护标的物且有利于节约资源、保护生态环境的包装方式。

13. A，解析：《民法典》第 620 条规定，买受人收到标的物时应当在约定的检验期限内检验。没有约定检验期限的，应当及时检验。
14. C，解析：《民法典》第 622 条规定，当事人约定的检验期限过短，根据标的物的性质和交易习惯，买受人在检验期限内难以完成全面检验的，该期限仅视为买受人对标的物的外观瑕疵提出异议的期限。
15. A，解析：《民法典》第 624 条规定，出卖人依照买受人的指示向第三人交付标的物，出卖人和买受人约定的检验标准与买受人和第三人约定的检验标准不一致的，以出卖人和买受人约定的检验标准为准。
16. B，解析：《民法典》第 627 条规定，买受人应当按照约定的地点支付价款。对支付地点没有约定或者约定不明确，依据本法第 510 条的规定仍不能确定的，买受人应当在出卖人的营业地支付。
17. D，解析：《民法典》第 629 条规定，出卖人多交标的物的，买受人可以接收或者拒绝接收多交的部分。买受人接收多交部分的，按照约定的价格支付价款；买受人拒绝接收多交部分的，应当及时通知出卖人。
18. B，解析：《民法典》第 631 条规定，因标的物的主物不符合约定而解除合同的，解除合同的效力及于从物。因标的物的从物不符合约定被解除的，解除的效力不及于主物。《民法典》第 633 条规定，出卖人分批交付标的物的，出卖人对其中一批标的物不交付或者交付不符合约定，致使该批标的物不能实现合同目的的，买受人可以就该批标的物解除。出卖人不交付其中一批标的物或者交付不符合约定，致使之后其他各批标的物的交付不能实现合同目的的，买受人可以就该批以及之后其他各批标的物解除。买受人如果就其中一批标的物解除，该批标的物与其他各批标的物相互依存的，可以就已经交付和未交付的各批标的物解除。

19. C，解析：《民法典》第 632 条规定，标的物为数物，其中一物不符合约定的，买受人可以就该物解除。但是，该物与他物分离使标的物的价值显受损害的，买受人可以就数物解除合同。
20. B，解析：《民法典》第 634 条规定，分期付款的买受人未支付到期价款的数额达到全部价款的 1/5，经催告后在合理期限内仍未支付到期价款的，出卖人可以请求买受人支付全部价款或者解除合同。
21. C，解析：《民法典》第 636 条规定，凭样品买卖的买受人不知道样品有隐蔽瑕疵的，即使交付的标的物与样品相同，出卖人交付的标的物的质量仍然应当符合同种物的通常标准。
22. B，解析：《民法典》第 638 条规定，试用买卖的买受人在试用期内可以购买标的物，也可以拒绝购买。试用期限届满，买受人对是否购买标的物未作表示的，视为购买。试用买卖的买受人在试用期内已经支付部分价款或者对标的物实施出卖、出租、设立担保物权等行为的，视为同意购买。《民法典》第 639 条规定，试用买卖的当事人对标的物使用费没有约定或者约定不明确的，出卖人无权请求买受人支付。
23. C，解析：《民法典》第 643 条第 2 款规定，买受人在回赎期限内没有回赎标的物，出卖人可以以合理价格将标的物出卖给第三人，出卖所得价款扣除买受人未支付的价款以及必要费用后仍有剩余的，应当返还买受人；不足部分由买受人清偿。
24. C，解析：《民法典》第 644 条规定，招标投标买卖的当事人的权利和义务以及招标投标程序等，依照有关法律、行政法规的规定。
25. D，解析：《民法典》第 646 条规定，法律对其他有偿合同有规定的，依照其规定；没有规定的，参照适用买卖合同的有关规定。

三、多项选择题

1. ABCD，解析：《民法典》第 596 条规定，买卖合同的内容一般包括标的物的名称、数量、质量、价款、履行期限、履行地点和方式、包装方式、检验标准和方法、结算方式、合同使用的文字及其效力等条款。

2. BCD，解析：《民法典》第 598 条规定，出卖人应当履行向买受人交付标的物或者交付提取标的物的单证，并转移标的物所有权的义务。
3. AB，解析：《民法典》第 600 条规定，出卖具有知识产权的标的物的，除法律另有规定或者当事人另有约定外，该标的物的知识产权不属于买受人。
4. ABCD，解析：《民法典》第 603 条规定，出卖人应当按照约定的地点交付标的物。当事人没有约定交付地点或者约定不明确，依据本法第 510 条的规定仍不能确定的，适用下列规定：（1）标的物需要运输的，出卖人应当将标的物交付给第一承运人以运交给买受人；（2）标的物不需要运输，出卖人和买受人订立合同时知道标的物在某一地点的，出卖人应当在该地点交付标的物；不知道标的物在某一地点的，应当在出卖人订立合同时的营业地交付标的物。
5. ACD，解析：《民法典》第 605 条规定，因买受人的原因致使标的物未按照约定的期限交付的，买受人应当自违反约定时起承担标的物毁损、灭失的风险。
6. AC，解析：《民法典》第 608 条规定，出卖人按照约定或者依据本法第 603 条第 2 款第 2 项的规定将标的物置于交付地点，买受人违反约定没有收取的，标的物毁损、灭失的风险自违反约定时起由买受人承担。
7. AD，解析：《民法典》第 609 条规定，出卖人按照约定未交付有关标的物的单证和资料的，不影响标的物毁损、灭失风险的转移。
8. BC，解析：《民法典》第 612 条规定，出卖人就交付的标的物，负有保证第三人对该标的物不享有任何权利的义务，但是法律另有规定的除外。《民法典》第 613 条规定，买受人订立合同时知道或者应当知道第三人对买卖的标的物享有权利的，出卖人不承担前条规定的义务。
9. AC，解析：《民法典》第 615 条规定，出卖人应当按照约定的质量要求交付标的物。出卖人提供有关标的物质量说明的，交付的标的物应当符合该说明的质量要求。

10. ABC，解析：《民法典》第 617 条规定，出卖人交付的标的物不符合质量要求的，买受人可以依据本法第 582 条至第 584 条的规定请求承担违约责任。
11. CD，解析：《民法典》第 618 条规定，当事人约定减轻或者免除出卖人对标的物瑕疵承担的责任，因出卖人故意或者重大过失不告知买受人标的物瑕疵的，出卖人无权主张减轻或者免除责任。
12. ABCD，解析：《民法典》第 621 条规定，当事人约定检验期限的，买受人应当在检验期限内将标的物的数量或者质量不符合约定的情形通知出卖人。买受人怠于通知的，视为标的物的数量或者质量符合约定。当事人没有约定检验期限的，买受人应当在发现或者应当发现标的物的数量或者质量不符合约定的合理期限内通知出卖人。买受人在合理期限内未通知或者自收到标的物之日起 2 年内未通知出卖人的，视为标的物的数量或者质量符合约定；但是，对标的物有质量保证期的，适用质量保证期，不适用该 2 年的规定。
13. ACD，解析：《民法典》第 623 条规定，当事人对检验期限未作约定，买受人签收的送货单、确认单等载明标的物数量、型号、规格的，推定买受人已经对数量和外观瑕疵进行检验，但是有相关证据足以推翻的除外。
14. ABCD，解析：《民法典》第 625 条规定，依照法律、行政法规的规定或者按照当事人的约定，标的物在有效使用年限届满后应予回收的，出卖人负有自行或者委托第三人对标的物予以回收的义务。
15. ABD，解析：《民法典》第 626 条规定，买受人应当按照约定的数额和支付方式支付价款。对价款的数额和支付方式没有约定或者约定不明确的，适用本法第 510 条、第 511 条第 2 项和第 5 项的规定。
16. CD，解析：《民法典》第 628 条规定，买受人应当按照约定的时间支付价款。对支付时间没有约定或者约定不明确，依据本法第 510 条的规定仍不能确定的，买受人应当在收到标的物或者提取标的物单证的同时支付。

17. AB，解析：《民法典》第 630 条规定，标的物在交付之前产生的孳息，归出卖人所有；交付之后产生的孳息，归买受人所有。
18. BCD，解析：《民法典》第 633 条规定，出卖人分批交付标的物的，出卖人对其中一批标的物不交付或者交付不符合约定，致使该批标的物不能实现合同目的的，买受人可以就该批标的物解除。出卖人不交付其中一批标的物或者交付不符合约定，致使之后其他各批标的物的交付不能实现合同目的的，买受人可以就该批以及之后其他各批标的物解除。买受人如果就其中一批标的物解除，该批标的物与其他各批标的物相互依存的，可以就已经交付和未交付的各批标的物解除。
19. ABC，解析：《民法典》第 635 条规定，凭样品买卖的当事人应当封存样品，并可以对样品质量予以说明。出卖人交付的标的物应当与样品及其说明的质量相同。
20. AB，解析：《民法典》第 637 条规定，试用买卖的当事人可以约定标的物的试用期限。对试用期限没有约定或者约定不明确，依据本法第 510 条的规定仍不能确定的，由出卖人确定。《民法典》第 640 条规定，标的物在试用期内毁损、灭失的风险由出卖人承担。
21. ACD，解析：《民法典》第 642 条第 1 款规定，当事人约定出卖人保留合同标的物的所有权，在标的物所有权转移前，买受人有下列情形之一，造成出卖人损害的，除当事人另有约定外，出卖人有权取回标的物：（1）未按照约定支付价款，经催告后在合理期限内仍未支付；（2）未按照约定完成特定条件；（3）将标的物出卖、出质或者作出其他不当处分。
22. AC，解析：《民法典》第 643 条第 2 款规定，买受人在回赎期限内没有回赎标的物，出卖人可以以合理价格将标的物出卖给第三人，出卖所得价款扣除买受人未支付的价款以及必要费用后仍有剩余的，应当返还买受人；不足部分由买受人清偿。
23. BC，解析：《民法典》第 645 条规定，拍卖的当事人的权利和义务以及拍卖程序等，依照有关法律、行政法规的规定。

四、填空题

1. 出卖人；买受人；买受人。（《民法典》第595条）
2. 标的物；单证；所有权。（《民法典》第598条）
3. 不属于。（《民法典》第600条）
4. 出卖人；买受人。（《民法典》第604条）
5. 买受人（《民法典》第607条）
6. 买受人。（《民法典》第608）
7. 买受人；买受人；出卖人。（《民法典》第610条）
8. 第三人。（《民法典》第612条）
9. 出卖人；质量要求。（《民法典》第615条）
10. 约定；通用；足以保护标的物且有利于节约资源、保护生态环境。（《民法典》第619条）
11. 检验期限；检验期限。（《民法典》第621条）
12. 送货单；确认单。（《民法典》第623条）
13. 届满。（《民法典》第625条）
14. 接收；拒绝接收。（《民法典》第629条）
15. 出卖人；买受人。（《民法典》第630条）
16. 及于；不及于。（《民法典》第631条）
17. 该批标的物。（《民法典》第633条）
18. 使用费。（《民法典》第634条）
19. 相同。（《民法典》第635条）
20. 试用期间；出卖人。（《民法典》第637条）
21. 无权。（《民法典》第639条）
22. 支付价款；出卖人。（《民法典》第641条）
23. 消除出卖人取回标的物的事由的。（《民法典》第643条）
24. 法律；行政法规。（《民法典》第645条）
25. 买卖合同。（《民法典》第647条）

五、简答题

答：根据我国《民法典》第642条的规定：当事人约定出卖人保留合同标的物的所有权，在标的物所有权转移前，买受人有下列情形之一，造成出卖人损害的，除当事人另有约定外，出卖人有权取回标的物：

（1）未按照约定支付价款，经催告后在合理期限内仍未支付。

（2）未按照约定完成特定条件。

（3）将标的物出卖、出质或者作出其他不当处分。

出卖人可以与买受人协商取回标的物；协商不成的，可以参照适用担保物权的实现程序。

第十章　供用电、水、气、热力合同

一、判断题

1. 向社会公众供电的供电人，不得拒绝用电人的订立合同要求。(　　)
2. 供用电合同的履行地点，当事人没有约定或者约定不明确的，以供电人所在地为履行地点。(　　)
3. 供电人因供电设施计划检修、临时检修、依法限电或者用电人违法用电等原因，需要中断供电时，无需事先通知用电人，可根据情况自行断电。(　　)
4. 用电人逾期不支付电费的，供电人可以按照国家规定的程序中止供电。(　　)
5. 供用水、供用气、供用热力合同，参照适用供用电合同的有关规定。(　　)

二、单项选择题

1. 以下关于供用电合同的内容一般条款表述错误的是：(　　)
   A. 用电容量、地址、性质
   B. 计量方式，电价、电费的结算方式
   C. 供用电设施的维护责任
   D. 电网负荷紧张时，供电人无需通知用电人即可中断供电
2. 供电合同中，供电方的义务不包括：(　　)
   A. 对事故断电的抢修　　B. 中断供电事先通知
   C. 安全供电　　D. 赔偿因断电造成的损失
3. 供用电合同中，因自然灾害等原因断电，供电人未及时抢修，造成用电人损失的：(　　)

A. 应当给予适当补偿　　B. 可以承担赔偿责任

C. 应当承担赔偿责任　　D. 可以给予适当补偿

4. 供用电合同中，用电人应当按照国家有关规定和当事人的约定遵循的用电原则是：（　　）

A. 安全、节约和计划　　B. 安全、清洁和计划

C. 节约、清洁和计划　　D. 安全、节约和清洁

三、多项选择题

1. 根据《民法典》的规定，下列哪些选项是供用电合同的构成要件：（　　）

A. 供电人向用电人供电

B. 供电人向用电人普及安全用电常识

C. 用电人向供电人预缴押金

D. 用电人向供电人支付电费

2. 供用电合同的履行地点，应依照下列哪些规则确定：（　　）

A. 以供电人所在地为履行地点

B. 按照当事人约定

C. 以用电人所在地为履行地点

D. 当事人没有约定或者约定不明确的，供电设施的产权分界处为履行地点

3. 供电合同履行过程中，供电人因下列哪些等原因，需要中断供电时，应当按照国家有关规定事先通知用电人：（　　）

A. 供电设施计划检修　　B. 临时检修

C. 依法限电　　D. 用电人违法用电

4. 供用电合同履行过程中，用电人逾期不支付电费的，经供电人催告，用电人在合理期限内仍不交付（　　），供电人可以按照国家规定的程序中止供电。

A. 违约金　　B. 赔偿金

C. 滞纳金　　D. 电费

四、填空题

1. 供用电合同的内容一般包括供电的方式、质量、时间，______、地址、性质，______，电价、电费的结算方式，供用电设施的维护责任等条款。
2. 供电人应当按照国家规定的供电质量标准和约定______。供电人未按照国家规定的供电质量标准和约定安全供电，造成用电人损失的，应当承担______。
3. 因______等原因断电，供电人应当按照国家有关规定及时抢修；未及时抢修，造成用电人损失的，应当______。
4. 供用电合同中，用电人应当按照国家有关规定和当事人的约定______、______和______用电。

参考答案

一、判断题

1. ×，解析：《民法典》第648条第2款规定，向社会公众供电的供电人，不得拒绝用电人合理的订立合同要求。
2. ×，解析：《民法典》第650条规定，供用电合同的履行地点，按照当事人约定；当事人没有约定或者约定不明确的，供电设施的产权分界处为履行地点。
3. ×，解析：《民法典》第652条规定，供电人因供电设施计划检修、临时检修、依法限电或者用电人违法用电等原因，需要中断供电时，应当按照国家有关规定事先通知用电人；未事先通知用电人中断供电，造成用电人损失的，应当承担赔偿责任。
4. ×，解析：《民法典》第654条第1款规定，用电人应当按照国家有关规定和当事人的约定及时支付电费。用电人逾期不支付电费的，应当按照约定支付违约金。经催告用电人在合理期限内仍不支付电费和违约金的，供电人可以按照国家规定的程序中止供电。据此，供电人中止供电前需履行催告程序。

5. √，解析：《民法典》第 656 条规定，供用水、供用气、供用热力合同，参照适用供用电合同的有关规定。

二、单项选择题

1. D，解析：《民法典》第 649 条规定，供用电合同的内容一般包括供电的方式、质量、时间，用电容量、地址、性质，计量方式，电价、电费的结算方式，供用电设施的维护责任等条款。故 A、B、C 项正确。《民法典》第 652 条规定，供电人因供电设施计划检修、临时检修、依法限电或者用电人违法用电等原因，需要中断供电时，应当按照国家有关规定事先通知用电人；未事先通知用电人中断供电，造成用电人损失的，应当承担赔偿责任。故 D 项错误，不当选。

2. D，解析：《民法典》第 653 条规定，因自然灾害等原因断电，供电人应当按照国家有关规定及时抢修；未及时抢修，造成用电人损失的，应当承担赔偿责任。A 项是供电方的义务，不当选。《民法典》第 652 条规定，供电人因供电设施计划检修、临时检修、依法限电或者用电人违法用电等原因，需要中断供电时，应当按照国家有关规定事先通知用电人；未事先通知用电人中断供电，造成用电人损失的，应当承担赔偿责任。B 项是供电方的义务，不当选。《民法典》第 651 条规定，供电人应当按照国家规定的供电质量标准和约定安全供电。供电人未按照国家规定的供电质量标准和约定安全供电，造成用电人损失的，应当承担赔偿责任。C 项是供电方的义务，不当选。承担赔偿责任是对违反义务的救济，而非义务，故 D 项当选。

3. C，解析：《民法典》第 653 条规定，因自然灾害等原因断电，供电人应当按照国家有关规定及时抢修；未及时抢修，造成用电人损失的，应当承担赔偿责任。

4. A，解析：《民法典》第 655 条规定，用电人应当按照国家有关规定和当事人的约定安全、节约和计划用电。用电人未按照国家有关规定和当事人的约定用电，造成供电人损失的，应当承担赔偿责任。

三、多项选择题

1. AD，解析：《民法典》第 648 条第 1 款规定，供用电合同是供电人向用电人供电，用电人支付电费的合同。故 A、D 项正确。
2. BD，解析：《民法典》第 650 条规定，供用电合同的履行地点，按照当事人约定；当事人没有约定或者约定不明确的，供电设施的产权分界处为履行地点。
3. ABCD，解析：《民法典》第 652 条规定，供电人因供电设施计划检修、临时检修、依法限电或者用电人违法用电等原因，需要中断供电时，应当按照国家有关规定事先通知用电人；未事先通知用电人中断供电，造成用电人损失的，应当承担赔偿责任。
4. AD，解析：《民法典》第 654 条第 1 款规定，用电人应当按照国家有关规定和当事人的约定及时支付电费。用电人逾期不支付电费的，应当按照约定支付违约金。经催告用电人在合理期限内仍不支付电费和违约金的，供电人可以按照国家规定的程序中止供电。

四、填空题

1. 用电容量；计量方式。（《民法典》第 649 条）
2. 安全供电；赔偿责任。（《民法典》第 651 条）
3. 自然灾害；承担赔偿责任。（《民法典》第 653 条）
4. 安全；节约；计划。（《民法典》第 655 条）

第十一章　赠与合同

一、判断题

1. 赠与合同一经成立，赠与人不得撤销赠与。(　　)
2. 依法不得撤销的具有救灾、扶贫、助残等公益、道德义务性质的赠与合同，赠与人不交付赠与财产的，受赠人无权请求交付。(　　)
3. 附义务的赠与合同中，赠与的财产有瑕疵的，赠与人无需承担责任。(　　)
4. 赠与合同中，赠与人的继承人或者法定代理人的撤销权，自知道或者应当知道撤销事由之日起3个月内行使。(　　)
5. 赠与合同成立后，赠与人的经济状况恶化，影响其生产经营或者家庭生活的，可以不再履行赠与义务。(　　)

二、单项选择题

1. 赠与合同成立后，下列哪一情形赠与人不得撤销赠与？(　　)
   A. 受赠人严重侵害赠与人或者赠与人的近亲属的
   B. 受赠人对赠与人有扶养义务而不履行的
   C. 受赠人不履行赠与合同约定的义务的
   D. 经过公证的赠与合同
2. 关于受赠人的交付请求权，以下表述错误的是：(　　)
   A. 赠与人不得撤销赠与，赠与人不交付赠与财产的，受赠人可以请求交付
   B. 经过公证的赠与合同，赠与人不交付赠与财产的，受赠人可以请求交付
   C. 依法不得撤销的具有公益性质的赠与合同，赠与人不交付赠与财

产的，受赠人可以请求交付

D. 依法不得撤销的具有道德义务性质的赠与合同，赠与人不交付赠与财产的，受赠人可以请求交付

3. 赠与合同中，赠与的财产有瑕疵的，下列哪一选项不符合法律规定？（　　）

A. 赠与人不承担责任

B. 附义务的赠与，赠与人在附义务的限度内承担与出卖人相同的责任

C. 赠与人保证无瑕疵，造成受赠人损失的，应当承担赔偿责任

D. 赠与人因过失未告知瑕疵，造成受赠人损失的，赠与人应当承担赔偿责任

4. 赠与合同中，赠与人的继承人或者法定代理人的撤销权，自知道或者应当知道撤销事由之日起（　　）内行使。

A. 3 个月　　B. 6 个月

C. 1 年　　D. 3 年

5. 关于赠与合同的履行，下列说法正确的是：（　　）

A. 赠与人的经济状况显著恶化，可以不再履行赠与义务

B. 因履行赠与合同，影响赠与人生产经营或者家庭生活的，可以不再履行赠与义务

C. 受赠人不履行赠与合同约定的义务，赠与人可以撤销赠与

D. 赠与人不告知受赠人赠与财产有瑕疵，造成受赠人损失的，应当承担赔偿责任

三、多项选择题

1. 下列哪些属于赠与合同的成立要件：（　　）

A. 赠与人将自己的财产给予受赠人

B. 受赠人表示接受赠与

C. 需为无偿赠与

D. 赠与人需将赠与物交付受赠人

2. 关于赠与合同，下列说法正确的是：（ ）

A. 经过公证的赠与合同不得撤销

B. 赠与不得附义务

C. 赠与的财产有瑕疵的，赠与人需向受赠人承担责任

D. 赠与的财产依法需要办理登记或者其他手续的，应当办理有关手续

3. 下列关于赠与合同的约定，说法正确的是：（ ）

A. 赠与不得附义务

B. 赠与人在赠与财产的权利转移之前可以撤销赠与

C. 附义务的赠与，赠与的财产有瑕疵的，赠与人需承担责任

D. 撤销权人撤销赠与的，不得向受赠人请求返还赠与的财产

4. 赠与合同中，有下列哪些情形的，赠与人可以撤销赠与？（ ）

A. 受赠人严重侵害赠与人或者赠与人近亲属的合法权益

B. 赠与人在赠与合同成立后丧失民事行为能力

C. 受赠人对赠与人有扶养义务而不履行

D. 受赠人不履行赠与合同约定的义务

5. 关于赠与合同的撤销，下列说法正确的是：（ ）

A. 受赠人不履行赠与合同约定的义务，赠与人可以撤销赠与

B. 受赠人侵害赠与人的权益的，赠与人可以撤销赠与

C. 赠与人的撤销权，自知道或者应当知道撤销事由之日起6个月内行使

D. 撤销权人撤销赠与的，可以向受赠人请求返还赠与的财产

四、填空题

1. 赠与合同是赠与人将自己的财产______给予受赠人，受赠人______的合同。

2. 赠与的财产依法需要办理______或者其他手续的，应当办理有关手续。

3. 赠与______附义务。赠与附义务的，______应当按照约定履行义务。
4. 赠与合同中，赠与人的撤销权，自知道或者应当知道撤销事由之日起______内行使。
5. 赠与合同中，撤销权人撤销赠与的，可以向受赠人请求______。

五、简答题

简答赠与合同中赠与人可以撤销赠与的情形及撤销权的行使期间。

参考答案

一、判断题

1. ×，解析：《民法典》第658条规定，赠与人在赠与财产的权利转移之前可以撤销赠与。经过公证的赠与合同或者依法不得撤销的具有救灾、扶贫、助残等公益、道德义务性质的赠与合同，不适用前款规定。
2. ×，解析：《民法典》第660条第1款规定，经过公证的赠与合同或者依法不得撤销的具有救灾、扶贫、助残等公益、道德义务性质的赠与合同，赠与人不交付赠与财产的，受赠人可以请求交付。
3. ×，解析：《民法典》第662条第1款规定，赠与的财产有瑕疵的，赠与人不承担责任。附义务的赠与，赠与的财产有瑕疵的，赠与人在附义务的限度内承担与出卖人相同的责任。
4. ×，解析：《民法典》第664条第2款规定，赠与人的继承人或者法定代理人的撤销权，自知道或者应当知道撤销事由之日起6个月内行使。
5. ×，解析：《民法典》第666条规定，赠与人的经济状况显著恶化，严重影响其生产经营或者家庭生活的，可以不再履行赠与义务。

二、单项选择题

1. D，解析：《民法典》第658条规定，赠与人在赠与财产的权利转移之前可以撤销赠与。经过公证的赠与合同或者依法不得撤销的具有救灾、扶贫、助残等公益、道德义务性质的赠与合同，不适用前款规定。

2. A，解析：《民法典》第658条规定，赠与人在赠与财产的权利转移之前可以撤销赠与。经过公证的赠与合同或者依法不得撤销的具有救灾、扶贫、助残等公益、道德义务性质的赠与合同，不适用前款规定。《民法典》第660条第1款规定，经过公证的赠与合同或者依法不得撤销的具有救灾、扶贫、助残等公益、道德义务性质的赠与合同，赠与人不交付赠与财产的，受赠人可以请求交付。

3. D，解析：《民法典》第662条规定，赠与的财产有瑕疵的，赠与人不承担责任。附义务的赠与，赠与的财产有瑕疵的，赠与人在附义务的限度内承担与出卖人相同的责任。赠与人故意不告知瑕疵或者保证无瑕疵，造成受赠人损失的，应当承担赔偿责任。故A、B、C项正确。D项于法无据，错误。

4. B，解析：《民法典》第664条第2款规定，赠与人的继承人或者法定代理人的撤销权，自知道或者应当知道撤销事由之日起6个月内行使。

5. C，解析：《民法典》第666条规定，赠与人的经济状况显著恶化，严重影响其生产经营或者家庭生活的，可以不再履行赠与义务。故A、B项错误。《民法典》第663条第1款规定，受赠人有下列情形之一的，赠与人可以撤销赠与：（1）严重侵害赠与人或者赠与人近亲属的合法权益；（2）对赠与人有扶养义务而不履行；（3）不履行赠与合同约定的义务。故C项正确。《民法典》第662条第2款规定，赠与人故意不告知瑕疵或者保证无瑕疵，造成受赠人损失的，应当承担赔偿责任。故D项错误。

三、多项选择题

1. ABC，解析：《民法典》第657条规定，赠与合同是赠与人将自己的财产无偿给予受赠人，受赠人表示接受赠与的合同。据此，A、B、C项正确。赠与合同是诺成合同，在当事人双方意思表示一致时即告成立，交付赠与物不是合同成立要件。故 D 项错误。

2. AD，解析：《民法典》第 658 条规定，赠与人在赠与财产的权利转移之前可以撤销赠与。经过公证的赠与合同或者依法不得撤销的具有救灾、扶贫、助残等公益、道德义务性质的赠与合同，不适用前款规定。故 A 项正确，当选。《民法典》第 661 条第 1 款规定，赠与可以附义务。故 B 项错误，不当选。《民法典》第 662 条第 1 款规定，赠与的财产有瑕疵的，赠与人不承担责任。故 C 项错误，不当选。《民法典》第 659 条规定，赠与的财产依法需要办理登记或者其他手续的，应当办理有关手续。故 D 项正确，当选。

3. BC，解析：《民法典》第 661 条规定，赠与可以附义务。赠与附义务的，受赠人应当按照约定履行义务。故 A 项错误。《民法典》第 658 条第 1 款规定，赠与人在赠与财产的权利转移之前可以撤销赠与。故 B 项正确。《民法典》第 662 条第 1 款规定，赠与的财产有瑕疵的，赠与人不承担责任。附义务的赠与，赠与的财产有瑕疵的，赠与人在附义务的限度内承担与出卖人相同的责任。故 C 项正确。《民法典》第 665 条规定，撤销权人撤销赠与的，可以向受赠人请求返还赠与的财产。故 D 项错误。

4. ACD，解析：《民法典》第 663 条第 1 款规定，受赠人有下列情形之一的，赠与人可以撤销赠与：（1）严重侵害赠与人或者赠与人近亲属的合法权益；（2）对赠与人有扶养义务而不履行；（3）不履行赠与合同约定的义务。据此，A、C、D 项正确。

5. AD，解析：《民法典》第 663 条规定，受赠人有下列情形之一的，赠与人可以撤销赠与：（1）严重侵害赠与人或者赠与人近亲属的合法权益；（2）对赠与人有扶养义务而不履行；（3）不履行赠与合同约定的义务。赠与人的撤销权，自知道或者应当知道撤销事由之日起 1 年内行使。据此，A 项正确，B、C 项错误。《民法典》第 665 条规定，撤销权人撤销赠与的，可以向受赠人请求返还赠与的财产。故 D 项正确。

四、填空题

1. 无偿；表示接受赠与。（《民法典》第 657 条）

2. 登记。（《民法典》第 659 条）

3. 可以；受赠人。（《民法典》第 661 条）

4. 1 年。（《民法典》第 663 条）

5. 返还赠与的财产。（《民法典》第 665 条）

五、简答题

答：根据我国《民法典》第 663 条的规定：

（1）受赠人有下列情形之一的，赠与人可以撤销赠与：

①严重侵害赠与人或者赠与人近亲属的合法权益。

②对赠与人有扶养义务而不履行。

③不履行赠与合同约定的义务。

（2）赠与人的撤销权，自知道或者应当知道撤销事由之日起 1 年内行使。

第十二章　借款合同

一、判断题

1. 借款合同可以采用书面形式，但是自然人之间借款另有约定的除外。(　　)
2. 借款合同中，当事人可以约定借款的利息预先在本金中扣除。(　　)
3. 借款合同中，贷款人按照约定可以检查、监督借款的使用情况。(　　)
4. 借款合同中，借款人对支付利息的期限没有约定或者约定不明确的，可以签订补充协议。(　　)
5. 借款合同中，借款人未按照约定的期限返还借款的，应当按照约定或者国家有关规定支付逾期利息。(　　)
6. 借款合同中，借款人可以在还款期限届满之前向贷款人申请展期；贷款人同意的，可以展期。(　　)
7. 自然人之间的借款合同对支付利息约定不明确的，按照银行同期贷款利率确定利息。(　　)

二、单项选择题

1. 关于借款合同，下列说法错误的是：(　　)
   A. 借款合同应当采用书面形式
   B. 自然人之间借款可不采用书面形式
   C. 借款的利息可预先在本金中扣除
   D. 一般包括借款用途、数额、利率、期限等条款
2. 借款合同中，利息预先在本金中扣除的，应当按照（　　）返还借款并计算利息。
   A. 借款本金　　B. 合同约定数额

C. 实际借款数额　　　　　　　　D. 借款本息

3. 借款合同中，对于借款使用情况的监督，下列表述错误的是：(　　)

A. 借款人应当按照贷款人的要求提供与借款有关的业务活动和财务状况的真实情况

B. 借款人应当按照贷款人的要求使用借款

C. 贷款人按照约定可以检查、监督借款的使用情况

D. 借款人应当按照约定向贷款人定期提供有关财务会计报表或者其他资料

4. 借款合同中，当事人对支付利息的期限没有约定或者约定不明确的，下列说法错误的是：(　　)

A. 由当事人协议补充

B. 不能达成补充协议的，按照合同有关条款、合同性质、合同目的或者交易习惯确定

C. 根据以上方法仍无法确定的，借款期间不满 1 年的，应当在返还借款时一并支付

D. 根据以上方法仍无法确定的，借款期间 1 年以上的，应当在返还借款时一并支付

5. 根据《民法典》的规定，关于借款合同利息的支付，下列说法错误的是：(　　)

A. 借款人应当按照约定的期限支付利息

B. 借款人未按照约定的期限返还借款的，应当按照约定支付逾期利息

C. 借款人未按照约定的期限返还借款的，应当按照国家有关规定支付逾期利息

D. 借款人提前偿还借款的，仍应按照合同约定期限计算利息

6. 借款合同中，借款人可以在(　　)向贷款人申请展期；贷款人同意的，可以展期。

A. 还款期限届满之前

B. 借款合同成立后

C. 还款期限届满后 1 年内

D. 还款期限届满后 3 个月内

7. 关于借款合同利息的约定，下列说法错误的是：（　　）

A. 禁止高利放贷，借款的利率不得违反国家有关规定

B. 借款合同对支付利息没有约定的，视为没有利息

C. 借款合同对支付利息约定不明确，当事人可签订补充协议

D. 自然人之间的借款合同对支付利息约定不明确的，按照银行同期贷款利率确定利息

三、多项选择题

1. 下列哪些是借款合同的构成要件？（　　）

A. 借款人向贷款人借款　　B. 贷款人到期返还借款

C. 贷款人到期支付利息　　D. 需签订书面合同

2. 订立借款合同，借款人应当按照贷款人的要求提供与借款有关的：（　　）

A. 业务活动的真实情况　　B. 人力资源管理的真实情况

C. 财务状况的真实情况　　D. 知识产权权属的真实情况

3. 借款合同中，关于贷款人的义务，下列说法正确的是：（　　）

A. 贷款人应按照约定的日期、数额提供借款

B. 贷款人不得预先在本金中扣除借款的利息

C. 贷款人按照约定可以检查、监督借款的使用情况

D. 贷款人可以要求借款人定期提供有关财务会计报表

4. 借款合同中，借款人未按照约定的借款用途使用借款的，贷款人可以采取下列哪些措施？（　　）

A. 停止发放借款　　B. 要求借款人提供担保

C. 提前收回借款　　D. 解除合同

5. 根据《民法典》的规定，借款合同中，当事人对借款期限的期限没有约定或者约定不明确，应遵循下列哪些规则？（　　）

A. 可以由当事人签订补充协议

B. 不能达成补充协议的，按照合同有关条款、合同性质、合同目的或者交易习惯确定

C. 根据以上方法仍无法确定的，借款人可以随时返还

D. 根据以上方法仍无法确定的，贷款人可以要求借款人在指定期限内返还

6. 根据《民法典》的规定，关于借款合同中借款人的还款，下列说法正确的是：（　　）

A. 借款人未按照约定的期限返还借款的，应当支付逾期利息

B. 借款人应当按照约定的期限返还借款

C. 借款人提前返还借款的，除当事人另有约定外，应当按照实际借款的期间计算利息

D. 借款人可以在还款期限届满之前向贷款人申请展期

7. 关于自然人之间的借款合同，下列说法中正确的是：（　　）

A. 自然人之间的借款合同约定支付利息的，借款的利率不得违反国家有关规定

B. 自然人之间的借款合同对利息约定不明确的，视为没有利息

C. 自然人之间的借款合同，自贷款人提供借款时成立

D. 自然人之间的借款合同，自当事人签订书面合同时成立

四、填空题

1. 借款合同是借款人向贷款人借款，到期______并______的合同。

2. 订立借款合同，借款人应当按照贷款人的要求提供与借款有关的______和______的真实情况。

3. 贷款人未按照约定的______、______提供借款，造成借款人损失的，应当______。

4. 借款合同中，借款人未按照约定的借款用途使用借款的，贷款人可以______、______或者解除合同。
5. 借款人应当按照约定的期限返还借款。对借款期限没有约定或者约定不明确，依据《民法典》第510条的规定仍不能确定的，借款人可以______；贷款人可以______借款人在合理期限内返还。
6. 借款合同中，借款人提前返还借款的，除当事人另有约定外，应当按照______计算利息。
7. 自然人之间的借款合同，自______时成立。

参考答案

一、判断题

1. ×，解析：根据《民法典》第668条第1款规定，借款合同应当采用书面形式，但是自然人之间借款另有约定的除外。
2. ×，解析：根据《民法典》第670条规定，借款的利息不得预先在本金中扣除。利息预先在本金中扣除的，应当按照实际借款数额返还借款并计算利息。
3. √，解析：根据《民法典》第672条规定，贷款人按照约定可以检查、监督借款的使用情况。借款人应当按照约定向贷款人定期提供有关财务会计报表或者其他资料。
4. √，解析：根据《民法典》第674条规定，借款人应当按照约定的期限支付利息。对支付利息的期限没有约定或者约定不明确，依据本法第510条的规定仍不能确定，借款期间不满1年的，应当在返还借款时一并支付；借款期间1年以上的，应当在每届满1年时支付，剩余期间不满1年的，应当在返还借款时一并支付。根据《民法典》第510条规定，合同生效后，当事人就质量、价款或者报酬、履行地点等内容没有约定或者约定不明确的，可以协议补充；不能达成补充协议的，按照合同有关条款、合同性质、合同目的或者交易习惯确定。

5. √，解析：根据《民法典》第 676 条规定，借款人未按照约定的期限返还借款的，应当按照约定或者国家有关规定支付逾期利息。
6. √，解析：根据《民法典》第 678 条规定，借款人可以在还款期限届满之前向贷款人申请展期；贷款人同意的，可以展期。
7. ×，解析：根据《民法典》第 680 条规定，借款合同对支付利息约定不明确，当事人不能达成补充协议的，按照当地或者当事人的交易方式、交易习惯、市场利率等因素确定利息；自然人之间借款的，视为没有利息。

二、单项选择题

1. C，解析：根据《民法典》第 668 条规定，借款合同应当采用书面形式，但是自然人之间借款另有约定的除外。借款合同的内容一般包括借款种类、币种、用途、数额、利率、期限和还款方式等条款。故 A、B、D 项正确，不当选。根据《民法典》第 670 条规定，借款的利息不得预先在本金中扣除。利息预先在本金中扣除的，应当按照实际借款数额返还借款并计算利息。故 C 项错误，当选。
2. C，解析：根据《民法典》第 670 条规定，借款的利息不得预先在本金中扣除。利息预先在本金中扣除的，应当按照实际借款数额返还借款并计算利息。
3. B，解析：根据《民法典》第 669 条规定，订立借款合同，借款人应当按照贷款人的要求提供与借款有关的业务活动和财务状况的真实情况。故 A 项正确。根据《民法典》第 672 条规定，贷款人按照约定可以检查、监督借款的使用情况。借款人应当按照约定向贷款人定期提供有关财务会计报表或者其他资料。故 C、D 项正确。B 项于法无据，错误。
4. D，解析：根据《民法典》第 674 条规定，借款人应当按照约定的期限支付利息。对支付利息的期限没有约定或者约定不明确，依据本法第 510 条的规定仍不能确定，借款期间不满 1 年的，应当在返还借款时一并支付；借款期间 1 年以上的，应当在每届满 1 年时支付，剩余期间不满1年的，应当在返还借款时一并支付。根据《民法典》第510条规定，合同生效后，当事人就质量、价款或者报酬、履行地点等内容没有约定或者约定不明确的，可以协议补充；不能达成补充协议的，按照合同有关条款、合同性质、合同目的或者交易习惯确定。

5. D，解析：根据《民法典》第675条规定，借款人应当按照约定的期限返还借款。故A项正确，不当选。根据《民法典》第676条规定，借款人未按照约定的期限返还借款的，应当按照约定或者国家有关规定支付逾期利息。故B、C项正确，不当选。根据《民法典》第677条规定，借款人提前偿还借款的，除当事人另有约定外，应当按照实际借款的期间计算利息。D项说法不准确，错误。
6. A，解析：根据《民法典》第678条规定，借款人可以在还款期限届满之前向贷款人申请展期；贷款人同意的，可以展期。
7. D，解析：根据《民法典》第680条规定，禁止高利放贷，借款的利率不得违反国家有关规定。借款合同对支付利息没有约定的，视为没有利息。借款合同对支付利息约定不明确，当事人不能达成补充协议的，按照当地或者当事人的交易方式、交易习惯、市场利率等因素确定利息；自然人之间借款的，视为没有利息。据此，A、B、C项正确，D项错误。

三、多项选择题

1. ABC，解析：根据《民法典》第667条规定，借款合同是借款人向贷款人借款，到期返还借款并支付利息的合同。
2. AC，解析：根据《民法典》第669条规定，订立借款合同，借款人应当按照贷款人的要求提供与借款有关的业务活动和财务状况的真实情况。
3. AB，解析：根据《民法典》第671条规定，贷款人未按照约定的日期、数额提供借款，造成借款人损失的，应当赔偿损失。故A项正确。根据《民法典》第670条规定，借款的利息不得预先在本金中扣除。故B项正确。根据《民法典》第672条规定，贷款人按照约定可以检查、监督借款的使用情况。借款人应当按照约定向贷款人定期提供有关财务会计报表或者其他资料。C、D 项为贷款人的权利，而非义务，故 C、D 项错误。

4. ACD，解析：根据《民法典》第 673 条规定，借款人未按照约定的借款用途使用借款的，贷款人可以停止发放借款、提前收回借款或者解除合同。故 A、C、D 项正确。

5. ABC，解析：根据《民法典》第 675 条规定，借款人应当按照约定的期限返还借款。对借款期限没有约定或者约定不明确，依据本法第 510 条的规定仍不能确定的，借款人可以随时返还；贷款人可以催告借款人在合理期限内返还。根据《民法典》第 510 条规定，合同生效后，当事人就质量、价款或者报酬、履行地点等内容没有约定或者约定不明确的，可以协议补充；不能达成补充协议的，按照合同有关条款、合同性质、合同目的或者交易习惯确定。据此，A、B、C 项正确，D 项于法无据，错误。

6. ABCD，解析：根据《民法典》第 676 条规定，借款人未按照约定的期限返还借款的，应当按照约定或者依照国家有关规定支付逾期利息。故 A 项正确。根据《民法典》第 675 条规定，借款人应当按照约定的期限返还借款。故 B 项正确。根据《民法典》第 677 条规定，借款人提前偿还借款的，除当事人另有约定外，应当按照实际借款的期间计算利息。故 C 项正确。根据《民法典》第 678 条规定，借款人可以在还款期限届满之前向贷款人申请展期；贷款人同意的，可以展期。故 D 项正确。

7. ABC，解析：根据《民法典》第 680 条第 1、3 款规定，禁止高利放贷，借款的利率不得违反国家有关规定。借款合同对支付利息约定不明确，当事人不能达成补充协议的，按照当地或者当事人的交易方式、交易习惯、市场利率等因素确定利息；自然人之间借款的，视为没有利息。故 A、B 项正确。根据《民法典》第 679 条规定，自然人之间的借款合同，自贷款人提供借款时成立。故 C 项正确，D 项错误。

四、填空题

1. 返还借款；支付利息。（《民法典》第 667 条）
2. 业务活动；财务状况。（《民法典》第 669 条）
3. 日期；数额；赔偿损失。（《民法典》第 671 条）
4. 停止发放借款；提前收回借款。（《民法典》第 673 条）
5. 随时返还；催告。（《民法典》第 675 条）
6. 实际借款的期间。（《民法典》第 677 条）
7. 贷款人提供借款。（《民法典》第 679 条）

第十三章　保证合同

一、判断题

1. 保证合同是为保障债权的实现，保证人和债权人约定，当债务人不履行到期债务或者发生当事人约定的情形时，保证人履行债务或者承担责任的合同。(　　)
2. 机关法人不得为保证人，以公益为目的的非营利法人、非法人组织可以为保证人。(　　)
3. 保证合同可以是单独订立的书面合同，也可以是主债权债务合同中的保证条款。(　　)
4. 当事人在保证合同中约定，债务人不能履行债务时，由保证人承担保证责任的，为连带责任保证。(　　)
5. 保证合同中，保证人可以要求债务人提供反担保。(　　)
6. 保证合同中，保证期间是确定保证人承担保证责任的期间，可以中止、中断和延长。(　　)
7. 保证合同中，一般保证的债权人在保证期间届满前对债务人提起诉讼或者申请仲裁的，从债权人请求保证人承担保证责任之日起，开始计算保证债务的诉讼时效。(　　)
8. 债权人转让全部或者部分债权，该转让对保证人不发生效力。(　　)
9. 根据《民法典》的规定，债权人允许债务人转移全部或者部分债务的，保证人仍应承担保证责任。(　　)
10. 保证合同中，一般保证的保证人在主债务履行期限届满后，向债权人提供债务人可供执行财产的真实情况，债权人放弃或者怠于行使权利致使该财产不能被执行的，保证人不再承担保证责任。(　　)

11. 保证合同中，保证人承担保证责任后，除当事人另有约定外，有权向债务人追偿，享有债权人对债务人的权利。(　　)

二、单项选择题

1. 根据《民法典》的规定，关于保证合同的性质，下列说法正确的是：(　　)

A. 保证合同是主债权债务合同的从合同

B. 保证合同只能是有偿合同

C. 保证合同只能是无偿合同

D. 保证合同是无名合同

2. 根据《民法典》的规定，下列哪一选项不是保证合同的条款：(　　)

A. 主债权的种类、数额　　B. 保证人的资产证明

C. 债务人履行债务的期限　　D. 保证的方式、范围和期间

3. 根据《民法典》的规定，当事人在保证合同中对保证方式没有约定或者约定不明确的，按照(　　)承担保证责任。

A. 有限保证　　B. 连带责任保证

C. 一般保证　　D. 最高额保证

4. 根据《民法典》的规定，当事人在保证合同中约定保证人和债务人对债务承担连带责任的，为：(　　)

A. 共同保证　　B. 单独保证

C. 一般保证　　D. 连带责任保证

5. 根据《民法典》的规定，下列哪一项不属于保证的范围：(　　)

A. 损害赔偿金　　B. 实现债权的费用

C. 预期利益　　D. 主债权及其利息

6. 根据《民法典》的规定，关于保证期间，下列说法正确的是：(　　)

A. 可因债权人提起诉讼而中断　　B. 可因发生不可抗力而中止

C. 不发生中止、中断和延长　　D. 法院可依职权延长保证期间

7. 根据《民法典》的规定，一般保证的债权人未在保证期间内(　　)，保证人不再承担保证责任。

A. 对保证人提起诉讼或者申请仲裁

B. 请求保证人承担保证责任

C. 请求债务人继续履行债务

D. 对债务人提起诉讼或者申请仲裁

8. 根据《民法典》的规定，连带责任保证的债权人在保证期间届满前请求保证人承担保证责任的，从(　　)之日起，开始计算保证债务的诉讼时效。

A. 债权人请求债务人履行债务

B. 保证人拒绝承担保证责任的权利消灭之日

C. 债权人请求保证人承担保证责任

D. 债务人拒绝履行债务之日

9. 保证合同中，债权人和债务人变更主债权债务合同的履行期限，未经保证人书面同意的，保证期间：(　　)

A. 由债务人与保证人协商　　B. 不受影响

C. 根据变更后履行期限调整　　D. 由保证人决定

10. 保证合同中，同一债务有两个以上保证人的，没有约定保证份额的，债权人可以请求：(　　)

A. 任何一个保证人在其保证范围内承担保证责任

B. 任何一个保证人承担全部保证责任

C. 任何一个保证人按照均等份额承担保证责任

D. 任何一个保证人按照其指定份额承担保证责任

三、多项选择题

1. 根据《民法典》的规定，关于保证合同，下列说法正确的是：(　　)

A. 保证合同是为了保障债权的实现

B. 保证合同由保证人和债权人约定

C. 保证合同履行前提是当债务人不履行到期债务或者发生当事人约定的情形

D. 保证合同由保证人履行债务或者承担责任

2. 根据《民法典》的规定，国家机关不得为保证人，但(　　)进行转贷的除外。

A. 经省级人民政府批准为使用外国政府贷款

B. 经省级人民政府批准为使用国际经济组织贷款

C. 经国务院批准为使用外国政府贷款

D. 经国务院批准为使用国际经济组织贷款

3. 关于保证合同的形式，下列说法正确的是：(　　)

A. 保证合同只能单独订立的书面合同

B. 保证合同可以是单独订立的书面合同

C. 保证合同不能是主债权债务合同中的保证条款

D. 保证合同可以是主债权债务合同中的保证条款

4. 下列哪些情形中，一般保证的保证人在主合同纠纷未经审判或者仲裁，并就债务人财产依法强制执行仍不能履行债务前，需向债权人承担保证责任：(　　)

A. 债务人下落不明，且无财产可供执行

B. 人民法院已经受理债务人破产案件

C. 债权人有证据证明债务人的财产不足以履行全部债务或者丧失履行债务能力

D. 保证人书面表示放弃其抗辩权

5. 关于保证合同中保证人的权利，下列说法正确的是：(　　)

A. 保证人可以主张债务人对债权人的抗辩

B. 保证人承担保证责任后，有权在其承担保证责任的范围内向债务人追偿

C. 保证人可以要求债务人提供反担保

D. 保证人无权行使债务人对债权人享有的抵销权或者撤销权

6. 关于最高额保证，下列说法正确的是：（　　）

A. 保证人与债权人可以协商订立最高额保证的合同

B. 最高额保证指在最高债权额限度内就一定期间连续发生的债权提供保证

C. 最高额保证可参照适用最高额抵押权的有关规定

D. 最高额保证设立前已经存在的债权，经当事人同意，可以转入最高额保证的债权范围

7. 关于保证合同中债务转让及保证人的责任承担，下列说法正确的是：（　　）

A. 债权人转让债权需通知保证人

B. 债权转让未通知保证人的，该转让对保证人不发生效力

C. 保证人与债权人不得约定禁止债权转让

D. 约定禁止债权转让后，需保证人书面同意转让债权的，保证人才承担保证责任

8. 根据《民法典》的规定，关于保证合同中债务转让及保证人的责任承担，下列说法正确的是：（　　）

A. 债务转让经保证人口头同意后，保证人继续就该债务承担保证责任

B. 债务转让经保证人书面同意后，保证人继续就该债务承担保证责任

C. 第三人加入债务后，保证人的保证责任不受影响

D. 第三人加入债务后，保证人的保证责任相应减少

9. 保证合同中，关于一般保证的保证人不再承担保证责任，需满足下列哪些构成条件：（　　）

A. 保证人向债权人提供债务人可供执行财产的真实情况

B. 需在主债务履行期限届满后提供该财产情况

C. 债权人放弃或者怠于行使权利致使该财产不能被执行的

D. 保证人在其提供可供执行财产的价值范围内不再承担保证责任

10. 关于保证人向债务人的追偿权，下列说法正确的是：(　　)

A. 保证人承担保证责任后有权向债务人追偿

B. 保证人有权在其承担保证责任的范围内向债务人追偿

C. 保证人承担保证责任后，享有债权人对债务人的权利

D. 保证人向债务人行使追偿权时，不得损害债权人的利益

11. 保证合同中，关于保证人对债权人的抗辩权，下列说法错误的是：(　　)

A. 保证人不得主张债务人对债权人的抗辩

B. 保证人可以主张债务人对债权人的抗辩

C. 债务人放弃抗辩的，保证人仍有权向债权人主张抗辩

D. 债务人放弃抗辩的，保证人不得向债权人主张抗辩

12. 保证合同中，关于保证人的权利，下列说法正确的是：(　　)

A. 保证人承担保证责任后，有权在其承担保证责任的范围内向债务人追偿

B. 债务人放弃对债权人的抗辩的，保证人仍有权向债权人主张抗辩

C. 债务人对债权人享有抵销权或者撤销权的，保证人可以在相应范围内拒绝承担保证责任

D. 保证人可以要求债务人提供反担保

四、填空题

1. 保证合同是主债权债务合同的______。主债权债务合同无效的，保证合同______，但是法律另有规定的除外。保证合同被确认无效后，债务人、保证人、债权人有过错的，应当根据其过错______相应的民事责任。

2. 保证合同的内容一般包括被保证的主债权的______、数额，债务人履行债务的______，保证的方式、______和期间等条款。

3. 保证的方式包括______和______。当事人在保证合同中对保证方式没有约定或者约定不明确的，按照______承担保证责任。

4. 当事人在保证合同中约定保证人和债务人对债务承担连带责任的，为______。
5. 保证人与债权人可以协商订立最高额保证的合同，约定在______内就一定期间______的债权提供保证。
6. 保证合同中，保证的范围包括主债权及其______、违约金、______和______的费用。当事人另有约定的，按照其约定。
7. 一般保证的债权人未在保证期间对债务人______或者______的，保证人不再承担保证责任。连带责任保证的债权人未在保证期间请求______承担保证责任的，保证人不再承担保证责任。
8. 债权人和债务人未经保证人______，协商变更主债权债务合同内容，减轻债务的，保证人仍对变更后的债务承担保证责任；加重债务的，保证人对加重的部分______保证责任。债权人和债务人变更主债权债务合同的履行期限，未经保证人书面同意的，保证期间______。
9. 同一债务有两个以上保证人的，保证人应当按照______，承担保证责任；没有约定保证份额的，债权人可以请求______保证人在其保证范围内承担保证责任。
10. 保证人可以主张债务人对债权人的抗辩。债务人放弃抗辩的，保证人______向债权人主张抗辩。
11. 保证合同中，债务人对债权人享有抵销权或者______的，保证人可以在相应范围内______保证责任。

五、简答题

简答保证合同中一般保证人丧失先诉抗辩权的情形。

参考答案

一、判断题

1. √，解析：根据《民法典》第681条规定，保证合同是为保障债权的实现，保证人和债权人约定，当债务人不履行到期债务或者发生当事人约定的情形时，保证人履行债务或者承担责任的合同。

2. ×，解析：根据《民法典》第683条规定，机关法人不得为保证人，但是经国务院批准为使用外国政府或者国际经济组织贷款进行转贷的除外。以公益为目的的非营利法人、非法人组织不得为保证人。

3. √，解析：根据《民法典》第685条规定，保证合同可以是单独订立的书面合同，也可以是主债权债务合同中的保证条款。

4. ×，解析：根据《民法典》第687条第1款规定，当事人在保证合同中约定，债务人不能履行债务时，由保证人承担保证责任的，为一般保证。

5. √，解析：根据《民法典》第689条规定，保证人可以要求债务人提供反担保。

6. ×，解析：根据《民法典》第692条第1款规定，保证期间是确定保证人承担保证责任的期间，不发生中止、中断和延长。

7. ×，解析：根据《民法典》第694条规定，一般保证的债权人在保证期间届满前对债务人提起诉讼或者申请仲裁的，从保证人拒绝承担保证责任的权利消灭之日起，开始计算保证债务的诉讼时效。据此，应为“从保证人拒绝承担保证责任的权利消灭之日起”。

8. ×，解析：根据《民法典》第696条规定，债权人转让全部或者部分债权，未通知保证人的，该转让对保证人不发生效力。据此，只有未通知保证人时，才对保证人不发生效力。

9. ×，解析：根据《民法典》第697条规定，债权人未经保证人书面同意，允许债务人转移全部或者部分债务，保证人对未经其同意转移的债务不再承担保证责任，但是债权人和保证人另有约定的除外。第三人加入债务的，保证人的保证责任不受影响。

10. ×，解析：根据《民法典》第698条规定，一般保证的保证人在主债务履行期限届满后，向债权人提供债务人可供执行财产的真实情况，债权人放弃或者怠于行使权利致使该财产不能被执行的，保证人在其提供可供执行财产的价值范围内不再承担保证责任。

11. ×，解析：根据《民法典》第 700 条规定，保证人承担保证责任后，除当事人另有约定外，有权在其承担保证责任的范围内向债务人追偿，享有债权人对债务人的权利，但是不得损害债权人的利益。据此，保证人仅可在其承担保证责任的范围内向债务人追偿。

二、单项选择题

1. A，解析：根据《民法典》第 682 条规定，保证合同是主债权债务合同的从合同。故 A 项正确。保证合同既可能是有偿合同，也可能是无偿合同，B、C 项说法过于绝对，错误。保证合同明确规定于《民法典》中，故应为有名合同，D 项错误。
2. B，解析：根据《民法典》第 684 条规定，保证合同的内容一般包括被保证的主债权的种类、数额，债务人履行债务的期限，保证的方式、范围和期间等条款。故 B 项不是保证合同的条款，当选。
3. C，解析：根据《民法典》第 686 条规定，保证的方式包括一般保证和连带责任保证。当事人在保证合同中对保证方式没有约定或者约定不明确的，按照一般保证承担保证责任。
4. D，解析：根据《民法典》第 688 条第 1 款规定，当事人在保证合同中约定保证人和债务人对债务承担连带责任的，为连带责任保证。
5. C，解析：根据《民法典》第 691 条规定，保证的范围包括主债权及其利息、违约金、损害赔偿金和实现债权的费用。当事人另有约定的，按照其约定。据此，C 项不属于保证的范围，当选。
6. C，解析：根据《民法典》第 692 条第 1 款规定，保证期间是确定保证人承担保证责任的期间，不发生中止、中断和延长。
7. D，解析：根据《民法典》第 693 条规定，一般保证的债权人未在保证期间对债务人提起诉讼或者申请仲裁的，保证人不再承担保证责任。连带责任保证的债权人未在保证期间请求保证人承担保证责任的，保证人不再承担保证责任。
8. C，解析：根据《民法典》第 694 条规定，一般保证的债权人在保证期间届满前对债务人提起诉讼或者申请仲裁的，从保证人拒绝承担保证责任的权利消灭之日起，开始计算保证债务的诉讼时效。连带责任保证的债权人在保证期间届满前请求保证人承担保证责任的，从债权人请求保证人承担保证责任之日起，开始计算保证债务的诉讼时效。故C项正确。

9. B，解析：根据《民法典》第695条第2款规定，债权人和债务人变更主债权债务合同的履行期限，未经保证人书面同意的，保证期间不受影响。故B项正确。

10. A，解析：根据《民法典》第699条规定，同一债务有两个以上保证人的，保证人应当按照保证合同约定的保证份额，承担保证责任；没有约定保证份额的，债权人可以请求任何一个保证人在其保证范围内承担保证责任。据此，A项正确。

三、多项选择题

1. ABCD，解析：根据《民法典》第681条规定，保证合同是为保障债权的实现，保证人和债权人约定，当债务人不履行到期债务或者发生当事人约定的情形时，保证人履行债务或者承担责任的合同。故A、B、C、D项均正确。

2. CD，解析：根据《民法典》第683条规定，机关法人不得为保证人，但是经国务院批准为使用外国政府或者国际经济组织贷款进行转贷的除外。以公益为目的的非营利法人、非法人组织不得为保证人。故C、D项正确。

3. BD，解析：根据《民法典》第685条规定，保证合同可以是单独订立的书面合同，也可以是主债权债务合同中的保证条款。第三人单方以书面形式向债权人作出保证，债权人接收且未提出异议的，保证合同成立。据此，B、D项正确，A、C项错误。

4. ABCD，解析：根据《民法典》第687条第2款规定，一般保证的保证人在主合同纠纷未经审判或者仲裁，并就债务人财产依法强制执行仍不能履行债务前，有权拒绝向债权人承担保证责任，但是有下列情形之一的除外：（1）债务人下落不明，且无财产可供执行；（2）人民法院已经受理债务人破产案件；（3）债权人有证据证明债务人的财产不足以履行全部债务或者丧失履行债务能力；（4）保证人书面表示放弃本款规定的权利。据此，A、B、C、D 项均正确。

5. ABC，解析：根据《民法典》第 701 条规定，保证人可以主张债务人对债权人的抗辩。债务人放弃抗辩的，保证人仍有权向债权人主张抗辩。故 A 项正确。根据《民法典》第 700 条规定，保证人承担保证责任后，除当事人另有约定外，有权在其承担保证责任的范围内向债务人追偿，享有债权人对债务人的权利，但是不得损害债权人的利益。故 B 项正确。根据《民法典》第 689 条规定，保证人可以要求债务人提供反担保。故 C 项正确。根据《民法典》第 702 条规定，债务人对债权人享有抵销权或者撤销权的，保证人可以在相应范围内拒绝承担保证责任。故 D 项错误。

6. ABCD，解析：根据《民法典》第 690 条规定，保证人与债权人可以协商订立最高额保证的合同，约定在最高债权额限度内就一定期间连续发生的债权提供保证。最高额保证除适用本章规定外，参照适用本法第二编最高额抵押权的有关规定。故 A、B、C 项正确。根据《民法典》第 420 条第 2 款规定，最高额抵押权设立前已经存在的债权，经当事人同意，可以转入最高额抵押担保的债权范围。据此，最高额保证可参照适用该规定，故 D 项正确。

7. ABD，解析：根据《民法典》第 696 条规定，债权人转让全部或者部分债权，未通知保证人的，该转让对保证人不发生效力。保证人与债权人约定禁止债权转让，债权人未经保证人书面同意转让债权的，保证人对受让人不再承担保证责任。据此，A、B、D 项正确。C 项法律无此禁止性规定，故错误。

8. BC，解析：根据《民法典》第 697 条规定，债权人未经保证人书面同意，允许债务人转移全部或者部分债务，保证人对未经其同意转移的债务不再承担保证责任，但是债权人和保证人另有约定的除外。第三人加入债务的，保证人的保证责任不受影响。据此，B、C 项正确，A、D 项错误。

9. ABCD，解析：根据《民法典》第 698 条规定，一般保证的保证人在主债务履行期限届满后，向债权人提供债务人可供执行财产的真实情况，债权人放弃或者怠于行使权利致使该财产不能被执行的，保证人在其提供可供执行财产的价值范围内不再承担保证责任。据此，A、B、C、D 项均正确。

10. ABCD，解析：根据《民法典》第 700 条规定，保证人承担保证责任后，除当事人另有约定外，有权在其承担保证责任的范围内向债务人追偿，享有债权人对债务人的权利，但是不得损害债权人的利益。据此，A、B、C、D 项均正确。

11. AD，解析：根据《民法典》第 701 条规定，保证人可以主张债务人对债权人的抗辩。债务人放弃抗辩的，保证人仍有权向债权人主张抗辩。据此，B、C 项正确，不当选。A、D 项错误，当选。

12. ABCD，解析：根据《民法典》第 700 条规定，保证人承担保证责任后，除当事人另有约定外，有权在其承担保证责任的范围内向债务人追偿，享有债权人对债务人的权利，但是不得损害债权人的利益。故 A 项正确。根据《民法典》第 701 条规定，保证人可以主张债务人对债权人的抗辩。债务人放弃抗辩的，保证人仍有权向债权人主张抗辩。故 B 项正确。根据《民法典》第 702 条规定，债务人对债权人享有抵销权或者撤销权的，保证人可以在相应范围内拒绝承担保证责任。故 C 项正确。根据《民法典》第 689 条规定，保证人可以要求债务人提供反担保。故 D 项正确。

四、填空题

1. 从合同；无效；各自承担。(《民法典》第 682 条)
2. 种类；期限；范围。(《民法典》第 684 条)
3. 一般保证；连带责任保证；一般保证。(《民法典》第 686 条)
4. 连带责任保证。(《民法典》第 688 条)
5. 最高债权额限度；连续发生。(《民法典》第 690 条)

6. 利息；损害赔偿金；实现债权。（《民法典》第 691 条）

7. 提起诉讼；申请仲裁；保证人。（《民法典》第 693 条）

8. 书面同意；不承担；不受影响。（《民法典》第 695 条）

9. 保证合同约定的保证份额；任何一个。（《民法典》第 699 条）

10. 仍有权。（《民法典》第 701 条）

11. 撤销权；拒绝承担。（《民法典》第 702 条）

五、简答题

答：根据我国《民法典》第 687 条的规定，一般保证的保证人在主合同纠纷未经审判或者仲裁，并就债务人财产依法强制执行仍不能履行债务前，有权拒绝向债权人承担保证责任，但是有下列情形之一的除外：

（1）债务人下落不明，且无财产可供执行。

（2）人民法院已经受理债务人破产案件。

（3）债权人有证据证明债务人的财产不足以履行全部债务或者丧失履行债务能力。

（4）保证人书面表示放弃其先诉抗辩权。

第十四章 租赁合同

一、判断题

1. 租赁合同是出租人将租赁物交付承租人使用、收益，承租人支付租金的合同。(　　)
2. 租赁合同中，租赁期限不得超过 25 年。超过 25 年的，超过部分无效。(　　)
3. 租赁合同中，当事人未依照法律、行政法规规定办理租赁合同登记备案手续的，合同无效。(　　)
4. 租赁合同中，对租赁物的使用方法没有约定或者约定不明确，由承租人自行决定使用方法。(　　)
5. 租赁合同中，承租人未按照约定的方法或者未根据租赁物的性质使用租赁物，致使租赁物受到损失的，出租人可以解除合同，或者请求赔偿损失。(　　)
6. 租赁合同中，承租人在租赁物需要维修时可以请求出租人在合理期限内维修。出租人未履行维修义务的，承租人可以自行维修并自行负担维修费用。(　　)
7. 租赁合同中，承租人对租赁物进行改善或者增设他物的，无需经出租人同意。(　　)
8. 租赁合同中，承租人经出租人同意将租赁物转租给第三人，转租期限超过承租人剩余租赁期限的，超过部分的约定对出租人具有法律约束力。(　　)
9. 租赁合同中，承租人拖欠租金的，次承租人可以代承租人支付其欠付的租金和违约金。(　　)
10. 租赁合同中，对支付租金的期限没有约定或者约定不明确，出租人

可以要求承租人在其指定的期限内支付租金。( )

11. 租赁合同中，第三人对租赁物主张权利的，承租人可以请求减少租金。( )
12. 租赁合同中，租赁物在承租人按照租赁合同占有期限内发生所有权变动的，原租赁合同效力终止。( )
13. 租赁合同中，出租人委托拍卖人拍卖租赁房屋的，应当在拍卖 10 日前通知承租人。承租人未参加拍卖的，视为放弃优先购买权。( )
14. 租赁合同中，因不可归责于承租人的事由，致使租赁物部分或者全部毁损、灭失的，承租人可以请求减少租金或者不支付租金。( )
15. 租赁合同中，租赁物危及承租人的安全或者健康的，而承租人订立合同时明知该租赁物质量不合格，承租人不得解除合同。( )
16. 租赁合同中，租赁期限届满，承租人应当返还租赁物。( )

二、单项选择题

1. 根据《民法典》的规定，关于租赁合同，下列说法错误的是：( )

   A. 租赁合同的内容一般包括租金及其支付期限和方式的条款

   B. 租赁合同的内容一般包括租赁物维修的条款

   C. 租赁合同必须采取书面形式

   D. 承租人逾期不支付租金的，出租人可以解除合同

2. 租赁合同中，当事人未依照法律、行政法规规定办理租赁合同登记备案手续的，关于租赁合同的效力，下列哪一说法是正确的：( )

   A. 不影响合同的效力　　B. 合同无效

   C. 合同效力待定　　D. 合同有效

3. 根据《民法典》的规定，下列哪一项不是出租人的义务？( )

   A. 按照约定将租赁物交付承租人

   B. 在租赁期限内保持租赁物符合约定的用途

   C. 履行租赁物的维修义务

   D. 妥善保管租赁物

4. 租赁合同中，承租人按照约定的方法或者根据租赁物的性质使用租赁物，致使租赁物受到损耗的(　　)。

A. 承担主要赔偿责任

B. 仅就损耗部分承担赔偿责任

C. 不承担赔偿责任

D. 承担全部赔偿责任

5. 根据《民法典》的规定，除当事人另有约定的外，租赁物的维修义务由(　　)承担。

A. 次承租人　　B. 出租人

C. 承租人　　D. 第三人

6. 租赁合同中，承租人在以下何种情况下无需承担赔偿责任：(　　)

A. 因保管不善造成租赁物毁损、灭失的

B. 承租人未按照约定的方法，致使租赁物受到损失

C. 承租人根据租赁物的性质使用租赁物，致使租赁物受到损耗的

D. 承租人未经出租人同意，对租赁物进行改善或者增设他物的

7. 租赁合同中，承租人经出租人同意转租的，承租人与出租人之间的租赁合同(　　)。

A. 效力终止　　B. 继续有效

C. 效力待定　　D. 部分有效

8. 根据《民法典》的规定，出租人知道或者应当知道承租人转租，但是在(　　)内未提出异议的，视为出租人同意转租。

A. 1 年　　B. 3 个月

C. 6 个月　　D. 1 个月

9. 根据《民法典》的规定，租赁合同中，在租赁期限内因占有、使用租赁物获得的收益，除当事人另有约定的外，归(　　)所有。

A. 出租人　　B. 承租人

C. 出租人和承租人共同　　D. 次承租人

10. 根据《民法典》的规定，关于租赁合同中的租金支付，下列说法错误的是：(　　)

A. 承租人应当按照约定的期限支付租金

B. 承租人迟延支付租金的，出租人可以请求承租人在合理期限内支付

C. 承租人未在出租人指定的合理期限内支付租金的，出租人可以解除合同

D. 承租人无正当理由未支付租金的，出租人可以解除合同

11. 根据《民法典》的规定，下列哪项不属于承租人可以解除合同的法定情形：(　　)

A. 租赁物被司法机关或者行政机关依法查封

B. 非因承租人原因致使租赁物无法使用

C. 租赁物权属有争议

D. 承租人未经出租人同意转租

12. 根据《民法典》的规定，房屋租赁合同中，出租人出卖租赁房屋的，在出卖之前的合理期限内通知承租人后，承租人在(　　)日内未明确表示购买的，视为承租人放弃优先购买权。

A. 15　　　　B. 10

C. 30　　　　D. 45

13. 租赁合同中，出租人未通知承租人或者有其他妨害承租人行使优先购买权情形的，出租人与第三人订立的房屋买卖合同的效力(　　)。

A. 由出租人与承租人协商确定　　B. 不受影响

C. 由承租人与第三人协商确定　　D. 无效

14. 根据《民法典》的规定，关于租赁合同的租赁期限，下列说法错误的是：(　　)

A. 租赁期限不得超过 20 年

B. 租赁期限超过 20 年的，合同无效

C. 对租赁期限没有约定的，当事人可签订补充协议

D. 对租赁期限约定不明确，依法仍无法确定的，当事人可以随时解除合同

15. 租赁合同中，承租人在房屋租赁期限内死亡的，关于该租赁合同，下列说法正确的是：（　　）

A. 与承租人生前共同居住的人需与出租人签订新的房屋租赁合同

B. 承租人生前的共同经营人可以按照原租赁合同租赁该房屋

C. 承租人的继承人可以按照原租赁合同租赁该房屋

D. 该租赁合同自动解除，出租人可收回房屋

16. 租赁期限届满，承租人继续使用租赁物，出租人没有提出异议的，以下表述正确的是：（　　）

A. 原租赁合同继续有效，租赁期限与原租赁合同期限相同

B. 原租赁合同继续有效，租赁期限不定期

C. 原租赁合同效力中止，承租人追认的继续有效

D. 原租赁合同效力中止，出租人追认的继续有效

三、多项选择题

1. 根据《民法典》的规定，关于租赁合同，下列说法正确的是：（　　）

A. 出租人将租赁物交付承租人使用、收益

B. 承租人支付租金

C. 租赁期限不得超过 20 年

D. 租赁合同 6 个月以上的，可以采用口头形式

2. 关于租赁合同的期限，下列说法正确的是：（　　）

A. 租赁期限不得超过 20 年

B. 租赁期限超过 20 年的，超过部分无效

C. 租赁期限届满，当事人可以续订租赁合同

D. 续订租赁合同时，约定的租赁期限自续订之日起可以超过 20 年

3. 关于租赁合同，下列说法正确的是：（　　）

A. 当事人未依照法律、行政法规规定办理租赁合同登记备案手续的，

不影响合同的效力

B. 租赁期间届满，当事人续订租赁合同的租赁期限不受 20 年的限制

C. 租赁期限 6 个月以上的，当事人未采用书面形式，无法确定租赁期限的，视为按年租赁

D. 租赁物在承租人按照租赁合同占有期限内发生所有权变动的，不影响租赁合同的效力

4. 租赁合同中，对租赁物的使用方法没有约定或者约定不明确的，应按照以下哪些规则确定：（　　）

A. 由当事人协议补充

B. 不能达成补充协议的，按照合同有关条款、合同性质、合同目的或者交易习惯确定

C. 根据以上方法仍无法确定的，应当根据租赁物的性质使用

D. 根据以上方法仍无法确定的，由承租人自行决定使用方法

5. 租赁合同中，关于承租人的赔偿责任，下列说法正确的是：（　　）

A. 承租人按照约定的方法使用租赁物，致使租赁物受到损耗的，不承担赔偿责任

B. 承租人根据租赁物的性质约定的方法使用租赁物，致使租赁物受到损耗的，不承担赔偿责任

C. 承租人未按照约定的方法使用租赁物，致使租赁物受到损失的，需承担赔偿责任

D. 承租人未根据租赁物的性质约定的方法使用租赁物，致使租赁物受到损失的，需承担赔偿责任

6. 租赁合同中，关于租赁物的维修，下列说法正确的是：（　　）

A. 承租人在租赁物需要维修时可以请求出租人在合理期限内维修

B. 出租人未履行维修义务的，承租人可以自行维修

C. 承租人自行维修的费用由出租人负担

D. 因维修租赁物影响承租人使用的，应当相应减少租金或者延长租期

7. 根据《民法典》的规定，关于承租人对租赁物进行改善或者增设他物，下列说法正确的是：（　　）

A. 承租人经出租人同意，可以对租赁物进行改善或者增设他物

B. 承租人通知出租人后，可以对租赁物进行改善或者增设他物

C. 承租人未经出租人同意，对租赁物进行改善或者增设他物的，出租人可以请求承租人恢复原状

D. 承租人未通知出租人，对租赁物进行改善或者增设他物的，出租人可以请求承租人赔偿损失

8. 根据《民法典》的规定，关于承租人将租赁物转租给第三人，下列说法错误的是：（　　）

A. 承租人经出租人同意转租，转租期限超过承租人剩余租赁期限的，转租约定对出租人不具有法律约束力

B. 承租人经出租人同意，可以将租赁物转租给第三人

C. 承租人转租后，第三人造成租赁物损失的，第三人应当赔偿损失

D. 承租人未经出租人同意转租的，出租人可以解除合同

9. 根据《民法典》的规定，租赁合同中，次承租人可以代承租人支付下列哪些款项？（　　）

A. 滞纳金　　B. 租金

C. 违约金　　D. 押金

10. 租赁合同中，对支付租金没有约定或者约定不明确，应按照以下哪些规则确定？（　　）

A. 由当事人协议补充

B. 不能达成补充协议的，按照合同有关条款、合同性质、合同目的或者交易习惯确定

C. 根据以上方法仍无法确定的，租赁期限不满 1 年的，应当在租赁期限届满时支付

D. 根据以上方法仍无法确定的，租赁期限 1 年以上的，应当在每届满 1 年时支付

11. 根据《民法典》的规定，关于租赁合同中第三人对租赁物主张权利，下列说法正确的是：（　　）

A. 第三人主张权利的，承租人应当及时通知出租人

B. 因第三人主张权利，致使承租人不能对租赁物使用的，承租人可以请求减少租金

C. 因第三人主张权利，致使承租人不能对租赁物收益的，承租人可以请求不支付租金

D. 第三人主张权利的，出租人应主动减少租金或者不支付租金

12. 根据《民法典》的规定，关于租赁合同的效力，下列说法正确的是：（　　）

A. 当事人未依照法律、行政法规规定办理租赁合同登记备案手续的，合同无效

B. 当事人未依照法律、行政法规规定办理租赁合同登记备案手续的，不影响合同的效力

C. 租赁物在承租人按照租赁合同占有期间发生所有权变动的，不影响合同的效力

D. 租赁物在承租人按照租赁合同占有期间发生所有权变动的，合同效力待出租人确认

13. 租赁合同中，出租人出卖或拍卖房屋的，在履行通知义务后，关于承租人的优先购买权，下列说法正确的是：（　　）

A. 承租人未明确表示参加拍卖的，视为放弃优先购买权

B. 承租人未参加拍卖的，视为放弃优先购买权

C. 承租人在 15 日内未明确表示购买的，视为放弃优先购买权

D. 承租人提出欲以更低价格购买的，视为放弃优先购买权

14. 根据《民法典》的规定，租赁合同中，因不可归责于承租人的事由，租赁物部分或者全部毁损、灭失的，下列说法正确的是：（　　）

A. 承租人可以请求减少租金

B. 致使不能实现合同目的的，承租人可以解除合同

C. 承租人可以请求不支付租金

D. 致使不能实现合同目的的，出租人可以解除合同

15. 下列哪些情形中，租赁合同的承租人可以随时解除合同？（　　）

A. 承租人迟延支付租金，出租人请求承租人在合理期限内支付，承租人逾期不支付的

B. 租赁物危及承租人的安全或者健康的，承租人订立合同时明知该租赁物质量不合格

C. 租赁物在承租人按照租赁合同占有期限内发生所有权变动的

D. 当事人对租赁期限没有约定或者约定不明确，依法仍不能确定的

16. 租赁合同中，租赁期限届满后，关于返还的租赁物的状态，下列说法错误的是：（　　）

A. 应当符合按照约定的状态

B. 应当符合租赁物的一般标准状态

C. 应当符合租赁物的初始状态

D. 应当符合按照租赁物的性质使用后的状态

四、填空题

1. 租赁合同的内容一般包括租赁物的名称、______、用途、______、租金及其______和方式、租赁物维修等条款。

2. 租赁合同中，当事人未依照法律、行政法规规定办理租赁合同登记备案手续的，______合同的效力。

3. 租赁合同中，出租人应当按照约定将租赁物交付承租人，并在______内保持租赁物______的用途。

4. 租赁合同中，承租人按照______或者根据租赁物的性质使用租赁物，致使租赁物受到______的，不承担赔偿责任。

5. 租赁合同中，______应当履行租赁物的维修义务，但是当事人另有约定的除外。

6. 租赁合同中，承租人应当妥善保管租赁物，因保管不善造成租赁物______、灭失的，应当承担______。
7. 承租人经出租人______，可以将租赁物转租给第三人。承租人转租的，承租人与出租人之间的租赁合同______；第三人造成租赁物损失的，承租人应当赔偿损失。承租人未经出租人同意转租的，出租人可以______。
8. 租赁合同中，出租人知道或者应当知道承租人转租，但是在______内未提出异议的，视为出租人______。
9. 租赁合同中，在租赁期限内因占有、使用租赁物获得的收益，归______所有，但是当事人另有约定的除外。
10. 租赁合同中，承租人______未支付或者迟延支付租金的，出租人可以请求承租人在合理期限内支付；承租人逾期不支付的，出租人可以______。
11. 租赁合同中，租赁物被司法机关或者行政机关依法______，非因承租人原因致使租赁物无法使用的，承租人可以______。
12. 租赁合同中，出租人出卖租赁房屋的，在履行通知义务后，承租人在______日内未明确表示购买的，视为承租人______优先购买权。
13. 租赁合同中，出租人______承租人或者有其他妨害承租人行使优先购买权情形的，承租人可以请求出租人承担______。但是，出租人与第三人订立的房屋买卖合同的效力______。
14. 租赁合同中，当事人对租赁期限没有约定或者约定不明确，依据《民法典》第 510 条的规定仍不能确定的，视为______；当事人可以______解除合同，但是应当在______通知对方。
15. 租赁合同中，承租人在房屋租赁期限内死亡的，与其______或者______可以按照原租赁合同租赁该房屋。
16. 房屋租赁合同中，租赁期限届满，承租人继续使用租赁物，出租人______的，原租赁合同继续有效，但是租赁期限为______。租赁期限届满，房屋承租人享有______承租的权利。

五、简答题

简答租赁合同中非承租人构成根本性违约时，承租人可以解除合同的情形。

参考答案

一、判断题

1. √，解析：根据《民法典》第703条规定，租赁合同是出租人将租赁物交付承租人使用、收益，承租人支付租金的合同。
2. ×，解析：根据《民法典》第705条规定，租赁期限不得超过20年。超过20年的，超过部分无效。租赁期限届满，当事人可以续订租赁合同；但是，约定的租赁期限自续订之日起不得超过20年。
3. ×，解析：根据《民法典》第706条规定，当事人未依照法律、行政法规规定办理租赁合同登记备案手续的，不影响合同的效力。
4. ×，解析：根据《民法典》第709条规定，承租人应当按照约定的方法使用租赁物。对租赁物的使用方法没有约定或者约定不明确，依据本法第510条的规定仍不能确定的，应当根据租赁物的性质使用。
5. ×，解析：根据《民法典》第711条规定，承租人未按照约定的方法或者未根据租赁物的性质使用租赁物，致使租赁物受到损失的，出租人可以解除合同并请求赔偿损失。
6. ×，解析：根据《民法典》第713条规定，承租人在租赁物需要维修时可以请求出租人在合理期限内维修。出租人未履行维修义务的，承租人可以自行维修，维修费用由出租人负担。因维修租赁物影响承租人使用的，应当相应减少租金或者延长租期。因承租人的过错致使租赁物需要维修的，出租人不承担前款规定的维修义务。
7. ×，解析：根据《民法典》第715条规定，承租人经出租人同意，可以对租赁物进行改善或者增设他物。承租人未经出租人同意，对租赁物进行改善或者增设他物的，出租人可以请求承租人恢复原状或者赔偿损失。

8. ×，解析：根据《民法典》第717条规定，承租人经出租人同意将租赁物转租给第三人，转租期限超过承租人剩余租赁期限的，超过部分的约定对出租人不具有法律约束力，但是出租人与承租人另有约定的除外。

9. √，解析：根据《民法典》第719条第1款规定，承租人拖欠租金的，次承租人可以代承租人支付其欠付的租金和违约金。

10. ×，解析：根据《民法典》第721条规定，承租人应当按照约定的期限支付租金。对支付租金的期限没有约定或者约定不明确，依据本法第510条的规定仍不能确定，租赁期限不满1年的，应当在租赁期限届满时支付；租赁期限1年以上的，应当在每届满1年时支付，剩余期限不满1年的，应当在租赁期限届满时支付。

11. ×，解析：根据《民法典》第723条规定，因第三人主张权利，致使承租人不能对租赁物使用、收益的，承租人可以请求减少租金或者不支付租金。

12. ×，解析：根据《民法典》第725条规定，租赁物在承租人按照租赁合同占有期限内发生所有权变动的，不影响租赁合同的效力。

13. ×，解析：根据《民法典》第727条规定，出租人委托拍卖人拍卖租赁房屋的，应当在拍卖5日前通知承租人。承租人未参加拍卖的，视为放弃优先购买权。

14. √，解析：根据《民法典》第729条规定，因不可归责于承租人的事由，致使租赁物部分或者全部毁损、灭失的，承租人可以请求减少租金或者不支付租金；因租赁物部分或者全部毁损、灭失，致使不能实现合同目的的，承租人可以解除合同。

15. ×，解析：根据《民法典》第731条规定，租赁物危及承租人的安全或者健康的，即使承租人订立合同时明知该租赁物质量不合格，承租人仍然可以随时解除合同。

16. √，解析：根据《民法典》第 733 条规定，返还的租赁物应当符合按照约定或者根据租赁物的性质使用后的状态。

二、单项选择题

1. C，解析：根据《民法典》第 704 条规定，租赁合同的内容一般包括租赁物的名称、数量、用途、租赁期限、租金及其支付期限和方式、租赁物维修等条款。故 A、B 项正确，不当选。根据《民法典》第 707 条规定，租赁期限 6 个月以上的，应当采用书面形式。当事人未采用书面形式，无法确定租赁期限的，视为不定期租赁。故租赁合同不是必须采取书面形式，C 项错误，当选。根据《民法典》第 722 条规定，承租人无正当理由未支付或者迟延支付租金的，出租人可以请求承租人在合理期限内支付；承租人逾期不支付的，出租人可以解除合同。故 D 项正确，不当选。
2. A，解析：根据《民法典》第 706 条规定，当事人未依照法律、行政法规规定办理租赁合同登记备案手续的，不影响合同的效力。据此，租赁合同的效力与是否办理租赁合同登记备案手续无关，A 项正确。
3. D，解析：根据《民法典》第 708 条规定，出租人应当按照约定将租赁物交付承租人，并在租赁期限内保持租赁物符合约定的用途。故 A、B 项是出租人的义务，不当选。根据《民法典》第 712 条规定，出租人应当履行租赁物的维修义务，但是当事人另有约定的除外。故 C 项是出租人的义务，不当选。根据《民法典》第 714 条规定，承租人应当妥善保管租赁物，因保管不善造成租赁物毁损、灭失的，应当承担赔偿责任。故 D 项是承租人的义务，当选。
4. C，解析：根据《民法典》第 710 条规定，承租人按照约定的方法或者根据租赁物的性质使用租赁物，致使租赁物受到损耗的，不承担赔偿责任。据此，C 项正确。
5. B，解析：根据《民法典》第 712 条规定，出租人应当履行租赁物的维修义务，但是当事人另有约定的除外。

6. C，解析：根据《民法典》第 714 条规定，承租人应当妥善保管租赁物，因保管不善造成租赁物毁损、灭失的，应当承担赔偿责任。故 A 项需承担赔偿责任，不当选。根据《民法典》第 711 条规定，承租人未按照约定的方法或者未根据租赁物的性质使用租赁物，致使租赁物受到损失的，出租人可以解除合同并请求赔偿损失。故 B 项需承担赔偿责任，不当选。根据《民法典》第 710 条规定，承租人按照约定的方法或者根据租赁物的性质使用租赁物，致使租赁物受到损耗的，不承担赔偿责任。故 C 项无需承担赔偿责任，当选。根据《民法典》第 715 条第 2 款规定，承租人未经出租人同意，对租赁物进行改善或者增设他物的，出租人可以请求承租人恢复原状或者赔偿损失。故 D 项需承担赔偿责任，不当选。
7. B，解析：根据《民法典》第 716 条规定，承租人经出租人同意，可以将租赁物转租给第三人。承租人转租的，承租人与出租人之间的租赁合同继续有效；第三人造成租赁物损失的，承租人应当赔偿损失。承租人未经出租人同意转租的，出租人可以解除合同。据此，B 项正确。
8. C，解析：根据《民法典》第 718 条规定，出租人知道或者应当知道承租人转租，但是在 6 个月内未提出异议的，视为出租人同意转租。故此，C 项正确。
9. B，解析：根据《民法典》第 720 条规定，在租赁期限内因占有、使用租赁物获得的收益，归承租人所有，但是当事人另有约定的除外。据此，B 项正确。
10. D，解析：根据《民法典》第 721 条规定，承租人应当按照约定的期限支付租金。故 A 项正确，不当选。根据《民法典》第 722 条规定，承租人无正当理由未支付或者迟延支付租金的，出租人可以请求承租人在合理期限内支付；承租人逾期不支付的，出租人可以解除合同。故 B、C 项正确，不当选。D 项，出租人需先请求承租人在合理期限内支付，承租人逾期不支付的，出租人才可以解除合同。故 D 项错误，当选。

11. D，解析：根据《民法典》第 724 条规定，有下列情形之一，非因承租人原因致使租赁物无法使用的，承租人可以解除合同：（1）租赁物被司法机关或者行政机关依法查封；（2）租赁物权属有争议；（3）租赁物具有违反法律、行政法规关于使用条件的强制性规定情形。据此，A、B、C 项承租人可以解除合同，不当选。根据《民法典》第 716 条第 2 款规定，承租人未经出租人同意转租的，出租人可以解除合同。D 项为出租人可以解除合同的情形，而非承租人，故错误。

12. A，解析：根据《民法典》第 726 条第 2 款规定，出租人履行通知义务后，承租人在 15 日内未明确表示购买的，视为承租人放弃优先购买权。

13. B，解析：根据《民法典》第 728 条规定，出租人未通知承租人或者有其他妨害承租人行使优先购买权情形的，承租人可以请求出租人承担赔偿责任。但是，出租人与第三人订立的房屋买卖合同的效力不受影响。

14. B，解析：根据《民法典》第 705 条第 1 款规定，租赁期限不得超过 20 年。超过 20 年的，超过部分无效。据此，A 项正确，B 项错误。根据《民法典》第 730 条规定，当事人对租赁期限没有约定或者约定不明确，依据本法第 510 条的规定仍不能确定的，视为不定期租赁；当事人可以随时解除合同，但是应当在合理期限之前通知对方。根据《民法典》第 510 条规定，合同生效后，当事人就质量、价款或者报酬、履行地点等内容没有约定或者约定不明确的，可以协议补充；不能达成补充协议的，按照合同有关条款、合同性质、合同目的或者交易习惯确定。故 C、D 项正确。综上，本题答案为 B 项。

15. B，解析：根据《民法典》第 732 条规定，承租人在房屋租赁期限内死亡的，与其生前共同居住的人或者共同经营人可以按照原租赁合同租赁该房屋。据此 B 项正确。A、C、D 项于法无据，故错误。

16. B，解析：根据《民法典》第 734 条第 1 款规定，租赁期限届满，承租人继续使用租赁物，出租人没有提出异议的，原租赁合同继续有效，但是租赁期限为不定期。故 B 项正确。

三、多项选择题

1. ABC，解析：根据《民法典》第 703 条规定，租赁合同是出租人将租赁物交付承租人使用、收益，承租人支付租金的合同。故 A、B 项正确。根据《民法典》第 705 条规定，租赁期限不得超过 20 年。超过 20 年的，超过部分无效。故 C 项正确。根据《民法典》第 707 条规定，租赁期限 6 个月以上的，应当采用书面形式。当事人未采用书面形式，无法确定租赁期限的，视为不定期租赁。故 D 项错误。
2. ABC，解析：根据《民法典》第 705 条规定，租赁期限不得超过 20 年。超过 20 年的，超过部分无效。租赁期限届满，当事人可以续订租赁合同；但是，约定的租赁期限自续订之日起不得超过 20 年。据此，A、B、C 项正确；D 项错误，不得超过 20 年。
3. AD，解析：根据《民法典》第 706 条规定，当事人未依照法律、行政法规规定办理租赁合同登记备案手续的，不影响合同的效力。故 A 项正确。根据《民法典》第 705 条第 2 款规定，租赁期限届满，当事人可以续订租赁合同；但是，约定的租赁期限自续订之日起不得超过 20 年。故 B 项错误。根据《民法典》第 707 条规定，租赁期限 6 个月以上的，应当采用书面形式。当事人未采用书面形式，无法确定租赁期限的，视为不定期租赁。故 C 项错误。根据《民法典》第 725 条第 2 款规定，租赁物在承租人按照租赁合同占有期限内发生所有权变动的，不影响租赁合同的效力。故 D 项正确。
4. ABC，解析：根据《民法典》第 709 条规定，承租人应当按照约定的方法使用租赁物。对租赁物的使用方法没有约定或者约定不明确，依据本法第510条的规定仍不能确定的，应当根据租赁物的性质使用。根据《民法典》第510条规定，合同生效后，当事人就质量、价款或者报酬、履行地点等内容没有约定或者约定不明确的，可以协议补充；不能达成补充协议的，按照合同有关条款、合同性质、合同目的或者交易习惯确定。故A、B、C项正确，D项错误。

5. ABCD，解析：根据《民法典》第710条规定，承租人按照约定的方法或者根据租赁物的性质使用租赁物，致使租赁物受到损耗的，不承担赔偿责任。根据《民法典》第711条规定，承租人未按照约定的方法或者未根据租赁物的性质使用租赁物，致使租赁物受到损失的，出租人可以解除合同并请求赔偿损失。据此，A、B、C、D项均正确。

6. ABCD，解析：根据《民法典》第713条规定，承租人在租赁物需要维修时可以请求出租人在合理期限内维修。出租人未履行维修义务的，承租人可以自行维修，维修费用由出租人负担。因维修租赁物影响承租人使用的，应当相应减少租金或者延长租期。因承租人的过错致使租赁物需要维修的，出租人不承担前款规定的维修义务。据此，A、B、C、D项均正确。

7. AC，解析：根据《民法典》第715条规定，承租人经出租人同意，可以对租赁物进行改善或者增设他物。承租人未经出租人同意，对租赁物进行改善或者增设他物的，出租人可以请求承租人恢复原状或者赔偿损失。据此，A、C项正确，B、D项错误。

8. AC，解析：根据《民法典》第717条规定，承租人经出租人同意将租赁物转租给第三人，转租期限超过承租人剩余租赁期限的，超过部分的约定对出租人不具有法律约束力，但是出租人与承租人另有约定的除外。据此，超过部分的约定才对出租人不具有法律约束力，故A项错误。根据《民法典》第716条规定，承租人经出租人同意，可以将租赁物转租给第三人。承租人转租的，承租人与出租人之间的租赁合同继续有效；第三人造成租赁物损失的，承租人应当赔偿损失。承租人未经出租人同意转租的，出租人可以解除合同。故 B、D 项正确，C 项错误。

9. BC，解析：根据《民法典》第 719 条规定，承租人拖欠租金的，次承租人可以代承租人支付其欠付的租金和违约金，但是转租合同对出租人不具有法律约束力的除外。次承租人代为支付的租金和违约金，可以充抵次承租人应当向承租人支付的租金；超出其应付的租金数额的，可以向承租人追偿。据此，B、C 项正确。

10. ABCD，解析：根据《民法典》第 721 条规定，承承租人应当按照约定的期限支付租金。对支付租金的期限没有约定或者约定不明确，依据本法第 510 条的规定仍不能确定，租赁期限不满 1 年的，应当在租赁期限届满时支付；租赁期限 1 年以上的，应当在每届满 1 年时支付，剩余期限不满 1 年的，应当在租赁期限届满时支付。根据《民法典》第 510 条规定，合同生效后，当事人就质量、价款或者报酬、履行地点等内容没有约定或者约定不明确的，可以协议补充；不能达成补充协议的，按照合同有关条款、合同性质、合同目的或者交易习惯确定。故 A、B、C、D 项均正确。

11. ABCD，解析：根据《民法典》第 723 条规定，根据《民法典》第 723 条规定，因第三人主张权利，致使承租人不能对租赁物使用、收益的，承租人可以请求减少租金或者不支付租金。第三人主张权利的，承租人应当及时通知出租人。据此，A、B、C 项正确；D 项于法无据，错误。

12. BC，解析：根据《民法典》第 706 条规定，当事人未依照法律、行政法规规定办理租赁合同登记备案手续的，不影响合同的效力。据此，A 项错误，B 项正确。根据《民法典》第 725 条规定，租赁物在承租人按照租赁合同占有期限内发生所有权变动的，不影响租赁合同的效力。据此，C 项正确，D 项错误。

13. BCD，解析：根据《民法典》第 727 条规定，出租人委托拍卖人拍卖租赁房屋的，应当在拍卖 5 日前通知承租人。承租人未参加拍卖的，视为放弃优先购买权。故A项错误，B项正确。据此，根据《民法典》第726条规定，出租人出卖租赁房屋的，应当在出卖之前的合理期限内通知承租人，承租人享有以同等条件优先购买的权利；但是，房屋共有人行使优先购买权或者出租人将房屋出卖给近亲属的除外。出租人履行通知义务后，承租人在15日内未明确表示购买的，视为承租人放弃优先购买权。据此，C项正确。D项承租人未按照出租人的条件作出承诺，而是提出了新的要约，即为放弃优先购买权，故D项正确。

14. ABC，解析：根据《民法典》第729条规定，因不可归责于承租人的事由，致使租赁物部分或者全部毁损、灭失的，承租人可以请求减少租金或者不支付租金；因租赁物部分或者全部毁损、灭失，致使不能实现合同目的的，承租人可以解除合同。据此，A、B、C项正确。

15. BD，解析：根据《民法典》第722条规定，承租人无正当理由未支付或者迟延支付租金的，出租人可以请求承租人在合理期限内支付；承租人逾期不支付的，出租人可以解除合同。据此，A项应为出租人可以解除合同，故错误。根据《民法典》第731条规定，租赁物危及承租人的安全或者健康的，即使承租人订立合同时明知该租赁物质量不合格，承租人仍然可以随时解除合同。据此，B项正确。根据《民法典》第725条规定，租赁物在承租人按照租赁合同占有期限内发生所有权变动的，不影响租赁合同的效力。据此，C项不得随时解除合同，错误。根据《民法典》第730条规定，当事人对租赁期限没有约定或者约定不明确，依据本法第510条的规定仍不能确定的，视为不定期租赁；当事人可以随时解除合同，但是应当在合理期限之前通知对方。据此，D项正确。

16. BC，解析：根据《民法典》第733条规定，返还的租赁物应当符合按照约定或者根据租赁物的性质使用后的状态。据此，A、D项符合法律规定，本题答案为BC。

四、填空题

1. 数量；租赁期限；支付期限。(《民法典》第704条)
2. 不影响。(《民法典》第706条)
3. 租赁期限；符合约定。(《民法典》第708条)
4. 约定的方法；损耗。(《民法典》第710条)
5. 出租人。(《民法典》第712条)
6. 毁损；赔偿责任。(《民法典》第714条)
7. 同意；继续有效；解除合同。(《民法典》第716条)
8. 6个月；同意转租。(《民法典》第718条)
9. 承租人。(《民法典》第720条)
10. 无正当理由；解除合同。(《民法典》第722条)
11. 查封；解除合同。(《民法典》第724条)
12. 15；放弃。(《民法典》第726条)
13. 未通知；赔偿责任；不受影响。(《民法典》第728条)
14. 不定期租赁；随时；合理期限之前。(《民法典》第730条)
15. 生前共同居住的人；共同经营人。(《民法典》第732条)
16. 没有提出异议；不定期；以同等条件优先。(《民法典》第734条)

五、简答题

解析：根据我国《民法典》第724条的规定，有下列情形之一，非因承租人原因致使租赁物无法使用的，承租人可以解除合同：

(1) 租赁物被司法机关或者行政机关依法查封、扣押。

(2) 租赁物权属有争议。

(3) 租赁物具有违反法律、行政法规关于使用条件的强制性规定情形。

第十五章 融资租赁合同

一、判断题

1. 融资租赁合同是出租人根据承租人对出卖人、租赁物的选择，向出卖人购买租赁物，提供给承租人使用，承租人支付租金的合同。（ ）
2. 当事人以虚构租赁物方式订立的融资租赁合同，效力待定。（ ）
3. 融资租赁合同中，出租人根据承租人对出卖人、租赁物的选择订立的买卖合同，出卖人应当按照约定向承租人交付标的物，承租人享有与受领标的物有关的买受人的权利。（ ）
4. 融资租赁合同中，出租人、出卖人、承租人可以约定，出卖人不履行买卖合同义务的，由出租人行使索赔的权利。出租人行使索赔权利的，承租人应当协助。（ ）
5. 融资租赁合同中，出租人明知租赁物有质量瑕疵而不告知承租人，致使承租人对出卖人行使索赔权利失败的，承租人有权请求出租人承担相应的责任。（ ）
6. 融资租赁合同中，出租人对租赁物享有的所有权依法登记后生效。（ ）
7. 融资租赁合同中，出租人干预承租人选择租赁物，导致租赁物不符合约定的，出租人不承担责任。（ ）
8. 融资租赁合同中，承租人占有租赁物期间，租赁物造成第三人人身损害或者财产损失的，出租人承担连带责任。（ ）
9. 融资租赁合同中，除法律另有规定或者当事人另有约定外，承租人占有租赁物期间，租赁物毁损、灭失的，出租人不得请求承租人继续支付租金。（ ）

10. 融资租赁合同中，承租人将租赁物转让、抵押、质押、投资入股或者以其他方式处分的，出租人可以解除融资租赁合同。（　　）
11. 融资租赁合同中，因出租人原因致使融资租赁合同解除、被确认无效或者被撤销而解除，出卖人、租赁物系由承租人选择的，出租人有权请求承租人赔偿相应损失。（　　）
12. 融资租赁合同中，对租赁物的归属没有约定或者约定不明确，由出租人决定租赁物归属。（　　）
13. 融资租赁合同中，当事人约定租赁期限届满，承租人仅需向出租人支付象征性价款的，视为约定的租金义务履行完毕后租赁物的所有权归承租人。（　　）

二、单项选择题

1. 根据《民法典》的规定，关于融资租赁合同，下列说法错误的是：（　　）

A. 租赁合同的内容一般包括租赁物的规格、技术性能、检验方法

B. 租赁合同的内容一般包括租赁期限届满租赁物的归属

C. 租赁合同应当采取书面形式

D. 当事人以虚构租赁物方式订立的融资租赁合同效力待定

2. 融资租赁合同中，依照法律、行政法规的规定，对于租赁物的经营使用应当取得行政许可的，出租人未取得行政许可，融资租赁合同的效力为：（　　）

A. 不受影响　　B. 无效

C. 可撤销　　D. 效力待定

3. 融资租赁合同中，出租人与出卖人缔结买卖合同后，由（　　）享有与受领标的物有关的买受人的权利。

A. 出租人　　B. 承租人

C. 出租人和承租人共同　　D. 出租人和承租人分别

4. 根据《民法典》的规定，关于融资租赁合同中承租人的索赔权，下列说法错误的是：（　　）

A. 出卖人不履行买卖合同义务的，可以由承租人行使索赔的权利

B. 承租人行使索赔权利的，出租人应当协助

C. 承租人对出卖人行使索赔权利，不影响其履行支付租金的义务

D. 承租人依赖出租人的技能确定租赁物的，出租人应当减免相应租金

5. 融资租赁合同中，出租人根据承租人对出卖人、租赁物的选择订立的买卖合同，出租人欲变更与承租人有关的合同内容的：（　　）

A. 需经承租人同意　　B. 需告知承租人

C. 无需承租人同意　　D. 无需告知承租人

6. 根据《民法典》的规定，融资租赁合同中，下列哪项情形出租人不承担责任：（　　）

A. 出租人明知租赁物有质量瑕疵而不告知承租人

B. 承租人行使索赔权利时，出租人未及时提供必要协助

C. 租赁物不符合约定或者不符合使用目的的

D. 出租人怠于行使只能由其对出卖人行使的索赔权利，造成承租人损失的

7. 融资租赁合同中，关于承租人占有和使用租赁物，下列说法错误的是：（　　）

A. 出租人应当保证承租人对租赁物的占有和使用

B. 出租人不得无正当理由收回租赁物

C. 出租人不得无正当理由妨碍、干扰承租人对租赁物的占有和使用

D. 第三人对租赁物主张权利，承租人有权请求出租人赔偿损失

8. 融资租赁合同中，承租人占有租赁物期间的维修义务应由（　　）承担。

A. 出租人　　B. 出卖人

C. 承租人　　D. 出租人指定的第三人

9. 根据《民法典》的规定，融资租赁合同中，承租人经催告后在合理期限内仍不支付租金的，下列哪一项不是出租人可以采取的措施？（　　）

A. 请求承租人支付全部租金　　B. 将租赁物转租第三人

C. 收回租赁物　　D. 解除合同

10. 有下列哪些情形的，出租人或者承租人不可解除融资租赁合同？（　　）

A. 租赁物因不可归责于当事人的原因毁损、灭失，且不能修复或者确定替代物

B. 承租人占有租赁物期间，租赁物造成第三人人身或者财产损失

C. 出租人与出卖人订立的买卖合同解除、被确认无效或者被撤销，且未能重新订立买卖合同

D. 因出卖人的原因致使融资租赁合同的目的不能实现

11. 根据《民法典》的规定，融资租赁合同因租赁物交付承租人后意外毁损、灭失等不可归责于当事人的原因解除的，出租人可以请求承租人（　　）。

A. 共同分担购买租赁物所支付的价款

B. 赔偿购买租赁物所支付的价款

C. 赔偿与租赁物同种类的物品

D. 按照租赁物折旧情况给予补偿

12. 根据《民法典》的规定，融资租赁合同中，当事人约定租赁期限届满租赁物归出租人所有，因租赁物毁损、灭失或者附合、混合于他物致使承租人不能返还的，出租人有权请求承租人（　　）。

A. 赔偿与租赁物同种类的物品

B. 给予合理补偿

C. 赔偿购买租赁物所支付的价款

D. 按照租赁物折旧情况给予赔偿

13. 根据《民法典》的规定，融资租赁合同无效，当事人就该情形下租赁物的归属有约定的，按照其约定；没有约定或者约定不明确的，租赁物应当(　　)。

A. 由承租人所有　　B. 返还出租人

C. 由承租人与出租人共有　　D. 由承租人继续占有

三、多项选择题

1. 根据《民法典》的规定，融资租赁合同的构成要件有以下哪些？(　　)

A. 由承租人选择出卖人、租赁物

B. 出租人根据承租人的选择，向出卖人购买租赁物

C. 出租人将购得的租赁物提供给承租人使用

D. 承租人向出租人支付租金

2. 关于融资租赁合同的效力，下列说法正确的是：(　　)

A. 当事人以虚构租赁物方式订立的融资租赁合同有效

B. 当事人以虚构租赁物方式订立的融资租赁合同无效

C. 租赁物的经营使用依法应当取得行政许可，出租人未取得的，不影响融资租赁合同的效力

D. 租赁物的经营使用依法应当取得行政许可，出租人未取得的，融资租赁合同无效

3. 融资租赁合同中，有下列哪些情形的，承租人可以拒绝受领出卖人向其交付的标的物？(　　)

A. 出卖人违反向承租人交付标的物的义务

B. 标的物严重不符合约定

C. 未按照约定交付标的物，经承租人催告后在合理期限内仍未交付

D. 未按照约定交付标的物，经出租人催告后在合理期限内仍未交付

4. 关于融资租赁合同中索赔权的行使，下列说法正确的是：(　　)

A. 索赔权的行使，当事人有约定从约定

B. 出卖人不履行买卖合同义务的，可以由承租人行使索赔的权利

C. 承租人行使索赔权利的，出租人应当协助

D. 出卖人不履行买卖合同义务的，出租人不得行使索赔权

5. 根据《民法典》的规定，出租人有下列哪些情形，致使承租人对出卖人行使索赔权利失败的，承租人有权请求出租人承担相应的责任？（　　）

A. 承租人行使索赔权利时，未及时提供必要协助

B. 出租人干预选择租赁物

C. 承租人依赖出租人的技能确定租赁物

D. 明知租赁物有质量瑕疵而不告知承租人

6. 根据《民法典》的规定，关于融资租赁合同中租赁物的所有权归属，下列说法正确的是：（　　）

A. 租赁物的所有权归出租人所有

B. 出租人对租赁物享有的所有权，可以登记

C. 出租人对租赁物享有的所有权，未经登记，不得对抗善意第三人

D. 融资租赁合同无效，当事人对所有权归属没有约定的，租赁物归出租人所有

7. 根据《民法典》的规定，融资租赁合同中，下列哪些是确定租金的考量因素？（　　）

A. 购买租赁物的成本

B. 租赁物的预计残值

C. 出租人的合理利润

D. 租赁物可能给承租人带来的预期利益

8. 融资租赁合同中，关于承租人占有租赁物期间，租赁物致人损害的责任承担，下列说法错误的是：（　　）

A. 租赁物造成第三人人身损害的，由出租人承担责任

B. 租赁物造成第三人人身损害的，由承租人承担责任

C. 租赁物造成第三人财产损失的，由所有权人承担责任

D. 租赁物造成第三人财产损失的，由承租人承担责任

9. 融资租赁合同中，承租人占有租赁物期间，租赁物毁损、灭失的，关于租金的支付，下列说法正确的是：(　　)

A. 出租人有权请求承租人继续支付租金

B. 承租人有权拒绝继续支付租金

C. 租金的支付可由出租人与承租人协商

D. 法律另有规定的，从其规定

10. 融资租赁合同中，承租人未经出租人同意，将租赁物以下列哪些方式处分的，出租人可以解除融资租赁合同：(　　)

A. 转让　　B. 抵押

C. 质押　　D. 投资入股

11. 融资租赁合同中出卖人、租赁物系由承租人选择的，关于该融资租赁合同因买卖合同被撤销而解除，下列说法正确的是：(　　)

A. 因出租人原因致使买卖合同被撤销的，出租人有权请求承租人赔偿相应损失

B. 非因出租人原因致使买卖合同被撤销的，出租人有权请求承租人赔偿相应损失

C. 出租人的损失已经在买卖合同中获得赔偿的，承租人不再承担相应的赔偿责任

D. 承租人的损失已经在买卖合同中获得赔偿的，出租人不再承担相应的赔偿责任

12. 融资租赁合同中，对租赁期限届满租赁物的归属没有约定或者约定不明确的，应按照以下哪些规则确定：(　　)

A. 由当事人协议补充

B. 不能达成补充协议的，按照合同有关条款、合同性质、合同目的或者交易习惯确定

C. 根据以上方法仍无法确定的，租赁物的所有权归出租人

D. 根据以上方法仍无法确定的，租赁物的所有权归承租人

13. 融资租赁合同中，租赁期限届满，当事人关于租赁物归属的下列约定，合法的有：（　　）

A. 承租人仅需向出租人支付象征性价款，租金义务履行完毕后所有权归承租人

B. 承租人租金义务履行完毕后，所有权归承租人

C. 承租人租金义务履行完毕后，租赁物返还出租人

D. 承租人租金义务履行完毕后，所有权归出租人和承租人共有

四、填空题

1. 融资租赁合同的内容一般包括租赁物的名称、数量、规格、技术性能、检验方法，______，租金构成及其支付期限和方式、币种，租赁期限届满______等条款。融资租赁合同应当采用______形式。

2. 融资租赁合同中，依照______、行政法规的规定，对于租赁物的经营使用应当取得行政许可的，出租人未取得行政许可______融资租赁合同的效力。

3. 融资租赁合同中，标的物______约定，或者出卖人未按照约定交付标的物，经承租人或者出租人______后在合理期限内仍未交付，承租人可以______出卖人向其交付的标的物。

4. 融资租赁合同中，承租人对出卖人行使索赔权利，不影响其履行______的义务。但是，承租人依赖出租人的技能确定租赁物或者出租人______租赁物的，承租人可以请求______相应租金。

5. 根据《民法典》的规定，融资租赁合同中，出租人根据承租人对出卖人、租赁物的选择订立的买卖合同，未经______同意，出租人不得______与承租人有关的合同内容。

6. 根据《民法典》的规定，融资租赁合同的租金，除当事人另有约定外，应当根据购买租赁物的大部分或者全部______以及______确定。

7. 融资租赁合同中，出租人应当保证承租人对租赁物的占有和使用。出租人无正当理由______，或者无正当理由______、干扰承租人对租赁

物的占有和使用，或者因______的原因致使第三人对租赁物主张权利等的，承租人有权请求其赔偿损失。

8. 融资租赁合同中，承租人应当妥善______、使用租赁物。______应当履行占有租赁物期间的维修义务。
9. 融资租赁合同中，承租人经催告后在合理期限内仍不支付租金的，出租人可以请求支付______；也可以______，收回租赁物。
10. 融资租赁合同中，出租人与出卖人订立的买卖合同______、被确认无效或者______，且未能重新订立买卖合同，出租人或者承租人可以解除融资租赁合同。
11. 融资租赁合同因租赁物交付承租人后意外毁损、灭失等______的原因解除的，出租人可以请求承租人按照租赁物______给予补偿。
12. 融资租赁合同中，当事人约定租赁期限届满租赁物归______所有，承租人已经支付大部分租金，但是无力支付剩余租金，出租人因此______收回租赁物，收回的租赁物的价值______承租人欠付的租金以及其他费用的，承租人可以请求相应返还。
13. 融资租赁合同无效，当事人就该情形下租赁物的归属有约定的，按照其约定；没有约定或者约定不明确的，租赁物应当______。但是，因承租人原因致使合同无效，出租人不请求返还或者返还后会显著降低租赁物效用的，租赁物的所有权归______，由承租人给予出租人______。

五、简答题

1. 简答融资租赁合同中，出租人或承租人均可以解除融资租赁合同的情形。
2. 简答融资租赁合同无效后租赁物归属的法律规则。

参考答案

一、判断题

1. √，解析：根据《民法典》第 735 条规定，融资租赁合同是出租人根据承租人对出卖人、租赁物的选择，向出卖人购买租赁物，提供给承租人使用，承租人支付租金的合同。
2. ×，解析：根据《民法典》第 737 条规定，当事人以虚构租赁物方式订立的融资租赁合同无效。
3. √，解析：根据《民法典》第 739 条规定，出租人根据承租人对出卖人、租赁物的选择订立的买卖合同，出卖人应当按照约定向承租人交付标的物，承租人享有与受领标的物有关的买受人的权利。
4. ×，解析：根据《民法典》第 741 条规定，出租人、出卖人、承租人可以约定，出卖人不履行买卖合同义务的，由承租人行使索赔的权利。承租人行使索赔权利的，出租人应当协助。
5. √，解析：根据《民法典》第 743 条规定，出租人有下列情形之一，致使承租人对出卖人行使索赔权利失败的，承租人有权请求出租人承担相应的责任：（1）明知租赁物有质量瑕疵而不告知承租人；（2）承租人行使索赔权利时，未及时提供必要协助。出租人怠于行使只能由其对出卖人行使的索赔权利，造成承租人损失的，承租人有权请求出租人承担赔偿责任。
6. ×，解析：根据《民法典》第 745 条规定，出租人对租赁物享有的所有权，未经登记，不得对抗善意第三人。
7. ×，解析：根据《民法典》第 747 条规定，租赁物不符合约定或者不符合使用目的的，出租人不承担责任。但是，承租人依赖出租人的技能确定租赁物或者出租人干预选择租赁物的除外。
8. ×，解析：根据《民法典》第 749 条规定，承租人占有租赁物期间，租赁物造成第三人人身损害或者财产损失的，出租人不承担责任。

9. ×，解析：根据《民法典》第 751 条规定，承租人占有租赁物期间，租赁物毁损、灭失的，出租人有权请求承租人继续支付租金，但是法律另有规定或者当事人另有约定的除外。

10. ×，解析：根据《民法典》第 753 条规定，承租人未经出租人同意，将租赁物转让、抵押、质押、投资入股或者以其他方式处分的，出租人可以解除融资租赁合同。据此，需满足“未经出租人同意”这一要件。

11. ×，解析：根据《民法典》第 755 条第 1 款规定，融资租赁合同因买卖合同解除、被确认无效或者被撤销而解除，出卖人、租赁物系由承租人选择的，出租人有权请求承租人赔偿相应损失；但是，因出租人原因致使买卖合同解除、被确认无效或者被撤销的除外。

12. ×，解析：根据《民法典》第 757 条规定，出租人和承租人可以约定租赁期限届满租赁物的归属；对租赁物的归属没有约定或者约定不明确，依据本法第 510 条的规定仍不能确定的，租赁物的所有权归出租人。

13. √，解析：根据《民法典》第 759 条规定，当事人约定租赁期限届满，承租人仅需向出租人支付象征性价款的，视为约定的租金义务履行完毕后租赁物的所有权归承租人。

二、单项选择题

1. D，解析：根据《民法典》第 736 条规定，融资租赁合同的内容一般包括租赁物的名称、数量、规格、技术性能、检验方法，租赁期限，租金构成及其支付期限和方式、币种，租赁期限届满租赁物的归属等条款。融资租赁合同应当采用书面形式。故 A、B、C 项正确，不当选。根据《民法典》第 737 条规定，当事人以虚构租赁物方式订立的融资租赁合同无效。故 D 项错误。

2. A，解析：根据《民法典》第 738 条规定，依照法律、行政法规的规定，对于租赁物的经营使用应当取得行政许可的，出租人未取得行政许可不影响融资租赁合同的效力。据此，A 项正确。

3. B，解析：根据《民法典》第 739 条规定，出租人根据承租人对出卖人、租赁物的选择订立的买卖合同，出卖人应当按照约定向承租人交付标的物，承租人享有与受领标的物有关的买受人的权利。据此，B 项正确。
4. D，解析：根据《民法典》第 741 条规定，出租人、出卖人、承租人可以约定，出卖人不履行买卖合同义务的，由承租人行使索赔的权利。承租人行使索赔权利的，出租人应当协助。据此，A、B 项正确，不当选。根据《民法典》第 742 条规定，承租人对出卖人行使索赔权利，不影响其履行支付租金的义务。但是，承租人依赖出租人的技能确定租赁物或者出租人干预选择租赁物的，承租人可以请求减免相应租金。故 C 项正确，不当选，D 项错误，当选。
5. A，解析：根据《民法典》第 744 条规定，出租人根据承租人对出卖人、租赁物的选择订立的买卖合同，未经承租人同意，出租人不得变更与承租人有关的合同内容。据此，A 项正确。
6. C，解析：根据《民法典》第 747 条规定，租赁物不符合约定或者不符合使用目的的，出租人不承担责任。但是，承租人依赖出租人的技能确定租赁物或者出租人干预选择租赁物的除外。据此，C 项正确。根据《民法典》第 743 条规定，出租人有下列情形之一，致使承租人对出卖人行使索赔权利失败的，承租人有权请求出租人承担相应的责任：（1）明知租赁物有质量瑕疵而不告知承租人；（2）承租人行使索赔权利时，未及时提供必要协助。出租人怠于行使只能由其对出卖人行使的索赔权利，造成承租人损失的，承租人有权请求出租人承担赔偿责任。据此，A、B、D 项需承担责任。
7. D，解析：根据《民法典》第 748 条规定，出租人应当保证承租人对租赁物的占有和使用。出租人有下列情形之一的，承租人有权请求其赔偿损失：（1）无正当理由收回租赁物；（2）无正当理由妨碍、干扰承租人对租赁物的占有和使用；（3）因出租人的原因致使第三人对租赁物主张权利；（4）不当影响承租人对租赁物占有和使用的其他情形。据此，A、B、C 项正确，D 项错误。

8. C，解析：根据《民法典》第 750 条规定，承租人应当妥善保管、使用租赁物。承租人应当履行占有租赁物期间的维修义务。据此，C 项正确。

9. B，解析：根据《民法典》第 752 条规定，承租人应当按照约定支付租金。承租人经催告后在合理期限内仍不支付租金的，出租人可以请求支付全部租金；也可以解除合同，收回租赁物。据此，B 项不是出租人可以采取的措施，当选。

10. B，解析：根据《民法典》第 754 条规定，有下列情形之一的，出租人或者承租人可以解除融资租赁合同：（1）出租人与出卖人订立的买卖合同解除、被确认无效或者被撤销，且未能重新订立买卖合同；（2）租赁物因不可归责于当事人的原因毁损、灭失，且不能修复或者确定替代物；（3）因出卖人的原因致使融资租赁合同的目的不能实现。据此，A、C、D 项可以解除合同，B 项不可解除，当选。

11. D，解析：根据《民法典》第 756 条规定，融资租赁合同因租赁物交付承租人后意外毁损、灭失等不可归责于当事人的原因解除的，出租人可以请求承租人按照租赁物折旧情况给予补偿。据此，D 项正确。

12. B，解析：根据《民法典》第 758 条第 2 款规定，当事人约定租赁期限届满租赁物归出租人所有，因租赁物毁损、灭失或者附合、混合于他物致使承租人不能返还的，出租人有权请求承租人给予合理补偿。据此，B 项正确。

13. B，解析：根据《民法典》第 760 条规定，融资租赁合同无效，当事人就该情形下租赁物的归属有约定的，按照其约定；没有约定或者约定不明确的，租赁物应当返还出租人。但是，因承租人原因致使合同无效，出租人不请求返还或者返还后会显著降低租赁物效用的，租赁物的所有权归承租人，由承租人给予出租人合理补偿。据此，B 项正确。

三、多项选择题

1. ABCD，解析：根据《民法典》第 735 条规定，融资租赁合同是出租人根据承租人对出卖人、租赁物的选择，向出卖人购买租赁物，提供给承租人使用，承租人支付租金的合同。据此，A、B、C、D 项均正确。
2. BC，解析：根据《民法典》第 737 条规定，当事人以虚构租赁物方式订立的融资租赁合同无效。据此，A 项错误，B 项正确。根据《民法典》第 738 条规定，依照法律、行政法规的规定，对于租赁物的经营使用应当取得行政许可的，出租人未取得行政许可不影响融资租赁合同的效力。据此，C 项正确，D 项错误。
3. ABCD，解析：根据《民法典》第 740 条规定，出卖人违反向承租人交付标的物的义务，有下列情形之一的，承租人可以拒绝受领出卖人向其交付的标的物：（1）标的物严重不符合约定；（2）未按照约定交付标的物，经承租人或者出租人催告后在合理期限内仍未交付。承租人拒绝受领标的物的，应当及时通知出租人。据此，A、B、C、D 项正确。
4. ABC，解析：根据《民法典》第 741 条规定，出租人、出卖人、承租人可以约定，出卖人不履行买卖合同义务的，由承租人行使索赔的权利。承租人行使索赔权利的，出租人应当协助。据此，A、B、C 项正确。D 项于法无据，故错误。
5. AD，解析：根据《民法典》第 743 条规定，出租人有下列情形之一，致使承租人对出卖人行使索赔权利失败的，承租人有权请求出租人承担相应的责任：（1）明知租赁物有质量瑕疵而不告知承租人；（2）承租人行使索赔权利时，未及时提供必要协助。出租人怠于行使只能由其对出卖人行使的索赔权利，造成承租人损失的，承租人有权请求出租人承担赔偿责任。据此，A、D 项正确。
6. ABCD，解析：根据《民法典》第 745 条规定，出租人对租赁物享有的所有权，未经登记，不得对抗善意第三人。据此，A、B、C 项正确。根据《民法典》第760条规定，融资租赁合同无效，当事人就该情形下租赁物的归属有约定的，按照其约定；没有约定或者约定不明确的，租赁物应当返还出租人。但是，因承租人原因致使合同无效，出租人不请求返还或者返还后会显著降低租赁物效用的，租赁物的所有权归承租人，由承租人给予出租人合理补偿。据此，D项正确。

7. AC，解析：根据《民法典》第746条规定，融资租赁合同的租金，除当事人另有约定外，应当根据购买租赁物的大部分或者全部成本以及出租人的合理利润确定。据此，A、C项正确。

8. AC，解析：根据《民法典》第749条规定，承租人占有租赁物期间，租赁物造成第三人人身损害或者财产损失的，出租人不承担责任。据此，责任应由承租人承担，而非出租人（所有权人）承担。据此，A、C项错误，当选。

9. ACD，解析：根据《民法典》第751条规定，承租人占有租赁物期间，租赁物毁损、灭失的，出租人有权请求承租人继续支付租金，但是法律另有规定或者当事人另有约定的除外。据此，A、C、D项正确。

10. ABCD，解析：根据《民法典》第753条规定，承租人未经出租人同意，将租赁物转让、抵押、质押、投资入股或者以其他方式处分的，出租人可以解除融资租赁合同。据此，A、B、C、D项均正确。

11. BC，解析：根据《民法典》第755条规定，融资租赁合同因买卖合同解除、被确认无效或者被撤销而解除，出卖人、租赁物系由承租人选择的，出租人有权请求承租人赔偿相应损失；但是，因出租人原因致使买卖合同解除、被确认无效或者被撤销的除外。出租人的损失已经在买卖合同解除、被确认无效或者被撤销时获得赔偿的，承租人不再承担相应的赔偿责任。A、D项错误，B、C项正确。

12. ABC，解析：根据《民法典》第757条规定，出租人和承租人可以约定租赁期限届满租赁物的归属；对租赁物的归属没有约定或者约定不明确，依据本法第510条的规定仍不能确定的，租赁物的所有权归出租人。根据《民法典》第510条规定，合同生效后，当事人就质量、价款或者报酬、履行地点等内容没有约定或者约定不明确的，可以协议补充；不能达成补充协议的，按照合同有关条款、合同性质、合同目的或者交易习惯确定。据此，A、B、C项正确。

13. ABCD，解析：根据《民法典》第759条规定，当事人约定租赁期限届满，承租人仅需向出租人支付象征性价款的，视为约定的租金义务履行完毕后租赁物的所有权归承租人。据此，A项正确。根据《民法典》第757条规定，出租人和承租人可以约定租赁期限届满租赁物的归属；对租赁物的归属没有约定或者约定不明确，依据本法第510条的规定仍不能确定的，租赁物的所有权归出租人。据此，B、C、D项正确。

四、填空题

1. 租赁期限；租赁物的归属；书面。(《民法典》第736条)
2. 法律；不影响。(《民法典》第738条)
3. 严重不符合；催告；拒绝受领。(《民法典》第740条)
4. 支付租金；干预选择；减免。(《民法典》第742条)
5. 承租人；变更。(《民法典》第744条)
6. 成本；出租人的合理利润。(《民法典》第746条)
7. 收回租赁物；妨碍；出租人。(《民法典》第748条)
8. 保管；承租人。(《民法典》第750条)
9. 全部租金；解除合同。(《民法典》第752条)
10. 解除；被撤销。(《民法典》第754条)
11. 不可归责于当事人；折旧情况。(《民法典》第756条)
12. 承租人；解除合同；超过。(《民法典》第758条)
13. 返还出租人；承租人；合理补偿。(《民法典》第760条)

五、简答题

1. 答：根据我国《民法典》第754条的规定，有下列情形之一的，出租人或者承租人可以解除融资租赁合同：（1）出租人与出卖人订立的买卖合同解除、被确认无效或者被撤销，且未能重新订立买卖合同。（2）租赁物因不可归责于当事人的原因毁损、灭失，且不能修复或者确定替代物。（3）因出卖人的原因致使融资租赁合同的目的不能实现。
2. 答：根据我国《民法典》第760条的规定，融资租赁合同无效后租赁物归属的法律规则如下：（1）融资租赁合同无效，当事人就该情形下租赁物的归属有约定的，按照其约定。（2）没有约定或者约定不明确的，租赁物应当返还出租人。（3）但是，因承租人原因致使合同无效，出租人不请求返还或者返还后会显著降低租赁物效用的，租赁物的所有权归承租人，由承租人给予出租人合理补偿。

第十六章　保理合同

一、判断题

1. 保理合同是应收账款债权人将现有的或者将有的应收账款转让给保理人，保理人提供资金融通、应收账款管理或者催收、应收账款债务人付款担保等服务的合同。（　　）
2. 保理合同中，应收账款债权人与债务人虚构应收账款作为转让标的，与保理人订立保理合同的，应收账款债务人不得以应收账款不存在为由对抗保理人。（　　）
3. 保理合同中，应收账款债务人接到应收账款转让通知后，应收账款债权人与债务人协商变更或者终止基础交易合同，对保理人产生不利影响的，保理合同相应变更或者终止。（　　）
4. 保理合同中，当事人约定无追索权保理的，保理人应当向应收账款债务人主张应收账款债权，保理人取得超过保理融资款本息和相关费用的部分，无需向应收账款债权人返还。（　　）
5. 《民法典》关于保理合同没有规定的，适用债权转让的有关规定。（　　）

二、单项选择题

1. 根据《民法典》的规定，应收账款债权人将现有的或者将有的应收账款转让给保理人，保理人提供资金融通、应收账款管理或者催收、应收账款债务人付款担保等服务的合同是：（　　）

   A. 居间合同　　　　B. 借款合同

   C. 保理合同　　　　D. 保证合同

2. 关于保理合同，下列说法错误的是：(　　)

A. 应收账款债权人与债务人不得虚构应收账款作为转让标的与保理人订立保理合同

B. 保理人不知道虚构应收账款的，应收账款债务人不得以应收账款不存在为由对抗保理人

C. 保理人明知虚构应收账款的，应收账款债务人可以以应收账款不存在为由对抗保理人

D. 保理人不知道虚构应收账款的，应收账款债务人可以以应收账款不存在为由对抗保理人

3. 保理合同中，应收账款债务人接到应收账款转让通知后，应收账款债权人与债务人无正当理由协商变更或者终止基础交易合同，对保理人产生不利影响的，其效力对于保理人而言：(　　)

A. 可撤销　　B. 不发生效力

C. 有效　　D. 需保理人确认

4. 无追索权保理中，保理人取得超过保理融资款本息和相关费用的部分，关于超出部分的处理，下列哪一项是正确的：(　　)

A. 可以全部返还给应收账款债权人

B. 应当全部返还给应收账款债权人

C. 应当将超出部分的一半返还给应收账款债权人

D. 无需返还给应收账款债权人

三、多项选择题

1. 保理合同的内容一般包括下列哪些条款：(　　)

A. 业务类型、服务范围　　B. 服务期限、基础交易合同情况

C. 应收账款信息、保理融资款　　D. 服务报酬及其支付方式

2. 保理合同签订后，关于保理人的义务，下列说法正确的是：(　　)

A. 保理人应向应收账款债务人发出应收账款转让通知

B. 应当表明保理人身份并附有必要凭证

C. 应收账款转让通知应当以书面方式作出

D. 应当将发出应收账款转让通知的情况书面报告应收账款债权人

3. 保理合同中，当事人约定有追索权保理的，关于保理人采取措施的表述正确的是：(　　)

A. 可以向应收账款债权人主张返还保理融资款本息

B. 应当向应收账款债权人主张返还保理融资款本息

C. 可以向应收账款债权人主张回购应收账款债权

D. 可以向应收账款债务人主张应收账款债权

4. 根据《民法典》的规定，应收账款债权人就同一应收账款订立多个保理合同，致使多个保理人主张权利的，应按照下列哪些规则处理：(　　)

A. 已经登记的先于未登记的取得应收账款

B. 均已经登记的，按照登记时间的先后顺序取得应收账款

C. 均未登记的，由最先到达应收账款债务人的转让通知中载明的保理人取得应收账款

D. 既未登记也未通知的，按照保理融资款或者服务报酬的比例取得应收账款

四、填空题

1. 保理合同的内容一般包括业务类型、服务范围、服务期限、______、应收账款信息、______或者服务报酬及其支付方式等条款。保理合同应当采用______。

2. 保理合同中，保理人向应收账款债务人发出______的，应当表明保理人身份并附有______。

3. 保理合同中，当事人约定有追索权保理的，保理人可以向应收账款债权人主张返还保理融资款本息或者______，也可以向应收账款债务人主张______。保理人向应收账款债务人主张应收账款债权，在扣除保理融资款本息和相关费用后有剩余的，剩余部分应当返还给应收账款

债权人。

4. 保理合同中，应收账款债权人就同一应收账款订立多个保理合同，致使多个保理人主张权利的，已经登记的先于未登记的取得应收账款；均已经登记的，按照______取得应收账款；均未登记的，由______应收账款债务人的转让通知中载明的保理人取得应收账款；既未登记也未通知的，按照保理融资款或者服务报酬的______取得应收账款。

五、简答题

1. 简答保理合同中有追索权的保理的法律规则。
2. 简答保理合同中多重保理的清偿顺序。

参考答案

一、判断题

1. √，解析：根据《民法典》第 761 条规定，保理合同是应收账款债权人将现有的或者将有的应收账款转让给保理人，保理人提供资金融通、应收账款管理或者催收、应收账款债务人付款担保等服务的合同。
2. √，解析：根据《民法典》第 763 条规定，应收账款债权人与债务人虚构应收账款作为转让标的，与保理人订立保理合同的，应收账款债务人不得以应收账款不存在为由对抗保理人，但是保理人明知虚构的除外。
3. ×，解析：根据《民法典》第 765 条规定，应收账款债务人接到应收账款转让通知后，应收账款债权人与债务人无正当理由协商变更或者终止基础交易合同，对保理人产生不利影响的，对保理人不发生效力。
4. √，解析：根据《民法典》第 767 条规定，当事人约定无追索权保理的，保理人应当向应收账款债务人主张应收账款债权，保理人取得超过保理融资款本息和相关费用的部分，无需向应收账款债权人返还。

5. √，解析：根据《民法典》第769条规定，本章没有规定的，适用本编第6章债权转让的有关规定。

二、单项选择题

1. C，解析：根据《民法典》第761条规定，保理合同是应收账款债权人将现有的或者将有的应收账款转让给保理人，保理人提供资金融通、应收账款管理或者催收、应收账款债务人付款担保等服务的合同。
2. D，解析：根据《民法典》第763条规定，应收账款债权人与债务人虚构应收账款作为转让标的，与保理人订立保理合同的，应收账款债务人不得以应收账款不存在为由对抗保理人，但是保理人明知虚构的除外。据此，D项错误。
3. B，解析：根据《民法典》第765条规定，应收账款债务人接到应收账款转让通知后，应收账款债权人与债务人无正当理由协商变更或者终止基础交易合同，对保理人产生不利影响的，对保理人不发生效力。据此，B项正确。
4. D，解析：根据《民法典》第767条规定，当事人约定无追索权保理的，保理人应当向应收账款债务人主张应收账款债权，保理人取得超过保理融资款本息和相关费用的部分，无需向应收账款债权人返还。据此，D项正确。

三、多项选择题

1. ABCD，解析：根据《民法典》第762条规定，保理合同的内容一般包括业务类型、服务范围、服务期限、基础交易合同情况、应收账款信息、保理融资款或者服务报酬及其支付方式等条款。保理合同应当采用书面形式。据此，A、B、C、D项均正确。
2. AB，解析：根据《民法典》第764条规定，保理人向应收账款债务人发出应收账款转让通知的，应当表明保理人身份并附有必要凭证。据此，A、B项正确。C、D项于法无据，错误。
3. ACD，解析：根据《民法典》第766条规定，当事人约定有追索权保理的，保理人可以向应收账款债权人主张返还保理融资款本息或者回购应收账款债权，也可以向应收账款债务人主张应收账款债权。保理人向应收账款债务人主张应收账款债权，在扣除保理融资款本息和相关费用后有剩余的，剩余部分应当返还给应收账款债权人。据此，A、C、D 项正确。

4. ABCD，解析：根据《民法典》第 768 条规定，应收账款债权人就同一应收账款订立多个保理合同，致使多个保理人主张权利的，已经登记的先于未登记的取得应收账款；均已经登记的，按照登记时间的先后顺序取得应收账款；均未登记的，由最先到达应收账款债务人的转让通知中载明的保理人取得应收账款；既未登记也未通知的，按照保理融资款或者服务报酬的比例取得应收账款。据此，A、B、C、D 项正确。

四、填空题

1. 基础交易合同情况；保理融资款；书面形式。（《民法典》第 762 条）
2. 应收账款转让通知；必要凭证。（《民法典》第 764 条）
3. 回购应收账款债权；应收账款债权。（《民法典》第 766 条）
4. 登记时间的先后顺序；最先到达；比例。（《民法典》第 768 条）

五、简答题

1. 答：根据我国《民法典》第 766 条的规定，当事人约定有追索权保理的，保理人：

（1）可以向应收账款债权人主张返还保理融资款本息或者回购应收账款债权

（2）可以向应收账款债务人主张应收账款债权。

（3）保理人向应收账款债务人主张应收账款债权，在扣除保理融资款本息和相关费用后有剩余的，剩余部分应当返还给应收账款债权人。

2. 答：根据我国《民法典》第 768 条的规定，保理合同中多重保理的清偿顺序如下：

应收账款债权人就同一应收账款订立多个保理合同，致使多个保理人主张权利的：

(1) 已经登记的先于未登记的取得应收账款。

(2) 均已经登记的，按照登记时间的先后顺序取得应收账款。

(3) 均未登记的，由最先到达应收账款债务人的转让通知中载明的保理人取得应收账款。

(4) 既未登记也未通知的，按照保理融资款或者服务报酬的比例取得应收账款。

第十七章　承揽合同

一、判断题

1. 承揽合同的内容一般包括承揽的标的、数量、质量、报酬，承揽方式，材料的提供，履行期限，验收标准和方法等条款。(　　)
2. 承揽合同中，承揽人可以将其承揽的辅助工作交由第三人完成。承揽人将其承揽的辅助工作交由第三人完成的，无需就该第三人完成的工作成果向定作人负责。(　　)
3. 承揽合同中，定作人提供材料的，承揽人可以根据加工需求更换定作人提供的材料。(　　)
4. 承揽合同中，定作人中途变更承揽工作的要求，造成承揽人损失的，应当赔偿损失。(　　)
5. 承揽合同中，承揽人在工作期间，应当接受定作人必要的监督检验。定作人不得因监督检验妨碍承揽人的工作。(　　)
6. 承揽合同中，承揽人交付的工作成果不符合质量要求的，定作人可以合理选择请求承揽人承担修理、重作、减少报酬、赔偿损失等违约责任。(　　)
7. 承揽合同中，定作人未向承揽人支付报酬或者材料费等价款的，承揽人对完成的工作成果享有留置权或者有权拒绝交付。(　　)
8. 承揽合同中，承揽人应当按照定作人的要求保守秘密，不得留存复制品或者技术资料。(　　)
9. 承揽合同中，定作人在承揽人完成工作前不得解除合同。(　　)

二、单项选择题

1. 关于承揽合同，下列说法错误的是：(　　)

A. 承揽包括加工、定作、修理、复制、测试、检验等工作

B. 承揽合同的内容一般包括承揽的标的、数量、质量条款

C. 承揽合同应当采取书面形式

D. 定作人在承揽人完成工作前可以随时解除合同，造成承揽人损失的，应当赔偿损失

2. 根据《民法典》的规定，关于承揽工作的完成，下列说法错误的是：(　　)

A. 承揽人应当以自己的设备、技术和劳力，完成主要工作

B. 承揽人可以将其承揽的辅助工作交由第三人完成

C. 承揽人应当就第三人完成的主要工作成果向定作人负责

D. 承揽人无需就第三人完成的辅助工作成果向定作人负责

3. 承揽合同中，定作人提供材料的，承揽人的下列哪一行为违反了法律规定：(　　)

A. 经定作人同意后，更换定作人提供的材料

B. 发现材料不符合约定时，及时通知定作人更换

C. 更换不需要修理的零部件

D. 对定作人提供的材料应当及时检验

4. 根据《民法典》的规定，承揽合同中，定作人中途变更承揽工作的要求，下列哪一项说法正确：(　　)

A. 应当延长履行期限

B. 造成承揽人损失的，应当赔偿损失

C. 应当重新计算履行期限

D. 承揽人可以解除合同并请求定作人支付已开展工作的报酬

5. 承揽合同中，关于承揽人的义务，下列说法正确的是：(　　)

A. 承揽人对定作人提供的材料无需检验

B. 承揽人可根据情况自行更换定作人提供的材料

C. 承揽人在工作期间，应当接受定作人必要的监督检验

D. 承揽人可更换不需要修理的零部件

6. 根据《民法典》的规定，根据承揽人交付的工作成果不符合质量要求的，下列哪一项不是定作人可以合理选择请求承揽人承担的违约责任：(　　)

A. 减少报酬　　B. 修理

C. 延长履行期限　　D. 重作

7. 根据《民法典》的规定，定作人未向承揽人支付报酬或者材料费等价款的，承揽人对完成的工作成果享有：(　　)

A. 所有权　　B. 质权

C. 抵押权　　D. 留置权

8. 根据《民法典》的规定，关于承揽人的保密义务，下列说法错误的是：(　　)

A. 未经定作人许可，承揽人不得留存复制品

B. 承揽人应当按照定作人的要求保守秘密

C. 未经定作人许可，承揽人不得留存技术资料

D. 未经通知定作人，承揽人不得留存技术资料

9. 承揽合同中，关于定作人在承揽人完成工作前解除合同，下列哪一项说法正确：(　　)

A. 定作人提前通知承揽人后，可以解除合同

B. 定作人不得解除合同

C. 定作人经承揽人同意，可以解除合同

D. 定作人可以随时解除合同

三、多项选择题

1. 根据《民法典》的规定，承揽包括下列哪些工作：(　　)

A. 加工、定作　　B. 修理、复制

C. 测试、检验　　D. 咨询、保管

2. 关于承揽合同中承揽工作的完成，下列说法正确的是：(　　)

A. 承揽人应当以自己的设备、技术和劳力，完成主要工作

B. 当事人可另行约定承揽主要工作的完成方式

C. 承揽人可以将其承揽的主要工作交由第三人完成的

D. 承揽人应当就该第三人完成的工作成果向定作人负责

3. 关于承揽合同中的材料，下列说法错误的是：（　　）

A. 材料不得由定作人提供

B. 材料不得由承揽人提供

C. 承揽人提供材料的，应当接受定作人检验

D. 定作人提供材料的，承揽人对定作人提供的材料应当及时检验

4. 承揽合同中，关于定作人的义务，下列说法正确的是：（　　）

A. 定作人需提供合理的图纸或者提出合理的技术要求

B. 承揽工作需要定作人协助的，定作人有协助的义务

C. 定作人提供的图纸或者技术要求不合理的，承揽人通知定作人后，定作人应及时答复

D. 定作人应当按照约定的期限支付报酬

5. 根据《民法典》的规定，关于定作人的协作义务，下列说法正确的是：（　　）

A. 承揽工作需要定作人协助的，定作人有协助的义务

B. 定作人不履行协助义务致使承揽工作不能完成的，承揽人可以催告定作人在合理期限内履行义务

C. 定作人不履行协助义务致使承揽工作不能完成的，承揽人可以顺延履行期限

D. 定作人逾期不履行的，承揽人可以解除合同

6. 承揽合同中，关于承揽人工作成果的交付，下列说法正确的是：（　　）

A. 承揽人完成工作的，应当向定作人交付工作成果

B. 交付工作成果需提交必要的技术资料

C. 交付工作成果需提交有关质量证明

D. 定作人应当验收该工作成果

7. 承揽合同中，对支付报酬的期限没有约定或者约定不明确，应按照以下哪些规则确定？（　　）

A. 由当事人协议补充

B. 不能达成补充协议的，按照合同有关条款、合同性质、合同目的或者交易习惯确定

C. 根据以上方法仍无法确定的，定作人应当在承揽人交付工作成果时支付

D. 根据以上方法仍无法确定的，工作成果部分交付的，定作人应当相应支付

8. 根据《民法典》的规定，承揽合同中，关于承揽人的保管义务，下列说法正确的是：（　　）

A. 承揽人应当妥善保管定作人提供的材料

B. 承揽人应当妥善保管完成的工作成果

C. 因保管不善造成毁损、灭失的，应当给予合理补偿

D. 因保管不善造成毁损、灭失的，应当承担赔偿责任

9. 根据《民法典》的规定，关于共同承揽人的责任，下列说法正确的是：（　　）

A. 共同承揽人对定作人承担连带责任

B. 当事人对共同承揽人的责任另有约定的，从其约定

C. 当事人约定由承担主要工作的共同承揽人承担责任的，该约定有效

D. 当事人约定由承担辅助工作的共同承揽人承担责任的，该约定无效

四、填空题

1. 承揽合同是承揽人按照定作人的要求完成工作，交付______，定作人支付报酬的合同。承揽包括加工、______、修理、复制、______、检验等工作。

2. 承揽合同中，承揽人将其承揽的主要工作交由第三人完成的，应当就______向定作人负责；未经定作人同意的，______也可以解除合同。
3. 承揽合同中，承揽人提供材料的，应当______选用材料，并接受定作人______。
4. 承揽合同中，承揽人发现定作人提供的图纸或者技术要求不合理的，应当______定作人。因定作人______等原因造成承揽人损失的，应当赔偿损失。
5. 承揽合同中，承揽工作需要定作人协助的，定作人有协助的义务。定作人不履行协助义务致使承揽工作不能完成的，承揽人可以______定作人在合理期限内履行义务，并可以______；定作人逾期不履行的，承揽人可以______。
6. 承揽合同中，承揽人完成工作的，应当向定作人交付工作成果，并提交______和有关质量证明。定作人应当______该工作成果。
7. 承揽合同中，定作人应当按照约定的期限支付报酬。对支付报酬的期限没有约定或者约定不明确，依据《民法典》第 510 条的规定仍不能确定的，定作人应当在______时支付；工作成果部分交付的，定作人应当______。
8. 承揽合同中，承揽人应当______定作人提供的材料以及完成的工作成果，因保管不善造成______、灭失的，应当承担赔偿责任。
9. 承揽合同中，共同承揽人对定作人承担______，但是当事人另有约定的除外。

五、简答题

1. 简答承揽合同中承揽人与定作人提供材料的法律规则。
2. 简答承揽合同中承揽工作转交第三人的法律后果。

参考答案

一、判断题

1. √，解析：根据《民法典》第 771 条规定，承揽合同的内容一般包括承揽的标的、数量、质量、报酬，承揽方式，材料的提供，履行期限，验收标准和方法等条款。
2. ×，解析：根据《民法典》第 773 条规定，承揽人可以将其承揽的辅助工作交由第三人完成。承揽人将其承揽的辅助工作交由第三人完成的，应当就该第三人完成的工作成果向定作人负责。
3. ×，解析：根据《民法典》第 775 条规定，定作人提供材料的，应当按照约定提供材料。承揽人对定作人提供的材料应当及时检验，发现不符合约定时，应当及时通知定作人更换、补齐或者采取其他补救措施。承揽人不得擅自更换定作人提供的材料，不得更换不需要修理的零部件。
4. √，解析：根据《民法典》第 777 条规定，定作人中途变更承揽工作的要求，造成承揽人损失的，应当赔偿损失。
5. ×，解析：根据《民法典》第 779 条规定，承揽人在工作期间，应当接受定作人必要的监督检验。定作人不得因监督检验妨碍承揽人的正常工作。
6. √，解析：根据《民法典》第 781 条规定，承揽人交付的工作成果不符合质量要求的，定作人可以合理选择请求承揽人承担修理、重作、减少报酬、赔偿损失等违约责任。
7. √，解析：根据《民法典》第 783 条规定，定作人未向承揽人支付报酬或者材料费等价款的，承揽人对完成的工作成果享有留置权或者有权拒绝交付，但是当事人另有约定的除外。
8. ×，解析：根据《民法典》第 785 条规定，承揽人应当按照定作人的要求保守秘密，未经定作人许可，不得留存复制品或者技术资料。据此，题干欠缺“经定作人许可”这一要件。

9. ×，解析：根据《民法典》第 787 条规定，定作人在承揽人完成工作前可以随时解除合同，造成承揽人损失的，应当赔偿损失。

二、单项选择题

1. C，解析：根据《民法典》第 770 条第 2 款规定，承揽包括加工、定作、修理、复制、测试、检验等工作。第 771 条规定，承揽合同的内容一般包括承揽的标的、数量、质量、报酬，承揽方式，材料的提供，履行期限，验收标准和方法等条款。据此，A、B 项正确。根据《民法典》第 787 条规定，定作人在承揽人完成工作前可以随时解除合同，造成承揽人损失的，应当赔偿损失。故 D 项正确。C 项于法无据，错误。
2. D，解析：根据《民法典》第 772 条规定，承揽人应当以自己的设备、技术和劳力，完成主要工作，但是当事人另有约定的除外。承揽人将其承揽的主要工作交由第三人完成的，应当就该第三人完成的工作成果向定作人负责；未经定作人同意的，定作人也可以解除合同。根据《民法典》第 773 条规定，承揽人可以将其承揽的辅助工作交由第三人完成。承揽人将其承揽的辅助工作交由第三人完成的，应当就该第三人完成的工作成果向定作人负责。据此，D 项错误。
3. C，解析：根据《民法典》第 775 条规定，定作人提供材料的，应当按照约定提供材料。承揽人对定作人提供的材料应当及时检验，发现不符合约定时，应当及时通知定作人更换、补齐或者采取其他补救措施。承揽人不得擅自更换定作人提供的材料，不得更换不需要修理的零部件。据此，C 项违反法律规定，当选。
4. B，解析：根据《民法典》第 777 条规定，定作人中途变更承揽工作的要求，造成承揽人损失的，应当赔偿损失。据此，B 项正确。
5. C，解析：根据《民法典》第 775 条规定，定作人提供材料的，应当按照约定提供材料。承揽人对定作人提供的材料应当及时检验，发现不符合约定时，应当及时通知定作人更换、补齐或者采取其他补救措施。承揽人不得擅自更换定作人提供的材料，不得更换不需要修理的零部件。据此，A、B、D 项错误。根据《民法典》第 779 条规定，承揽人在工作期间，应当接受定作人必要的监督检验。定作人不得因监督检验妨碍承揽人的正常工作。据此，C 项正确。

6. C，解析：根据《民法典》第 781 条规定，承揽人交付的工作成果不符合质量要求的，定作人可以合理选择请求承揽人承担修理、重作、减少报酬、赔偿损失等违约责任。据此，C 项不是违约责任的承担方式，当选。
7. D，解析：根据《民法典》第 783 条规定，定作人未向承揽人支付报酬或者材料费等价款的，承揽人对完成的工作成果享有留置权或者有权拒绝交付，但是当事人另有约定的除外。据此，D 项正确。
8. D，解析：根据《民法典》第 785 条规定，承揽人应当按照定作人的要求保守秘密，未经定作人许可，不得留存复制品或者技术资料。据此，D 项错误。
9. D，解析：根据《民法典》第 787 条规定，定作人在承揽人完成工作前可以随时解除合同，造成承揽人损失的，应当赔偿损失。据此，D 项正确。

三、多项选择题

1. ABC，解析：根据《民法典》第 770 条规定，承揽合同是承揽人按照定作人的要求完成工作，交付工作成果，定作人支付报酬的合同。承揽包括加工、定作、修理、复制、测试、检验等工作。据此，A、B、C 项正确。
2. ABCD，解析：根据《民法典》第 772 条规定，承揽人应当以自己的设备、技术和劳力，完成主要工作，但是当事人另有约定的除外。承揽人将其承揽的主要工作交由第三人完成的，应当就该第三人完成的工作成果向定作人负责；未经定作人同意的，定作人也可以解除合同。据此，A、B、C、D 项正确。

3. CD，解析：根据《民法典》第774条规定，承揽人提供材料的，应当按照约定选用材料，并接受定作人检验。据此，A项错误，C项正确。根据《民法典》第775条规定，定作人提供材料的，应当按照约定提供材料。承揽人对定作人提供的材料应当及时检验，发现不符合约定时，应当及时通知定作人更换、补齐或者采取其他补救措施。承揽人不得擅自更换定作人提供的材料，不得更换不需要修理的零部件。据此，B项错误，D项正确。
4. ABCD，解析：根据《民法典》第778条规定，承揽工作需要定作人协助的，定作人有协助的义务。据此，B项正确。根据《民法典》第776条规定，承揽人发现定作人提供的图纸或者技术要求不合理的，应当及时通知定作人。因定作人怠于答复等原因造成承揽人损失的，应当赔偿损失。据此，C项正确。根据《民法典》第782条规定，定作人应当按照约定的期限支付报酬。据此，D项正确。
5. ABCD，解析：根据《民法典》第778条规定，承揽工作需要定作人协助的，定作人有协助的义务。定作人不履行协助义务致使承揽工作不能完成的，承揽人可以催告定作人在合理期限内履行义务，并可以顺延履行期限；定作人逾期不履行的，承揽人可以解除合同。据此，A、B、C、D项均正确。
6. ABCD，解析：根据《民法典》第780条规定，承揽人完成工作的，应当向定作人交付工作成果，并提交必要的技术资料和有关质量证明。定作人应当验收该工作成果。据此，A、B、C、D项均正确。
7. ABCD，解析：根据《民法典》第782条规定，定作人应当按照约定的期限支付报酬。对支付报酬的期限没有约定或者约定不明确，依据本法第510条的规定仍不能确定的，定作人应当在承揽人交付工作成果时支付；工作成果部分交付的，定作人应当相应支付。根据《民法典》第510条规定，合同生效后，当事人就质量、价款或者报酬、履行地点等内容没有约定或者约定不明确的，可以协议补充；

不能达成补充协议的，按照合同有关条款、合同性质、合同目的或者交易习惯确定。据此，A、B、C、D 项均正确。

8. ABD，解析：根据《民法典》第 784 条规定，承揽人应当妥善保管定作人提供的材料以及完成的工作成果，因保管不善造成毁损、灭失的，应当承担赔偿责任。据此，A、B、D 项正确。

9. ABC，解析：根据《民法典》第 786 条规定，共同承揽人对定作人承担连带责任，但是当事人另有约定的除外。据此，C、D 项当事人的约定应均为有效。故 A、B、C 项正确，D 项错误。

四、填空题

1. 工作成果；定作；测试。(《民法典》第 770 条)
2. 该第三人完成的工作成果；定作人。(《民法典》第 772 条)
3. 按照约定；检验。(《民法典》第 774 条)
4. 及时通知；怠于答复。(《民法典》第 776 条)
5. 催告；顺延履行期限；解除合同。(《民法典》第 778 条)
6. 必要的技术资料；验收。(《民法典》第 780 条)
7. 承揽人交付工作成果；相应支付。(《民法典》第 782 条)
8. 妥善保管；毁损。(《民法典》第 784 条)
9. 连带责任。(《民法典》第 786 条)

五、简答题

1. 答：根据我国《民法典》第 774、775 条的规定，承揽合同中承揽人与定作人提供材料的法律规则如下：

(1) 承揽人提供材料的，应当按照约定选用材料，并接受定作人检验。

(2) 定作人提供材料的，应当按照约定提供材料。

(3) 承揽人对定作人提供的材料应当及时检验，发现不符合约定时，应当及时通知定作人更换、补齐或者采取其他补救措施。

(4) 承揽人不得擅自更换定作人提供的材料，不得更换不需要修理的零部件。

2. 答：根据我国《民法典》第 772、773 条的规定，承揽合同中承揽工作转交第三人的法律后果如下：

(1) 承揽人应当以自己的设备、技术和劳力，完成主要工作，但是当事人另有约定的除外。

(2) 承揽人将其承揽的主要工作交由第三人完成的，应当就该第三人完成的工作成果向定作人负责；未经定作人同意的，定作人也可以解除合同。

(3) 承揽人可以将其承揽的辅助工作交由第三人完成。承揽人将其承揽的辅助工作交由第三人完成的，应当就该第三人完成的工作成果向定作人负责。

第十八章　建设工程合同

一、判断题

1. 建设工程合同必须采用口头形式。(　　)
2. 建设工程合同中，建设工程的招标投标活动，应当依照有关法律的规定公开、公平、公正进行。(　　)
3. 建设工程施工合同无效，且建设工程经验收不合格的，可以参照合同关于工程价款的约定折价补偿承包人。(　　)
4. 建设工程合同中，施工合同的内容一般包括工程范围、建设工期、中间交工工程的开工和竣工时间、工程质量、工程造价、技术资料交付时间、材料和设备供应责任、拨款和结算、竣工验收、质量保修范围和质量保证期、相互协作等条款。(　　)
5. 建设工程合同中，发包人在不妨碍承包人正常作业的情况下，可以随时对作业进度、质量进行检查。(　　)
6. 建设工程竣工后，发包人应当根据施工图纸及说明书、国家颁发的施工验收规范和质量检验标准及时进行验收。(　　)
7. 建设工程合同中，因施工人的原因致使建设工程质量不符合约定的，发包人有权请求施工人在合理期限内修理，修理费用参照工程费用折价计入工程价款中。(　　)
8. 建设工程合同中，发包人未按照约定的时间和要求提供原材料、设备、场地、资金、技术资料的，承包人有权解除合同并要求赔偿损失。(　　)
9. 建设工程合同中，因发包人变更计划，提供的资料不准确，或者未按照期限提供必需的勘察、设计工作条件而造成勘察、设计的返工、停工或者修改设计，发包人应当按照勘察人、设计人实际消耗的工作量

增付费用。(　　)

10. 建设工程合同中，发包人未按照约定支付价款的，承包人可以催告发包人在合理期限内支付价款。建设工程的价款就该工程折价或者拍卖的价款按债权顺位受偿。(　　)

二、单项选择题

1. 根据《民法典》的规定，下列哪项不是建设工程招投标活动的原则？(　　)

   A. 公开　　B. 公平

   C. 公正　　D. 效率

2. 以下关于建设工程施工合同无效时各种情形的处理，表述正确的是：(　　)

   A. 建设工程经验收合格的，应当参照合同关于工程价款的约定折价补偿承包人

   B. 建设工程经验收合格的，应当按照合同关于工程价款的约定支付承包人

   C. 建设工程经验收不合格，修复后的建设工程经验收合格的，发包人可以请求承包人承担修复费用

   D. 修复后的建设工程经验收不合格的，承包人可以请求参照合同关于工程价款的约定折价补偿

3. 下列哪一项不是施工合同的内容？(　　)

   A. 提交有关基础资料和概预算等文件的期限

   B. 中间交工工程的开工和竣工时间

   C. 材料和设备供应责任

   D. 质量保修范围和质量保证期

4. 关于建设工程合同中发包人的检查权，下列说法正确的是：(　　)

   A. 发包人可以随时对作业进度、质量进行检查

   B. 发包人在不妨碍承包人正常作业的情况下，可以随时对作业进度、

质量进行检查

C. 发包人对作业进度、质量进行检查，应提前通知承包人

D. 发包人对作业进度、质量进行检查，需经承包人同意

5. 关于建设工程的验收，下列说法错误的是：（　　）

A. 验收合格的，发包人应当按照约定支付价款

B. 建设工程竣工经验收合格后，方可交付使用

C. 发包人和承包人可以约定验收规范和质量检验标准

D. 未经验收或者验收不合格的，不得交付使用

6. 建设工程合同中，关于建设工程质量不符合约定的法律后果，下列说法错误的是：（　　）

A. 因施工人的原因导致的，发包人有权请求施工人在合理期限内无偿修理

B. 因施工人的原因导致的，发包人有权请求施工人在合理期限内无偿改建

C. 经过修理或者返工、改建后，造成逾期交付的，施工人应当承担违约责任

D. 因施工人的原因导致的，发包人有权请求施工人在最短期限内返工

7. 发包人未按照约定的时间和要求提供原材料、设备、场地、资金、技术资料的，承包人不可采取下列哪一项救济措施：（　　）

A. 可以解除合同　　B. 可以顺延工程日期

C. 有权请求赔偿停工损失　　D. 有权请求赔偿窝工损失

8. 建设工程合同中，发包人逾期不支付价款，承包人与发包人协议将该工程折价后，（　　）有权就工程折价的价款优先受偿。

A. 欠缴的社会保险费用　　B. 建设工程的价款

C. 设定担保的债权　　D. 欠缴税款

9. 根据《民法典》的规定，建设工程合同没有规定的，适用（　　）的有关规定。

A. 中介合同　　B. 委托合同
C. 行纪合同　　D. 承揽合同

三、多项选择题

1. 建设工程合同包括下列哪些合同？（　　）
   A. 勘察合同　　B. 设计合同
   C. 施工合同　　D. 监理合同
2. 建设工程合同中，下列关于分包的说法，正确的是：（　　）
   A. 禁止分包单位将其承包的工程再分包
   B. 禁止承包人将工程分包给不具备相应资质条件的单位
   C. 建设工程主体结构的施工必须由承包人自行完成
   D. 发包人不得将应当由一个承包人完成的建设工程支解成若干部分发包给数个承包人
3. 建设工程合同中，国家重大建设工程合同，应当按照哪些程序和文件订立？（　　）
   A. 国家规定的程序　　B. 国家备案的投资计划
   C. 国家批准的可行性研究报告　　D. 国家批准的投资计划
4. 勘察、设计合同的内容一般包括下列哪些条款？（　　）
   A. 验收标准和方法　　B. 质量要求
   C. 费用　　D. 提交相关文件的期限
5. 关于建设工程监理，下列说法错误的是：（　　）
   A. 建设工程实行监理的，发包人可以与监理人采用书面形式订立委托监理合同
   B. 发包人与监理人的权利和义务以及法律责任，应当依照承揽合同的规定
   C. 建设工程实行监理的，发包人应当与监理人采用书面形式订立委托监理合同。
   D. 发包人与监理人的权利和义务以及法律责任，应当依照委托合同

的规定

6. 关于建设工程中的隐蔽工程，下列说法正确的是：（　　）

A. 隐蔽工程在隐蔽以前，承包人应当通知发包人检查

B. 发包人没有及时检查的，承包人应当及时开展后续施工

C. 发包人没有及时检查的，承包人可以顺延工程日期

D. 发包人没有及时检查的，承包人有权请求赔偿停工、窝工等损失

7. 建设工程合同中，勘察人、设计人有下列哪些行为，造成发包人损失的，应当赔偿发包人损失？（　　）

A. 因发包人变更计划造成勘察、设计的返工

B. 勘察、设计的质量不符合要求

C. 未按照期限提交勘察、设计文件拖延工期

D. 因发包人提供的资料不准确造成勘察、设计的停工

8. 关于建设工程的质量，下列说法正确的是：（　　）

A. 因施工人的原因致使建设工程质量不符合约定的，发包人有权请求施工人修理或者返工、改建

B. 经过修理或者返工、改建后，造成逾期交付的，施工人应当承担违约责任

C. 因承包人的原因致使建设工程在合理使用期限内造成财产损失的，承包人应当承担赔偿责任

D. 因承包人的原因致使建设工程造成人身损害的，承包人应当承担赔偿责任

9. 建设工程合同中，因发包人的原因致使工程中途停建、缓建的，发包人应当采取措施弥补或者减少损失，赔偿承包人下列哪些损失和实际费用？（　　）

A. 停工、窝工　　B. 倒运

C. 机械设备调迁　　D. 材料和构件积压

10. 建设工程合同中，下列哪些情形造成勘察、设计的返工、停工或者修改设计，发包人应当按照勘察人、设计人实际消耗的工作量增付

费用？（　　）

A. 发包人未提供充分的勘察工作条件

B. 发包人提供的资料不准确

C. 发包人变更计划

D. 发包人未按照期限提供必需的设计工作条件

11. 根据《民法典》的规定，承包人行使合同解除权，需满足下列哪些要件？（　　）

A. 发包人提供的主要建筑材料、建筑构配件和设备不符合强制性标准或者不履行协助义务

B. 发包人变更计划未通知承包人

C. 致使承包人无法施工

D. 经催告后在合理期限内仍未履行相应义务的

四、填空题

1. 建设工程合同是承包人进行______，发包人支付价款的合同。建设工程合同包括______、设计、施工合同。
2. 建设工程合同中，建设工程的招标投标活动，应当依照有关法律的规定______、______、______进行。
3. 建设工程合同中，国家重大建设工程合同，应当按照国家规定的程序和国家批准的______、______等文件订立。
4. 建设工程合同中，勘察、设计合同的内容一般包括提交有关基础资料和______等文件的期限、质量要求、______以及其他协作条件等条款。
5. 建设工程实行监理的，发包人应当与监理人采用______订立委托监理合同。发包人与监理人的权利和义务以及法律责任，应当依照《民法典》合同编______合同以及其他有关法律、行政法规的规定。
6. 建设工程合同中，隐蔽工程在隐蔽以前，承包人应当______发包人检查。发包人没有及时检查的，承包人可以______，并有权请求赔偿停

工、窝工等损失。

7. 建设工程合同中，勘察、设计的质量不符合要求或者未按照期限提交勘察、设计文件______，造成发包人损失的，勘察人、设计人应当______勘察、设计，减收或者______勘察、设计费并赔偿损失。
8. 建设工程合同中，因承包人的原因致使建设工程在______内造成人身损害和财产损失的，承包人应当承担______。
9. 建设工程合同中，因______的原因致使工程中途停建、缓建的，发包人应当采取措施弥补或者减少损失，赔偿承包人因此造成的停工、______、倒运、机械设备调迁、材料和构件积压等损失和______。
10. 建设工程合同中，承包人将建设工程转包、违法分包的，______可以解除合同。发包人提供的主要建筑材料、建筑构配件和设备不符合______或者不履行协助义务，致使承包人无法施工，经催告后在合理期限内仍未履行相应义务的，______可以解除合同。
11. 《民法典》关于建设工程合同没有规定的，适用______的有关规定。

五、简答题

1. 简答建筑工程合同建设工程合同无效后验收的处理。
2. 简答建筑工程合同建设工程合同解除后的处理。

参考答案

1. √，解析：根据《民法典》第789条规定，建设工程合同应当采用书面形式。
2. √，解析：根据《民法典》第790条规定，建设工程的招标投标活动，应当依照有关法律的规定公开、公平、公正进行。
3. ×，解析：根据《民法典》第793条第1款规定，建设工程施工合同无效，但是建设工程经验收合格的，可以参照合同关于工程价款的约定折价补偿承包人。

4. √，解析：根据《民法典》第 795 条规定，施工合同的内容一般包括工程范围、建设工期、中间交工工程的开工和竣工时间、工程质量、工程造价、技术资料交付时间、材料和设备供应责任、拨款和结算、竣工验收、质量保修范围和质量保证期、相互协作等条款。
5. √，解析：根据《民法典》第 797 条规定，发包人在不妨碍承包人正常作业的情况下，可以随时对作业进度、质量进行检查。
6. √，解析：根据《民法典》第 799 条规定，建设工程竣工后，发包人应当根据施工图纸及说明书、国家颁发的施工验收规范和质量检验标准及时进行验收。验收合格的，发包人应当按照约定支付价款，并接收该建设工程。建设工程竣工经验收合格后，方可交付使用；未经验收或者验收不合格的，不得交付使用。
7. ×，解析：根据《民法典》第 801 条规定，因施工人的原因致使建设工程质量不符合约定的，发包人有权请求施工人在合理期限内无偿修理或者返工、改建。经过修理或者返工、改建后，造成逾期交付的，施工人应当承担违约责任。
8. ×，解析：根据《民法典》第 803 条规定，发包人未按照约定的时间和要求提供原材料、设备、场地、资金、技术资料的，承包人可以顺延工程日期，并有权请求赔偿停工、窝工等损失。
9. √，解析：根据《民法典》第 805 条规定，因发包人变更计划，提供的资料不准确，或者未按照期限提供必需的勘察、设计工作条件而造成勘察、设计的返工、停工或者修改设计，发包人应当按照勘察人、设计人实际消耗的工作量增付费用。
10. ×，解析：根据《民法典》第 807 条规定，发包人未按照约定支付价款的，承包人可以催告发包人在合理期限内支付价款。发包人逾期不支付的，除根据建设工程的性质不宜折价、拍卖外，承包人可以与发包人协议将该工程折价，也可以请求人民法院将该工程依法拍卖。建设工程的价款就该工程折价或者拍卖的价款优先受偿。

二、单项选择题

1. D，解析：根据《民法典》第 790 条规定，建设工程的招标投标活动，应当依照有关法律的规定公开、公平、公正进行。据此，D 项错误，当选。
2. C，解析：根据《民法典》第 793 条规定，建设工程施工合同无效，但是建设工程经验收合格的，可以参照合同关于工程价款的约定折价补偿承包人。建设工程施工合同无效，且建设工程经验收不合格的，按照以下情形处理：（1）修复后的建设工程经验收合格的，发包人可以请求承包人承担修复费用；（2）修复后的建设工程经验收不合格的，承包人无权请求参照合同关于工程价款的约定折价补偿。发包人对因建设工程不合格造成的损失有过错的，应当承担相应的责任。据此，C 项正确。
3. A，解析：根据《民法典》第 794 条规定，勘察、设计合同的内容一般包括提交有关基础资料和概预算等文件的期限、质量要求、费用以及其他协作条件等条款。根据《民法典》第 795 条规定，施工合同的内容一般包括工程范围、建设工期、中间交工工程的开工和竣工时间、工程质量、工程造价、技术资料交付时间、材料和设备供应责任、拨款和结算、竣工验收、质量保修范围和质量保证期、相互协作等条款。据此，A 项为勘察、设计合同的内容，当选。
4. B，解析：根据《民法典》第 797 条规定，发包人在不妨碍承包人正常作业的情况下，可以随时对作业进度、质量进行检查。据此，B 项正确。
5. C，解析：根据《民法典》第 799 条规定，建设工程竣工后，发包人应当根据施工图纸及说明书、国家颁发的施工验收规范和质量检验标准及时进行验收。验收合格的，发包人应当按照约定支付价款，并接收该建设工程。建设工程竣工经验收合格后，方可交付使用；未经验收或者验收不合格的，不得交付使用。据此，C 项错误。

6. D，解析：根据《民法典》第 801 条规定，因施工人的原因致使建设工程质量不符合约定的，发包人有权请求施工人在合理期限内无偿修理或者返工、改建。经过修理或者返工、改建后，造成逾期交付的，施工人应当承担违约责任。据此，D 项错误。
7. A，解析：根据《民法典》第 803 条规定，发包人未按照约定的时间和要求提供原材料、设备、场地、资金、技术资料的，承包人可以顺延工程日期，并有权请求赔偿停工、窝工等损失。据此，A 项正确。
8. B，解析：根据《民法典》第 807 条规定，发包人未按照约定支付价款的，承包人可以催告发包人在合理期限内支付价款。发包人逾期不支付的，除根据建设工程的性质不宜折价、拍卖外，承包人可以与发包人协议将该工程折价，也可以请求人民法院将该工程依法拍卖。建设工程的价款就该工程折价或者拍卖的价款优先受偿。据此，B 项正确。
9. D，解析：根据《民法典》第 808 条规定，本章没有规定的，适用承揽合同的有关规定。据此，D 项正确。

三、多项选择题

1. ABC，解析：根据《民法典》第 788 条规定，建设工程合同是承包人进行工程建设，发包人支付价款的合同。建设工程合同包括工程勘察、设计、施工合同。据此，A、B、C 项正确。第 796 条规定，建设工程实行监理的，发包人应当与监理人采用书面形式订立委托监理合同。发包人与监理人的权利和义务以及法律责任，应当依照本编委托合同以及其他有关法律、行政法规的规定。据此，监理合同属于委托合同范畴。D 项错误。
2. ABCD，解析：根据《民法典》第 791 条第 1、3 款规定，发包人可以与总承包人订立建设工程合同，也可以分别与勘察人、设计人、施工人订立勘察、设计、施工承包合同。发包人不得将应当由一个承包人完成的建设工程支解成若干部分发包给数个承包人。禁止承包人将工程分包给不具备相应资质条件的单位。禁止分包单位将其承包的工程再分包。建设工程主体结构的施工必须由承包人自行完成。据此，ABCD 项均正确。

3. ACD，解析：根据《民法典》第 792 条规定，国家重大建设工程合同，应当按照国家规定的程序和国家批准的投资计划、可行性研究报告等文件订立。据此，A、C、D 项正确。

4. BCD，解析：根据《民法典》第 794 条规定，勘察、设计合同的内容一般包括提交有关基础资料和概预算等文件的期限、质量要求、费用以及其他协作条件等条款。据此，B、C、D 项正确。

5. AB，解析：根据《民法典》第 796 条规定，建设工程实行监理的，发包人应当与监理人采用书面形式订立委托监理合同。发包人与监理人的权利和义务以及法律责任，应当依照本编委托合同以及其他有关法律、行政法规的规定。据此，A、B 项错误。

6. ACD，解析：根据《民法典》第 798 条规定，隐蔽工程在隐蔽以前，承包人应当通知发包人检查。发包人没有及时检查的，承包人可以顺延工程日期，并有权请求赔偿停工、窝工等损失。据此，B 项违反法律规定，故错误，A、C、D 项正确。

7. BC，解析：根据《民法典》第 800 条规定，勘察、设计的质量不符合要求或者未按照期限提交勘察、设计文件拖延工期，造成发包人损失的，勘察人、设计人应当继续完善勘察、设计，减收或者免收勘察、设计费并赔偿损失。据此，B、C 项正确。

8. ABC，解析：根据《民法典》第 801 条规定，因施工人的原因致使建设工程质量不符合约定的，发包人有权请求施工人在合理期限内无偿修理或者返工、改建。经过修理或者返工、改建后，造成逾期交付的，施工人应当承担违约责任。根据《民法典》第 802 条规定，因承包人的原因致使建设工程在合理使用期限内造成人身损害和财产损失的，承包人应当承担赔偿责任。据此，D 项错误，缺少“在合理使用期限内”这一要件。故 A、B、C 项正确。

9. ABCD，解析：根据《民法典》第 804 条规定，因发包人的原因致使工程中途停建、缓建的，发包人应当采取措施弥补或者减少损失，赔偿承包人因此造成的停工、窝工、倒运、机械设备调迁、材料和构件积压等损失和实际费用。据此，A、B、C、D 项正确。
10. BCD，解析：根据《民法典》第 805 条规定，因发包人变更计划，提供的资料不准确，或者未按照期限提供必需的勘察、设计工作条件而造成勘察、设计的返工、停工或者修改设计，发包人应当按照勘察人、设计人实际消耗的工作量增付费用。据此，B、C、D 项正确。
11. ACD，解析：根据《民法典》第 806 条第 2 款规定，发包人提供的主要建筑材料、建筑构配件和设备不符合强制性标准或者不履行协助义务，致使承包人无法施工，经催告后在合理期限内仍未履行相应义务的，承包人可以解除合同。据此，A、C、D 项正确。

四、填空题

1. 工程建设；工程勘察。(《民法典》第 788 条)
2. 公开；公平；公正。(《民法典》第 790 条)
3. 投资计划；可行性研究报告。(《民法典》第 792 条)
4. 概预算；费用。(《民法典》第 794 条)
5. 书面形式；委托。(《民法典》第 796 条)
6. 通知；顺延工程日期。(《民法典》第 798 条)
7. 拖延工期；继续完善；免收。(《民法典》第 800 条)
8. 合理使用期限；赔偿责任。(《民法典》第 802 条)
9. 发包人的原因；窝工；实际费用。(《民法典》第 804 条)
10. 发包人；强制性标准；承包人。(《民法典》第 806 条)
11. 承揽合同。(《民法典》第 808 条)

五、简答题

1. 答：根据我国《民法典》第 793 条的规定，建筑工程合同建设工程合同无效后验收的处理如下：

(1) 建设工程施工合同无效，但是建设工程经验收合格的，可以参照合同关于工程价款的约定折价补偿承包人。

(2) 建设工程施工合同无效，且建设工程经验收不合格的，按照以下情形处理：

①修复后的建设工程经验收合格的，发包人可以请求承包人承担修复费用；

②修复后的建设工程经验收不合格的，承包人无权请求参照合同关于工程价款的约定折价补偿。

(3) 发包人对因建设工程不合格造成的损失有过错的，应当承担相应的责任。

2. 答：根据我国《民法典》第806条的规定，建筑工程合同建设工程合同解除后的处理如下：

(1) 承包人将建设工程转包、违法分包的，发包人可以解除合同。

(2) 发包人提供的主要建筑材料、建筑构配件和设备不符合强制性标准或者不履行协助义务，致使承包人无法施工，经催告后在合理期限内仍未履行相应义务的，承包人可以解除合同。

(3) 合同解除后，已经完成的建设工程质量合格的，发包人应当按照约定支付相应的工程价款；已经完成的建设工程质量不合格的，按照以下情形处理：

①修复后的建设工程经验收合格的，发包人可以请求承包人承担修复费用；

②修复后的建设工程经验收不合格的，承包人无权请求参照合同关于工程价款的约定折价补偿。

第十九章　运输合同

一、判断题

1. 运输合同是承运人将旅客或者货物从起运地点运输到约定地点，旅客、托运人或者收货人支付票款或者运输费用的合同。(　　)
2. 运输合同中，承运人应当在约定期限内将旅客、货物安全运输到约定地点或者合理地点。(　　)
3. 运输合同中，承运人未按照约定路线或者通常路线运输增加票款或者运输费用的，旅客、托运人或者收货人可以拒绝支付增加部分的票款或者运输费用。(　　)
4. 客运合同的旅客丢失客票的，可以请求承运人挂失补办。(　　)
5. 旅客随身携带超过限量或者违反品类要求的行李乘坐火车、飞机的，应当加收票款或运费并办理补票手续。(　　)
6. 承运人遇有不能正常运输的情形时，应当提前告知旅客。(　　)
7. 客运合同中，承运人提高服务标准的，可以向旅客加收票款。(　　)
8. 客运合同中，只要旅客在运输过程中伤亡，承运人就应该承担赔偿责任。(　　)
9. 货物运输需要办理审批、检验等手续的，托运人应当将办理完有关手续的文件提交承运人。(　　)
10. 货运合同中，托运人不可以托运易燃、易爆、有毒、有腐蚀性、有放射性等危险物品。(　　)
11. 货物运输到达后，承运人知道收货人的，应当及时通知收货人，收货人应当及时提货。(　　)
12. 货运合同中，只要货物在运输过程中毁损、灭失，承运人就需要承担赔偿责任。(　　)

13. 货运合同中，两个以上承运人以同一运输方式联运的，与托运人订立合同的承运人应当对全程运输承担责任。(　　)
14. 货运合同中，当事人双方可以约定即使在保管费、运费等费用没有付清的情况下，承运人也不能留置货物。(　　)
15. 多式联运经营人与参加多式联运的各区段承运人就多式联运合同的各区段运输约定相互之间的责任后，则其此前对全程运输承担的义务相应分解到各区段承运人。(　　)
16. 在多式联运合同中，因托运人托运货物时的过错造成多式联运经营人损失的，在托运人转让多式联运单据后，托运人的赔偿责任转由多式联运单据的实际持有人承担。(　　)

二、单项选择题

1. 下列哪一项是关于运输合同中承运人的强制缔约义务的表述？(　　)
   A. 承运人不得拒绝旅客、托运人通常、合理的运输要求
   B. 从事公共运输的承运人不得拒绝旅客、托运人通常、合理的运输要求
   C. 从事公共运输的承运人不得拒绝旅客、托运人的运输要求
   D. 承运人不得拒绝旅客、托运人的运输要求
2. 下列哪一项不符合运输合同中承运人的合理运输义务的要求？(　　)
   A. 承运人应当按照约定的运输路线将旅客运输到约定地点
   B. 承运人应当按照通常的运输路线将旅客运输到约定地点
   C. 承运人应当按照约定的运输路线将货物运输到通常地点
   D. 承运人应当按照通常的运输路线将货物运输到约定地点
3. 下列哪种情形下，旅客不需要补交票款？(　　)
   A. 无票乘坐　　　　B. 超程乘坐
   C. 越级乘坐　　　　D. 承运人提高服务标准
4. 旅客随身携带的行李超过限量或违反品类要求时，旅客应如何处理？(　　)

A. 办理寄存手续　　B. 办理托运手续

C. 办理补票手续　　D. 继续携带乘坐

5. 关于承运人的安全运输义务，下列哪一说法是错误的？(　　)

A. 及时告知旅客安全运输应当注意的事项

B. 遇有不能正常运输的特殊情形，应当根据旅客的要求安排改乘其他班次或者退票

C. 遇有不能正常运输的情形，应当提前告知和提醒旅客，采取必要的安置措施

D. 旅客对承运人为安全运输所做的安排应当积极协助和配合

6. 承运人在运输过程中，应当尽力救助的旅客不包括(　　)。

A. 患有急病的旅客　　B. 分娩的旅客

C. 遇险的旅客　　D. 经济困难的旅客

7. 承运人应当对运输过程中旅客的伤亡承担赔偿责任；但是，伤亡是旅客自身健康原因造成的或者承运人证明伤亡是旅客故意、(　　)造成的除外。

A. 意外　　B. 一般过失

C. 过失　　D. 重大过失

8. 货运合同中，对于货物的包装方式，下列哪项说法是错误的？(　　)

A. 托运人应当按照约定的方式包装货物

B. 承运人应当按照约定的方式包装货物

C. 承运人和托运人对包装方式没有约定或约定不明确的，可以协议补充

D. 承运人和托运人对包装方式没有约定或约定不明确的，又无法协议补充或按交易习惯确定的，应当按照通用的方式包装

9. 在承运人将货物交付收货人之前，托运人可以要求承运人中止运输、返还货物、变更到达地或者将货物交给其他收货人，因此给承运人造成的损失，托运人(　　)。

A. 无需赔偿　　B. 应当赔偿

C. 可以赔偿　　　　　　　　D. 适当补偿

10. 货运合同中，关于收货人检验货物的期限，下列哪项说法是错误的？（　　）

A. 按照约定的期限检验货物

B. 没有约定或约定不明确的，可以协议补充

C. 没有约定或约定不明确且无法达成补充协议的，在承运人指定的期限内检验货物

D. 没有约定或约定不明确且无法达成补充协议的，在合理期限内检验货物

11. 货运合同中，关于货物毁损、灭失的责任承担，下列哪项说法是错误的？（　　）

A. 承运人有过错的，应当承担赔偿责任

B. 承运人证明毁损、灭失是因货物本身的自然性质或者合理损耗造成的，不承担赔偿责任

C. 承运人证明毁损、灭失是因托运人的过错造成的，不承担赔偿责任

D. 承运人证明毁损、灭失是因收货人的过错造成的，不承担赔偿责任

12. 货运合同中，关于货物毁损、灭失的赔偿额，下列哪项说法是错误的？（　　）

A. 当事人有约定的，按照其约定

B. 没有约定或者约定不明确且无法达成补充协议的，按照交付时货物到达地的市场价格计算

C. 没有约定或者约定不明确且无法达成补充协议的，按照合同签订时货物到达地的市场价格计算

D. 法律、行政法规另有规定的，依照其规定

13. 货运合同中，货物在运输过程中因不可抗力灭失时，下列关于运费处理的说法，哪项是错误的？（　　）

A. 承运人未收取运费的，可以请求支付运费

B. 承运人未收取运费的，不得请求支付运费

C. 承运人已收取运费的，托运人可以请求返还

D. 法律另有规定的，依照其规定

14. 货运合同中，收货人不明或者收货人无正当理由拒绝受领货物的，承运人依法可以(　　)货物。

A. 抵押　　B. 留置

C. 提存　　D. 拍卖

15. 关于多式联运合同中的责任制度，下列哪项说法是错误的？(　　)

A. 多式联运经营人对全程运输负责

B. 多式联运经营人承担责任后不可以向区段承运人追偿

C. 多式联运经营人承担责任后可以向区段承运人追偿

D. 多式联运经营人可以与各区段承运人约定相互之间的责任

16. 在多式联运合同中，因托运人托运货物时的过错造成多式联运经营人损失时，下列哪项的说法是错误的？(　　)

A. 若托运人已经转让多式联运单据，则无需承担赔偿责任

B. 托运人已经转让多式联运单据的，仍然应当承担赔偿责任

C. 不管托运人是否转让多式联运单据，都需要承担赔偿责任

D. 多式联运经营人不可以要求收货人承担赔偿责任

三、多项选择题

1. 关于运输合同，下列说法正确的是：(　　)

A. 实名制客运合同的旅客丢失客票的，可以请求承运人挂失补办

B. 根据运输合同，承运人应将旅客或者货物从起运地点运输到约定地点

C. 运输合同应当采用书面形式

D. 根据承运合同，旅客、托运人或者收货人应支付票款或者运输费用

2. 根据《民法典》的规定，承运人应当在(　　)内将旅客、货物安全运输到约定地点。

A. 指定期限　　B. 约定期限

C. 最短期限　　D. 合理期限

3. 关于运输合同中票款或者运输费用的支付，下列说法正确的是：(　　)

A. 旅客、托运人或者收货人应当支付票款或者运输费用

B. 承运人未按照约定路线运输增加票款的，旅客可以拒绝支付增加部分的票款

C. 承运人未按照通常路线运输运输费用的，托运人可以拒绝支付增加部分的运输费用

D. 承运人未按照约定路线运输增加票款的，收货人可以拒绝支付全部运输费用

4. 关于客运合同的成立时间，下列哪些说法是正确的？(　　)

A. 自承运人向旅客出具客票时成立

B. 自旅客支付票款时成立

C. 自旅客搭乘运输工具时成立

D. 但是当事人另有约定或者另有交易习惯的除外

5. 旅客因自己的原因不能按照客票记载的时间乘坐的，应当在约定的时间内办理退票或者变更手续。逾期办理的，承运人(　　)。

A. 可以不退票款　　B. 应当退款

C. 不再承担运输义务　　D. 应当继续履行运输义务

6. 旅客不得随身携带或者在行李中夹带下列哪些物品？(　　)

A. 易燃物

B. 易爆物

C. 有毒、有腐蚀性的物品

D. 有放射性的物品

7. 客运合同中，承运人延迟运输时，下列哪些做法是正确的？(　　)

A. 告知和提醒旅客

B. 根据旅客的要求安排改乘其他班次

C. 根据旅客的要求退票

D. 对可归责于自己的损失承担赔偿责任

8. 承运合同中，承运人擅自降低服务标准的，旅客可以请求(　　)。

A. 退票　　B. 改变目的地

C. 减收票款　　D. 返回出发地

9. 在运输过程中旅客随身携带物品或者旅客托运行李毁损、灭失的责任承担，表述正确的是：(　　)

A. 旅客随身携带物品毁损、灭失，承运人有过错的，应当承担赔偿责任

B. 承运人对旅客随身携带物品毁损、灭失承担赔偿责任。但是，承运人证明毁损、灭失是因该旅客的过错造成的，不承担赔偿责任

C. 旅客托运的行李毁损、灭失，承运人有过错的，应当承担赔偿责任

D. 承运人对旅客托运的行李毁损、灭失承担赔偿责任。但是，承运人证明毁损、灭失是因行李本身的自然性质或者合理损耗造成的，不承担赔偿责任

10. 货运合同中，托运人办理货物运输，应当向承运人准确表明(　　)。

A. 收货人的姓名或名称或凭指示的收货人

B. 货物的名称、数量

C. 货物的性质、重量

D. 收货地点

11. 托运人托运易燃、易爆、有毒、有腐蚀性、有放射性等危险物品的，应当(　　)。

A. 对危险物品进行妥善包装

B. 在危险物品上做出危险物标志

C. 将有关危险物品的名称、性质和防范措施的书面材料提交承运人

D. 在危险物品上做出危险物标签

12. 货运合同中，货物运输到达后，下列哪些说法是正确的？（　　）

A. 承运人知道收货人的，应当及时通知收货人

B. 收货人应当及时提货

C. 收货人提货时应当按照约定的期限检验货物

D. 收货人逾期提货的，应当向承运人支付违约金

13. 承运人对运输过程中货物的毁损、灭失承担赔偿责任，但是承运人证明货物的毁损、灭失是因（　　）造成的，不承担赔偿责任。

A. 不可抗力

B. 货物本身的自然性质

C. 货物本身的合理耗损

D. 托运人、收货人的过错

14. 货运合同中，关于两个以上承运人以同一运输方式联运的，下列哪些说法是正确的？（　　）

A. 各承运人应当对全程运输承担连带责任

B. 与委托人订立合同的承运人应当对全程运输承担责任

C. 损失发生在某一运输区段的，由该区段的承运人承担责任

D. 损失发生在某一运输区段的，与托运人订立合同的承运人和该区段的承运人承担连带责任

15. 关于货运合同中承运人的留置权，表述正确的是：（　　）

A. 托运人不支付运费的，承运人对相应的运输货物享有留置权

B. 收货人不支付保管费的，承运人对相应的运输货物享有留置权

C. 托运人或者收货人不支付其他费用的，承运人对相应的运输货物享有留置权

D. 当事人不得就留置权问题另行约定

16. 关于多式联运合同中多式联运经营人的权利义务，下列哪些说法是正确的？（　　）

A. 多式联运经营人负责履行多式联运合同

B. 多式联运经营人对全程运输享有承运人的权利

C. 多式联运经营人对全程运输承担承运人的义务

D. 多式联运经营人负责组织履行多式联运合同

17. 关于多式联运合同中的多式联运单据，下列哪些说法是正确的：(　　)

A. 多式联运单据由多式联运经营人收到托运人交付的货物时签发

B. 多式联运单据按照托运人的要求可以是可以转让的单据

C. 多式联运单据只能是不可转让的单据

D. 多式联运单据按照托运人的要求可以是不可转让单据

四、填空题

1. 运输合同中，从事______的承运人不得拒绝旅客、托运人通常、______的运输要求。

2. 运输合同中，承运人应当按照______或者______运输路线将旅客、货物运输到约定地点。

3. 客运合同自承运人向旅客______时成立，但是当事人另有______或者另有______的除外。

4. 旅客因______的原因不能按照客票记载的时间乘坐的，应当在约定的时间内办理______或者______。逾期办理的，承运人可以______，并不再承担运输义务。

5. 旅客不得随身携带或者在行李中夹带______、______、______、______、______以及有可能危及运输工具上人身和财产安全的危险物品或者违禁物品。

6. 承运人应当按照______客票记载的______、______和______运输旅客。

7. 承运人在运输过程中，应当尽力救助______、______、______的旅客。

8. 旅客______的行李毁损、灭失的，适用______的有关规定。

9. 因托运人申报不实或者遗漏重要情况，造成承运人损失的，______应当承担赔偿责任。

10. 托运人不按照约定的方式包装货物的，承运人可以______。

11. 在承运人将货物交付收货人之前，托运人可以要求承运人______、______、______或者将货物交给其他收货人，但是应当赔偿承运人因此受到的损失。

12. 收货人提货时应当按照______的期限检验货物。

13. 承运人对运输过程中货物的毁损、灭失承担赔偿责任，但是承运人证明货物的毁损、灭失是因______、货物本身的______或者______以及______的过错造成的，不承担赔偿责任。

14. 货物在运输过程中因______灭失，未收取运费的，承运人不得请求支付运费；已收取运费的，托运人可以______。

15. 收货人不明或者收货人无正当理由拒绝受领货物的，承运人依法可以______。

16. 多式联运经营人负责______或者______多式联运合同，对全程运输享有承运人的权利，承担承运人的义务。

17. 在多式联运合同中，多式联运经营人收到托运人交付的货物时，应当签发多式联运单据。按照______的要求，多式联运单据可以是______，也可以是______。

18. 物的毁损、灭失发生于多式联运的某一运输区段的，多式联运经营人的______和______，适用调整该区段运输方式的有关法律规定。货物毁损、灭失发生的运输区段______的，依照本章规定承担赔偿责任。

五、简答题

1. 简答运输合同中承运人的义务。
2. 简答客运合同中承运人的义务。

参考答案

一、判断题

1. √，解析：根据《民法典》第809条规定，运输合同是承运人将旅客或者货物从起运地点运输到约定地点，旅客、托运人或者收货人支付票款或者运输费用的合同。
2. ×，解析：根据《民法典》第811条规定，承运人应当在约定期限或者合理期限内将旅客、货物安全运输到约定地点。
3. √，解析：根据《民法典》第813条规定，旅客、托运人或者收货人应当支付票款或者运输费用。承运人未按照约定路线或者通常路线运输增加票款或者运输费用的，旅客、托运人或者收货人可以拒绝支付增加部分的票款或者运输费用。
4. ×，解析：根据《民法典》第815条第2款的规定，实名制客运合同的旅客丢失客票的，可以请求承运人挂失补办，承运人不得再次收取票款和其他不合理费用。
5. ×，解析：根据《民法典》第817条的规定，旅客携带行李应当符合约定的限量和品类要求；超过限量或者违反品类要求携带行李的，应当办理托运手续。
6. ×，解析：根据《民法典》第820条的规定，承运人迟延运输或者有其他不能正常运输情形的，应当及时告知和提醒旅客，采取必要的安置措施，并根据旅客的要求安排改乘其他班次或者退票；由此造成旅客损失的，承运人应当承担赔偿责任，但是不可归责于承运人的除外。
7. ×，解析：根据《民法典》第821条的规定，承运人擅自降低服务标准的，应当根据旅客的请求退票或者减收票款；提高服务标准的，不得加收票款。
8. ×，解析：根据《民法典》第823条第1款的规定，承运人应当对运输过程中旅客的伤亡承担赔偿责任；但是，伤亡是旅客自身健康原因造成的或者承运人证明伤亡是旅客故意、重大过失造成的除外。

9. √，解析：根据《民法典》第 826 条的规定，货物运输需要办理审批、检验等手续的，托运人应当将办理完有关手续的文件提交承运人。

10. ×，解析：根据《民法典》第 828 条第 1 款的规定，托运人托运易燃、易爆、有毒、有腐蚀性、有放射性等危险物品的，应当按照国家有关危险物品运输的规定对危险物品妥善包装，做出危险物标志和标签，并将有关危险物品的名称、性质和防范措施的书面材料提交承运人。由此可知，托运人可以托运易燃、易爆、有毒、有腐蚀性、有放射性等危险物品。

11. √，解析：根据《民法典》第 830 条的规定，货物运输到达后，承运人知道收货人的，应当及时通知收货人，收货人应当及时提货。

12. ×，解析：根据《民法典》第 832 条的规定，承运人对运输过程中货物的毁损、灭失承担赔偿责任，但是承运人证明货物的毁损、灭失是因不可抗力、货物本身的自然性质或者合理损耗以及托运人、收货人的过错造成的，不承担赔偿责任。

13. √，解析：根据《民法典》第 834 条的规定，两个以上承运人以同一运输方式联运的，与托运人订立合同的承运人应当对全程运输承担责任；损失发生在某一运输区段的，与托运人订立合同的承运人和该区段的承运人承担连带责任。

14. √，解析：根据《民法典》第 836 条的规定，托运人或者收货人不支付运费、保管费以及其他费用的，承运人对相应的运输货物享有留置权，但是当事人另有约定的除外。

15. ×，解析：根据《民法典》第 839 条的规定，多式联运经营人可以与参加多式联运的各区段承运人就多式联运合同的各区段运输约定相互之间的责任；但是，该约定不影响多式联运经营人对全程运输承担的义务。

16. ×，解析：根据《民法典》第 841 条的规定，因托运人托运货物时的过错造成多式联运经营人损失的，即使托运人已经转让多式联运单据，托运人仍然应当承担赔偿责任。

二、单项选择题

1. B，解析：根据《民法典》第 810 条规定，从事公共运输的承运人不得拒绝旅客、托运人通常、合理的运输要求。据此，B 项正确。
2. C，解析：根据《民法典》第 812 条规定，承运人应当按照约定的或者通常的运输路线将旅客、货物运输到约定地点。据此，C 项不符合要求，当选。
3. D，解析：根据《民法典》第 815 条第 1 款的规定，旅客应当按照有效客票记载的时间、班次和座位号乘坐。旅客无票乘坐、超程乘坐、越级乘坐或者持失效客票乘坐的，应当补交票款，承运人可以按照规定加收票款；旅客不支付票款的，承运人可以拒绝运输。《民法典》第 821 条规定，承运人擅自降低服务标准的，应当根据旅客的请求退票或者减收票款；提高服务标准的，不得加收票款。
4. B，解析：根据《民法典》第 817 条的规定，旅客随身携带行李应当符合约定的限量和品类要求；超过限量或者违反品类要求携带行李的，应当办理托运手续。
5. C，解析：根据《民法典》第 819 条的规定，承运人应当严格履行安全运输义务，及时告知旅客安全运输应当注意的事项。旅客对承运人为安全运输所作的合理安排应当积极协助和配合。根据《民法典》第 820 条的规定，承运人迟延运输或者有其他不能正常运输情形的，应当及时告知和提醒旅客，采取必要的安置措施，并根据旅客的要求安排改乘其他班次或者退票。
6. D，解析：根据《民法典》第 822 条的规定，承运人在运输过程中，应当尽力救助患有急病、分娩、遇险的旅客。
7. D，解析：根据《民法典》第 823 条第 1 款的规定，承运人应当对运输过程中旅客的伤亡承担赔偿责任；但是，伤亡是旅客自身健康原因造成的或者承运人证明伤亡是旅客故意、重大过失造成的除外。

8. B，解析：根据《民法典》第827条第1款的规定，托运人应当按照约定的方式包装货物。对包装方式没有约定或者约定不明确的，适用《民法典》第619条的规定。《民法典》第619条规定，出卖人应当按照约定的包装方式交付标的物。对包装方式没有约定或者约定不明确，依据《民法典》第510条的规定仍不能确定的，应当按照通用的方式包装；没有通用方式的，应当采取足以保护标的物的包装方式。

9. B，解析：根据《民法典》第829条的规定，在承运人将货物交付收货人之前，托运人可以要求承运人中止运输、返还货物、变更到达地或者将货物交给其他收货人，但是应当赔偿承运人因此受到的损失。

10. C，解析：根据《民法典》第831条的规定，收货人提货时应当按照约定的期限检验货物。对检验货物的期限没有约定或者约定不明确，依据《民法典》第510条的规定仍不能确定的，应当在合理期限内检验货物。收货人在约定的期限或者合理期限内对货物的数量、毁损等未提出异议的，视为承运人已经按照运输单证的记载交付的初步证据。

11. A，解析：根据《民法典》第832条的规定，承运人对运输过程中货物的毁损、灭失承担赔偿责任，但是承运人证明货物的毁损、灭失是因不可抗力、货物本身的自然性质或者合理损耗以及托运人、收货人的过错造成的，不承担赔偿责任。据此，承运人承担赔偿责任不以其有过错为前提，A项错误，BCD项正确。

12. C，解析：根据《民法典》第833条的规定，货物的毁损、灭失的赔偿额，当事人有约定的，按照其约定；没有约定或者约定不明确，依据《民法典》第510条的规定仍不能确定的，按照交付或者应当交付时货物到达地的市场价格计算。法律、行政法规对赔偿额的计算方法和赔偿限额另有规定的，依照其规定。C项错误，ABD

项正确。

13. A，解析：根据《民法典》第 835 条的规定，货物在运输过程中因不可抗力灭失，未收取运费的，承运人不得请求支付运费；已收取运费的，托运人可以请求返还。法律另有规定的，依照其规定。据此 BCD 项正确，A 项错误。

14. C，解析：根据《民法典》第 837 条的规定，收货人不明或者收货人无正当理由拒绝受领货物的，承运人依法可以提存货物。

15. B，解析：根据《民法典》第 839 条的规定，多式联运经营人可以与参加多式联运的各区段承运人就多式联运合同的各区段运输约定相互之间的责任；但是，该约定不影响多式联运经营人对全程运输承担的义务。

16. A，解析：根据《民法典》第 841 条的规定，因托运人托运货物时的过错造成多式联运经营人损失的，即使托运人已经转让多式联运单据，托运人仍然应当承担赔偿责任。

三、多项选择题

1. ABD，解析：根据《民法典》第 815 条第 2 款，实名制客运合同的旅客丢失客票的，可以请求承运人挂失补办，承运人不得再次收取票款和其他不合理费用。据此，A 项正确。根据《民法典》第 809 条规定，运输合同是承运人将旅客或者货物从起运地点运输到约定地点，旅客、托运人或者收货人支付票款或者运输费用的合同。据此，B、D 项正确。C 项于法无据，故错误。

2. BD，解析：根据《民法典》第 811 条规定，承运人应当在约定期限或者合理期限内将旅客、货物安全运输到约定地点。据此，B、D 项正确。

3. ABC，解析：根据《民法典》第 813 条规定，旅客、托运人或者收货人应当支付票款或者运输费用。承运人未按照约定路线或者通常路线运输增加票款或者运输费用的，旅客、托运人或者收货人可以拒绝支付增加部分的票款或者运输费用。据此，A、B、C 项正确。

4. AD，解析：根据《民法典》第 814 条的规定，客运合同自承运人向旅客出具客票时成立，但是当事人另有约定或者另有交易习惯的除外。
5. AC，解析：根据《民法典》第 816 条规定的规定，旅客因自己的原因不能按照客票记载的时间乘坐的，应当在约定的时间内办理退票或者变更手续；逾期办理的，承运人可以不退票款，并不再承担运输义务。
6. ABCD，解析：根据《民法典》第 818 条第 1 款的规定，旅客不得随身携带或者在行李中夹带易燃、易爆、有毒、有腐蚀性、有放射性以及有可能危及运输工具上人身和财产安全的危险物品或者违禁物品。
7. ABCD，解析：根据《民法典》第 820 条的规定，承运人应当按照有效客票记载的时间、班次和座位号运输旅客。承运人迟延运输的，应当履行告知和提醒义务，并根据旅客的要求安排改乘其他班次或者退票；由此造成旅客损失的，承运人应当承担赔偿责任，但是不可归责于承运人的除外。
8. AC，解析：根据《民法典》第 821 条的规定，承运人擅自降低服务标准的，应当根据旅客的请求退票或者减收票款；提高服务标准的，不得加收票款。
9. AD，解析：根据《民法典》第 824 条的规定，在运输过程中旅客随身携带物品毁损、灭失，承运人有过错的，应当承担赔偿责任。旅客托运的行李毁损、灭失的，适用货物运输的有关规定。根据《民法典》第 832 条规定，承运人对运输过程中货物的毁损、灭失承担赔偿责任。但是，承运人证明货物的毁损、灭失是因不可抗力、货物本身的自然性质或者合理损耗以及托运人、收货人的过错造成的，不承担赔偿责任。
10. ABCD，解析：根据《民法典》第 825 条第 1 款的规定，托运人办理货物运输，应当向承运人准确表明收货人的姓名或者名称或者凭指示的收货人，货物的名称、性质、重量、数量，收货地点等有关货物运输的必要情况。

11. ABCD，解析：根据《民法典》第828条第1款的规定，托运人托运易燃、易爆、有毒、有腐蚀性、有放射性等危险物品的，应当按照国家有关危险物品运输的规定对危险物品妥善包装，做出危险物标志和标签，并将有关危险物品的名称、性质和防范措施的书面材料提交承运人。

12. ABC，解析：根据《民法典》第830条的规定，货物运输到达后，承运人知道收货人的，应当及时通知收货人，收货人应当及时提货。收货人逾期提货的，应当向承运人支付保管费等费用。AB项正确，D项错误。根据《民法典》第831条的规定，收货人提货时应当按照约定的期限检验货物。C项正确。

13. ABCD，解析：根据《民法典》第832条的规定，承运人对运输过程中货物的毁损、灭失承担赔偿责任，但是承运人证明货物的毁损、灭失是因不可抗力、货物本身的自然性质或者合理损耗以及托运人、收货人的过错造成的，不承担赔偿责任。

14. BD，解析：根据《民法典》第834条的规定，两个以上承运人以同一运输方式联运的，与托运人订立合同的承运人应当对全程运输承担责任；损失发生在某一运输区段的，与托运人订立合同的承运人和该区段的承运人承担连带责任。

15. ABC，解析：《民法典》第836条规定，托运人或者收货人不支付运费、保管费或者其他费用的，承运人对相应的运输货物享有留置权，但是当事人另有约定的除外。据此，ABC项正确，D项错误。

16. ABCD，解析：根据《民法典》第838条的规定，多式联运经营人负责履行或者组织履行多式联运合同，对全程运输享有承运人的权利，承担承运人的义务。

17. ABD，解析：根据《民法典》第840条的规定，多式联运经营人收到托运人交付的货物时，应当签发多式联运单据。按照托运人的要求，多式联运单据可以是可转让单据，也可以是不可转让单据。

四、填空题

1. 公共运输；合理。(《民法典》第810条)
2. 约定的；通常的。(《民法典》第812条)
3. 交付客票；约定；交易习惯。(《民法典》第814条)
4. 自己；退票；变更手续；不退票款。(《民法典》第816条)
5. 易燃；易爆；有毒；有腐蚀性；有放射性。(《民法典》第818条第1款)
6. 有效；时间；班次；座位号。(《民法典》第820条)
7. 患有急病；分娩；遇险。(《民法典》第822条)
8. 托运；货物运输。(《民法典》第824条)
9. 托运人。(《民法典》第825条第2款)
10. 拒绝运输。(《民法典》第827条)
11. 中止运输；返还货物；变更到达地。(《民法典》第829条)
12. 约定。(《民法典》第831条)
13. 不可抗力；自然性质；合理损耗；托运人、收货人。(《民法典》第832条)
14. 不可抗力；请求返还。(《民法典》第835条)
15. 提存货物。(《民法典》第837条)
16. 履行；组织履行。(《民法典》第838条)
17. 托运人；可转让单据；不可转让单据。(《民法典》第840条)
18. 赔偿责任；责任限额；不能确定。(《民法典》第842条)

五、简答题

1. 答：根据我国《民法典》第810条至第812条的规定，承运人的义务如下：

(1) 强制缔约义务。从事公共运输的承运人不得拒绝旅客、托运人通常、合理的运输要求。

(2) 安全运输义务。承运人应当在约定期限或者合理期限内将旅客、货物安全运输到约定地点。

(3) 合理运输义务。承运人应当按照约定的或者通常的运输路线将旅客、货物运输到约定地点。

2. 答：根据《民法典》第819条、第820条、第822条的规定，客运合同中承运人的基本义务包括告知义务、按照约定运输的义务、救助义务。

(1) 告知义务，是指承运人应当严格履行安全运输义务，及时告知旅客安全运输应当注意的事项。

(2) 按照约定运输的义务，是指承运人应当按照有效客票记载的时间、班次和座位号运输旅客。承运人迟延运输或者有其他不能正常运输情形的，应当及时告知和提醒旅客，采取必要的安置措施，并根据旅客的要求安排改乘其他班次或者退票；由此造成旅客损失的，承运人应当承担赔偿责任，但是不可归责于承运人的除外。

(3) 救助义务，是指承运人在运输过程中，应当尽力救助患有急病、分娩、遇险的旅客。

第二十章　技术合同

一、判断题

1. 技术合同是当事人就技术开发、转让、许可、咨询或者服务订立的确立相互之间权利和义务的合同。(　　)
2. 技术合同涉及专利的，可以注明专利号和专利权的有效期限。(　　)
3. 职务技术成果是执行法人或者非法人组织的工作任务，或者利用法人或者非法人组织的物质技术条件所完成的技术成果。(　　)
4. 完成职务技术成果的个人，经所在法人或非法人组织协商，可以在有关技术成果文件上写明自己是技术成果完成者。(　　)
5. 技术开发合同既可以采用口头形式也可以采取书面形式。(　　)
6. 在技术开发合同中，委托开发合同的研究开发人应当按照约定制定和实施研究开发计划，合理使用研究开发经费，按期完成研究开发工作，交付研究开发成果，提供有关的技术资料和必要的技术指导，帮助委托人掌握研究开发成果。(　　)
7. 在技术开发合同中，合作开发合同的当事人应当按照约定进行投资，包括以技术进行投资；分工参与研究开发工作；协作配合研究开发工作。(　　)
8. 作为技术开发合同标的的技术已经由他人开发，当事人可以解除合同。(　　)
9. 委托开发完成的发明创造，除法律另有规定或者当事人另有约定外，申请专利的权利属于委托人。(　　)
10. 在技术开发合同中，委托开发或者合作开发完成的技术秘密成果的使用权、转让权以及收益的分配办法，由委托开发的研究开发人决定。(　　)

11. 技术转让合同和技术许可合同既可以采用书面形式也可以采用口头形式。(　　)
12. 专利实施许可合同仅在该专利权的存续期限内有效。(　　)
13. 专利实施许可合同的被许可人应当按照约定实施专利，不得许可约定以外的第三人实施该专利，并按照约定支付使用费。(　　)
14. 技术秘密转让合同的受让人和技术秘密使用许可合同的被许可人应当按照约定使用技术，支付转让费、使用费，承担保密义务。(　　)
15. 技术转让合同的受让人和技术许可合同的被许可人应当按照约定的范围和期限，对让与人、许可人提供的技术中尚未公开的秘密部分，承担保密义务。(　　)
16. 技术转让合同中，被许可人未按照约定支付使用费的，应当补交使用费并按照约定支付违约金。(　　)
17. 技术转让或许可合同中，当事人可以按照互利的原则，在合同中约定实施专利、使用技术秘密后续改进的技术成果的分享办法。(　　)
18. 技术服务合同是当事人一方以技术知识为对方解决特定技术问题所订立的合同，包括承揽合同和建设工程合同。(　　)
19. 技术咨询合同的委托人未按照约定提供必要的资料，影响工作进度和质量，不接受或者逾期接受工作成果的，支付的报酬不得追回，但未支付的报酬无需支付。(　　)
20. 技术服务合同的委托人应当按照约定提供工作条件，完成配合事项，接受工作成果并支付报酬。(　　)
21. 技术服务合同的受托人未按照约定完成服务工作的，应当承担减收报酬等违约责任。(　　)
22. 技术咨询合同和技术服务合同对受托人正常开展工作所需费用的负担没有约定或者约定不明确的，由委托人负担。(　　)

二、单项选择题

1. 关于技术合同的定义和订立原则，下列哪项的说法是错误的？（　　）
   A. 订立技术合同，应当有利于知识产权的保护和科学技术的进步
   B. 订立技术合同，应当促进科学技术成果的研发、转化、应用和推广
   C. 订立技术合同，应当有利于促进和保持技术在相关领域的领先和垄断地位
   D. 技术合同是当事人就技术开发、转让、许可、咨询或者服务订立的确立相互之间权利和义务的合同
2. 关于技术合同价款、报酬或者使用费的支付方式，下列哪项表述是错误的？（　　）
   A. 支付方式由支付方确定
   B. 支付方式可以是提成支付
   C. 支付方式可以是一次总算、一次总付
   D. 支付方式可以是 一次总算、分期支付
3. 关于职务技术成果和非职务技术成果，下列哪项说法是错误的？（　　）
   A. 非职务技术成果的使用权、转让权属于完成技术成果的个人
   B. 职务技术成果完成人经相关法人或者非法人组织同意，可以在有关技术成果文件上写明自己是技术成果完成者
   C. 法人或者非法人组织订立技术合同转让职务技术成果时，职务技术成果的完成人享有以同等条件优先受让的权利
   D. 非职务技术成果的完成人可以就该非职务技术成果订立技术合同
4. 非法垄断技术或者侵害他人技术成果的技术合同（　　）。
   A. 无效　　　　B. 效力待定
   C. 可变更　　　D. 可撤销

5. 在技术开发合同中，委托开发合同的委托人的义务不包括：（　　）

A. 按照约定支付研究开发经费和报酬

B. 提供技术资料

C. 提出研究开发要求

D. 按照约定制定研究开发计划

6. 关于技术开发合同中的委托开发合同当事人的义务和违约责任，下列哪项说法是错误的？（　　）

A. 委托人需按照约定支付研究开发经费和报酬

B. 研究开发人的研究开发工作失败的，应当承担违约责任

C. 研究开发人应当合理使用研究开发经费

D. 当事人违反约定造成研究开发工作停滞的，应当承担违约责任

7. 关于技术开发合同，下列哪项的说法是错误的？（　　）

A. 作为技术开发合同标的的技术已经由他人公开，致使技术开发合同的履行没有意义的，当事人可以解除合同

B. 委托开发合同的研究开发人应当按照约定制定和实施研究开发计划

C. 委托开发完成的发明创造，申请专利的权利属于委托人

D. 合作开发完成的发明创造，除当事人另有约定外，申请专利的权利属于合作开发的当事人共有

8. 在技术开发合同履行过程中，因出现无法克服的技术困难，致使研究开发失败或者部分失败时，对于此风险的承担，下列哪项说法是错误的？（　　）

A. 由当事人双方约定

B. 没有约定或约定不明确的，由当事人协议补充

C. 不能达成补充协议的，按照合同相关条款或者交易习惯确定

D. 委托开发合同中由委托人承担，合作开发合同中由合作开发的当事人共同承担

9. 在技术开发合同中，关于合作开发完成的发明创造的专利申请权，下列哪项说法是错误的？（　　）

A. 合作开发完成的发明创造，除当事人另有约定外，申请专利的权利属于合作开发的当事人共有

B. 当事人一方转让其共有的专利申请权的，其他各方享有以同等条件优先受让的权利

C. 合作开发的当事人一方不同意申请专利的，另一方或者其他各方不得申请专利

D. 合作开发的当事人一方声明放弃其共有的专利申请权的，另一方不得单独申请

10. 关于技术转让合同和技术许可合同的形式，下列哪项说法是正确的？（　　）

A. 可以采用口头形式　　B. 应当采用书面形式

C. 可以采用书面形式　　D. 可以采用口头或书面形式

11. 关于专利实施许可合同的限制，下列哪项说法是错误的？（　　）

A. 专利权有效期限届满，专利权人可以继续就该专利与他人订立专利实施许可合同

B. 专利实施许可合同仅在该专利权的存续期限内有效

C. 专利权有效期限届满，专利权人不得就该专利与他人订立专利实施许可合同

D. 专利权被宣告无效的，专利权人不得就该专利与他人订立专利实施许可合同

12. 专利实施许可合同的被许可人的义务不包括：（　　）

A. 不得许可约定以外的第三人实施该专利

B. 按照约定实施专利

C. 交付实施专利有关的技术资料

D. 按照约定支付使用费

13. 技术秘密转让合同的受让人和技术秘密使用许可合同的被许可人的义务不包括：（　　）

A. 保证技术的实用性、可靠性　　B. 按照约定使用技术

C. 支付使用费　　D. 保密

14. 技术转让合同中，让与人需要承担违约责任的情形不包括：(　　)

A. 未按照约定许可技术

B. 许可第三人实施该项专利

C. 使用技术秘密超越约定的范围

D. 违反约定的保密义务

15. 技术许可合同中，被许可人按照约定实施专利、使用技术秘密侵害他人合法权益的，由(　　)责任，但是当事人另有约定的除外。

A. 被许可人先行承担

B. 许可人和被许可人共同承担

C. 被侵权人选择许可人或被许可人承担

D. 让与人或者许可人承担

16. (　　)对技术进出口合同或者专利、专利申请合同另有规定的，依照其规定。

A. 法律、规章

B. 法律、行政法规

C. 法律、行政法规、地方性法规

D. 法律、行政法规、规章

17. 关于技术咨询合同的委托人的主要义务，下列哪项说法是错误的？(　　)

A. 按照约定阐明咨询的问题

B. 按照约定的期限完成咨询报告或者解答问题

C. 提供技术背景资料及有关技术资料

D. 接受受托人的工作成果，支付报酬

18. 技术咨询合同的委托人按照受托人符合约定要求的咨询报告和意见作出决策所造成的损失，由(　　)，但是当事人另有约定的除外。

A. 第三人承担　　B. 受托人和委托人共同承担

C. 受托人承担　　D. 委托人承担

19. 技术服务合同的受托人未按照约定完成服务工作的，应当承担（　　）报酬等违约责任。

A. 缓收　　B. 减收

C. 减收或免收　　D. 免收

20. 在技术咨询合同、技术服务合同履行过程中，除当事人另有约定的外关于新的技术成果的归属表述正确的是：（　　）

A. 受托人利用委托人提供的技术资料和工作条件完成的新的技术成果，属于受托人和委托人共有

B. 受托人利用委托人提供的技术资料和工作条件完成的新的技术成果，属于委托人

C. 委托人利用受托人的工作成果完成的新的技术成果，属于委托人

D. 委托人利用受托人的工作成果完成的新的技术成果，属于委托人和受托人共有

三、多项选择题

1. 技术合同是当事人就技术（　　）或者服务订立的确立相互之间权利和义务的合同。

A. 开发　　B. 转让

C. 许可　　D. 咨询

2. 关于技术合同的主要条款，下列哪些说法是正确的？（　　）

A. 包括项目的名称、标的的内容、范围和要求

B. 包括履行的计划、地点和方式

C. 包括技术成果的归属和收益的分配办法

D. 涉及专利的，可以注明专利权的有效期限

3. 关于职务技术成果及其财产权归属，下列哪些说法是正确的？（　　）

A. 职务技术成果是执行法人或非法人组织的工作任务

B. 职务技术成果的使用权、转让权属于法人或非法人组织

C. 法人或非法人组织转让职务技术成果时候，职务技术成果完成人享有优先受让权

D. 职务技术成果是利用法人或者非法人组织的物质技术条件所完成的技术成果

4. 技术成果完成人享有的权利包括：（　　）

A. 取得荣誉证书的权利

B. 在有关技术成果文件上写明自己是技术成果完成者的权利

C. 取得奖励的权利

D. 对非职务技术成果订立技术合同的权利

5. 在技术开发合同中，委托开发合同的委托人的义务包括：（　　）

A. 按照约定支付研究开发经费和报酬

B. 提供技术资料

C. 提出研究开发要求

D. 完成协作事项，接受研究开发成果

6. 在技术开发合同中，委托开发合同的研究开发人的义务包括：（　　）

A. 提供有关的技术资料和必要的技术指导，帮助委托人掌握研究开发成果

B. 按期完成研究开发工作，交付研究开发成果

C. 合理使用研究开发经费

D. 按照约定制定和实施研究开发计划

7. 在技术开发合同中，关于合作开发合同中当事人的义务和违约责任，下列哪些说法是正确的？（　　）

A. 合作开发合同的当事人应当按照约定进行投资，包括以技术进行投资

B. 合作开发合同的当事人应当协作配合研究开发工作

C. 合作开发合同的当事人违反约定造成研究开发工作停滞的，应当承担违约责任

D. 合作开发合同的当事人应当分工参与研究开发工作

8. 在技术开发合同中，关于委托开发完成的发明创造的专利申请权，下列哪些说法是正确的？（　　）

A. 研究开发人取得专利权的，委托人可以依法实施该专利

B. 研究开发人转让专利申请权的，委托人享有以同等条件优先受让的权利

C. 委托开发完成的发明创造的专利申请权属于委托人

D. 委托开发完成的发明创造的专利申请权属于研究开发人，但当事人另有约定或法律另有规定的除外

9. 在技术开发合同中，关于委托开发完成的技术秘密成果的使用权、转让权以及利益的分配办法，下列哪些说法是正确的？（　　）

A. 由当事人约定

B. 当事人没有约定或约定不明确的，可以协议补充

C. 当事人没有约定或约定不明确，又无法达成补充协议的，在没有相同技术方案被授予专利前，当事人均有使用和转让的权利

D. 委托开发的研究开发人不得在向委托人交付研究开发成果之前，将研究开发成果转让给第三人

10. 关于技术转让合同和技术许可合同，下列哪些说法是正确的？（　　）

A. 技术转让合同是合法拥有技术的权利人，将现有特定的专利、专利申请、技术秘密的相关权利让与他人所订立的合同

B. 技术许可合同是合法拥有技术的权利人，将现有特定的专利、技术秘密的相关权利许可他人实施、使用所订立的合同

C. 技术转让合同和技术许可合同中关于提供实施技术的专用设备、原材料或者提供有关的技术咨询、技术服务的约定，属于合同的组成部分

D. 技术转让合同和技术许可合同中关于提供实施技术的专用设备、原材料或者提供有关的技术咨询、技术服务的约定，不是合同的组成部分

11. 关于技术转让合同和技术许可合同的种类和内容，下列哪些说法是正确的？（　　）

A. 技术许可合同包括专利实施许可、技术秘密使用许可等合同

B. 技术转让合同不包括专利权转让合同

C. 技术转让合同包括专利申请权转让、技术秘密转让等合同

D. 技术转让合同和技术许可合同可以约定实施专利或者使用技术秘密的范围，但是不得限制技术竞争和技术发展

12. 专利实施许可合同的许可人的义务包括：（　　）

A. 按照约定许可被许可人实施专利

B. 按照约定实施专利

C. 交付实施专利有关的技术资料

D. 提供必要的技术指导

13. 技术秘密转让合同的让与人和技术秘密使用许可合同的许可人的义务包括：（　　）

A. 按照约定提供技术资料

B. 保密

C. 保证技术的实用性、可靠性

D. 支付转让费、使用费

14. 关于技术转让合同让与人的义务，下列哪些说法是正确的？（　　）

A. 应当保证自己是所提供的技术的合法拥有者

B. 应当保证所提供技术的有效

C. 应当保证所提供的技术完整

D. 应当保证所提供的技术无误

15. 技术转让合同中，让与人需要承担违约责任的情形包括：（　　）

A. 未按照约定许可技术

B. 许可第三人使用该项技术秘密

C. 实施专利超越约定的范围

D. 违反约定的保密义务

16. 技术转让合同中，关于受让人按照约定实施专利、使用技术秘密侵害他人合法权益时的责任承担，下列哪些说法是错误的？（　　）

A. 由当事人双方共同承担责任

B. 由转让人承担责任

C. 由许可人承担责任

D. 由让与人承担责任，但是当事人另有约定的除外

17. 下列哪些知识产权的转让和许可可以参照适用《民法典》中“技术转让合同和技术许可合同”一节的有关规定？（　　）

A. 集成电路布图设计专有权　　B. 商业秘密

C. 植物新品种权　　D. 计算机软件著作权

18. 技术咨询合同是当事人一方以技术知识为对方就特定技术项目提供（　　）等所订立的合同。

A. 可行性论证　　B. 技术预测

C. 分析评价报告　　D. 专题技术调查

19. 关于技术咨询合同的受托人的主要义务，下列哪些说法是正确的？（　　）

A. 按照约定的期限完成咨询报告

B. 按照约定的期限解答问题

C. 提供技术背景资料及有关技术资料、数据

D. 提出的咨询报告应当达到约定的要求

20. 关于技术服务合同当事人的义务，下列哪些说法是正确的？（　　）

A. 委托人应当按照约定提供工作条件，完成配合事项

B. 委托人接受工作成果并支付报酬

C. 受托人应当按照约定完成服务项目，解决技术问题，保证工作质量，并传授解决技术问题的知识

D. 受托人应当按照约定的期限完成咨询报告

21. 关于技术咨询合同和技术服务合同，下列哪些说法是错误的？（　　）

A. 技术服务合同的受托人未按照约定完成服务工作的，应当承担减

免报酬等违约责任

B. 技术服务合同的委托人应当按照约定提供工作条件，完成配合事项，接受工作成果并支付报酬

C. 技术咨询合同的委托人未按照约定提供必要的资料，影响工作进度和质量，不接受或者逾期接受工作成果的，支付的报酬不得追回，未支付的报酬应当支付

D. 技术咨询合同的委托人按照受托人符合约定要求的咨询报告和意见作出决策所造成的损失，由受托人承担

22. 在技术咨询合同和技术服务合同中，关于受托人正常开展工作所需费用的负担，下列哪些说法是正确的？（　　）

A. 当事人有约定的，按照约定

B. 当事人没有约定或约定不明确的，由委托人负担

C. 当事人没有约定或约定不明确的，由受托人负担

D. 由当事人双方共同负担

四、填空题

1. 订立技术合同，应当有利于知识产权的保护和科学技术的进步，促进科学技术成果的______、______、______和______。

2. 在技术合同中，当事人就技术合同价款、报酬或者使用费约定提成支付的，提成支付的比例可以采取______、______或者______。

3. 非职务技术成果的______、______属于完成技术成果的个人，完成技术成果的个人可以就该项非职务技术成果订立______。

4. 非法垄断技术或者侵害他人技术成果的技术合同______。

5. 技术开发合同应当采用______形式。

6. 在技术开发合同中，委托开发合同的当事人违反约定造成研究开发工作停滞、延误或者失败的，应当承担______。

7. 合作开发合同的当事人违反约定造成研究开发工作______、______或者______的，应当承担违约责任。

8. 在技术开发合同中，当事人一方发现可能致使研究开发失败或者部分失败的情形时，应当及时______另一方并采取适当措施______；没有及时通知并采取适当措施，致使损失______的，应当就扩大的损失承担责任。

9. 在技术开发合同中，研究开发人转让委托开发完成的发明创造的专利申请权的，委托人享有以______优先受让的权利。

10. 技术许可合同包括______、______等合同。

11. 技术转让合同和技术许可合同可以约定实施专利或者使用技术秘密的范围，但是不得限制______和______。

12. 专利实施许可合同的______应当按照约定许可______实施专利，交付实施专利有关的技术资料，提供必要的技术指导。

13. 技术秘密转让合同的让与人和技术秘密使用许可合同的许可人应当按照约定提供技术资料，进行技术指导，保证技术的______、______，承担______。

14. 技术转让合同的让与人和技术许可合同的许可人应当保证自己是所提供的技术的合法拥有者，并保证所提供的技术______、______、______，能够达到约定的目标。

15. 技术转让合同的受让人和技术许可合同的被许可人应当按照约定的范围和期限，对让与人、许可人提供的技术中______的秘密部分，承担______。

16. 受让人或者被许可人按照约定实施专利、使用技术秘密侵害他人合法权益的，由______或者______承担责任，但是当事人另有约定的除外。

17. ______、______对技术进出口合同或者专利、专利申请合同另有规定的，依照其规定。

18. 技术咨询合同的委托人未按照约定提供必要的资料和数据，影响工作进度和质量，不接受或者逾期接受工作成果的，支付的报酬______，未支付的报酬______。

19. 技术咨询合同的委托人按照受托人符合约定要求的咨询报告和意见作出决策所造成的损失，由______承担，但是当事人另有约定的除外。
20. 技术服务合同的受托人未按照约定完成服务工作的，应当承担______报酬等违约责任。
21. 技术咨询合同、技术服务合同履行过程中，受托人利用委托人提供的技术资料和工作条件完成的新的技术成果，属于______。委托人利用受托人的工作成果完成的新的技术成果，属于______。当事人另有约定的，按照其约定。
22. 法律、______对技术中介合同、______另有规定的，依照其规定。

参考答案

一、判断题

1. √，解析：根据《民法典》第 843 条的规定。
2. ×，解析：根据《民法典》第 845 条第 3 款的规定，技术合同涉及专利的，应当注明发明创造的名称、专利申请人和专利权人、申请日期、申请号、专利号以及专利权的有效期限。
3. ×，解析：根据《民法典》第 847 条第 2 款的规定，职务技术成果是执行法人或者非法人组织的工作任务，或者主要是利用法人或者非法人组织的物质技术条件所完成的技术成果。
4. ×，解析：根据《民法典》第 849 条的规定，完成技术成果的个人享有在有关技术成果文件上写明自己是技术成果完成者的权利和取得荣誉证书、奖励的权利。
5. ×，解析：根据《民法典》第 851 条第 3 款的规定，技术开发合同应当采用书面形式。
6. √，解析：《民法典》第 853 条。
7. √，解析：《民法典》第 855 条。

8. ×，解析：根据《民法典》第 857 条的规定，作为技术开发合同标的的技术已经由他人公开，致使技术开发合同的履行没有意义的，当事人可以解除合同。

9. ×，解析：根据《民法典》第 859 条第 1 款的规定，委托开发完成的发明创造，除法律另有规定或者当事人另有约定外，申请专利的权利属于研究开发人。

10. ×，解析：根据《民法典》第 861 条的规定，委托开发或者合作开发完成的技术秘密成果的使用权、转让权以及收益的分配办法，由当事人约定；没有约定或者约定不明确，依据《民法典》第 510 条的规定仍不能确定的，在没有相同技术方案被授予专利权前，当事人均有使用和转让的权利。但是，委托开发的研究开发人不得在向委托人交付研究开发成果之前，将研究开发成果转让给第三人。

11. ×，解析：根据《民法典》第 863 条第 3 款的规定，技术转让合同和技术许可合同应当采用书面形式。

12. √，解析：《民法典》第 865 条。

13. √，解析：《民法典》第 867 条。

14. √，解析：《民法典》第 869 条。

15. √，解析：《民法典》第 871 条。

16. √，解析：《民法典》第 873 条。

17. √，解析：《民法典》第 875 条。

18. ×，解析：根据《民法典》第 878 条第 2 款的规定，技术服务合同是当事人一方以技术知识为对方解决特定技术问题所订立的合同，不包括承揽合同和建设工程合同。

19. ×，解析：根据《民法典》第 881 条第 1 款的规定，技术咨询合同的委托人未按照约定提供必要的资料，影响工作进度和质量，不接受或者逾期接受工作成果的，支付的报酬不得追回，未支付的报酬应当支付。

20. √，解析：《民法典》第 882 条。

21. ×，解析：根据《民法典》第884条第2款的规定，技术服务合同的受托人未按照约定完成服务工作的，应当承担免收报酬等违约责任。

22. ×，解析：根据《民法典》第886条的规定，技术咨询合同和技术服务合同对受托人正常开展工作所需费用的负担没有约定或者约定不明确的，由受托人负担。

二、单项选择题

1. C，解析：根据《民法典》第844条的规定，订立技术合同，应当有利于知识产权的保护和科学技术的进步，促进科学技术成果的研发、转化、应用和推广。AB项正确。根据《民法典》第843条的规定，技术合同是当事人就技术开发、转让、许可、咨询或者服务订立的确立相互之间权利和义务的合同。D项正确。C项于法无据，且《民法典》第850条规定，非法垄断技术或者侵害他人技术成果的技术合同无效。

2. A，解析：根据《民法典》第846条第1款和第2款的规定，技术合同价款、报酬或者使用费的支付方式由当事人约定，可以采取一次总算、一次总付或者一次总算、分期支付，也可以采取提成支付或者提成支付附加预付入门费的方式。约定提成支付的，可以按照产品价格、实施专利和使用技术秘密后新增的产值、利润或者产品销售额的一定比例提成，也可以按照约定的其他方式计算。提成支付的比例可以采取固定比例、逐年递增比例或者逐年递减比例。

3. B，解析：根据《民法典》第848条的规定，非职务技术成果的使用权、转让权属于完成技术成果的个人，完成技术成果的个人可以就该项非职务技术成果订立技术合同。AD项正确。根据《民法典》第849条，完成技术成果的个人享有在有关技术成果文件上写明自己是技术成果完成者的权利和取得荣誉证书、奖励的权利。B项错误。根据《民法典》第847条第1款的规定，法人或者非法人组织订立技术合同转让职务技术成果时，职务技术成果的完成人享有以同等条件优先受让的权利。C项正确。

4. A，解析：根据《民法典》第850条的规定，非法垄断技术或者侵害他人技术成果的技术合同无效。
5. D，解析：根据《民法典》第852条的规定，委托开发合同的委托人应当按照约定支付研究开发经费和报酬，提供技术资料，提出研究开发要求，完成协作事项，接受研究开发成果。ABC项正确。根据《民法典》第853条的规定，委托开发合同的研究开发人应当按照约定制定和实施研究开发计划。D项错误。
6. B，解析：根据《民法典》第852条的规定，委托开发合同的委托人应当按照约定支付研究开发经费和报酬。A项正确。根据《民法典》第854条的规定，委托开发合同的当事人违反约定造成研究开发工作停滞、延误或者失败的，应当承担违约责任。B项错误，D项正确。根据《民法典》第853条的规定，委托开发合同的研究开发人应当按照约定制定和实施研究开发计划，合理使用研究开发经费，按期完成研究开发工作，交付研究开发成果，提供有关的技术资料和必要的技术指导，帮助委托人掌握研究开发成果。C项正确。
7. C，解析：根据《民法典》第857条的规定，作为技术开发合同标的的技术已经由他人公开，致使技术开发合同的履行没有意义的，当事人可以解除合同。A项正确。根据《民法典》第853条的规定，委托开发合同的研究开发人应当按照约定制定和实施研究开发计划。B项正确。根据《民法典》第859条的规定，委托开发完成的发明创造，除法律另有规定或者当事人另有约定外，申请专利的权利属于研究开发人。C项错误。根据《民法典》第860条的规定，合作开发完成的发明创造，除当事人另有约定外，申请专利的权利属于合作开发的当事人共有。D项正确。
8. D，解析：根据《民法典》第858条第1款的规定，技术开发合同履行过程中，因出现无法克服的技术困难，致使研究开发失败或者部分失败的，该风险由当事人约定；没有约定或者约定不明确，依据本法第五百一十条的规定仍不能确定的，风险由当事人合理分担。

根据《民法典》第 510 条的规定，合同生效后，当事人就质量、价款或者报酬、履行地点等内容没有约定或者约定不明确的，可以协议补充；不能达成补充协议的，按照合同相关条款或者交易习惯确定。据此，ABC 项正确，D 项错误。

9. D，解析：根据《民法典》第 860 条的规定，合作开发完成的发明创造，申请专利的权利属于合作开发的当事人共有；当事人一方转让其共有的专利申请权的，其他各方享有以同等条件优先受让的权利。但是，当事人另有约定的除外。合作开发的当事人一方声明放弃其共有的专利申请权的，除当事人另有约定外，可以由另一方单独申请或者由其他各方共同申请。申请人取得专利权的，放弃专利申请权的一方可以免费实施该专利。合作开发的当事人一方不同意申请专利的，另一方或者其他各方不得申请专利。据此，ABC 项正确，D 项错误。

10. B，解析：根据《民法典》第 863 条第 3 款的规定，技术转让合同和技术许可合同应当采用书面形式。

11. A，解析：根据《民法典》第 865 条的规定，专利实施许可合同仅在该专利权的存续期限内有效。专利权有效期限届满或者专利权被宣告无效的，专利权人不得就该专利与他人订立专利实施许可合同。

12. C，解析：根据《民法典》第 867 条的规定，专利实施许可合同的被许可人应当按照约定实施专利，不得许可约定以外的第三人实施该专利，并按照约定支付使用费。

13. A，解析：根据《民法典》第 868 条的规定，技术秘密转让合同的让与人和技术秘密使用许可合同的许可人应当按照约定提供技术资料，进行技术指导，保证技术的实用性、可靠性，承担保密义务。A 项当选。根据《民法典》第 869 条的规定，技术秘密转让合同的受让人和技术秘密使用许可合同的被许可人应当按照约定使用技术，支付使用费，承担保密义务。BCD 项不当选。

14. B，解析：根据《民法典》第 872 条第 1 款的规定，许可人未按照约定许可技术的，应当返还部分或者全部使用费，并应当承担违约责任；实施专利或者使用技术秘密超越约定的范围的，违反约定擅自许可第三人实施该项专利或者使用该项技术秘密的，应当停止违约行为，承担违约责任；违反约定的保密义务的，应当承担违约责任。

15. D，解析：根据《民法典》第 874 条的规定，受让人或者被许可人按照约定实施专利、使用技术秘密侵害他人合法权益的，由让与人或者许可人承担责任，但是当事人另有约定的除外。

16. B，解析：根据《民法典》第 877 条的规定，法律、行政法规对技术进出口合同或者专利、专利申请合同另有规定的，依照其规定。

17. B，解析：根据《民法典》第 879 条的规定，技术咨询合同的委托人应当按照约定阐明咨询的问题，提供技术背景材料及有关技术资料，接受受托人的工作成果，支付报酬。ACD 项正确。根据《民法典》第 880 条的规定，技术咨询合同的受托人应当按照约定的期限完成咨询报告或者解答问题；提出的咨询报告应当达到约定的要求。B 项错误。

18. D，解析：根据《民法典》第 881 条第 3 款的规定，技术咨询合同的委托人按照受托人符合约定要求的咨询报告和意见作出决策所造成的损失，由委托人承担，但是当事人另有约定的除外。

19. D，解析：根据《民法典》第 884 条第 2 款的规定，技术服务合同的受托人未按照约定完成服务工作的，应当承担免收报酬等违约责任。

20. C，解析：根据《民法典》第 885 条的规定，技术咨询合同、技术服务合同履行过程中，受托人利用委托人提供的技术资料和工作条件完成的新的技术成果，属于受托人。委托人利用受托人的工作成果完成的新的技术成果，属于委托人。当事人另有约定的，按照其约定。

三、多项选择题

1. ABCD，解析：根据《民法典》第 843 条的规定，技术合同是当事人就技术开发、转让、许可、咨询或者服务订立的确立相互之间权利和义务的合同。
2. ABC，解析：根据《民法典》第 845 条第 1 款的规定，技术合同的内容一般包括项目的名称，标的的内容、范围和要求，履行的计划、地点和方式，技术信息和资料的保密，技术成果的归属和收益的分配办法，验收标准和方法，名词和术语的解释等条款。ABC 项正确。根据《民法典》第 845 条第 3 款的规定，技术合同涉及专利的，应当注明发明创造的名称、专利申请人和专利权人、申请日期、申请号、专利号以及专利权的有效期限。D 项错误。
3. AB，解析：根据《民法典》第 847 条的规定，职务技术成果的使用权、转让权属于法人或者非法人组织的，法人或者非法人组织可以就该项职务技术成果订立技术合同。法人或者非法人组织订立技术合同转让职务技术成果时，职务技术成果的完成人享有以同等条件优先受让的权利。职务技术成果是执行法人或者非法人组织的工作任务，或者主要是利用法人或者非法人组织的物质技术条件所完成的技术成果。据此，AB 正确，CD 错误。
4. ABCD，解析：根据《民法典》第 849 条的规定，完成技术成果的个人享有在有关技术成果文件上写明自己是技术成果完成者的权利和取得荣誉证书、奖励的权利。ABC 正确。根据《民法典》第 848 条的规定，非职务技术成果的使用权、转让权属于完成技术成果的个人，完成技术成果的个人可以就该项非职务技术成果订立技术合同。D 项正确。
5. ABCD，解析：根据《民法典》第 852 条的规定，委托开发合同的委托人应当按照约定支付研究开发经费和报酬，提供技术资料，提出研究开发要求，完成协作事项，接受研究开发成果。
6. ABCD，解析：根据《民法典》第 853 条的规定，委托开发合同的研究开发人应当按照约定制定和实施研究开发计划；合理使用研究开发经费；按期完成研究开发工作，交付研究开发成果，提供有关的技术资料和必要的技术指导，帮助委托人掌握研究开发成果。

7. ABCD，解析：根据《民法典》第855条的规定，合作开发合同的当事人应当按照约定进行投资，包括以技术进行投资，分工参与研究开发工作，协作配合研究开发工作。ABD项正确。根据《民法典》第856条的规定，合作开发合同的当事人违反约定造成研究开发工作停滞、延误或者失败的，应当承担违约责任。C项正确。

8. ABD，解析：根据《民法典》第859条的规定，委托开发完成的发明创造，除法律另有规定或者当事人另有约定外，申请专利的权利属于研究开发人。研究开发人取得专利权的，委托人可以依法实施该专利。研究开发人转让专利申请权的，委托人享有以同等条件优先受让的权利。据此，ABD项正确，C项错误。

9. ABCD，解析：根据《民法典》第861条的规定，委托开发或者合作开发完成的技术秘密成果的使用权、转让权以及收益的分配办法，由当事人约定；没有约定或者约定不明确，依据《民法典》第510条的规定仍不能确定的，在没有相同技术方案被授予专利权前，当事人均有使用和转让的权利。但是，委托开发的研究开发人不得在向委托人交付研究开发成果之前，将研究开发成果转让给第三人。

10. ABC，解析：根据《民法典》第862条的规定，技术转让合同是合法拥有技术的权利人，将现有特定的专利、专利申请、技术秘密的相关权利让与他人所订立的合同。技术许可合同是合法拥有技术的权利人，将现有特定的专利、技术秘密的相关权利许可他人实施、使用所订立的合同。技术转让合同和技术许可合同中关于提供实施技术的专用设备、原材料或者提供有关的技术咨询、技术服务的约定，属于合同的组成部分。

11. ACD，解析：根据《民法典》第863条第1、2款的规定，技术转让合同包括专利权转让、专利申请权转让、技术秘密转让等合同。技术许可合同包括专利实施许可、技术秘密使用许可等合同。AC 项正确，B 项错误。根据《民法典》第 864 条，技术转让合同和技术许可合同可以约定实施专利或者使用技术秘密的范围，但是不得限制技术竞争和技术发展。D 项正确。

12. ACD，解析：根据《民法典》第 866 条的规定，专利实施许可合同的许可人应当按照约定许可被许可人实施专利，交付实施专利有关的技术资料，提供必要的技术指导。

13. ABC，解析：根据《民法典》第 868 条第 1 款的规定，技术秘密转让合同的让与人和技术秘密使用许可合同的许可人应当按照约定提供技术资料，进行技术指导，保证技术的实用性、可靠性，承担保密义务。ABC 项正确。根据《民法典》第 869 条的规定，技术秘密转让合同的受让人和技术秘密使用许可合同的被许可人应当按照约定使用技术，支付转让费、使用费，承担保密义务。D 项错误。

14. ABCD，解析：根据《民法典》第 870 条的规定，技术转让合同的让与人应当保证自己是所提供的技术的合法拥有者，并保证所提供的技术完整、无误、有效，能够达到约定的目标。

15. ACD，解析：根据《民法典》第 872 条的规定，许可人未按照约定许可技术的，应当返还部分或者全部使用费，并应当承担违约责任；实施专利或者使用技术秘密超越约定的范围的，违反约定擅自许可第三人实施该项专利或者使用该项技术秘密的，应当停止违约行为，承担违约责任；违反约定的保密义务的，应当承担违约责任。

16. ABC，解析：根据《民法典》第 874 条的规定，受让人或者被许可人按照约定实施专利、使用技术秘密侵害他人合法权益的，由让与人或者许可人承担责任，但是当事人另有约定的除外。

17. ACD，解析：根据《民法典》第 876 条的规定，集成电路布图设计专有权、植物新品种权、计算机软件著作权等其他知识产权的转让和许可，参照适用本节的有关规定。

18. ABCD，解析：根据《民法典》第878条第1款的规定，技术咨询合同是当事人一方以技术知识为对方就特定技术项目提供可行性论证、技术预测、专题技术调查、分析评价报告等所订立的合同。

19. ABD，解析：根据《民法典》第880条的规定，技术咨询合同的受托人应当按照约定的期限完成咨询报告或者解答问题，提出的咨询报告应当达到约定的要求。ABD项正确。根据《民法典》第879条的规定，技术咨询合同的委托人应当按照约定阐明咨询的问题，提供技术背景材料及有关技术资料，接受受托人的工作成果，支付报酬。C项错误。

20. ABC，解析：根据《民法典》第882条的规定，技术服务合同的委托人应当按照约定提供工作条件，完成配合事项，接受工作成果并支付报酬。AB项正确。根据《民法典》第883条的规定，技术服务合同的受托人应当按照约定完成服务项目，解决技术问题，保证工作质量，并传授解决技术问题的知识。C项正确。根据《民法典》第880条的规定，技术咨询合同的受托人应当按照约定的期限完成咨询报告或者解答问题，提出的咨询报告应当达到约定的要求。D项错误。

21. AD，解析：根据《民法典》第884条第2款的规定，技术服务合同的受托人未按照约定完成服务工作的，应当承担免收报酬等违约责任。A项错误。根据《民法典》第882条的规定，技术服务合同的委托人应当按照约定提供工作条件，完成配合事项，接受工作成果并支付报酬。B项正确。根据《民法典》第881条的规定，技术咨询合同的委托人未按照约定提供必要的资料，影响工作进度和质量，不接受或者逾期接受工作成果的，支付的报酬不得追回，未支付的报酬应当支付。技术咨询合同的受托人未按期提出咨询报告或者提出的咨询报告不符合约定的，应当承担减收或者免收报酬等违约责任。技术咨询合同的委托人按照受托人符合约定要求的咨询报告和意见作出决策所造成的损失，由委托人承担，但是当事人另有约定的除外。C 项正确，D 项错误。

22. AC，解析：根据《民法典》第 886 条的规定，技术咨询合同和技术服务合同对受托人正常开展工作所需费用的负担没有约定或者约定不明确的，由受托人负担。

四、填空题

1. 研发；转化；应用；推广。（《民法典》第 844 条）
2. 固定比例；逐年递增比例；逐年递减比例。（《民法典》第 846 条第 2 款）
3. 使用权；转让权；技术合同。（《民法典》第 848 条）
4. 无效。（《民法典》第 850 条）
5. 书面。（《民法典》第 851 条第 3 款）
6. 违约责任。（《民法典》第 854 条）
7. 停滞；延误；失败。（《民法典》第 856 条）
8. 通知；减少损失；扩大。（《民法典》第 858 条第 2 款）
9. 同等条件。（《民法典》第 859 条第 2 款）
10. 专利实施许可；技术秘密使用许可。（《民法典》第 863 条第 2 款）
11. 技术竞争；技术发展。（《民法典》第 864 条）
12. 许可人；被许可人。（《民法典》第 866 条）
13. 实用性；可靠性；保密义务。（《民法典》第 868 条）
14. 完整；无误；有效。（《民法典》第 870 条）
15. 尚未公开；保密义务。（《民法典》第 871 条）
16. 让与人；许可人。（《民法典》第 874 条）
17. 法律；行政法规。（《民法典》第 877 条）
18. 不得追回；应当支付。（《民法典》第 881 条第 1 款）
19. 委托人。（《民法典》第 881 条第 3 款）
20. 免收。（《民法典》第 884 条第 2 款）
21. 受托人；委托人。（《民法典》第 885 条）
22. 行政法规；技术培训合同。（《民法典》第 887 条）

第二十一章　保管合同

一、判断题

1. 保管合同自保管物交付时成立，但是当事人另有约定的除外。(　　)
2. 寄存人未按照约定支付保管费或者其他费用的，保管人对保管物享有留置权，但是当事人另有约定的除外。(　　)
3. 保管合同当事人可以约定保管场所或者方法。除紧急情况或者为维护寄存人利益外，不得擅自改变保管场所或者方法。(　　)
4. 保管合同中，当事人有约定的，保管人可以将保管物转交第三人保管。(　　)
5. 第三人对保管人提起诉讼或者对保管物申请扣押的，保管人应当书面通知寄存人。(　　)
6. 寄存人寄存货币、有价证券或者其他贵重物品的，应当向保管人声明，由保管人验收或者封存；寄存人未声明的，该物品毁损、灭失后，保管人可以不予赔偿。(　　)
7. 保管期间届满或者寄存人提前领取保管物的，保管人只需将原物归还寄存人，无需归还孳息。(　　)

二、单项选择题

1. 关于保管合同，下列哪项说法是错误的？(　　)

   A. 保管合同是保管人保管寄存人交付的保管物，并返还该物的合同

   B. 一般情况下，寄存人到保管人处从事购物活动，将物品存放在指定场所的，视为保管

   C. 保管合同自保管物交付时生效，但是当事人另有约定的除外

   D. 保管合同自保管物交付时成立，但是当事人另有约定的除外

2. 寄存人未按照约定支付保管费或者其他费用的，保管人对保管物享有(　　)，但是当事人另有约定的除外。

A. 留置权　　　　B. 抵押权

C. 提存权　　　　D. 质权

3. 保管合同中，当保管物有瑕疵或者根据保管物的性质需要采取特殊保管措施时，下列哪项的说法是错误的？(　　)

A. 寄存人应当告知保管人

B. 寄存人未告知，致使保管物受损失的，保管人不承担赔偿责任

C. 保管人因此受损失的，除保管人知道或者应当知道外，寄存人应当承担赔偿责任

D. 保管人因此受损失的，除保管人知道或者应当知道且未采取补救措施外，寄存人应当承担赔偿责任

4. 保管合同中，关于保管人的义务，下列哪项说法是错误的？(　　)

A. 第三人对保管物主张权利的，保管人应当配合第三人实现权利

B. 第三人对保管人提起诉讼的，保管人应当及时通知寄存人

C. 第三人对保管物申请扣押的，保管人应当及时通知寄存人

D. 第三人对保管物主张权利的，除依法对保管物采取保全或者执行措施外，保管人应当履行向寄存人返还保管物的义务

5. 保管合同中，关于寄存贵重物品，下列哪项说法是错误的？(　　)

A. 寄存人寄存贵重物品，应当向保管人声明

B. 保管人接收到声明后，应验收或者封存

C. 寄存人未声明的，物品毁损，灭失后，保管人可以按照一般物品予以赔偿

D. 寄存人未声明的，物品毁损，灭失后，保管人可以不予以赔偿

6. 保管合同中，关于保管物的归还，下列哪项说法是错误的？(　　)

A. 保管期限届满，保管人应当将原物及其孳息归还寄存人

B. 保管人保管货币的，可以返还相同种类、数量的货币

C. 寄存人提前领取保管物的，保管人只需返还原物

D. 保管人保管其他可替代物的，可以按照约定返还相同种类、品质、数量的物品

三、多项选择题

1. 保管合同中，关于保管费的支付，下列哪些说法是正确的？（　　）
   A. 寄存人应当按照约定向保管人支付保管费
   B. 当事人对保管费没有约定或者约定不明确的，可以协议补充
   C. 当事人对保管费没有约定或者约定不明确且无法达成补充协议的，视为无偿保管
   D. 寄存人未按照约定支付保管费或者其他费用的，保管人对保管物享有留置权，但是当事人另有约定的除外
2. 关于保管合同中的保管人的义务，下列哪些说法是正确的？（　　）
   A. 保管人应当妥善保管保管物
   B. 寄存人向保管人交付保管物的，保管人应当给付保管凭证
   C. 保管人应当按照合同约定的保管场所或方法保管保管物
   D. 紧急情况或者为维护寄存人利益，保管人可以改变约定的保管场所或方法
3. 保管合同中，若当事人没有约定，关于保管人的下列哪些说法是正确的？（　　）
   A. 保管人不得将保管物转交第三人保管
   B. 保管人将保管物转交第三人保管，造成保管物损失的，应当给予适当补偿
   C. 保管人不得使用保管物
   D. 保管人不得许可第三人使用保管物
4. 保管合同中，关于保管人的赔偿责任，下列哪些说法是正确的？（　　）
   A. 保管期内，因保管人保管不善造成保管物毁损、灭失的，保管人应当承担赔偿责任

B. 无偿保管人证明自己没有故意或者重大过失的，不承担赔偿责任

C. 无偿保管人造成保管物毁损、灭失的，不承担赔偿责任

D. 保管物有瑕疵，寄存人未告知，致使保管物受损失的，保管人不承担赔偿责任

5. 保管合同中，关于保管物的领取，下列哪些说法是正确的？（　　）

A. 寄存人可以随时领取保管物

B. 保管人可以随时请求寄存人领取保管物

C. 当事人对保管期限没有约定或者约定不明确的，保管人可以随时请求寄存人领取保管物

D. 当事人约定保管期限的，保管人无特别事由，不得请求寄存人提前领取保管物

6. 关于有偿保管合同的保管费的支付期限，下列哪些说法是正确的？（　　）

A. 寄存人应当按照约定的期限向保管人支付保管费

B. 当事人对支付期限没有约定或者约定不明确的，可以协议补充

C. 当事人对支付期限没有约定，依据《民法典》第510条的规定仍不能确定的，应当在领取保管物的同时支付

D. 当事人对支付期限没有约定，依据《民法典》第510条的规定仍不能确定的，应当在寄存保管物的同时支付

四、填空题

1. ______到保管人处从事购物、就餐、住宿等活动，将物品存放在指定场所的，视为保管，但是当事人另有______或者另有______的除外。

2. 寄存人未按照约定支付保管费或者其他费用的，保管人对保管物享有______，但是当事人另有约定的除外。

3. 保管人应当______保管物。当事人可以约定保管______或者______。除紧急情况或者为维护寄存人利益外，不得擅自改变保管场所或者方法。

4. 第三人对保管物主张权利的，除依法对保管物采取______或者______措施外，保管人应当履行向寄存人______保管物的义务。
5. 寄存人寄存______、______或者其他贵重物品的，应当向保管人声明，由保管人验收或者封存；寄存人未声明的，该物品毁损、灭失后，保管人可以按照______予以赔偿。
6. 保管人保管货币的，可以返还______、______的货币；保管其他可替代物的，可以按照约定返还相同种类、______、数量的物品。

五、简答题

简答保管合同的定义和成立时间。

参考答案

一、判断题

1. √，解析：《民法典》第 890 条。
2. √，解析：《民法典》第 903 条。
3. √，解析：《民法典》第 892 条第 2 款。
4. √，解析：《民法典》第 894 条第 1 款。
5. ×，解析：根据《民法典》第 896 条第 2 款的规定，第三人对保管人提起诉讼或者对保管物申请扣押的，保管人应当及时通知寄存人。
6. ×，解析：根据《民法典》第 898 条的规定，寄存人寄存货币、有价证券或者其他贵重物品的，应当向保管人声明，由保管人验收或者封存；寄存人未声明的，该物品毁损、灭失后，保管人可以按照一般物品予以赔偿。
7. ×，解析：根据《民法典》第 900 条的规定，保管期间届满或者寄存人提前领取保管物的，保管人应当将原物及其孳息归还寄存人。

二、单项选择题

1. C，解析：根据《民法典》第 888 条的规定，保管合同是保管人保管寄存人交付的保管物，并返还该物的合同。寄存人到保管人处从事购物、就餐、住宿等活动，将物品存放在指定场所的，视为保管，但是当事人另有约定或者另有交易习惯的除外。AB 项正确。根据《民法典》第 890 条的规定，保管合同自保管物交付时成立，但是当事人另有约定的除外。C 项错误，D 项正确。

2. A，解析：根据《民法典》第 903 条的规定，寄存人未按照约定支付保管费或者其他费用的，保管人对保管物享有留置权，但是当事人另有约定的除外。

3. C，解析：根据《民法典》第 893 条的规定，寄存人交付的保管物有瑕疵或者根据保管物的性质需要采取特殊保管措施的，寄存人应当将有关情况告知保管人。寄存人未告知，致使保管物受损失的，保管人不承担赔偿责任；保管人因此受损失的，除保管人知道或者应当知道且未采取补救措施外，寄存人应当承担赔偿责任。

4. A，解析：根据《民法典》第 896 条的规定，第三人对保管物主张权利的，除依法对保管物采取保全或者执行措施外，保管人应当履行向寄存人返还保管物的义务。第三人对保管人提起诉讼或者对保管物申请扣押的，保管人应当及时通知寄存人。

5. D，解析：根据《民法典》第 898 条的规定，寄存人寄存货币、有价证券或者其他贵重物品的，应当向保管人声明，由保管人验收或者封存；寄存人未声明的，该物品毁损、灭失后，保管人可以按照一般物品予以赔偿。

6. C，解析：根据《民法典》第 900 条的规定，保管期限届满或者寄存人提前领取保管物的，保管人应当将原物及其孳息归还寄存人。A 项正确，C 项错误。根据《民法典》第 901 条的规定，保管人保管货币的，可以返还相同种类、数量的货币；保管其他可替代物的，可以按照约定返还相同种类、品质、数量的物品。BD 项正确。

三、多项选择题

1. ABCD，解析：根据《民法典》第 889 条的规定，寄存人应当按照约定向保管人支付保管费。当事人对保管费没有约定或者约定不明确，依据《民法典》第510条的规定仍不能确定的，视为无偿保管。ABC项正确。根据《民法典》第903条的规定，寄存人未按照约定支付保管费或者其他费用的，保管人对保管物享有留置权，但是当事人另有约定的除外。D项正确。

2. ACD，解析：根据《民法典》第891条的规定，寄存人向保管人交付保管物的，保管人应当出具保管凭证，但是另有交易习惯的除外。也即，在有交易习惯的情况下，保管人也可以不出具保管凭证。B项错误。根据《民法典》第892条的规定，管人应当妥善保管保管物。当事人可以约定保管场所或者方法。除紧急情况或者为维护寄存人利益外，不得擅自改变保管场所或者方法。ACD项正确。

3. ACD，解析：根据《民法典》第894条的规定，保管人不得将保管物转交第三人保管，但是当事人另有约定的除外。保管人违反前款规定，将保管物转交第三人保管，造成保管物损失的，应当承担赔偿责任。A项正确，B项错误。根据《民法典》第895条的规定，保管人不得使用或者许可第三人使用保管物，但是当事人另有约定的除外。CD项正确。

4. ABD，解析：根据《民法典》第897条的规定，保管期内，因保管人保管不善造成保管物毁损、灭失的，保管人应当承担赔偿责任。但是，无偿保管人证明自己没有故意或者重大过失的，不承担赔偿责任。AB正确，C错误。根据《民法典》第893条的规定，寄存人交付的保管物有瑕疵或者根据保管物的性质需要采取特殊保管措施的，寄存人应当将有关情况告知保管人。寄存人未告知，致使保管物受损失的，保管人不承担赔偿责任；保管人因此受损失的，除保管人知道或者应当知道且未采取补救措施外，寄存人应当承担赔偿责任。D项正确。

5. ACD，解析：根据《民法典》第899条的规定，寄存人可以随时领取保管物。当事人对保管期限没有约定或者约定不明确的，保管人可以随时请求寄存人领取保管物；约定保管期限的，保管人无特别事由，不得请求寄存人提前领取保管物。

6. ABC，解析：根据《民法典》第 902 条的规定，有偿的保管合同，寄存人应当按照约定的期限向保管人支付保管费。当事人对支付期限没有约定或者约定不明确，依据《民法典》第 510 条的规定仍不能确定的，应当在领取保管物的同时支付。

四、填空题

1. 寄存人；约定；交易习惯。(《民法典》第 888 条第 2 款)
2. 留置权。(《民法典》第 903 条)
3. 妥善保管；场所；方法。(《民法典》第 892 条)
4. 保全；执行；返还。(《民法典》第 896 条第 1 款)
5. 货币；有价证券；一般物品。(《民法典》第 898 条)
6. 相同种类；数量；品质。(《民法典》第 901 条)

五、简答题

答：(1) 根据《民法典》第 888 条的规定，保管合同，是指保管人保管寄存人交付的保管物，并返还该物的合同。寄存人到保管人处从事购物、就餐、住宿等活动，将物品存放在指定场所的，视为保管，但当事人另有约定或交易习惯的除外。

(2) 根据《民法典》第 890 条的规定，保管合同自保管物交付时成立，但是当事人另有约定的除外。

第二十二章　仓储合同

一、判断题

1. 仓储合同是保管人储存存货人交付的仓储物，存货人支付仓储费的合同。(　　)
2. 仓储合同中，存货人违反储存危险物品的相关规定，保管人可以拒收仓储物，也可以采取相应措施以避免损失的发生，因此产生的费用由保管人负担。(　　)
3. 存货人交付仓储物的，保管人应当出具仓单、入库单等凭证。(　　)
4. 仓单是提取仓储物的凭证。存货人或者仓单持有人在仓单上背书并经保管人签名或者盖章的，可以转让提取仓储物的权利。(　　)
5. 保管人发现入库仓储物有变质或者其他损坏的，应当及时通知存货人或者仓单持有人。(　　)
6. 仓储合同当事人对储存期限没有约定或者约定不明确的，存货人或者仓单持有人可以随时提取仓储物，但保管人不可以随时请求存货人或者仓单持有人提取仓储物。(　　)
7. 仓储合同中，储存期限届满，存货人或者仓单持有人不提取仓储物的，保管人可以催告其在合理期限内提取；逾期不提取的，保管人可以提存仓储物。(　　)

二、单项选择题

1. 关于仓储合同，下列哪项说法是错误的？(　　)
   A. 仓储合同是保管人储存存货人交付的仓储物，存货人支付仓储费的合同
   B. 仓储合同自当事人意思表示一致时成立

C. 仓储合同自存货人交付仓储物时成立

D. 仓储合同没有规定的，适用保管合同的有关规定

2. 仓储合同中，对于仓储物的品种、数量、质量不符合约定的处理，表述正确的是：（　　）

A. 保管人验收后发生的，保管人应当承担赔偿责任

B. 存货人交付后发生的，保管人应当承担赔偿责任

C. 保管人验收后发生的，存货人应当自行承担责任

D. 保管人验收时发现入库仓储物与约定不符合的，应当书面通知存货人

3. 关于仓储合同，下列哪项说法是错误的？（　　）

A. 仓单是提取仓储物的凭证

B. 保管人根据存货人的要求，应当同意其检查仓储物或者提取样品

C. 保管人根据仓单持有人的要求，应当同意其检查仓储物

D. 保管人可以不同意仓单持有人提取样品的请求

4. 仓储合同中，关于保管人的义务，下列哪项说法是错误的？（　　）

A. 存货人交付仓储物的，保管人应当出具仓单

B. 保管人应当妥善保管仓储货物

C. 保管人发现入库仓储物有变质的，应当及时通知存货人或仓单持有人

D. 保管人没有义务对入库仓储物进行验收

5. 仓储合同中，关于仓储物的提取和仓储费的支付，下列哪项说法是错误的？（　　）

A. 存货人或仓单持有人，逾期提取仓储物的，应当加收仓储费

B. 存货人或仓单持有人，提前提取的，不减收仓储费

C. 存货人或仓单持有人，提前提取的，应当减收仓储费

D. 存货人或者仓单持有人在被催告的合理期限内仍不提取的，保管人可以提存仓储物

6. 仓储合同中，仓储物变质或毁损、灭失的，下列哪项情形下保管人应当承担赔偿责任？（　　）
   A. 因保管不善造成仓储物毁损、灭失
   B. 因仓储物本身的自然性质造成仓储物变质、损坏
   C. 因仓储物的包装不符合约定造成仓储物变质、损坏
   D. 因仓储物超过有效储存期造成仓储物变质、损坏

三、多项选择题

1. 仓储合同中，关于危险物品的储存，下列哪些说法是正确的？（　　）
   A. 储存易燃、易爆等危险物品，存货人应当说明该物品的性质，提供有关资料
   B. 存货人未说明危险物品的性质，保管人可以拒收仓储物
   C. 保管人储存易燃、易爆等危险物品，应当具备相应的保管条件
   D. 存货人未说明危险物品的性质，保管人可以采取相应措施以避免损失的发生，因此产生的费用由保管人负担
2. 仓储合同中的仓单载明的事项包括：（　　）
   A. 存货人的姓名或者名称和住所
   B. 仓储物的品种、数量、质量、包装及其件数和标记
   C. 填发人、填发地和填发日期
   D. 仓储物的损耗标准
3. 仓储合同中，保管人发现入库仓储物有变质或者其他损坏时，下列哪些说法是正确的？（　　）
   A. 应当立即对变质或损坏的仓储物作出必要的处置
   B. 应当及时通知存货人或者仓单持有人
   C. 若危及其他仓储物的安全和正常保管，应当催告存货人或者仓单持有人作出必要的处置
   D. 若危及其他仓储物的安全和正常保管，且因情况紧急，保管人可以作出必要的处置；但事后应当将该情况及时通知存货人或者仓

单持有人

4. 仓储合同中，关于仓储物的提取，下列哪些说法是正确的？(　　)

A. 约定有储存期限的，储存期限届满，存货人应当凭仓单、入库单等提取仓储物

B. 没有约定储存期限的，存货人可以随时提取仓储物

C. 储存期限约定不明确的，保管人不可以随时要求存货人提取仓储物

D. 没有约定储存期限的，保管人可以随时要求存货人提取仓储物，但应当给予必要的准备时间

5. 仓储合同中，储存期限届满，存货人或者仓单持有人不提取仓储物的，保管人可以催告其在合理期限内提取；逾期不提取的，保管人对仓储物可以采取的措施不包括：(　　)

A. 拍卖　　B. 提存

C. 留置　　D. 抵押

四、填空题

1. 仓储合同自保管人和存货人意思表示一致时______。

2. 仓储合同中，保管人验收后，发生仓储物的______、______、______不符合约定的，______应当承担赔偿责任。

3. 仓储合同中，保管人应当在仓单上______或者______。

4. 保管人根据存货人或者仓单持有人的要求，应当同意其______或者______。

5. 保管人发现入库仓储物有变质或者其他损坏，危及其他仓储物的安全和正常保管的，应当______存货人或者仓单持有人作出必要的处置。因情况紧急，保管人可以作出必要的处置；但是，事后应当将该情况及时______存货人或者仓单持有人。

6. 储存期限届满，存货人或者仓单持有人应当凭仓单、入库单等提取仓储物。存货人或者仓单持有人逾期提取的，应当______仓储费；提前

提取的，______仓储费。

7. 储存期内，因______造成仓储物毁损、灭失的，保管人应当承担赔偿责任。因仓储物本身的自然性质、包装不符合约定或者超过有效储存期造成仓储物变质、损坏的，保管人______赔偿责任。

五、简答题

简述仓储合同中仓单的性质和内容。

参考答案

一、判断题

1. √，解析：《民法典》第904条。
2. ×，解析：根据《民法典》第906条第1、2款的规定，储存易燃、易爆、有毒、有腐蚀性、有放射性等危险物品或者易变质物品的，存货人应当说明该物品的性质，提供有关资料。存货人违反前款规定的，保管人可以拒收仓储物，也可以采取相应措施以避免损失的发生，因此产生的费用由存货人负担。
3. √，解析：《民法典》第908条。
4. √，解析：《民法典》第910条。
5. √，解析：《民法典》第912条。
6. ×，解析：根据《民法典》第914条的规定，当事人对储存期限没有约定或者约定不明确的，存货人或者仓单持有人可以随时提取仓储物，保管人也可以随时请求存货人或者仓单持有人提取仓储物，但是应当给予必要的准备时间。
7. √，解析：《民法典》第916条。

二、单项选择题

1. C，解析：根据《民法典》第904条的规定，仓储合同是保管人储存存货人交付的仓储物，存货人支付仓储费的合同。A项正确。根据

《民法典》第905条的规定，仓储合同自保管人和存货人意思表示一致时成立。B项正确，C项错误。根据《民法典》第918条的规定，本章没有规定的，适用保管合同的有关规定。D项正确。

2. A，解析：根据《民法典》第907条的规定，保管人应当按照约定对入库仓储物进行验收。保管人验收时发现入库仓储物与约定不符合的，应当及时通知存货人。保管人验收后，发生仓储物的品种、数量、质量不符合约定的，保管人应当承担赔偿责任。据此，A项正确，BCD项错误。
3. D，解析：根据《民法典》第910条的规定，仓单是提取仓储物的凭证。A项正确。根据《民法典》第911条的规定，保管人根据存货人或者仓单持有人的要求，应当同意其检查仓储物或者提取样品。BC项正确，D项错误。
4. D，解析：根据《民法典》第908条的规定，存货人交付仓储物的，保管人应当出具仓单、入库单等凭证。A项正确。根据《民法典》第892条第1款的规定，保管人应当妥善保管保管物。B项正确。根据《民法典》第912条，保管人发现入库仓储物有变质或者其他损坏的，应当及时通知存货人或者仓单持有人。C项正确。根据《民法典》第907条的规定，保管人应当按照约定对入库仓储物进行验收。保管人验收时发现入库仓储物与约定不符合的，应当及时通知存货人。保管人验收后，发生仓储物的品种、数量、质量不符合约定的，保管人应当承担赔偿责任。D项错误。
5. C，解析：根据《民法典》第915条的规定，储存期限届满，存货人或者仓单持有人应当凭仓单、入库单等提取仓储物。存货人或者仓单持有人逾期提取的，应当加收仓储费；提前提取的，不减收仓储费。AB项正确，C项错误。根据《民法典》第916条的规定，储存期限届满，存货人或者仓单持有人不提取仓储物的，保管人可以催告其在合理期限内提取；逾期不提取的，保管人可以提存仓储物。D项正确。

6. A，解析：根据《民法典》第917条的规定，储存期内，因保管不善造成仓储物毁损、灭失的，保管人应当承担赔偿责任。因仓储物本身的自然性质、包装不符合约定或者超过有效储存期造成仓储物变质、损坏的，保管人不承担赔偿责任。

三、多项选择题

1. ABC，解析：根据《民法典》第906条的规定，储存易燃、易爆、有毒、有腐蚀性、有放射性等危险物品或者易变质物品的，存货人应当说明该物品的性质，提供有关资料。存货人违反前款规定的，保管人可以拒收仓储物，也可以采取相应措施以避免损失的发生，因此产生的费用由存货人负担。保管人储存易燃、易爆、有毒、有腐蚀性、有放射性等危险物品的，应当具备相应的保管条件。
2. ABCD，解析：根据《民法典》第909条的规定，保管人应当在仓单上签名或者盖章。仓单包括下列事项：（1）存货人的姓名或者名称和住所；（2）仓储物的品种、数量、质量、包装及其件数和标记；（3）仓储物的损耗标准；（4）储存场所；（5）储存期限；（6）仓储费；（7）仓储物已经办理保险的，其保险金额、期间以及保险人的名称；（8）填发人、填发地和填发日期。B项错误，CD项正确。
3. BCD，解析：根据《民法典》第912条的规定，保管人发现入库仓储物有变质或者其他损坏的，应当及时通知存货人或者仓单持有人。B项正确。根据《民法典》第913条的规定，保管人发现入库仓储物有变质或者其他损坏，危及其他仓储物的安全和正常保管的，应当催告存货人或者仓单持有人作出必要的处置。因情况紧急，保管人可以作出必要的处置；但是，事后应当将该情况及时通知存货人或者仓单持有人。A项错误，CD项正确。
4. ABD，解析：根据《民法典》第914条的规定，当事人对储存期限没有约定或者约定不明确的，存货人或者仓单持有人可以随时提取仓储物，保管人也可以随时请求存货人或者仓单持有人提取仓储物，但是应当给予必要的准备时间。故BD项正确，C项错误。根据《民法典》第 915 条规定，储存期限届满，存货人或者仓单持有人应当凭仓单、入库单等提取仓储物。故 A 项正确。

5. ACD，解析：根据《民法典》第 916 条的规定，储存期限届满，存货人或者仓单持有人不提取仓储物的，保管人可以催告其在合理期限内提取；逾期不提取的，保管人可以提存仓储物。

四、填空题

1. 成立。(《民法典》第 905 条)
2. 品种；数量；质量；保管人。(《民法典》第 907 条)
3. 签名；盖章。(《民法典》第 909 条)
4. 检查仓储物；提取样品。(《民法典》第 911 条)
5. 催告；通知。(《民法典》第 913 条)
6. 加收；不减收。(《民法典》第 915 条)
7. 保管不善；不承担。(《民法典》第 917 条)

五、简答题

答：根据《民法典》第 908 条、第 909 条和第 910 条的规定，仓单是存货人交付仓储物后，保管人出具的凭证。保管人应当在仓单上签名或者盖章。仓单也是提取仓储物的凭证。存货人或者仓单持有人在仓单上背书并经保管人签名或者盖章的，可以转让提取仓储物的权利。

根据《民法典》第 909 条的规定，仓单包括下列事项：(1) 存货人的姓名或者名称和住所；(2) 仓储物的品种、数量、质量、包装及其件数和标记；(3) 仓储物的损耗标准；(4) 储存场所；(5) 储存期限；(6) 仓储费；(7) 仓储物已经办理保险的，其保险金额、期间以及保险人的名称；(8) 填发人、填发地和填发日期。

第二十三章　委托合同

一、判断题

1. 委托人可以特别委托受托人处理一项或者数项事务，但不可以概括委托受托人处理一切事务。(　　)
2. 委托合同中，受托人不得变更委托人的指示。(　　)
3. 委托合同中，转委托未经同意或者追认的，受托人应当对转委托的第三人的行为承担责任；但是，在紧急情况下受托人为了维护委托人的利益需要转委托第三人的除外。(　　)
4. 受托人应当按照委托人的要求，报告委托事务的处理情况。(　　)
5. 受托人以自己的名义，在委托人的授权范围内与第三人订立的合同，直接约束委托人和第三人。(　　)
6. 在委托合同中，因受托人的过错造成委托人损失的，受托人应当向委托人承担赔偿责任。(　　)
7. 受托人处理委托事务时受到损失的，可以向委托人请求赔偿损失。(　　)
8. 委托合同中的受托人不享有任意解除权。(　　)
9. 因委托人死亡或者被宣告破产，在委托合同期限届满之前，受托人应当继续处理委托事务。(　　)

二、单项选择题

1. 委托合同中，关于委托范围，下列哪项的说法是错误的？(　　)
   A. 委托人可以特别委托受托人处理一项事务
   B. 委托人可以特别委托受托人处理数项事务
   C. 委托人可以概括委托受托人处理一切事务

D. 委托人不可以概括委托受托人处理一切事务

2. 委托合同中，关于受托人服从指示的义务，下列哪项说法是错误的？（　　）

A. 受托人应当按照委托人的指示处理委托事务

B. 受托人可以变更委托人的指示

C. 受托人需要变更委托人指示的，应当经委托人同意

D. 在情况发生变化时，受托人应当妥善处理委托事务，但事后应当书面报告委托人

3. 委托合同中，关于受托人的义务，下列哪项说法是错误的？（　　）

A. 受托人应当按照委托人的要求，报告委托事务的处理情况

B. 委托合同终止时，受托人应当报告委托事务的结果

C. 受托人处理委托事务取得的财产，应当转交给委托人

D. 受托人可以亲自处理委托事务，也可以自行转委托第三人处理

4. 委托合同中，受托人以自己的名义与第三人订立的合同直接约束委托人和第三人的条件不包括：（　　）

A. 受托人在委托人的授权范围内

B. 第三人知道受托人与委托人之间的代理关系

C. 第三人是在合同订立的当时知道受托人与委托人之间的代理关系

D. 有确切证据证明该合同只约束受托人和第三人

5. 委托合同中，关于受托人的赔偿责任，下列哪些说法是错误的？（　　）

A. 有偿的委托合同，因受托人的过错造成委托人损失的，委托人可以请求赔偿损失

B. 无偿的委托合同，因受托人的故意或者重大过失造成委托人损失的，委托人可以请求赔偿损失

C. 委托合同中，只要是受托人的过错造成委托人损失，受托人就需要向委托人承担赔偿责任

D. 受托人超越权限造成委托人损失的，应当赔偿损失

6. 委托合同中，委托人或者受托人可以随时解除委托合同。因解除合同造成对方损失的，除不可归责于该当事人的事由外，有偿委托合同的解除方应当赔偿对方的(　　)。

A. 间接损失和直接损失

B. 合同履行后可以获得的利益

C. 因解除时间不当造成的直接损失

D. 直接损失和合同履行后可以获得的利益

7. 关于委托合同的终止，下列哪项说法是错误的?(　　)

A. 因受托人死亡致使委托合同终止的，受托人的继承人、遗产管理人、法定代理人或者清算人应当及时通知委托人

B. 因受托人死亡引起的委托合同终止将损害委托人利益的，在委托人作出善后处理之前，受托人的继承人、遗产管理人、法定代理人或者清算人应当采取必要措施

C. 因委托人死亡致使委托合同终止将损害委托人利益的，在委托人的继承人、遗产管理人或者清算人承受委托事务之前，受托人应当继续处理委托事务

D. 因受托人死亡引起的委托合同终止将损害委托人利益的，在委托人作出善后处理之前，受托人的继承人、遗产管理人、法定代理人或者清算人应当继续处理委托事务

三、多项选择题

1. 关于委托合同，下列哪些说法是错误的?(　　)

A. 委托人可以特别委托受托人处理一项或者数项事务

B. 委托合同是委托人和受托人约定，由受托人处理委托人事务的合同

C. 委托人可以预付处理委托事务的费用

D. 受托人为处理委托事务垫付的必要费用，委托人应当偿还，但不支付利息

2. 委托合同中，关于受托人亲自处理和转委托，下列哪些说法是正确的？(　　)
   A. 受托人应当亲自处理委托事务
   B. 受托人转委托需要经过委托人的同意
   C. 转委托未经同意或者追认的，受托人应当对转委托的第三人的行为承担责任；但是，在紧急情况下受托人为了维护委托人的利益需要转委托第三人的除外
   D. 转委托经同意或者追认的，委托人可以就委托事务直接指示转委托的第三人
3. 委托合同中，关于委托人支付报酬，下列哪项说法是正确的？(　　)
   A. 当事人可以约定，因不可归责于受托人的事由，委托合同解除的，委托人不向受托人支付报酬
   B. 受托人完成委托事务的，委托人应当按照约定向其支付报酬
   C. 因不可归责于受托人的事由，委托合同解除的，委托人应当向受托人支付相应的报酬，但当事人另有约定的除外
   D. 因不可归责于受托人的事由，委托事务不能完成的，委托人应当向受托人支付相应的报酬，但当事人另有约定的除外
4. 受托人因委托人的原因对第三人不履行义务，受托人应当向第三人披露委托人，关于此时第三人的说法，下列哪些是错误的？(　　)
   A. 第三人只能选择委托人作为相对人主张其权利
   B. 第三人只能选择受托人作为相对人主张其权利
   C. 第三人可以变更选定的相对人
   D. 第三人可以选择受托人或委托人作为相对人主张其权利
5. 关于委托合同，下列哪些说法是正确的？(　　)
   A. 受托人处理委托事务时，因不可归责于自己的事由受到损失的，可以向委托人请求赔偿损失
   B. 受托人处理委托事务时受到损失的，可以向委托人请求赔偿损失
   C. 经委托人同意，受托人可以转委托

D. 经受托人同意，委托人可以在受托人之外委托第三人处理委托事务

6. 因委托人死亡或者被宣告破产、解散，致使委托合同终止将损害委托人利益的，在委托人的(　　)承受委托事务之前，受托人应当继续处理委托事务。

A. 继承人　　B. 遗产管理人

C. 遗嘱执行人　　D. 清算人

四、填空题

1. 委托人应当______处理委托事务的费用。受托人为处理委托事务垫付的必要费用，委托人应当偿还该费用并支付______。

2. 委托合同中，受托人应当______处理委托事务。经委托人______，受托人可以______。

3. 受托人完成委托事务的，委托人应当按照约定向其______。因______于受托人的事由，委托合同解除或者委托事务不能完成的，委托人应当向受托人支付______报酬。当事人另有约定的，按照其约定。

4. 委托人行使受托人对第三人的权利的，第三人可以向______主张其对______的抗辩。第三人选定委托人作为其相对人的，委托人可以向第三人主张其对______的抗辩以及______对______的抗辩。

5. 委托人经受托人______，可以在受托人之外委托______处理委托事务。因此造成受托人损失的，受托人可以向委托人请求______。

6. 委托人______、______或者受托人______、______、______的，委托合同终止；但是，当事人另有约定或者根据委托事务的性质不宜终止的除外。

7. 两个以上的受托人______处理委托事务的，对委托人承担______。

参考答案

一、判断题

1. ×，解析：根据《民法典》第 920 条的规定，委托人可以特别委托受托人处理一项或者数项事务，也可以概括委托受托人处理一切事务。
2. ×，解析：根据《民法典》第 922 条的规定，受托人应当按照委托人的指示处理委托事务。需要变更委托人指示的，应当经委托人同意；因情况紧急，难以和委托人取得联系的，受托人应当妥善处理委托事务，但是事后应当将该情况及时报告委托人。
3. √，解析：《民法典》第 923 条。
4. √，解析：《民法典》第 924 条。
5. ×，解析：根据《民法典》第 925 条的规定，受托人以自己的名义，在委托人的授权范围内与第三人订立的合同，第三人在订立合同时知道受托人与委托人之间的代理关系的，该合同直接约束委托人和第三人；但是，有确切证据证明该合同只约束受托人和第三人的除外。
6. ×，解析：根据《民法典》第 929 条第 1 款的规定，有偿的委托合同，因受托人的过错造成委托人损失的，委托人可以请求赔偿损失。无偿的委托合同，因受托人的故意或者重大过失造成委托人损失的，委托人可以请求赔偿损失。
7. ×，解析：根据《民法典》第 930 条的规定，受托人处理委托事务时，因不可归责于自己的事由受到损失的，可以向委托人请求赔偿损失。
8. ×，解析：根据《民法典》第 933 条的规定，委托人或者受托人可以随时解除委托合同。
9. ×，解析：根据《民法典》第 935 条的规定，因委托人死亡或者被宣告破产、解散，致使委托合同终止将损害委托人利益的，在委托人的继承人、遗产管理人或者清算人承受委托事务之前，受托人应当继续处理委托事务。

二、单项选择题

1. D，解析：根据《民法典》第920条的规定，委托人可以特别委托受托人处理一项或者数项事务，也可以概括委托受托人处理一切事务。
2. D，解析：根据《民法典》第922条的规定，受托人应当按照委托人的指示处理委托事务。需要变更委托人指示的，应当经委托人同意；因情况紧急，难以和委托人取得联系的，受托人应当妥善处理委托事务，但是事后应当将该情况及时报告委托人。
3. D，解析：根据《民法典》第924条的规定，受托人应当按照委托人的要求，报告委托事务的处理情况。委托合同终止时，受托人应当报告委托事务的结果。AB项正确。根据《民法典》第927条的规定，受托人处理委托事务取得的财产，应当转交给委托人。C项正确。《民法典》第923条规定，受托人应当亲自处理委托事务。经委托人同意，受托人可以转委托。D项错误。
4. D，解析：根据《民法典》第925条的规定，受托人以自己的名义，在委托人的授权范围内与第三人订立的合同，第三人在订立合同时知道受托人与委托人之间的代理关系的，该合同直接约束委托人和第三人；但是，有确切证据证明该合同只约束受托人和第三人的除外。
5. C，解析：根据《民法典》第929条的规定，有偿的委托合同，因受托人的过错造成委托人损失的，委托人可以请求赔偿损失。无偿的委托合同，因受托人的故意或者重大过失造成委托人损失的，委托人可以请求赔偿损失。受托人超越权限造成委托人损失的，应当赔偿损失。
6. D，解析：根据《民法典》第933条的规定，委托人或者受托人可以随时解除委托合同。因解除合同造成对方损失的，除不可归责于该当事人的事由外，无偿委托合同的解除方应当赔偿因解除时间不当造成的直接损失，有偿委托合同的解除方应当赔偿对方的直接损失和合同履行后可以获得的利益。

7. D，解析：根据《民法典》第 936 条的规定，因受托人死亡、丧失民事行为能力或者被宣告破产、解散，致使委托合同终止的，受托人的继承人、遗产管理人、法定代理人或者清算人应当及时通知委托人。因委托合同终止将损害委托人利益的，在委托人作出善后处理之前，受托人的继承人、遗产管理人、法定代理人或者清算人应当采取必要措施。AB 项正确，D 项错误。根据《民法典》第 935 条的规定，因委托人死亡或者被宣告破产、解散，致使委托合同终止将损害委托人利益的，在委托人的继承人、遗产管理人或者清算人承受委托事务之前，受托人应当继续处理委托事务。C 项正确。

三、多项选择题

1. CD，解析：根据《民法典》第 920 条的规定，委托人可以特别委托受托人处理一项或者数项事务，也可以概括委托受托人处理一切事务。A 项正确。根据《民法典》第 919 条的规定，委托合同是委托人和受托人约定，由受托人处理委托人事务的合同。B 项正确。根据《民法典》第 921 条的规定，委托人应当预付处理委托事务的费用。受托人为处理委托事务垫付的必要费用，委托人应当偿还该费用并支付利息。CD 项错误。
2. ABCD，解析：根据《民法典》第 923 条的规定，受托人应当亲自处理委托事务。经委托人同意，受托人可以转委托。转委托经同意或者追认的，委托人可以就委托事务直接指示转委托的第三人，受托人仅就第三人的选任及其对第三人的指示承担责任。转委托未经同意或者追认的，受托人应当对转委托的第三人的行为承担责任；但是，在紧急情况下受托人为了维护委托人的利益需要转委托第三人的除外。
3. ABCD，解析：根据《民法典》第 928 条的规定，受托人完成委托事务的，委托人应当按照约定向其支付报酬。因不可归责于受托人的事由，委托合同解除或者委托事务不能完成的，委托人应当向受托人支付相应的报酬。当事人另有约定的，按照其约定。

4. ABC，解析：根据《民法典》第926条第2款的规定，受托人因委托人的原因对第三人不履行义务，受托人应当向第三人披露委托人，第三人因此可以选择受托人或者委托人作为相对人主张其权利，但是第三人不得变更选定的相对人。据此，ABC项正确，D项错误。
5. ACD，解析：根据《民法典》第930条的规定，受托人处理委托事务时，因不可归责于自己的事由受到损失的，可以向委托人请求赔偿损失。A项正确，B项错误。根据《民法典》第923条的规定，受托人应当亲自处理委托事务。经委托人同意，受托人可以转委托。C项正确。根据《民法典》第931条的规定，委托人经受托人同意，可以在受托人之外委托第三人处理委托事务。因此造成受托人损失的，受托人可以向委托人请求赔偿损失。D项正确。
6. ABD，解析：根据《民法典》第935条的规定，因委托人死亡或者被宣告破产、解散，致使委托合同终止将损害委托人利益的，在委托人的继承人、遗产管理人或者清算人承受委托事务之前，受托人应当继续处理委托事务。

四、填空题

1. 预付；利息。(《民法典》第921条)
2. 亲自；同意；转委托。(《民法典》第923条)
3. 支付报酬；不可归责；相应的。(《民法典》第928条)
4. 委托人；受托人；受托人；受托人；第三人。(《民法典》第926条带3款)
5. 同意；第三人；赔偿损失。(《民法典》第931条)
6. 死亡；终止；死亡；丧失民事行为能力；终止。(《民法典》第934条)
7. 共同；连带责任。(《民法典》第932条)

第二十四章　物业服务合同

一、判断题

1. 物业服务合同可以采用口头或书面形式。(　　)
2. 建设单位依法与物业服务人订立的前期物业服务合同约定的服务期限届满前，业主委员会或者业主与新物业服务人订立的物业服务合同生效的，前期物业服务合同终止。(　　)
3. 对物业服务区域内违反有关治安、环保、消防等法律法规的行为，物业服务人应当及时采取合理措施制止、向有关行政主管部门报告并协助处理。(　　)
4. 业主应当按照约定向物业服务人支付物业费。(　　)
5. 业主依照法定程序共同决定解聘物业服务人的，应当提前30日书面通知物业服务人，但是合同对通知期限另有约定的除外。(　　)
6. 当事人可以随时解除不定期物业服务合同，但是应当提前30日书面通知对方。(　　)

二、单项选择题

1. 关于物业服务合同当事人，下列哪项说法是错误的？(　　)
   A. 物业服务人仅指物业服务企业
   B. 业主需要向物业服务人支付物业费
   C. 物业服务人向业主提供的物业服务包括建筑物及其附属设施的维修养护、环境卫生和相关秩序的管理维护
   D. 物业服务仅限于在物业服务区域内提供
2. 建设单位依法与物业服务人订立的前期物业服务合同约定的服务期限届满前，业主委员会或者业主与新物业服务人订立的物业服务合同

______的，前期物业服务合同______。关于空格处依次填写的内容，下列哪项说法是正确的？（　　）

A. 成立、终止　　B. 生效、撤销

C. 生效、终止　　D. 成立、撤销

3. 物业合同中，关于物业服务人的义务，下列哪项说法是错误的？（　　）

A. 妥善维修、养护、清洁、绿化和经营管理物业服务区域内的业主共有部分

B. 维护物业服务区域内的基本秩序

C. 对物业服务区域内违反有关治安、环保、消防等法律法规的行为，可以采取一切必要措施制止、向有关行政主管部门报告并代为处理

D. 采取合理措施保护业主的人身、财产安全

4. 业主违反约定逾期不支付物业费的，物业服务人可以采取的措施不包括：（　　）

A. 停止供水、停止供电

B. 催告业主在合理期限内支付

C. 业主在合理期限内仍不支付的，物业服务人可以提起诉讼

D. 业主在合理期限内仍不支付的，物业服务人可以申请仲裁

5. 业主依照法定程序共同决定解聘物业服务人的，可以解除物业服务合同。决定解聘的，应当提前（　　）日书面通知物业服务人，但是合同对通知期限另有约定的除外。

A. 30　　B. 60

C. 90　　D. 45

6. 物业服务合同中，当事人可以随时解除不定期物业服务合同，但是应当提前（　　）日书面通知对方。

A. 45　　B. 30

C. 90　　D. 60

三、多项选择题

1. 物业服务合同的条款内容包括：(　　)

A. 服务事项、服务质量

B. 服务费用的标准和收取办法

C. 维修资金的使用

D. 服务用房的管理和使用、服务期限、服务交接

2. 物业服务合同中，关于物业服务人的转委托，下列哪些说法是错误的？(　　)

A. 物业服务人可以将物业服务区域内的部分专项服务事项委托给专业性服务组织或者其他第三人

B. 物业服务人不可以将物业服务区域内的部分专项服务事项委托给专业性服务组织或者其他第三人

C. 物业服务人可以将全部物业服务支解后分别转委托给第三人

D. 物业服务人可以将其应当提供的全部物业服务转委托给第三人

3. 物业合同中，物业服务人需定期公开和报告的事项包括：(　　)

A. 服务的事项、负责人员、质量要求

B. 收费项目、收费标准、履行情况

C. 维修资金使用情况

D. 业主共有部分的经营和收益情况

4. 物业合同中，关于业主的各项义务，下列哪些说法是错误的？(　　)

A. 业主装饰装修房屋的，应当事先告知物业服务人

B. 业主转让、出租物业专有部分的，应当征得物业服务人的同意

C. 业主转让、出租物业专有部分、设立居住权或者依法改变共有部分用途的，应当及时将相关情况告知物业服务人

D. 业主装饰装修房屋的，应当征得物业服务人的同意

5. 关于物业服务合同的续订，下列哪项选项是正确的？(　　)

A. 物业服务期限届满前，物业服务人不同意续聘的，在没有约定的

情况下，应在合同期限届满前60日通知业主或业主委员会

B. 物业服务期限届满前，业主依法共同决定续聘的，应当与原物业服务人在合同期限届满前续订物业服务合同

C. 物业服务期限届满前，物业服务人不同意续聘的，口头通知业主即可

D. 物业服务期限届满前，物业服务人不同意续聘的，应当书面通知业主或业主委员会

6. 物业服务合同的终止时，关于原物业服务人，下列哪些说法是正确的？（　　）

A. 在业主或者业主大会选聘的新物业服务人或者决定自行管理的业主接管之前，原物业服务人应当继续处理物业服务事项，并可以请求业主支付该期间的物业费

B. 原物业服务人应当在约定期限或者业主委员会指定的期限内退出物业服务区域

C. 原物业服务人应当将物业服务用房、相关设施、物业服务所必需的相关资料等交还给业主委员会、决定自行管理的业主或者其指定的人

D. 原物业服务人应当配合新物业服务人做好交接工作，并如实告知物业的使用和管理状况

四、填空题

1. 物业服务合同是______在物业服务区域内，为业主提供建筑物及其附属设施的维修养护、环境卫生和相关秩序的管理维护等物业服务，业主支付______的合同。

2. 建设单位依法与物业服务人订立的前期物业服务合同，以及业主委员会与业主大会依法选聘的物业服务人订立的物业服务合同，对业主具有______。

3. 物业服务人应当按照约定和物业的使用性质，妥善维修、养护、清

洁、绿化和经营管理物业服务区域内的______部分，维护物业服务区域内的基本秩序，采取合理措施保护业主的______、______安全。

4. 业主______、______物业专有部分、设立居住权或者依法改变共有部分用途的，应当及时将相关情况______物业服务人。

5. 物业服务期限届满前，物业服务人不同意续聘的，应当在合同期限届满前______日书面通知业主或者业主委员会，但是合同对通知期限另有约定的除外。

6. 物业服务合同终止后，在业主或者业主大会选聘的新物业服务人或者决定______的业主接管之前，原物业服务人应当继续处理物业服务事项，并可以请求业主支付该期间的______。

五、简答题

简答物业服务合同的定义、内容和形式。

参考答案

一、判断题

1. ×，解析：根据《民法典》第 938 条第 3 款的规定，物业服务合同应当采用书面形式。

2. √，解析：《民法典》第 940 条。

3. √，解析：《民法典》第 942 条第 2 款。

4. √，解析：《民法典》第 944 条。

5. ×，解析：根据《民法典》第 946 条第 1 款的规定，业主依照法定程序共同决定解聘物业服务人的，可以解除物业服务合同。决定解聘的，应当提前 60 日书面通知物业服务人，但是合同对通知期限另有约定的除外。

6. ×，解析：根据《民法典》第 948 条第 2 款的规定，当事人可以随时解除不定期物业服务合同，但是应当提前 60 日书面通知对方。

二、单项选择题

1. A，解析：根据《民法典》第937条的规定，物业服务合同是物业服务人在物业服务区域内，为业主提供建筑物及其附属设施的维修养护、环境卫生和相关秩序的管理维护等物业服务，业主支付物业费的合同。物业服务人包括物业服务企业和其他物业管理人。A项错误，CD项正确。根据《民法典》第944条第1款，业主应当按照约定向物业服务人支付物业费。B项正确。
2. C，解析：根据《民法典》第940条的规定，建设单位依法与物业服务人订立的前期物业服务合同约定的服务期限届满前，业主委员会或者业主与新物业服务人订立的物业服务合同生效的，前期物业服务合同终止。
3. C，解析：根据《民法典》第942条的规定，物业服务人应当按照约定和物业的使用性质，妥善维修、养护、清洁、绿化和经营管理物业服务区域内的业主共有部分，维护物业服务区域内的基本秩序，采取合理措施保护业主的人身、财产安全。对物业服务区域内违反有关治安、环保、消防等法律法规的行为，物业服务人应当及时采取合理措施制止、向有关行政主管部门报告并协助处理。据此，ABD项正确，C项错误，当选。
4. A，解析：根据《民法典》第944条第2款的规定，业主违反约定逾期不支付物业费的，物业服务人可以催告其在合理期限内支付；合理期限届满仍不支付的，物业服务人可以提起诉讼或者申请仲裁。
5. B，解析：根据《民法典》第946条第1款的规定，业主依照法定程序共同决定解聘物业服务人的，可以解除物业服务合同。决定解聘的，应当提前60日书面通知物业服务人，但是合同对通知期限另有约定的除外。
6. D，解析：根据《民法典》第948条第2款的规定，当事人可以随时解除不定期物业服务合同，但是应当提前60日书面通知对方。

三、多项选择题

1. ABCD，解析：根据《民法典》第 938 条第 1 款的规定，物业服务合同的内容一般包括服务事项、服务质量、服务费用的标准和收取办法、维修资金的使用、服务用房的管理和使用、服务期限、服务交接等条款。
2. BCD，解析：根据《民法典》第 941 条的规定，物业服务人将物业服务区域内的部分专项服务事项委托给专业性服务组织或者其他第三人的，应当就该部分专项服务事项向业主负责。物业服务人不得将其应当提供的全部物业服务转委托给第三人，或者将全部物业服务支解后分别转委托给第三人。
3. ABCD，解析：根据《民法典》第 943 条的规定，物业服务人应当定期将服务的事项、负责人员、质量要求、收费项目、收费标准、履行情况，以及维修资金使用情况、业主共有部分的经营与收益情况等以合理方式向业主公开并向业主大会、业主委员会报告。
4. BD，解析：根据《民法典》第 945 条的规定，业主装饰装修房屋的，应当事先告知物业服务人，遵守物业服务人提示的合理注意事项，并配合其进行必要的现场检查。业主转让、出租物业专有部分、设立居住权或者依法改变共有部分用途的，应当及时将相关情况告知物业服务人。
5. BD，解析：根据《民法典》第 947 条的规定，物业服务期限届满前，业主依法共同决定续聘的，应当与原物业服务人在合同期限届满前续订物业服务合同。物业服务期限届满前，物业服务人不同意续聘的，应当在合同期限届满前 90 日书面通知业主或者业主委员会，但是合同对通知期限另有约定的除外。
6. ACD，解析：根据《民法典》第 950 条的规定，物业服务合同终止后，在业主或者业主大会选聘的新物业服务人或者决定自行管理的业主接管之前，原物业服务人应当继续处理物业服务事项，并可以请求业主支付该期间的物业费。A 项正确。根据《民法典》第 949

条第1款的规定，物业服务合同终止的，原物业服务人应当在约定期限或者合理期限内退出物业服务区域，将物业服务用房、相关设施、物业服务所必需的相关资料等交还给业主委员会、决定自行管理的业主或者其指定的人，配合新物业服务人做好交接工作，并如实告知物业的使用和管理状况。B项错误，CD项正确。

四、填空题

1. 物业服务人；物业费。(《民法典》第937条第1款)
2. 法律约束力。(《民法典》第939条)
3. 业主共有；人身；财产。(《民法典》第942条第1款)
4. 转让；出租；告知。(《民法典》第945条第2款)
5. 90。(《民法典》第947条第2款)
6. 自行管理；物业费。(《民法典》第950条)

五、简答题

答：(1) 根据《民法典》第937条，物业服务合同，是指物业服务人在物业服务区域内，为业主提供建筑物及其附属设施的维修养护、环境卫生和相关秩序的管理维护等物业服务，业主支付物业费的合同。

(2) 根据《民法典》第938条，物业服务合同的内容一般包括服务事项、服务质量、服务费用的标准和收取办法、维修资金的使用、服务用房的管理和使用、服务期限、服务交接等条款。物业服务人公开作出的有利于业主的服务承诺，为物业服务合同的组成部分。

(3) 根据《民法典》第938条，物业服务合同应当采用书面形式。

第二十五章　行纪合同

一、判断题

1. 行纪人处理委托事务支出的费用，由委托人负担，但是当事人另有约定的除外。(　　)
2. 行纪人占有委托物的，应当妥善保管委托物。(　　)
3. 行纪人卖出或者买入具有市场定价的商品，除委托人有相反的意思表示外，行纪人自己不得作为买受人或者出卖人。(　　)
4. 行纪人与第三人订立合同的，行纪人对该合同直接享有权利、承担义务。(　　)
5. 《民法典》合同编行纪合同章没有规定的，参照适用中介合同的有关规定。(　　)

二、单项选择题

1. 关于行纪合同，下列哪项说法是错误的？(　　)
   A. 行纪合同是行纪人以自己的名义为委托人从事贸易活动
   B. 委托人需向行纪人支付报酬
   C. 行纪人处理委托事务支出的费用，原则上由行纪人负担
   D. 行纪人处理委托事务支出的费用，原则上由委托人负担
2. 行纪合同中，关于行纪人的义务和委托物的处理，下列哪项说法是错误的？(　　)
   A. 行纪人占有委托物的，应当妥善保管委托物
   B. 委托物交付给行纪人时容易腐烂、变质的，在不能与委托人及时取得联系的情况下，行纪人可以合理处分
   C. 委托物交付给行纪人时容易腐烂、变质的，经委托人同意，行纪

人可以处分该物

D. 委托物交付给行纪人时有瑕疵的，行纪人可以自行处分该物

3. 行纪合同中，关于行纪人的介入权，下列哪项说法是错误的？（　　）

A. 行纪合同的委托物必须是有市场价格的商品

B. 委托人没有相反的意思表示

C. 行纪人的介入权是指行纪人作为买受人或者出卖人

D. 行纪人行使介入权后，不可以请求委托人支付报酬

4. 行纪人完成或者部分完成委托事务的，委托人应当向其支付相应的报酬。委托人逾期不支付报酬的，行纪人对委托物享有（　　），但是当事人另有约定的除外。

A. 提存权　　B. 质权

C. 抵押权　　D. 留置权

三、多项选择题

1. 关于行纪合同，下列哪些说法是正确的？（　　）

A. 行纪合同是行纪人以自己的名义为委托人从事贸易活动

B. 委托人需向行纪人支付报酬

C. 行纪人处理委托事务支出的费用，原则上由行纪人负担

D. 对于行纪人处理委托事务支出的费用的负担，当事人之间有约定的从其约定

2. 关于行纪人按照委托人指定的价格买卖，下列哪些说法是正确的？（　　）

A. 行纪人低于委托人指定的价格卖出或者高于委托人指定的价格买入的，应当经委托人同意

B. 纪人低于委托人指定的价格卖出或者高于委托人指定的价格买入，未经委托人同意，行纪人补偿其差额的，该买卖对委托人发生效力

C. 委托人对价格有特别指示的，行纪人不得违背该指示卖出或者买入

D. 行纪人低于委托人指定的价格卖出或者高于委托人指定的价格买入的，只有经过委托人同意，该买卖才能对委托人发生效力

3. 行纪合同中，关于行纪人对委托物的处理，下列哪些说法是正确的？（　　）

A. 行纪人按照约定买入委托物，委托人应当及时受领

B. 行纪人按照约定买入委托物，经行纪人催告，委托人无正当理由拒绝受领的，行纪人依法可以提存委托物

C. 委托物不能卖出，委托人不取回或者不处分该物的，行纪人依法可以提存委托物

D. 委托人撤回出卖，经行纪人催告，委托人不取回或者不处分该物的，行纪人依法可以提存委托物

4. 行纪合同中，关于行纪人的相关权利，下列那些说法是正确的？（　　）

A. 委托物不能卖出或者委托人撤回出卖，经行纪人催告，委托人不取回或者不处分该物的，行纪人依法可以提存委托物

B. 行纪人完成或者部分完成委托事务的，委托人应当向其支付相应的报酬

C. 委托人逾期不支付报酬的，行纪人对委托物享有留置权，但是当事人另有约定的除外

D. 委托人逾期不支付报酬的，行纪人对委托物享有质权，但是当事人另有约定的除外

四、填空题

1. 行纪合同是______以______为委托人从事贸易活动，委托人支付______的合同。

2. 委托物交付给行纪人时有瑕疵或者容易腐烂、变质的，经委托人______，行纪人可以处分该物；不能与委托人及时取得联系的，行纪人可以______。

3. 行纪人卖出或者买入具有______的商品，除委托人有相反的意思表示外，行纪人自己可以作为______或者______。
4. 行纪人与第三人订立合同的，______对该合同______享有权利、承担义务。

参考答案

一、判断题

1. ×，解析：根据《民法典》第 952 条的规定，行纪人处理委托事务支出的费用，由行纪人负担，但是当事人另有约定的除外。
2. √，解析：《民法典》第 953 条。
3. ×，解析：根据《民法典》第 956 条的规定，行纪人卖出或者买入具有市场定价的商品，除委托人有相反的意思表示外，行纪人自己可以作为买受人或者出卖人。
4. √，解析：《民法典》第 958 条第 1 款。
5. ×，解析：根据《民法典》第 960 条的规定，本章没有规定的，参照适用委托合同的有关规定。

二、单项选择题

1. D，解析：根据《民法典》第 951 条的规定，行纪合同是行纪人以自己的名义为委托人从事贸易活动，委托人支付报酬的合同。第 952 条规定，行纪人处理委托事务支出的费用，由行纪人负担，但是当事人另有约定的除外。
2. D，解析：根据《民法典》第 953 条的规定，行纪人占有委托物的，应当妥善保管委托物。A 项正确。根据《民法典》第 954 条，委托物交付给行纪人时有瑕疵或者容易腐烂、变质的，经委托人同意，行纪人可以处分该物；不能与委托人及时取得联系的，行纪人可以合理处分。BC 项正确，D 项错误。
3. D，解析：根据《民法典》第 956 条的规定，行纪人卖出或者买入具有市场定价的商品，除委托人有相反的意思表示外，行纪人自己可以作为买受人或者出卖人。行纪人有前款规定情形的，仍然可以请求委托人支付报酬。

4. D，解析：根据《民法典》第959条的规定，行纪人完成或者部分完成委托事务的，委托人应当向其支付相应的报酬。委托人逾期不支付报酬的，行纪人对委托物享有留置权，但是当事人另有约定的除外。

三、多项选择题

1. ABCD，解析：根据《民法典》第951条的规定，行纪合同是行纪人以自己的名义为委托人从事贸易活动，委托人支付报酬的合同。AB项正确。根据《民法典》第952条的规定，行纪人处理委托事务支出的费用，由行纪人负担，但是当事人另有约定的除外。CD项正确。
2. ABC，解析：根据《民法典》第955条第1款的规定，纪人低于委托人指定的价格卖出或者高于委托人指定的价格买入的，应当经委托人同意；未经委托人同意，行纪人补偿其差额的，该买卖对委托人发生效力。AB项正确，D项错误。根据《民法典》第955条第3的规定款，委托人对价格有特别指示的，行纪人不得违背该指示卖出或者买入。C项正确。
3. ABD，解析：根据《民法典》第957条的规定，行纪人按照约定买入委托物，委托人应当及时受领。经行纪人催告，委托人无正当理由拒绝受领的，行纪人依法可以提存委托物。委托物不能卖出或者委托人撤回出卖，经行纪人催告，委托人不取回或者不处分该物的，行纪人依法可以提存委托物。
4. ABC，解析：根据《民法典》第957条第2款的规定，委托物不能卖出或者委托人撤回出卖，经行纪人催告，委托人不取回或者不处分该物的，行纪人依法可以提存委托物。A项正确。根据《民法典》第959条的规定，行纪人完成或者部分完成委托事务的，委托人应当向其支付相应的报酬。委托人逾期不支付报酬的，行纪人对委托物享有留置权，但是当事人另有约定的除外。BC项正确，D项错误。

四、填空题

1. 行纪人；自己的名义；报酬。（《民法典》第 951 条）
2. 同意；合理处分。（《民法典》第 954 条）
3. 市场定价；买受人；出卖人。（《民法典》第 956 条第 1 款）
4. 行纪人；直接。（《民法典》第 958 条第 1 款）

第二十六章　中介合同

一、判断题

1. 中介合同是中介人向委托人报告订立合同的机会或者提供订立合同的媒介服务，委托人支付报酬的合同。(　　)
2. 中介人促成合同成立的，中介活动的费用，由委托人负担。(　　)
3. 中介人未促成合同成立的，不得请求支付报酬和从事中介活动支出的必要费用。(　　)

二、单项选择题

1. (　　) 是中介人向委托人报告订立合同的机会或者提供订立合同的媒介服务，委托人支付报酬的合同。

   A. 中介合同　　B. 行纪合同

   C. 委托合同　　D. 合伙合同

2. 中介人促成合同成立的，关于中介活动的费用负担，表述正确的是：(　　)

   A. 由委托人负担

   B. 由中介人负担

   C. 由委托人和中介人另行约定

   D. 由委托人和中介人共同负担

3. 中介人未促成合同成立的，不得请求支付报酬；但是，可以按照约定请求委托人支付从事中介活动支出的(　　)。

   A. 预期费用　　B. 实际费用

   C. 必要费用　　D. 垫付费用

三、多项选择题

1. 中介合同中，关于中介人的如实报告义务，下列哪些选项是正确的？（　　）

   A. 中介人故意隐瞒与订立合同有关的重要事实，损害委托人利益的，不得请求支付报酬并应当承担赔偿责任

   B. 中介人应当就有关订立合同的事项向委托人如实报告

   C. 中介人故意隐瞒与订立合同有关的重要事实，损害委托人利益的，不得请求支付报酬，但不需承担赔偿责任

   D. 中介人故意提供虚假情况，损害委托人利益的，不得请求支付报酬并应当承担赔偿责任

2. 中介合同中，关于中介人的报酬，下列哪些说法是正确的？（　　）

   A. 中介人促成合同成立的，委托人应当按照约定支付报酬

   B. 对中介人的报酬没有约定或者约定不明确，当事人可以协议补充

   C. 对中介人的报酬没有约定或者约定不明确，且无法达成补充协议或按交易习惯等方式确定的，根据中介人的劳务合理确定

   D. 因中介人提供订立合同的媒介服务而促成合同成立的，由该合同的当事人平均负担中介人的报酬

3. 关于中介合同，下列哪些说法是正确的？（　　）

   A. 中介人促成合同成立的，委托人应当按照约定支付报酬

   B. 中介人未促成合同成立的，不得请求支付报酬

   C. 委托人在接受中介人的服务后，利用中介人提供的交易机会或者媒介服务，绕开中介人直接订立合同的，应当向中介人支付报酬

   D. 中介合同可以参照适用委托合同的有关规定

四、填空题

1. 因中介人提供订立合同的媒介服务而促成合同成立的，由该合同的当事人______中介人的报酬。

2. 委托人在接受中介人的服务后，利用中介人提供的交易机会或者媒介服务，绕开中介人直接订立合同的，应当向中介人______。

五、简答题

简答中介合同的定义以及中介人的权利。

参考答案

一、判断题

1. √，解析：《民法典》第 961 条。
2. ×，解析：根据《民法典》第 963 条第 2 款的规定，中介人促成合同成立的，中介活动的费用，由中介人负担。
3. ×，解析：根据《民法典》第 964 条的规定，中介人未促成合同成立的，不得请求支付报酬；但是，可以按照约定请求委托人支付从事中介活动支出的必要费用。

二、单项选择题

1. A，解析：根据《民法典》第 961 条的规定，中介合同是中介人向委托人报告订立合同的机会或者提供订立合同的媒介服务，委托人支付报酬的合同。
2. B，解析：根据《民法典》第 963 条第 2 款的规定，中介人促成合同成立的，中介活动的费用，由中介人负担。
3. C，解析：根据《民法典》第 964 条的规定，中介人未促成合同成立的，不得请求支付报酬；但是，可以按照约定请求委托人支付从事中介活动支出的必要费用。

三、多项选择题

1. ABD，解析：根据《民法典》第 962 条的规定，中介人应当就有关订立合同的事项向委托人如实报告。中介人故意隐瞒与订立合同有关的重要事实或者提供虚假情况，损害委托人利益的，不得请求支付报酬并应当承担赔偿责任。

2. ABCD，解析：根据《民法典》第963条第1款的规定，中介人促成合同成立的，委托人应当按照约定支付报酬。对中介人的报酬没有约定或者约定不明确，依据《民法典》第510条的规定仍不能确定的，根据中介人的劳务合理确定。因中介人提供订立合同的媒介服务而促成合同成立的，由该合同的当事人平均负担中介人的报酬。
3. ABCD，解析：根据《民法典》第963条第1款的规定，中介人促成合同成立的，委托人应当按照约定支付报酬。A项正确。根据《民法典》第964条的规定，中介人未促成合同成立的，不得请求支付报酬；但是，可以按照约定请求委托人支付从事中介活动支出的必要费用。B项正确。根据《民法典》第965条的规定，委托人在接受中介人的服务后，利用中介人提供的交易机会或者媒介服务，绕开中介人直接订立合同的，应当向中介人支付报酬。C项正确。根据《民法典》第966条的规定，本章没有规定的，参照适用委托合同的有关规定。D项正确。

四、填空题

1. 平均负担。(《民法典》第963条第1款)
2. 支付报酬。(《民法典》第965条)

五、简答题

答：根据《民法典》第961条的规定，中介合同，是指中介人向委托人报告订立合同的机会或者提供订立合同的媒介服务，委托人支付报酬的合同。

中介合同中的中介人享有报酬请求权和必要费用请求权。

(1) 报酬请求权，是指中介人促成合同成立的，委托人应当按照约定支付报酬。

(2) 必要费用请求权，是指中介人未促成合同成立的，不得请求支付报酬；但是，可按照约定请求委托人支付从事中介活动支出的必要费用。

第二十七章　合伙合同

一、判断题

1. 合伙人应当按照约定的出资方式、数额和缴付期限，履行出资义务。(　　)
2. 合伙事务由全体合伙人共同执行。合伙人就合伙事务作出决定的，除合伙合同另有约定外，应当经一半以上合伙人同意。(　　)
3. 合伙的利润和亏损原则上由合伙人平均分配、分担。(　　)
4. 合伙人向合伙人以外的人转让其全部或者部分财产份额的，不需要经过其他合伙人的同意。(　　)
5. 合伙人死亡、丧失民事行为能力或者终止的，合伙合同终止；但是，合伙合同另有约定或者法律、行政法规另有规定的除外。(　　)

二、单项选择题

1. (　　)是两个以上合伙人为了共同的事业目的，订立的共享利益、共担风险的协议。

   A. 委托合同　　B. 行纪合同

   C. 中介合同　　D. 合伙合同

2. 合伙人就合伙事务作出决定的，除合伙合同另有约定外，应当经(　　)同意。

   A. 1/2 以上合伙人　　B. 全体合伙人一致

   C. 2/3 以上合伙人　　D. 3/4 以上合伙人

3. 合伙的利润分配和亏损分担，按照合伙合同的约定办理；合伙合同没有约定或者约定不明确的，由合伙人(　　)。

   A. 协商决定

B. 按照实缴出资比例分配、分担

C. 平均分配、分担

D. 按照登记出资比例分配、分担

4. 关于合伙合同，下列哪项说法是错误的？（　　）

A. 除合伙合同另有约定外，合伙人向合伙人以外的人转让其全部财产份额的，须经其他合伙人一致同意

B. 合伙人可以根据自己的需要向合伙人以外的人转让其全部或部分财产份额，无须其他合伙人同意

C. 合伙人的债权人不得代位行使合伙人依照合伙合同享有的权利，合伙人享有的利益分配请求权除外

D. 合伙合同终止前，合伙人不得请求分割合伙财产

5. 关于合伙期限，下列哪项说法是错误的？（　　）

A. 合伙人对合伙期限没有约定或者约定不明确的，可以协议补充

B. 合伙人对合伙期限没有约定或者约定不明确，无法达成补充协议且无法按交易习惯等方式确定的，视为不定期合伙

C. 合伙人可以随时解除不定期合伙合同，但是应当在合理期限之前通知其他合伙人

D. 合伙期限届满，合伙人继续执行合伙事务，其他合伙人没有提出异议的，原合伙合同继续有效，合伙期限参照原合伙合同中的期限确定

6. 合伙合同终止后，对于合伙财产，下列哪项说法是错误的？（　　）

A. 合伙财产需用于支付因终止产生的费用

B. 合伙财产需用于清偿合伙债务

C. 合伙财产在支付因终止而产生的费用以及清偿合伙债务后有剩余的，首先按照合伙合同的约定进行分配

D. 合伙财产在支付因终止而产生的费用以及清偿合伙债务后有剩余的，首先按照实缴出资比例进行分配

三、多项选择题

1. 关于合伙合同，下列哪些说法是正确的？（　　）

A. 合伙合同是两个以上合伙人订立的合同

B. 合伙合同的当事人共享利益

C. 合伙合同的当事人共担风险

D. 合伙合同是当事人为了共同的事业目的订立的合同

2. 合伙财产包括：（　　）

A. 合伙人个人的财产

B. 合伙人的出资

C. 因合伙事务依法取得的收益

D. 其他财产

3. 关于合伙事务的执行，下列哪项说法是正确的？（　　）

A. 合伙人不得因执行合伙事务而请求支付报酬，但是合伙合同另有约定的除外

B. 合伙人分别执行合伙事务，执行事务合伙人可以对其他合伙人执行的事务提出异议

C. 按照合伙合同的约定，委托一个或者数个合伙人执行合伙事务的，其他合伙人不再执行合伙事务，但是有权监督执行情况

D. 合伙事务由全体合伙人共同执行

4. 合伙期限届满，原合伙合同继续有效的条件包括：（　　）

A. 合伙人继续执行合伙事务

B. 其他合伙人没有提出异议

C. 合伙人一致同意

D. 执行事务合伙人没有提出异议

5. 关于合伙合同终止，以下表述正确的是：（　　）

A. 合伙人死亡、丧失民事行为能力或者终止的，合伙合同终止

B. 合伙人死亡，但根据合伙事务性质不宜终止的，可以不终止

C. 合伙人丧失民事行为能力，但合伙合同另有约定的，仍然终止

D. 合伙人终止，但根据合伙事务性质不宜终止的，可以不终止

四、填空题

1. 合伙合同是两个以上______为了共同的事业目的，订立的______、______的协议。
2. 合伙人应当按照约定的______、______和______，履行出资义务。
3. 合伙人就合伙事务作出决定的，除合伙合同另有约定外，应当经______一致同意。
4. 合伙人对合伙债务承担______。清偿合伙债务超过自己应当承担份额的合伙人，有权向其他合伙人______。
5. 合伙人对合伙期限没有约定或者约定不明确，依据《民法典》第510条的规定仍不能确定的，视为______合伙。

参考答案

一、判断题

1. √，解析：《民法典》第968条。
2. ×，解析：根据《民法典》第970条第1款的规定，合伙事务由全体合伙人共同执行。合伙人就合伙事务作出决定的，除合伙合同另有约定外，应当经全体合伙人一致同意。
3. ×，解析：根据《民法典》第972条的规定，合伙的利润分配和亏损分担，按照合伙合同的约定办理；合伙合同没有约定或者约定不明确的，由合伙人协商决定；协商不成的，由合伙人按照实缴出资比例分配、分担；无法确定出资比例的，由合伙人平均分配、分担。
4. ×，解析：根据《民法典》第974条的规定，除合伙合同另有约定外，合伙人向合伙人以外的人转让其全部或者部分财产份额的，须经其他合伙人一致同意。

5. ×，解析：根据《民法典》第 977 条的规定，合伙人死亡、丧失民事行为能力或者终止的，合伙合同终止；但是，合伙合同另有约定或者根据合伙事务的性质不宜终止的除外。

二、单项选择题

1. D，解析：根据《民法典》第 967 条的规定，合伙合同是两个以上合伙人为了共同的事业目的，订立的共享利益、共担风险的协议。
2. B，解析：根据《民法典》第 970 条第 1 款的规定，合伙人就合伙事务作出决定的，除合伙合同另有约定外，应当经全体合伙人一致同意。
3. A，解析：根据《民法典》第 972 条的规定，合伙的利润分配和亏损分担，按照合伙合同的约定办理；合伙合同没有约定或者约定不明确的，由合伙人协商决定；协商不成的，由合伙人按照实缴出资比例分配、分担；无法确定出资比例的，由合伙人平均分配、分担。
4. B，解析：根据《民法典》第 974 条的规定，除合伙合同另有约定外，合伙人向合伙人以外的人转让其全部或者部分财产份额的，须经其他合伙人一致同意。A 项正确，B 项错误。根据《民法典》第 975 条的规定，合伙人的债权人不得代位行使合伙人依照本章规定和合伙合同享有的权利，合伙人享有的利益分配请求权除外。C 项正确。根据《民法典》第 969 条第 2 款的规定，合伙合同终止前，合伙人不得请求分割合伙财产。D 项正确。
5. D，解析：根据《民法典》第 976 条的规定，合伙人对合伙期限没有约定或者约定不明确，依据《民法典》第 510 条的规定仍不能确定的，视为不定期合伙。合伙期限届满，合伙人继续执行合伙事务，其他合伙人没有提出异议的，原合伙合同继续有效，但是合伙期限为不定期。合伙人可以随时解除不定期合伙合同，但是应当在合理期限之前通知其他合伙人。
6. D，解析：根据《民法典》第 978 条的规定，合伙合同终止后，合伙财产在支付因终止而产生的费用以及清偿合伙债务后有剩余的，依据《民法典》第 972 条的规定进行分配。AB 项正确。根据《民法典》第 972 条的规定，合伙的利润分配和亏损分担，按照合伙合同的约定办理；合伙合同没有约定或者约定不明确的，由合伙人协商决定；协商不成的，由合伙人按照实缴出资比例分配、分担；无法确定出资比例的，由合伙人平均分配、分担。C 项正确，D 项错误。

三、多项选择题

1. ABCD，解析：根据《民法典》第 967 条的规定，合伙合同是两个以上合伙人为了共同的事业目的，订立的共享利益、共担风险的协议。
2. BCD，解析：根据《民法典》第 969 条第 1 款的规定，合伙人的出资、因合伙事务依法取得的收益和其他财产，属于合伙财产。
3. ABCD，解析：根据《民法典》第 971 条的规定，合伙人不得因执行合伙事务而请求支付报酬，但是合伙合同另有约定的除外。A 项正确。根据《民法典》第 970 条的规定，合伙人就合伙事务作出决定的，除合伙合同另有约定外，应当经全体合伙人一致同意。合伙事务由全体合伙人共同执行。按照合伙合同的约定或者全体合伙人的决定，可以委托一个或者数个合伙人执行合伙事务；其他合伙人不再执行合伙事务，但是有权监督执行情况。合伙人分别执行合伙事务，执行事务合伙人可以对其他合伙人执行的事务提出异议；提出异议后，其他合伙人应当暂停该项事务的执行。BCD 项正确。
4. AB，解析：根据《民法典》第 976 条第 2 款的规定，合伙期限届满，合伙人继续执行合伙事务，其他合伙人没有提出异议的，原合伙合同继续有效，但是合伙期限为不定期。
5. ABD，解析：根据《民法典》第 977 条的规定，合伙人死亡、丧失民事行为能力或者终止的，合伙合同终止；但是，合伙合同另有约定或者根据合伙事务的性质不宜终止的除外。

四、填空题

1. 合伙人；共享利益；共担风险。（《民法典》第 967 条）

2. 出资方式；数额；缴付期限。（《民法典》第 968 条第 1 款）

3. 全体合伙人。（《民法典》第 970 条第 1 款）

4. 连带责任；追偿。（《民法典》第 973 条）

5. 不定期。（《民法典》第 976 条第 1 款）

第三分编　准 合 同

第二十八章　无因管理

一、判断题

1. 管理人管理事务不属于无因管理，但是受益人享有管理利益的，受益人仍然应当向管理人偿还因管理事务而支出的必要费用。（　　）
2. 管理人管理他人事务时，能够通知受益人的，应当及时通知受益人。对于管理的事务的处理，应当等待受益人的指示。（　　）
3. 管理人管理事务经受益人事后追认的，从管理事务开始时起，适用委托合同的有关规定，但是管理人另有意思表示的除外。（　　）

二、单项选择题

1. 以下关于无因管理中管理人请求受益人偿还管理费用和补偿损失的权利，表述错误的是：（　　）

   A. 管理事务不符合受益人真实意思的，原则上管理人不享有请求受益人偿还因管理事务而支出的必要费用的权利

   B. 管理事务不符合受益人真实意思的，原则上管理人不享有请求受益人就管理人因管理事务受到损失给予适当补偿的权利

   C. 管理事务不符合受益人真实意思，但受益人的真实意思违背公序良俗的，管理人可以享有请求受益人偿还管理费用和补偿损失的权利

   D. 管理事务不符合受益人真实意思，但受益人的真实意思违反行政

法规的，管理人可以享有请求受益人偿还管理费用和补偿损失的权利

2. 无因管理中，关于管理人的义务，下列哪项说法是错误的？（　　）

A. 管理人管理他人事务，应当采取有利于受益人的方法

B. 管理人管理他人事务时，能够通知受益人的，应当及时通知受益人

C. 管理结束后，管理人应当向受益人报告管理事务的情况

D. 管理人管理事务后，不得中断管理

3. 管理人管理事务经受益人事后追认的，从管理事务开始时起，适用（　　）的有关规定，但是管理人另有意思表示的除外。

A. 中介合同　　　　B. 行纪合同

C. 委托合同　　　　D. 保管合同

三、多项选择题

1. 管理人管理事务不属于无因管理，但是受益人享有管理利益时，下列哪些说法是正确的？（　　）

A. 管理人可以请求受益人偿还因管理事务而支出的必要费用

B. 受益人不需要向管理人承担义务

C. 管理人因管理事务受到损失的，可以请求受益人给予适当补偿

D. 必要费用和损失补偿需要在受益人获得的利益范围内

2. 无因管理中，关于管理人的义务，下列哪些说法是正确的？（　　）

A. 管理人管理的事务不需要紧急处理的，应当等待受益人的指示

B. 管理人管理事务取得的财产，应当及时转交给受益人

C. 管理人中断管理对受益人更为不利的，无正当理由不得中断

D. 管理结束后，管理人应当向受益人报告管理事务的情况

四、填空题

1. 管理人没有法定的或者约定的义务，为避免他人利益受损失而管理他人事务，并且符合受益人真实意思的，可以请求受益人偿还因管理事

务而支出的______；管理人因管理事务受到损失的，可以请求受益人给予______。

2. 管理人管理他人事务，应当采取有利于受益人的方法。中断管理对受益人更为不利的，无正当理由不得______。

3. 管理人管理事务经受益人事后______的，从管理事务开始时起，适用______的有关规定，但是管理人另有意思表示的除外。

参考答案

一、判断题

1. ×，解析：根据《民法典》第 980 条的规定，管理人管理事务不属于前条规定的情形，但是受益人享有管理利益的，受益人应当在其获得的利益范围内向管理人承担第 979 条第 1 款规定的义务。

2. ×，解析：根据《民法典》第 982 条的规定，管理人管理他人事务时，能够通知受益人的，应当及时通知受益人。管理的事务不需要紧急处理的，应当等待受益人的指示。

3. √，解析：《民法典》第 984 条。

二、单项选择题

1. D，解析：根据《民法典》第 979 条的规定，管理人没有法定的或者约定的义务，为避免他人利益受损失而管理他人事务，并且符合受益人真实意思的，可以请求受益人偿还因管理事务而支出的必要费用；管理人因管理事务受到损失的，可以请求受益人给予适当补偿。管理事务不符合受益人真实意思的，管理人不享有前款规定的权利；但是，受益人的真实意思违反法律或者违背公序良俗的除外。

2. D，解析：根据《民法典》第 981 条的规定，管理人管理他人事务，应当采取有利于受益人的方法。中断管理对受益人更为不利的，无正当理由不得中断。A 项正确，D 项错误。根据《民法典》第 982 条的规定，管理人管理他人事务时，能够通知受益人的，应当及时通知受益人。管理的事务不需要紧急处理的，应当等待受益人的指示。B 项正确。根据《民法典》第 983 条的规定，管理结束后，管理人应当向受益人报告管理事务的情况。管理人管理事务取得的财产，应当及时转交给受益人。C 项正确。

3. C，解析：根据《民法典》第 984 条的规定，管理人管理事务经受益人事后追认的，从管理事务开始时起，适用委托合同的有关规定，但是管理人另有意思表示的除外。

三、多项选择题

1. ACD，解析：根据《民法典》第 980 条的规定，管理人管理事务不属于前条规定的情形，但是受益人享有管理利益的，受益人应当在其获得的利益范围内向管理人承担第 979 条第 1 款规定的义务。《民法典》第 979 条第 1 款规定，管理人没有法定的或者约定的义务，为避免他人利益受损失而管理他人事务，并且符合受益人真实意思的，可以请求受益人偿还因管理事务而支出的必要费用；管理人因管理事务受到损失的，可以请求受益人给予适当补偿。据此，选项 B 错误，选项 ACD 正确。

2. ABCD，解析：根据《民法典》第 982 条的规定，管理人管理他人事务时，能够通知受益人的，应当及时通知受益人。管理的事务不需要紧急处理的，应当等待受益人的指示。A 项正确。根据《民法典》第 983 条，管理结束后，管理人应当向受益人报告管理事务的情况。管理人管理事务取得的财产，应当及时转交给受益人。BD 项正确。根据《民法典》第 981 条的规定，管理人管理他人事务，应当采取有利于受益人的方法。中断管理对受益人更为不利的，无正当理由不得中断。C 项正确。

四、填空题

1. 必要费用；适当补偿。（《民法典》第 979 条第 1 款）
2. 中断。（《民法典》第 981 条）
3. 追认；委托合同。（《民法典》第 984 条）

第二十九章　不当得利

一、判断题

1. 得利人不知道取得的利益没有法律根据，取得的利益已经不存在的，不承担返还该利益的义务。(　　)
2. 得利人已经将取得的利益无偿转让给第三人的，受损失的人可以请求第三人在相应范围内承担返还义务。(　　)

二、单项选择题

1. 得利人（　　）获得的利益没有法律根据，获得的利益已经不存在的，不承担返还该利益的义务。

A. 不知道或不应当知道　　B. 不应当知道

C. 不知道　　D. 不知道且不应当知道

2. 得利人(　　)获得的利益没有法律根据的，受损失的人可以请求得利人返还其获得的利益并依法赔偿损失。

A. 知道或者应当知道　　B. 知道且应当知道

C. 不知道且不应当知道　　D. 不知道或者不应当知道

三、多项选择题

1. 对于不当得利，受损失的人不可以请求得利人返还取得的利益的情形包括：(　　)

A. 为履行道德义务进行的给付

B. 为履行法定义务进行的给付

C. 债务到期之前的清偿

D. 明知无给付义务而进行的债务清偿

2. 关于不当得利的返还，下列哪些说法是正确的？（　　）
   A. 得利人不知道且不应当知道取得的利益没有法律根据，取得的利益已经不存在的，不承担返还该利益的义务
   B. 得利人知道或者应当知道取得的利益没有法律根据的，受损失的人可以请求得利人返还其取得的利益并依法赔偿损失
   C. 得利人已经将取得的利益无偿转让给第三人的，受损失的人可以请求第三人在相应范围内承担返还义务
   D. 得利人知道或者应当知道取得的利益没有法律根据的，受损失的人可以请求得利人返还其获得的利益，但不得要求赔偿损失

四、填空题

1. ______是指得利人没有法律根据取得不当利益的，受损失的人可以请求得利人返还取得的利益的情形。
2. 得利人______取得的利益没有法律根据的，受损失的人可以请求得利人返还其取得的利益并依法______。

参考答案

一、判断题

1. ×，解析：根据《民法典》第986条的规定，得利人不知道且不应当知道取得的利益没有法律根据，取得的利益已经不存在的，不承担返还该利益的义务。
2. √，解析：《民法典》第988条。

二、单项选择题

1. D，解析：《民法典》第986条的规定，得利人不知道且不应当知道取得的利益没有法律根据，取得的利益已经不存在的，不承担返还该利益的义务。
2. A，解析：根据《民法典》第987条的规定，得利人知道或者应当知

道取得的利益没有法律根据的，受损失的人可以请求得利人返还其取得的利益并依法赔偿损失。

三、多项选择题

1. ACD，解析：根据《民法典》第985条的规定，得利人没有法律根据取得不当利益的，受损失的人可以请求得利人返还取得的利益，但是有下列情形之一的除外：（1）为履行道德义务进行的给付；（2）债务到期之前的清偿；（3）明知无给付义务而进行的债务清偿。
2. ABC，解析：根据《民法典》第986条的规定，得利人不知道且不应当知道取得的利益没有法律根据，取得的利益已经不存在的，不承担返还该利益的义务。A项正确。根据《民法典》第987条，得利人知道或者应当知道取得的利益没有法律根据的，受损失的人可以请求得利人返还其取得的利益并依法赔偿损失。B项正确，D项错误。根据《民法典》第988条，得利人已经将取得的利益无偿转让给第三人的，受损失的人可以请求第三人在相应范围内承担返还义务。C项正确。

四、填空题

1. 不当得利。(《民法典》第985条)
2. 知道或者应当知道；赔偿损失。(《民法典》第987条)

第四编　人格权

第一章　一般规定

一、判断题

1. 民事主体享有生命权、身体权、健康权、姓名权、名称权、肖像权、名誉权、荣誉权、隐私权等权利和基于人身自由、人格尊严产生的其他人格权益。(　　)
2. 人格权可以放弃、转让、继承。(　　)
3. 死者的姓名、肖像、名誉、荣誉、隐私、遗体等受到侵害的，只有其配偶、子女、父母有权依法请求行为人承担民事责任。(　　)
4. 因当事人一方的违约行为，损害对方人格权并造成严重精神损害，受损害方只能在请求违约责任承担或请求精神损害赔偿中择一而行。(　　)
5. 认定行为人承担侵害除生命权、身体权和健康权外的人格权的民事责任，应当考虑行为人和受害人的职业、影响范围、过错程度等因素。(　　)
6. 行为人拒不承担因其侵害人格权而应承担的消除影响、恢复名誉、赔礼道歉等民事责任的，人民法院可以采取在报刊、网络等媒体上发布公告或者公布生效裁判文书等方式执行，产生的费用由行为人负担。(　　)

二、单项选择题

1. 下列哪项属于《民法典》人格权编所规范的人格权？(　　)

A. 隐私权　　　　B. 知识产权

C. 继承权　　D. 婚姻自主权

2. 死者的姓名、肖像、名誉、荣誉、隐私、遗体等受到侵害的，有权依法请求行为人承担民事责任的优先顺序是：（　　）

A. 祖父母、外祖父母　　B. 配偶、子女、父母

C. 兄弟姐妹　　D. 其他亲属

3. 因当事人一方的违约行为，损害对方人格权并造成严重精神损害，以下表述正确的是：（　　）

A. 受损害方只能选择请求精神损害赔偿

B. 受损害方只能选择请求精神损害赔偿请求其承担违约责任

C. 承担违约责任不足以弥补受损害方的，可以选择请求精神损害赔偿

D. 受损害方选择请求其承担违约责任的，不影响受损害方请求精神损害赔偿

4. 认定行为人承担侵害下列哪项人格权的民事责任，应当考虑行为人和受害人的职业、影响范围、过错程度等因素？（　　）

A. 隐私权　　B. 生命权

C. 身体权　　D. 健康权

5. 行为人拒不承担因其侵害人格权而应承担的民事责任，人民法院可以采取在报刊、网络等媒体上发布公告或者公布生效裁判文书等方式执行，产生的费用由行为人负担，下列哪项民事责任不属于这一范畴？（　　）

A. 消除影响　　B. 赔礼道歉

C. 消除危险　　D. 恢复名誉

三、多项选择题

1. 民事主体的人格权受法律保护，任何（　　）或者（　　）不得侵害。

A. 单位　　B. 组织

C. 个人　　D. 机关

2. 自然人可以将自己的（　　）等许可他人使用，但是依照法律规定或者根据其性质不得许可的除外。

A. 姓名　　B. 名称

C. 肖像　　D. 荣誉

3. 人格权受到侵害的，受害人提出的请求行为人承担民事责任的请求权中，不适用诉讼时效的规定的是：（　　）

A. 停止侵害请求权

B. 排除妨碍、消除危险请求权

C. 消除影响、恢复名誉请求权

D. 赔礼道歉请求权

4. 关于申请人民法院采取责令行为人停止侵害人格权行为的措施，需要满足的条件有：（　　）

A. 民事主体有证据证明行为人正在实施侵害其人格权的违法行为

B. 民事主体有证据证明行为人即将实施侵害他人人格权的违法行为

C. 民事主体有证据证明行为人即将实施侵害其人格权的违法行为

D. 不及时制止将使申请人合法权益受到难以弥补的损害的

5. 为公共利益实施新闻报道、舆论监督等行为的，可以合理使用民事主体人格权中的哪些内容？（　　）

A. 姓名　　B. 名称

C. 肖像　　D. 荣誉

6. 对自然人因婚姻家庭关系等产生的身份权利的保护，适用以下哪些规定？（　　）

A.《民法典》总则编

B.《民法典》婚姻家庭编

C. 其他法律相关规定

D. 没有以上规定的，可以根据其性质参照适用《民法典》人格权编人格权保护的有关规定

四、填空题

1.《民法典》人格权编调整因人格权的______和______产生的民事关系。

2. 民事主体的人格权受法律保护，______不得侵害。

3. 民事主体可以将自己的姓名、名称、肖像等许可他人使用，但是______或者______的除外。

4. 人格权受到侵害的受害人的______、______、______、______、______、______请求权，不适用诉讼时效的规定。

5. 民事主体有证据证明行为人______或者______侵害其人格权的违法行为，不及时制止将使其合法权益受到______的损害的，有权依法向______申请采取责令行为人停止有关行为的措施。

6. 为了______实施新闻报道、______等行为的，可以______民事主体的姓名、名称、肖像、个人信息等；使用不合理侵害民事主体人格权的，应当依法承担民事责任。

7. 对自然人因婚姻家庭关系等产生的身份权利的保护，适用《民法典》总则编、婚姻家庭编和其他法律的相关规定；没有规定的，可以______参照适用《民法典》人格权编______的有关规定。

五、简答题

我国《民法典》所规范的人格权包含哪些权利？

参考答案

一、判断题

1. ×，解析：根据《民法典》第 990 条第 2 款规定，只有自然人享有基于人身自由、人格尊严产生的其他人格权益。

2. ×，解析：根据《民法典》第 992 条规定，人格权不得放弃、转让、继承。

3. ×，解析：根据《民法典》第 994 条规定，死者的姓名、肖像、名誉、荣誉、隐私、遗体等受到侵害的，其配偶、子女、父母有权依法请求行为人承担民事责任；死者没有配偶、子女并且父母已经死亡的，其他近亲属有权依法请求行为人承担民事责任。
4. ×，解析：根据《民法典》第 996 条规定，因当事人一方的违约行为，损害对方人格权并造成严重精神损害，受损害方选择请求其承担违约责任的，不影响受损害方请求精神损害赔偿。
5. √，解析：根据《民法典》第 998 条规定，认定行为人承担侵害除生命权、身体权和健康权外的人格权的民事责任，应当考虑行为人和受害人的职业、影响范围、过错程度，以及行为的目的、方式、后果等因素。
6. √，解析：根据《民法典》第 1000 条规定，行为人因侵害人格权承担消除影响、恢复名誉、赔礼道歉等民事责任的，应当与行为的具体方式和造成的影响范围相当。行为人拒不承担前款规定的民事责任的，人民法院可以采取在报刊、网络等媒体上发布公告或者公布生效裁判文书等方式执行，产生的费用由行为人负担。

二、单项选择题

1. A，解析：根据《民法典》第 990 条规定，人格权是民事主体享有的生命权、身体权、健康权、姓名权、名称权、肖像权、名誉权、荣誉权、隐私权等权利。除前款规定的人格权外，自然人享有基于人身自由、人格尊严产生的其他人格权益。
2. B，解析：根据《民法典》第 994 条规定，死者的姓名、肖像、名誉、荣誉、隐私、遗体等受到侵害的，其配偶、子女、父母有权依法请求行为人承担民事责任；死者没有配偶、子女并且父母已经死亡的，其他近亲属有权依法请求行为人承担民事责任。
3. D，解析：根据《民法典》第 996 条规定，因当事人一方的违约行为，损害对方人格权并造成严重精神损害，受损害方选择请求其承担违约责任的，不影响受损害方请求精神损害赔偿。

4. A，解析：根据《民法典》第998条规定，认定行为人承担侵害除生命权、身体权和健康权外的人格权的民事责任，应当考虑行为人和受害人的职业、影响范围、过错程度，以及行为的目的、方式、后果等因素。
5. C，解析：根据《民法典》第1000条规定，行为人因侵害人格权承担消除影响、恢复名誉、赔礼道歉等民事责任的，应当与行为的具体方式和造成的影响范围相当。行为人拒不承担前款规定的民事责任的，人民法院可以采取在报刊、网络等媒体上发布公告或者公布生效裁判文书等方式执行，产生的费用由行为人负担。

三、多项选择题

1. BC，解析：根据《民法典》第991条规定，民事主体的人格权受法律保护，任何组织或者个人不得侵害。
2. AC，解析：根据《民法典》第993条规定，民事主体可以将自己的姓名、名称、肖像等许可他人使用，但是依照法律规定或者根据其性质不得许可的除外。其中，自然人享有姓名权，法人、非法人组织享有名称权，故AC正确，BD错误。
3. ABCD，解析：根据《民法典》第995条规定，人格权受到侵害的，受害人有权依照本法和其他法律的规定请求行为人承担民事责任。受害人的停止侵害、排除妨碍、消除危险、消除影响、恢复名誉、赔礼道歉请求权，不适用诉讼时效的规定。
4. ABCD，解析：根据《民法典》第997条规定，民事主体有证据证明行为人正在实施或者即将实施侵害其人格权的行为，不及时制止将使其合法权益受到难以弥补的损害的，有权依法向人民法院申请采取责令行为人停止有关行为的措施。
5. ABC，解析：根据《民法典》第999条规定，为公共利益实施新闻报道、舆论监督等行为的，可以合理使用民事主体的姓名、名称、肖像、个人信息等；使用不合理侵害民事主体人格权的，应当依法承担民事责任。

6. ABCD，解析：根据《民法典》第 1001 条规定，对自然人因婚姻家庭关系等产生的身份权利的保护，适用本法第一编、第五编和其他法律的相关规定；没有规定的，可以根据其性质参照适用本编人格权保护的有关规定。

四、填空题

1. 享有；保护。（《民法典》第 989 条）
2. 任何组织或者个人。（《民法典》第 991 条）
3. 依照法律规定；根据其性质不得许可。（《民法典》第 993 条）
4. 停止侵害；排除妨碍；消除危险；消除影响；恢复名誉；赔礼道歉。（《民法典》第 995 条）
5. 正在实施；即将实施；难以弥补；人民法院。（《民法典》第 997 条）
6. 公共利益；舆论监督；合理使用。（《民法典》第 999 条）
7. 根据其性质；人格权保护。（《民法典》1001 条）

五、简答题

答：根据《民法典》第 990 条的规定，人格权是民事主体享有的生命权、身体权、健康权、姓名权、名称权、肖像权、名誉权、荣誉权、隐私权等。此外，自然人享有基于人身自由、人格尊严产生的其他人格权益。

第二章　生命权、身体权和健康权

一、判断题

1. 所有的民事主体都享有生命权，有权维护自己的生命安全和生命尊严。任何组织或者个人不得侵害。(　　)
2. 自然人享有健康权。自然人的身心健康受法律保护。任何组织或者个人不得侵害他人的健康权。(　　)
3. 自然人有权依法自主决定无偿捐献其人体细胞、人体组织、人体器官、遗体。(　　)
4. 从事与人体基因、人体胚胎等有关的医学和科研活动的，应当遵守法律、行政法规和国家有关规定，不得危害人体健康，不得违背伦理道德，不得损害公共利益。(　　)
5. 违背他人意愿，以言语、文字、图像、肢体行为等方式对他人实施性骚扰的，受害人有权依法请求行为人承担民事责任。(　　)

二、单项选择题

1. 以下关于生命权的表述，错误的是：(　　)
   A. 民事主体享有生命权
   B. 自然人的生命安全受法律保护
   C. 自然人的生命尊严受法律保护
   D. 任何组织或者个人不得侵害他人的生命权
2. 以下关于健康权的表述，错误的是：(　　)
   A. 自然人享有健康权
   B. 自然人的身心健康受法律保护
   C. 自然人行动自由受法律保护

D. 自然人的健康权受到侵害的，负有法定救助义务的个人应当及时施救

3. 以下关于人体捐献的表述，错误的是：（　　）

A. 任何组织或者个人不得强迫、欺骗、利诱完全民事行为能力人对人体细胞、人体组织、人体器官、遗体捐献

B. 完全民事行为能力人有权依法自主决定有偿捐献其人体细胞、人体组织、人体器官、遗体

C. 自然人生前未表示不同意捐献的，该自然人死亡后，其配偶、成年子女、父母可以共同决定捐献

D. 完全民事行为能力人依法同意捐献的，可以采取订立遗嘱的形式

4. 以下关于人体临床试验的表述，错误的是：（　　）

A. 试验的目的是为研制新药、医疗器械或者发展新的预防和治疗方法

B. 需要进行临床试验的，应当依法经相关主管部门批准并经伦理委员会审查同意

C. 向受试者或者受试者的监护人告知试验目的、用途和可能产生的风险等详细情况

D. 应当经受试者或者受试者的监护人书面同意，并可收取成本费用

5. 关于对从事与人体基因、人体胚胎等有关的医学和科研活动的要求，以下表述不准确的是：（　　）

A. 应当遵守法律、行政法规和国家有关规定

B. 不得危害人体健康

C. 不得违背伦理道德

D. 不得损害他人利益

6. 关于对性骚扰的防范与民事责任承担，以下表述错误的是：（　　）

A. 性骚扰表现为违背他人意愿，以言语、文字、图像、肢体行为等方式实施

B. 行为人对他人实施性骚扰的，受害人有权依法请求其承担民事责任

C. 机关、企业、学校等单位可以采取有效的预防、受理投诉、调查处置等措施

D. 机关、企业、学校等单位有义务防止和制止利用职权、从属关系等实施性骚扰

三、多项选择题

1. 以下关于身体权的表述，正确的是：(　　)

A. 自然人享有身体权

B. 自然人的身体完整和行动自由受法律保护

C. 自然人的身心健康受法律保护

D. 任何组织或者个人不得侵害他人的身体权

2. 自然人的(　　)受到侵害或者处于其他危难情形，负有法定救助义务的组织或者个人应当及时施救。

A. 生命权　　B. 名誉权

C. 身体权　　D. 健康权

3. 下列属于禁止买卖的有：(　　)

A. 人体组织　　B. 人体器官

C. 人体细胞　　D. 遗体

4. 侵害人身自由和人格尊严的行为表现有：(　　)

A. 以非法拘禁等方式剥夺他人的行动自由

B. 以非法拘禁等方式限制他人的行动自由

C. 非法搜查他人身体

D. 非法侵扰他人私密空间

四、填空题

1. 自然人享有身体权。自然人的______和______受法律保护。

2. 自然人的______、______、______受到侵害或者处于其他危难情形的，______的组织或者个人应当及时施救。

3. 禁止以任何形式买卖______、______、______、______。

4. 从事与______、______等有关的医学和科研活动的，应当遵守法律、行政法规和国家有关规定，不得危害人体健康，不得______，不得______。

5. 以______等方式剥夺、限制他人的行动自由，或者______他人身体的，受害人有权依法请求行为人承担民事责任。

参考答案

一、判断题

1. ×，解析：根据《民法典》第 1002 条规定，自然人享有生命权。自然人的生命安全和生命尊严受法律保护。任何组织或者个人不得侵害他人的生命权。

2. √，解析：根据《民法典》第 1004 条规定，自然人享有健康权。自然人的身心健康受法律保护。任何组织或者个人不得侵害他人的健康权。

3. ×，解析：根据《民法典》第 1006 条第 1 款规定，完全民事行为能力人有权依法自主决定无偿捐献其人体细胞、人体组织、人体器官、遗体。任何组织或者个人不得强迫、欺骗、利诱其捐献。

4. √，解析：根据《民法典》第 1009 条规定，从事与人体基因、人体胚胎等有关的医学和科研活动的，应当遵守法律、行政法规和国家有关规定，不得危害人体健康，不得违背伦理道德，不得损害公共利益。

5. √，解析：根据《民法典》第 1010 条第 1 款规定，违背他人意愿，以言语、文字、图像、肢体行为等方式对他人实施性骚扰的，受害人有权依法请求行为人承担民事责任。

二、单项选择题

1. A，解析：根据《民法典》第 1002 条规定，自然人享有生命权。自然人的生命安全和生命尊严受法律保护。任何组织或者个人不得侵害他人的生命权。

2. C，解析：根据《民法典》第1004条规定，自然人享有健康权。自然人的身心健康受法律保护。任何组织或者个人不得侵害他人的健康权。据此AB项正确。根据《民法典》第1003条的规定，自然人享有身体权。自然人的身体完整和行动自由受法律保护。任何组织或者个人不得侵害他人的身体权。C项属于身体权的内容。根据《民法典》第1005条的规定，自然人的生命权、身体权、健康权受到侵害或者处于其他危难情形的，负有法定救助义务的组织或者个人应当及时施救。D项正确。
3. B，解析：根据《民法典》第1006条规定，完全民事行为能力人有权依法自主决定无偿捐献其人体细胞、人体组织、人体器官、遗体。任何组织或者个人不得强迫、欺骗、利诱其捐献。完全民事行为能力人依据前款规定同意捐献的，应当采用书面形式，也可以订立遗嘱。自然人生前未表示不同意捐献的，该自然人死亡后，其配偶、成年子女、父母可以共同决定捐献，决定捐献应当采用书面形式。据此ACD项正确，B项中不能是有偿，错误。
4. D，解析：根据《民法典》第1008条规定，为研制新药、医疗器械或者发展新的预防和治疗方法，需要进行临床试验的，应当依法经相关主管部门批准并经伦理委员会审查同意，向受试者或者受试者的监护人告知试验目的、用途和可能产生的风险等详细情况，并经其书面同意。进行临床试验的，不得向受试者收取试验费用。据此，ABC项正确，D项错误。
5. D，解析：根据《民法典》第1009条规定，从事与人体基因、人体胚胎等有关的医学和科研活动，应当遵守法律、行政法规和国家有关规定，不得危害人体健康，不得违背伦理道德，不得损害公共利益。据此，选项ABC表述准确，选项D表述不准确。
6. C，解析：根据《民法典》第1010条规定，违背他人意愿，以言语、文字、图像、肢体行为等方式对他人实施性骚扰的，受害人有权依法请求行为人承担民事责任。机关、企业、学校等单位应当采取合理的预防、受理投诉、调查处置等措施，防止和制止利用职权、从属关系等实施性骚扰。据此，选项ABD正确，选项C错误。

三、多项选择题

1. ABD，解析：根据《民法典》第1003条规定，自然人享有身体权。自然人的身体完整和行动自由受法律保护。任何组织或者个人不得侵害他人的身体权。ABD项正确。根据《民法典》第1004条的规定，C项属于自然人健康权的内容。
2. ACD，解析：根据《民法典》第1005条规定，自然人的生命权、身体权、健康权受到侵害或者处于其他危难情形的，负有法定救助义务的组织或者个人应当及时施救。
3. ABCD，解析：根据《民法典》第1007条规定，禁止以任何形式买卖人体细胞、人体组织、人体器官、遗体。违反前款规定的买卖行为无效。
4. ABC，解析：根据《民法典》第1011条规定，以非法拘禁等方式剥夺、限制他人的行动自由，或者非法搜查他人身体的，受害人有权依法请求行为人承担民事责任。选项ABC正确。根据《民法典》第1032条第1款的规定，D项属于侵害隐私权的行为。

四、填空题

1. 身体完整；行动自由。(《民法典》1003条)
2. 生命权；身体权；健康权；负有法定救助义务。(《民法典》1005条)
3. 人体细胞；人体组织；人体器官；遗体。(《民法典》1007条第1款)
4. 人体基因；人体胚胎；违背伦理道德；损害公共利益。(《民法典》1009条)
5. 非法拘禁；非法搜查。(《民法典》1011条)

第三章　姓名权和名称权

一、判断题

1. 民事主体享有姓名权，有权依法决定、使用、变更或者许可他人使用自己的姓名。(　　)
2. 任何组织或者个人不得以干涉、盗用、假冒等方式侵害他人的姓名权或者名称权。(　　)
3. 民事主体变更姓名、名称的，变更前实施的民事法律行为对其不再具有法律约束力。(　　)

二、单项选择题

1. 行使姓名权的方式不包括：(　　)

A. 依法决定、使用　　B. 依法变更

C. 依法许可他人使用　　D. 依法转让

2. 侵害他人的姓名权或者名称权的方式不包括：(　　)。

A. 干涉　　B. 转让

C. 盗用　　D. 假冒

3. 关于姓名权、名称权有关手续及法律效力，下列表述错误的是：(　　)

A. 自然人决定、变更姓名，应当依法向有关机关办理登记手续，但是法律另有规定的除外

B. 法人、非法人组织决定、变更、转让名称的，应当依法向有关机关办理登记手续，但是法律另有规定的除外

C. 民事主体变更姓名、名称的，变更前实施的民事法律行为自登记之日起对其不再具有法律约束力

D. 民事主体变更姓名、名称的，变更前实施的民事法律行为对其具有法律约束力

三、多项选择题

1. 自然人可以在父姓和母姓之外选取姓氏的情形有：（　　）

   A. 选取其他直系长辈血亲的姓氏

   B. 因由法定扶养人以外的人扶养而选取扶养人姓氏

   C. 有不违背公序良俗的其他正当理由

   D. 少数民族的文化传统和风俗习惯

2. 关于对笔名、艺名、网名、译名、字号、姓名和名称的简称的扩展保护，表述正确的是：（　　）

   A. 具有一定社会知名度

   B. 被他人使用

   C. 被他人使用足以造成公众混淆

   D. 参照适用姓名权和名称权保护的有关规定

四、填空题

1. ______、______享有名称权，有权依法______、使用、变更、转让或者______自己的名称。

2. 自然人的姓氏应当随父姓或者母姓，但是有下列情形之一的，可以在父姓和母姓之外选取姓氏：（一）选取其他______的姓氏；（二）因______而选取扶养人姓氏；（三）有不违背公序良俗的其他正当理由。少数民族自然人的姓氏可以遵从本民族的______。

3. 具有一定社会知名度，被他人使用足以造成______的笔名、______、网名、译名、______、姓名和名称的______等，______姓名权和名称权保护的有关规定。

五、简答题

试列举自然人可以在父姓和母姓之外选取姓氏的情形。

参考答案

一、判断题

1. ×，解析：根据《民法典》第1012规定，自然人享有姓名权，有权依法决定、使用、变更或者许可他人使用自己的姓名，但是不得违背公序良俗。
2. √，解析：根据《民法典》第1014条规定，任何组织或者个人不得以干涉、盗用、假冒等方式侵害他人的姓名权或者名称权。
3. ×，解析：根据《民法典》第1016条第2款规定，民事主体变更姓名、名称的，变更前实施的民事法律行为对其具有法律约束力。

二、单项选择题

1. D，解析：根据《民法典》第1012条规定，自然人享有姓名权，有权依法决定、使用、变更或者许可他人使用自己的姓名，但是不得违背公序良俗。据此ABC正确。自然人姓名权的行使不包括转让，选项D错误。
2. B，解析：根据《民法典》第1014条规定，任何组织或者个人不得以干涉、盗用、假冒等方式侵害他人的姓名权或者名称权。选项ACD正确。根据《民法典》第1013条规定，法人的名称权可以依法转让，B项错误。
3. C，解析：根据《民法典》第1016条规定，自然人决定、变更姓名，或者法人、非法人组织决定、变更、转让名称的，应当依法向有关机关办理登记手续，但是法律另有规定的除外。民事主体变更姓名、名称的，变更前实施的民事法律行为对其具有法律约束力。据此，ABD项正确，C项错误。

三、多项选择题

1. ABCD，解析：根据《民法典》第1015条规定，自然人的姓氏应当随父姓或者母姓，但是有下列情形之一的，可以在父姓和母姓之外选取姓氏：（1）选取其他直系长辈血亲的姓氏；（2）因由法定扶养人以外的人扶养而选取扶养人姓氏；（3）有不违背公序良俗的其他正当理由。少数民族自然人的姓氏可以遵从本民族的文化传统和风俗习惯。

2. ACD，解析：根据《民法典》第1017条规定，具有一定社会知名度，被他人使用足以造成公众混淆的笔名、艺名、网名、译名、字号、姓名和名称的简称等，参照适用姓名权和名称权保护的有关规定。据此，ACD向正确，B项表述错误。

四、填空题

1. 法人；非法人组织；决定；许可他人使用。（《民法典》1013条）
2. 直系长辈血亲；由法定扶养人以外的人扶养；文化传统和风俗习惯。（《民法典》1015条）
3. 公众混淆；艺名；字号；简称；参照适用。（《民法典》1017条）

五、简答题

答：根据《民法典》第1015条规定，自然人有下列情形之一的，可以在父姓和母姓之外选取姓氏：（1）选取其他直系长辈血亲的姓氏；（2）因由法定扶养人以外的人扶养而选取扶养人姓氏；（3）有不违背公序良俗的其他正当理由。少数民族自然人的姓氏可以遵从本民族的文化传统和风俗习惯。

第四章　肖 像 权

一、判断题

1.《民法典》中的肖像是通过影像、雕塑、绘画等方式在一定载体上所反映的自然人的外部形象。(　　)

2. 为实施新闻报道，不可避免地制作、使用、公开肖像权人的肖像，可以不经肖像权人同意。(　　)

3. 当事人对肖像许可使用期限有明确约定，任何一方当事人有正当理由的，可以解除肖像许可使用合同，但是应当在合理期限之前通知对方。(　　)

二、单项选择题

1. 关于肖像和肖像权，下列表述错误的是：(　　)

A. 自然人享有肖像权

B. 自然人有权依法制作、使用、公开自己的肖像

C. 自然人有权依法许可他人使用自己的肖像

D.《民法典》所称肖像是指通过影像、雕塑、绘画等方式在一定载体上所反映的自然人的外部形象

2. 关于合理实施的、可以不经肖像权人同意的行为，下列表述错误的是：(　　)

A. 为个人学习、艺术欣赏、课堂教学或者科学研究，在必要范围内使用肖像权人的肖像

B. 为实施新闻报道，不可避免地制作、使用、公开肖像权人的肖像

C. 为依法履行职责，国家机关在必要范围内制作、使用、公开肖像权人的肖像

D. 为维护公共利益或者肖像权人合法权益，制作、使用、公开肖像权人的肖像的其他行为

三、多项选择题

1. 关于肖像权的保护，以下表述正确的是：(　　)

A. 任何组织或者个人不得以丑化、污损，或者利用信息技术手段伪造等方式侵害他人的肖像权

B. 未经肖像权人同意，不得制作、使用、公开肖像权人的肖像，但是法律另有规定的除外

C. 未经肖像权人同意，肖像作品权利人不得以发表、复制、发行等方式使用肖像权人的肖像

D. 未经肖像权人同意，肖像作品权利人不得以出租、展览等方式使用肖像权人的肖像，但是法律另有规定的除外

2. 关于肖像许可使用合同期限，以下表述正确的是：(　　)

A. 当事人对肖像许可使用期限没有约定或者约定不明确的，任何一方当事人可以随时解除肖像许可使用合同，但是应当在合理期限之前通知对方

B. 当事人对肖像许可使用期限有明确约定，任何一方当事人可以随时解除肖像许可使用合同，但是应当在合理期限之前通知对方

C. 当事人对肖像许可使用期限有明确约定，肖像权人有正当理由的，可以解除肖像许可使用合同，但是应当在合理期限之前通知对方

D. 当事人对肖像许可使用期限有明确约定，肖像权人有正当理由行使解除权，因解除合同造成对方损失的，除不可归责于肖像权人的事由外，应当赔偿损失

四、填空题

1. 任何组织或者个人不得以______、______，或者利用信息技术手段伪造等方式侵害他人的肖像权。未经肖像权人同意，不得______、______、

______肖像权人的肖像，但是法律另有规定的除外。

2. 未经肖像权人同意，肖像作品权利人不得以______、______、______、______、______等方式使用或者公开肖像权人的肖像。

3. 当事人对肖像许可使用合同中关于肖像使用条款的理解有争议的，应当作出______的解释。

4. 对姓名等的______，参照适用 ______许可使用的有关规定。对自然人声音的保护，参照适用______保护的有关规定。

五、简答题

试列举我国《民法典》规定的肖像权的合理使用情形。

参考答案

一、判断题

1. ×，解析：根据《民法典》第 1018 条第 2 款规定，肖像是通过影像、雕塑、绘画等方式在一定载体上所反映的特定自然人可以被识别的外部形象。

2. √，解析：根据《民法典》第 1020 条第 2 项规定，可以不经肖像权人同意而合理实施的行为之一包括为实施新闻报道，不可避免地制作、使用、公开肖像权人的肖像。

3. ×，解析：根据《民法典》第 1022 条规定，当事人对肖像许可使用期限没有约定或者约定不明确的，任何一方当事人可以随时解除肖像许可使用合同，但是应当在合理期限之前通知对方。当事人对肖像许可使用期限有明确约定，肖像权人有正当理由的，可以解除肖像许可使用合同，但是应当在合理期限之前通知对方。因解除合同造成对方损失的，除不可归责于肖像权人的事由外，应当赔偿损失。

二、单项选择题

1. D，解析：根据《民法典》第 1018 条规定，自然人享有肖像权，有权依法制作、使用、公开或者许可他人使用自己的肖像。肖像是通过影像、雕塑、绘画等方式在一定载体上所反映的特定自然人可以被识别的外部形象。据此，选项ABC正确，选项D错误。

2. A，解析：根据《民法典》第1020条规定，合理实施下列行为的，可以不经肖像权人同意：（1）为个人学习、艺术欣赏、课堂教学或者科学研究，在必要范围内使用肖像权人已经公开的肖像；（2）为实施新闻报道，不可避免地制作、使用、公开肖像权人的肖像；（3）为依法履行职责，国家机关在必要范围内制作、使用、公开肖像权人的肖像；（4）为展示特定公共环境，不可避免地制作、使用、公开肖像权人的肖像；（5）为维护公共利益或者肖像权人合法权益，制作、使用、公开肖像权人的肖像的其他行为。据此，选项BCD正确，选项A错误，应当是肖像权人已经公开的肖像。

三、多项选择题

1. ABC，解析：《民法典》第1019条规定，任何组织或者个人不得以丑化、污损，或者利用信息技术手段伪造等方式侵害他人的肖像权。未经肖像权人同意，不得制作、使用、公开肖像权人的肖像，但是法律另有规定的除外。未经肖像权人同意，肖像作品权利人不得以发表、复制、发行、出租、展览等方式使用或者公开肖像权人的肖像。据此，ABC项正确，D项错误。

2. ACD，解析：根据《民法典》第1022条规定，当事人对肖像许可使用期限没有约定或者约定不明确的，任何一方当事人可以随时解除肖像许可使用合同，但是应当在合理期限之前通知对方。当事人对肖像许可使用期限有明确约定，肖像权人有正当理由的，可以解除肖像许可使用合同，但是应当在合理期限之前通知对方。因解除合同造成对方损失的，除不可归责于肖像权人的事由外，应当赔偿损失。据此，选项ACD正确，选项B错误。

四、填空题

1. 丑化；污损；制作；使用；公开。（《民法典》第1019条第1款）

2. 发表；复制；发行；出租；展览。(《民法典》第1019条第2款)
3. 有利于肖像权人。(《民法典》1021条)
4. 许可使用；肖像；肖像权。(《民法典》1023条)

五、简答题

根据《民法典》第1020条规定，合理实施下列行为的，可以不经肖像权人同意：(1) 为个人学习、艺术欣赏、课堂教学或者科学研究，在必要范围内使用肖像权人已经公开的肖像；(2) 为实施新闻报道，不可避免地制作、使用、公开肖像权人的肖像；(3) 为依法履行职责，国家机关在必要范围内制作、使用、公开肖像权人的肖像；(4) 为展示特定公共环境，不可避免地制作、使用、公开肖像权人的肖像；(5) 为维护公共利益或者肖像权人合法权益，制作、使用、公开肖像权人的肖像的其他行为。

第五章 名誉权和荣誉权

一、判断题

1. 自然人享有名誉权，法人和其他组织不享有名誉权。（ ）
2. 报刊、网络等媒体报道的内容失实，侵害他人名誉权的，受害人有权请求该媒体及时采取更正或者删除等必要措施。（ ）
3. 自然人与征信机构等信用信息处理者之间的关系，适用《民法典》人格权编有关个人信息保护的规定和其他法律、行政法规的有关规定。（ ）

二、单项选择题

1. 关于名誉和名誉权，下列表述错误的是：（ ）
   A. 民事主体享有名誉权
   B. 任何组织或者个人不得以侮辱等方式侵害他人的名誉权
   C. 任何组织或者个人不得以诽谤等方式侵害他人的名誉权
   D. 《民法典》所称名誉，是指对民事主体的品德、声望、才能、信用等的行业评价
2. 行为人为公共利益实施新闻报道，对他人提供的严重失实内容未尽到合理核实义务，影响他人名誉的，应当承担民事责任。认定行为人是否尽到合理核实义务，应当考虑的因素不包括：（ ）
   A. 内容来源的可信度、内容的时限性
   B. 对可能引发争议的内容是否进行了全面调查
   C. 内容与公序良俗的关联性、受害人名誉受贬损的可能性
   D. 核实能力和核实成本

3. 关于民事主体对媒体报道失实导致侵害名誉权的救济，以下表述错误的是：（　　）

A. 民事主体有确切证据证明报刊、网络等媒体报道的内容失实

B. 民事主体有证据证明媒体报道的内容失实侵害其名誉权

C. 民事主体有权请求该媒体及时采取更正措施

D. 民事主体有权请求该媒体及时采取删除措施

三、多项选择题

1. 行为人为公共利益实施新闻报道、舆论监督等行为，影响他人名誉的，需要承担民事责任的情形包括：（　　）

A. 捏造、歪曲事实

B. 对他人提供的失实内容未尽到全面审查义务

C. 使用侮辱性言辞等贬损他人名誉

D. 对他人提供的严重失实内容未尽到合理核实义务

2. 关于文学、艺术作品侵害名誉权的认定，以下表述正确的是：（　　）

A. 行为人发表的文学作品以真人真事为描述对象，含有侮辱内容，侵害他人名誉权的，该行为人应当承担民事责任

B. 行为人发表的艺术作品以特定人为描述对象，含有诽谤内容，侵害他人名誉权的，该行为人应当承担民事责任

C. 行为人发表的文学作品不以特定人为描述对象，仅其中的情节与该特定人的情况相似的，不承担民事责任

D. 行为人发表的艺术作品不以特定人为描述对象，仅其中的情节与该特定人的情况相似的，不承担民事责任

3. 关于荣誉权的保护，以下表述正确的是：（　　）

A. 任何组织或者个人不得剥夺他人的荣誉称号

B. 任何组织或者个人不得诋毁他人的荣誉

C. 任何组织或者个人不得贬损他人的荣誉

D. 获得的荣誉称号应当记载而没有记载的，民事主体可以请求记载

四、填空题

1. 行为人为公共利益实施______、______等行为，影响他人名誉的，不承担民事责任，但是有下列情形之一的除外：（1）捏造、歪曲事实；（2）对他人提供的______内容未尽到______义务；（3）使用______等贬损他人名誉。
2. 行为人发表的文学、艺术作品不以______为描述对象，仅其中的情节______的，不承担民事责任。
3. 民事主体可以依法查询自己的信用评价；发现信用评价不当的，有权______并请求采取______、______等必要措施。信用评价人应当______核查，经核查属实的，应当及时采取必要措施。
4. 任何组织或者个人不得______他人的荣誉称号，不得______、______他人的荣誉。

参考答案

一、判断题

1. ×，解析：根据《民法典》第 1024 条规定，民事主体享有名誉权。任何组织或者个人不得以侮辱、诽谤等方式侵害他人的名誉权。名誉是对民事主体的品德、声望、才能、信用等的社会评价。
2. √，解析：根据《民法典》第 1028 条规定，民事主体有证据证明报刊、网络等媒体报道的内容失实，侵害其名誉权的，有权请求该媒体及时采取更正或者删除等必要措施。
3. √，解析：根据《民法典》第 1030 条规定，民事主体与征信机构等信用信息处理者之间的关系，适用本编有关个人信息保护的规定和其他法律、行政法规的有关规定。

二、单项选择题

1. D，解析：根据《民法典》第 1024 条规定，民事主体享有名誉权。任何组织或者个人不得以侮辱、诽谤等方式侵害他人的名誉权。名誉是对民事主体的品德、声望、才能、信用等的社会评价。据此，选项 ABC 正确，选项 D 错误。

2. B，解析：根据《民法典》第 1026 条规定，认定行为人是否尽到《民法典》第 1025 条第 2 项规定的合理核实义务，应当考虑下列因素：(1) 内容来源的可信度；(2) 对明显可能引发争议的内容是否进行了必要的调查；(3) 内容的时限性；(4) 内容与公序良俗的关联性；(5) 受害人名誉受贬损的可能性；(6) 核实能力和核实成本。据此，选项 ACD 正确，选项 B 错误。

3. A，解析：根据《民法典》第 1028 条规定，民事主体有证据证明报刊、网络等媒体报道的内容失实，侵害其名誉权的，有权请求该媒体及时采取更正或者删除等必要措施。据此，A 项错误，BCD 项正确。

三、多项选择题

1. ACD，解析：根据《民法典》第 1025 条规定，行为人为公共利益实施新闻报道、舆论监督等行为，影响他人名誉的，不承担民事责任，但是有下列情形之一的除外：(1) 捏造、歪曲事实；(2) 对他人提供的严重失实内容未尽到合理核实义务；(3) 使用侮辱性言辞等贬损他人名誉。据此，ACD 项正确，B 项错误。

2. ABCD，解析：根据《民法典》第 1027 条规定，行为人发表的文学、艺术作品以真人真事或者特定人为描述对象，含有侮辱、诽谤内容，侵害他人名誉权的，受害人有权依法请求该行为人承担民事责任。行为人发表的文学、艺术作品不以特定人为描述对象，仅其中的情节与该特定人的情况相似的，不承担民事责任。据此，ABCD 表述正确。

3. BCD，解析：根据《民法典》第 1031 条规定，民事主体享有荣誉权。任何组织或者个人不得非法剥夺他人的荣誉称号，不得诋毁、贬损他人的荣誉。获得的荣誉称号应当记载而没有记载的，民事主体可以请求记载；获得的荣誉称号记载错误的，民事主体可以请求更正。

四、填空题

1. 新闻报道；舆论监督；严重失实；合理核实；侮辱性言辞。（《民法典》第 1025 条）
2. 特定人；与该特定人的情况相似。（《民法典》第 1027 条第 1 款）
3. 提出异议；更正；删除；及时。（《民法典》第 1029 条）
4. 非法剥夺；诋毁；贬损。（《民法典》第 1031 条）

第六章 隐私权和个人信息保护

一、判断题

1. 民事主体都享有隐私权。任何组织或者个人不得以刺探、侵扰、泄露、公开等方式侵害隐私权。（ ）
2. 个人信息中的私密信息，优先适用有关个人信息保护的规定。（ ）
3. 自然人发现信息处理者违反法律、行政法规的规定或者双方的约定处理其个人信息的，有权请求信息处理者及时删除。（ ）
4. 信息处理者未经自然人同意，不得向他人提供其任何有关个人信息。（ ）

二、单项选择题

1. 关于隐私和隐私权，以下表述错误的是：（ ）
   A. 自然人享有隐私权
   B. 任何组织或者个人不得以刺探、侵扰等方式侵害他人的隐私权
   C. 任何组织或者个人不得以泄露、公开等方式侵害他人的隐私权
   D. 《民法典》所称隐私，是指是民事主体的私人生活安宁和私密空间、私密活动、私密信息
2. 以下哪项不属于《民法典》所称的个人信息？（ ）
   A. 姓名　　B. 出生日期
   C. 本人就读学校、工作单位地址　　D. 电话号码
3. 处理个人信息，有以下哪种情形，行为人不承担民事责任？（ ）
   A. 在该自然人或者其监护人同意的范围内合理实施的行为
   B. 合理处理该自然人自行公开的信息，但是该自然人明确拒绝的除外

C. 合理处理该自然人其他已经公开的信息，但是处理该信息侵害其利益的除外

D. 为维护公共利益或者该自然人合法权益，合理实施的其他行为

4. 关于个人信息安全，以下表述错误的是：（　　）

A. 信息处理者不得泄露或者篡改其收集、存储的个人信息

B. 信息处理者不得向他人提供其个人信息，但是经过加工无法识别特定个人且不能复原的除外

C. 信息处理者应当采取技术措施和其他必要措施，确保其收集、存储的个人信息安全，防止信息泄露、篡改、丢失

D. 发生或者可能发生个人信息泄露、篡改、丢失的，信息处理者应当及时采取补救措施，按照规定告知自然人并向有关主管部门报告

三、多项选择题

1. 除法律另有规定或者权利人明确同意外，任何组织或者个人不得实施的侵害隐私权的行为有：（　　）

A. 以短信、即时通讯工具等方式侵扰他人的私人生活安宁

B. 拍摄、窥视他人的宾馆房间；

C. 窃听、公开他人的私密活动

D. 拍摄、窥视他人身体的私密部位

2. 处理个人信息应当遵循的原则是：（　　）

A. 合法　　B. 正当

C. 效率　　D. 必要

3. 以下哪些属于自然人对其个人信息享有的权利？（　　）

A. 查阅个人信息

B. 复制个人信息

C. 对于发现有错误的个人信息，提出异议并请求及时更正

D. 对于发现违法或者违约处理的个人信息，请求及时删除

4. 关于国家机关及其工作人员对于个人信息的保密职责，以下表述正确的是：(　　)

A. 国家机关对于履行职责过程中知悉的自然人的个人信息，应当予以保密

B. 承担行政职能的法定机构对于履行职责过程中知悉的自然人的隐私，应当予以保密

C. 国家机关工作人员不得泄露其履行职责过程中知悉的自然人隐私

D. 承担行政职能的法定机构工作人员不得向他人提供其履行职责过程中知悉的自然人的个人信息

四、填空题

1. 除法律______或者权利人______外，任何组织或者个人不得拍摄、窥视、窃听、公开他人的______。
2. 处理自然人个人信息的，应当遵循______、______、______原则。
3. 自然人可以依法向信息处理者______其个人信息；发现信息有错误的，有权提出异议并请求及时采取______等必要措施。
4. 自然人发现信息处理者违反法律、行政法规的规定或者双方的约定处理其个人信息的，有权请求信息处理者______。
5. 国家机关、______的法定机构及其工作人员对于履行职责过程中知悉的自然人的______和______，应当予以保密，不得泄露或者向他人______。

五、简答题

1. 试列举侵害隐私权的行为方式。
2. 个人信息的定义是什么？包含哪些内容？私密信息的保护怎样适用法律？

参考答案

一、判断题

1. ×，解析：根据《民法典》第 1032 条第 1 款规定，自然人享有隐私权。任何组织或者个人不得以刺探、侵扰、泄露、公开等方式侵害他人的隐私权。

2. ×，解析：根据《民法典》第 1034 条第 3 款规定，个人信息中的私密信息，适用有关隐私权的规定；没有规定的，适用有关个人信息保护的规定。

3. √，解析：根据《民法典》第 1037 条第 2 款规定，自然人发现信息处理者违反法律、行政法规的规定或者双方的约定处理其个人信息的，有权请求信息处理者及时删除。

4. ×，解析：根据《民法典》第 1038 条第 1 款规定，信息处理者不得泄露或者篡改其收集、存储的个人信息；未经自然人同意，不得向他人非法提供其个人信息，但是经过加工无法识别特定个人且不能复原的除外。

二、单项选择题

1. D，解析：根据《民法典》第 1032 条规定，自然人享有隐私权。任何组织或者个人不得以刺探、侵扰、泄露、公开等方式侵害他人的隐私权。隐私是自然人的私人生活安宁和不愿为他人知晓的私密空间、私密活动、私密信息。据此，ABC 项正确，D 项错误。

2. C，解析：根据《民法典》第 1034 条规定，自然人的个人信息受法律保护。个人信息是以电子或者其他方式记录的能够单独或者与其他信息结合识别特定自然人的各种信息，包括自然人的姓名、出生日期、身份证件号码、生物识别信息、住址、电话号码、电子邮箱、健康信息、行踪信息等。个人信息中的私密信息，适用有关隐私权的规定；没有规定的，适用有关个人信息保护的规定。

3. C，解析：根据《民法典》第1036条规定，处理个人信息，有下列情形之一的，行为人不承担民事责任：（1）在该自然人或者其监护人同意的范围内合理实施的行为；（2）合理处理该自然人自行公开的或者其他已经合法公开的信息，但是该自然人明确拒绝或者处理该信息侵害其重大利益的除外；（3）为维护公共利益或者该自然人合法权益，合理实施的其他行为。
4. B，解析：根据《民法典》第1038条规定，信息处理者不得泄露或者篡改其收集、存储的个人信息；未经自然人同意，不得向他人非法提供其个人信息，但是经过加工无法识别特定个人且不能复原的除外。信息处理者应当采取技术措施和其他必要措施，确保其收集、存储的个人信息安全，防止信息泄露、篡改、丢失；发生或者可能发生个人信息泄露、篡改、丢失的，应当及时采取补救措施，按照规定告知自然人并向有关主管部门报告。据此，ACD项正确，B项错误。

三、多项选择题

1. ABCD，解析：根据《民法典》第1033条规定，除法律另有规定或者权利人明确同意外，任何组织或者个人不得实施下列行为：（1）以电话、短信、即时通讯工具、电子邮件、传单等方式侵扰他人的私人生活安宁；（2）进入、拍摄、窥视他人的住宅、宾馆房间等私密空间；（3）拍摄、窥视、窃听、公开他人的私密活动；（4）拍摄、窥视他人身体的私密部位；（5）处理他人的私密信息；（6）以其他方式侵害他人的隐私权。ABCD项均正确。
2. ABD，解析：根据《民法典》第1035条规定，处理个人信息的，应当遵循合法、正当、必要原则，不得过度处理，并符合下列条件：（1）征得该自然人或者其监护人同意，但是法律、行政法规另有规定的除外；（2）公开处理信息的规则；（3）明示处理信息的目的、方式和范围；（4）不违反法律、行政法规的规定和双方的约定。个人信息的处理包括个人信息的收集、存储、使用、加工、传输、提供、公开等。据此，C项错误，ABD项正确。

3. ABCD，解析：根据《民法典》第 1037 条规定，自然人可以依法向信息处理者查阅或者复制其个人信息；发现信息有错误的，有权提出异议并请求及时采取更正等必要措施。自然人发现信息处理者违反法律、行政法规的规定或者双方的约定处理其个人信息的，有权请求信息处理者及时删除。
4. ABC，解析：根据《民法典》第 1039 条规定，国家机关、承担行政职能的法定机构及其工作人员对于履行职责过程中知悉的自然人的隐私和个人信息，应当予以保密，不得泄露或者向他人非法提供。ABC 项正确，D 项错误。

四、填空题

1. 另有规定；明确同意；私密活动。（《民法典》第 1033 条）
2. 合法；正当；必要。（《民法典》第 1035 条）
3. 查阅或者复制；更正。（《民法典》第 1037 条第 1 款）
4. 及时删除。（《民法典》第 1037 条第 2 款）
5. 承担行政职能；隐私；个人信息；非法提供。（《民法典》第 1039 条）

五、简答题

1. 答：根据《民法典》第 1033 条规定，除法律另有规定或者权利人明确同意外，任何组织或者个人不得实施下列行为：（1）以电话、短信、即时通讯工具、电子邮件、传单等方式侵扰他人的私人生活安宁；（2）进入、拍摄、窥视他人的住宅、宾馆房间等私密空间；（3）拍摄、窥视、窃听、公开他人的私密活动；（4）拍摄、窥视他人身体的私密部位；（5）处理他人的私密信息；（6）以其他方式侵害他人的隐私权。
2. 答：根据《民法典》第 1034 条规定，自然人的个人信息受法律保护。个人信息是以电子或者其他方式记录的能够单独或者与其他信息结合识别特定自然人的各种信息，包括自然人的姓名、出生日期、身份证件号码、生物识别信息、住址、电话号码、电子邮箱、健康信息、行踪信息等。个人信息中的私密信息，适用有关隐私权的规定；没有规定的，适用有关个人信息保护的规定。

第五编　婚姻家庭

第一章　一般规定

一、判断题

1.《民法典》婚姻家庭编调整因婚姻家庭产生的民事关系。(　　)
2. 我国实行婚姻自由、一夫一妻、男女平等的婚姻制度。(　　)
3. 配偶、父母、子女和其他近亲属为家庭成员。(　　)

二、单项选择题

1. 下列哪项不属于被禁止的婚姻家庭行为?(　　)
   A. 无配偶者与他人同居　　B. 重婚
   C. 家庭暴力　　D. 遗弃子女
2. 关于收养的原则，表述错误的是:(　　)
   A. 应当遵循最有利于被收养人的原则
   B. 保障被收养人的合法权益
   C. 保障收养人的合法权益
   D. 保障送养人的合法权益

三、多项选择题

1. 我国婚姻制度的内容是:(　　)
   A. 婚姻自由　　B. 一夫一妻
   C. 男女平等　　D. 晚婚晚育
2. 下列哪些行为符合民法关于婚姻家庭的行为规范?(　　)
   A. 夫妻互相忠实　　B. 家庭和睦

C. 敬老爱幼　　D. 互相帮助

3. 下列哪些选项属于“家庭成员”？（　　）

A. 配偶　　B. 共同生活的近亲属

C. 子女　　D. 父母

四、填空题

1. 禁止______、______婚姻和其他______婚姻自由的行为。

2. 收养应当遵循______的原则，保障被收养人和收养人的合法权益。

五、简答题

1. 简述我国婚姻家庭关系的基本原则。

2. 简述我国婚姻家庭的禁止性规定。

参考答案

一、判断题

1. √，解析：根据《民法典》第 1040 条的规定。

2. √，解析：根据《民法典》第 1041 条的规定，婚姻家庭受国家保护。实行婚姻自由、一夫一妻、男女平等的婚姻制度。

3. ×，解析：根据《民法典》第 1045 条第 3 款规定，配偶、父母、子女和其他共同生活的近亲属为家庭成员。

二、单项选择题

1. A，解析：根据《民法典》第 1042 条的规定，禁止包办、买卖婚姻和其他干涉婚姻自由的行为。禁止借婚姻索取财物。禁止重婚。禁止有配偶者与他人同居。禁止家庭暴力。禁止家庭成员间的虐待和遗弃。故 A 项当选。

2. D，解析：根据《民法典》第 1044 条的规定，收养应当遵循最有利于被收养人的原则，保障被收养人和收养人的合法权益。禁止借收养名义买卖未成年人。故 D 项当选。

三、多项选择题

1. ABC，解析：根据《民法典》第 1041 条的规定，婚姻家庭受国家保护。实行婚姻自由、一夫一妻、男女平等的婚姻制度。保护妇女、未成年人、老年人、残疾人的合法权益。据此，ABC 项正确，D 项错误。
2. ABCD，解析：根据《民法典》第 1043 条的规定，家庭应当树立优良家风，弘扬家庭美德，重视家庭文明建设。夫妻应当互相忠实，互相尊重，互相关爱；家庭成员应当敬老爱幼，互相帮助，维护平等、和睦、文明的婚姻家庭关系。
3. ABCD，解析：根据《民法典》第 1045 条第 3 款规定，配偶、父母、子女和其他共同生活的近亲属为家庭成员。

四、填空题

1. 包办；买卖；干涉。(《民法典》第 1042 条)
2. 最有利于被收养人。(《民法典》第 1044 条)

五、简答题

1. 答：根据《民法典》第 1041 条的规定，我国婚姻家庭关系的基本原则是：（1）婚姻家庭受国家保护。（2）实行婚姻自由、一夫一妻、男女平等的婚姻制度。（3）保护妇女、未成年人、老年人、残疾人的合法权益。
2. 答：根据《民法典》第 1042 条的规定，在我国，婚姻家庭的禁止性规定有：（1）禁止包办、买卖婚姻和其他干涉婚姻自由的行为。（2）禁止借婚姻索取财物。（3）禁止重婚。（4）禁止有配偶者与他人同居。（5）禁止家庭暴力。（6）禁止家庭成员间的虐待和遗弃。

第二章　结　婚

一、判断题

1. 小赵（男）今年20周岁，小曲（女）今年18周岁，二人不能登记结婚。（　　）
2. 莎莎因在国外留学，委托律师陈某代其与男友小杨办理结婚登记。（　　）
3. 婚姻无效的情形有重婚和未到法定婚龄两种。（　　）
4. 一方患有重大疾病，在婚前未告知对方的，婚姻无效。（　　）

二、单项选择题

1. 下列哪一选项不违反结婚自愿？（　　）

   A. 甲男所在单位认为甲的结婚对象构成对单位的重大利益冲突，要求甲重新考虑结婚事宜

   B. 乙女与男方结婚是因为男方表示如果不和他登记他可能会自杀

   C. 丙女的父亲召集亲友商量女儿婚事，并发表看法和建议

   D. 丁女的母亲为女儿结婚向家境极度困难的男方家里要求婚前给付大量彩礼

2. 下列哪一选项不属于禁止结婚的亲属关系？（　　）

   A. 堂兄妹　　B. 姑表兄妹

   C. 姨（舅）表兄妹　　D. 无血缘关系的继兄妹

3. 下列关于结婚的说法，哪一选项是正确的？（　　）

   A. 登记结婚后，女方即成为男方家庭的成员

   B. 登记结婚后，男方即成为女方家庭的成员

   C. 登记结婚后，按照男女双方约定，女方可以成为男方家庭的成员，男方可以成为女方家庭的成员

D. 登记结婚后，男女双方即互相成为对方家庭的成员

4. 下列哪一选项属于婚姻可撤销的情形？（　　）

A. 重婚　　B. 因胁迫结婚

C. 未到法定婚龄　　D. 有禁止结婚的亲属关系

5. 关于无效的或者被撤销的婚姻，下列哪一选项的说法错误？（　　）

A. 无效的婚姻自始没有法律约束力

B. 婚姻被撤销的，同居期间所得财产平均分配

C. 婚姻无效或者被撤销的，无过错方有权请求损害赔偿

D. 对重婚导致的无效婚姻的财产处理，不得侵害合法婚姻当事人的财产权益

三、多项选择题

1. 下列哪些人符合我国法定婚龄要求？（　　）

A. 小吕，男，22 周岁　　B. 小肖，女，19 周岁

C. 小宣，女，25 周岁　　D. 小张，男，20 周岁

2. 下列哪些行为不符合婚姻登记的有关规定？（　　）

A. 可以找他人代自己办理结婚登记

B. 表兄妹可以申请办理结婚登记

C. 未满 18 周岁的人申请办理结婚登记

D. 办完婚礼之后，一直未补办结婚登记

3. 下列哪些选项属于婚姻无效的情形？（　　）

A. 重婚　　B. 有禁止结婚的亲属关系

C. 未到法定婚龄　　D. 因胁迫结婚

4. 下列哪些选项属于婚姻可撤销的情形？（　　）

A. 委托他人办理结婚登记

B. 婚前患有重大疾病，在未告知对方的情况下，与对方登记结婚

C. 以公开对方隐私为由胁迫对方与自己办理结婚登记

D. 先后与两人办理结婚登记

四、填空题

1. 结婚应当男女双方______，禁止任何一方对另一方加以强迫或者任何组织、个人加以干涉。
2. ______或者______禁止结婚。
3. 登记结婚后，按照男女双方约定，女方______成为男方家庭的成员，男方______成为女方家庭的成员。
4. 因胁迫结婚的，受胁迫的一方可以向______请求撤销婚姻。请求撤销婚姻的，应当自______之日起______年内提出。被非法限制人身自由的当事人请求撤销婚姻的，应当自______之日起______年内提出。
5. 无效的或者被撤销的婚姻______没有法律约束力，当事人不具有夫妻的权利和义务。同居期间所得的财产，由当事人协议处理；协议不成的，由人民法院根据照顾______的原则判决。对重婚导致的无效婚姻的财产处理，不得侵害合法婚姻当事人的财产权益。当事人所生的子女，适用本法关于父母子女的规定。婚姻无效或者被撤销的，______有权请求损害赔偿。

五、简答题

简述婚姻可撤销的情形。

参考答案

一、判断题

1. √，解析：根据《民法典》第 1047 条的规定，结婚年龄，男不得早于 22 周岁，女不得早于 20 周岁。
2. ×，解析：根据《民法典》第 1049 条的规定，要求结婚的男女双方应当亲自到婚姻登记机关申请结婚登记。

3. ×，解析：根据《民法典》第 1051 条的规定，婚姻无效的情形有三种：（1）重婚；（2）有禁止结婚的亲属关系；（3）未到法定婚龄。
4. ×，解析：根据《民法典》第 1053 条的规定，一方患有重大疾病的，应当在结婚登记前如实告知另一方；不如实告知的，另一方可以向人民法院请求撤销婚姻。请求撤销婚姻的，应当自知道或者应当知道撤销事由之日起 1 年内提出。

二、单项选择题

1. C，解析：根据《民法典》第 1046 条的规定，结婚应当男女双方完全自愿，禁止任何一方对另一方加以强迫或者任何组织、个人加以干涉。故 ABD 项错误。
2. D，解析：根据《民法典》第 1048 条的规定，直系血亲或者三代以内的旁系血亲禁止结婚。故 D 项当选。
3. C，解析：根据《民法典》第 1050 条的规定，登记结婚后，按照男女双方约定，女方可以成为男方家庭的成员，男方可以成为女方家庭的成员。故 C 项当选。
4. B，解析：根据《民法典》第 1052 条的规定，因胁迫结婚的，受胁迫的一方可以向人民法院请求撤销婚姻。请求撤销婚姻的，应当自胁迫行为终止之日起 1 年内提出。被非法限制人身自由的当事人请求撤销婚姻的，应当自恢复人身自由之日起 1 年内提出。故 B 项当选。
5. B，解析：根据《民法典》第 1054 条的规定，无效的或者被撤销的婚姻自始没有法律约束力，当事人不具有夫妻的权利和义务。同居期间所得的财产，由当事人协议处理；协议不成的，由人民法院根据照顾无过错方的原则判决。对重婚导致的无效婚姻的财产处理，不得侵害合法婚姻当事人的财产权益。当事人所生的子女，适用本法关于父母子女的规定。婚姻无效或者被撤销的，无过错方有权请求损害赔偿。故 A 项当选。

三、多项选择题

1. AC，解析：根据《民法典》第 1047 条的规定，结婚年龄，男不得早于 22 周岁，女不得早于 20 周岁。故 AC 项当选。
2. ABCD，解析：根据《民法典》第 1049 条的规定，要求结婚的男女双方应当亲自到婚姻登记机关申请结婚登记。符合本法规定的，予以登记，发给结婚证。完成结婚登记，即确立婚姻关系。未办理结婚登记的，应当补办登记。故 ABCD 项当选。
3. ABC，解析：根据《民法典》第 1051 条的规定，婚姻无效的情形有三种：（1）重婚；（2）有禁止结婚的亲属关系；（3）未到法定婚龄。
4. BC，解析：根据《民法典》第 1052 条第 1、2 款规定，因胁迫结婚的，受胁迫的一方可以向婚姻登记机关或者人民法院请求撤销婚姻。请求撤销婚姻的，应当自胁迫行为终止之日起 1 年内提出。根据《民法典》第 1053 条的规定，一方患有重大疾病的，应当在结婚登记前如实告知另一方；不如实告知的，另一方可以向人民法院请求撤销婚姻。请求撤销婚姻的，应当自知道或者应当知道撤销事由之日起 1 年内提出。故 BC 项当选。

四、填空题

1. 完全自愿。(《民法典》第 1046 条)
2. 直系血亲；三代以内旁系血亲。(《民法典》第 1048 条)
3. 可以；可以。(《民法典》第 1050 条)
4. 人民法院；胁迫行为终止；1；恢复人身自由；1。(《民法典》第 1052 条)
5. 自始；无过错方；无过错方。(《民法典》第 1054 条)

五、简答题

根据《民法典》第 1052、1053 条的规定，婚姻可撤销的情形有：

(1) 因胁迫结婚的，受胁迫的一方可以向人民法院请求撤销婚姻。请求撤销婚姻的，应当自胁迫行为终止之日起 1 年内提出。

（2）被非法限制人身自由的当事人请求撤销婚姻的，应当自恢复人身自由之日起 1 年内提出。

（3）一方患有重大疾病的，应当在结婚登记前如实告知另一方；不如实告知的，另一方可以向人民法院请求撤销婚姻。请求撤销婚姻的，应当自知道或者应当知道撤销事由之日起 1 年内提出。

第三章　家庭关系

一、判断题

1. 夫妻在婚姻家庭关系中地位平等。(　　)
2. 夫妻双方都有参加社会活动的自由。(　　)
3. 夫妻有相互扶养的义务。(　　)
4. 妻子先于丈夫死亡的，丈夫可以继承妻子的遗产；但丈夫先于妻子死亡的，妻子无权继承丈夫的遗产。(　　)
5. 王某婚后因发生车祸得到的残疾赔偿金，属于王某的个人财产。(　　)
6. 男女双方以口头形式约定婚姻关系存续期间所得财产归各自所有的，该约定对双方具有法律约束力。(　　)
7. 成年子女不能独立生活的，可以要求父母给付抚养费。(　　)
8. 父母再婚的，子女对父母的赡养义务自父母再婚之日起终止。(　　)
9. 不直接抚养非婚生子女的生父或者生母，可以不负担不能独立生活的成年子女的抚养费。(　　)
10. 对亲子关系有异议的，父或者母可以向人民法院提起诉讼，请求确认或者否认亲子关系。(　　)
11. 兄、姐对未成年弟、妹有扶养义务；由兄、姐扶养长大的弟、妹对缺乏生活来源的兄、姐有扶养义务。(　　)

二、单项选择题

1. 关于夫妻之间的家事代理，表述错误的是：(　　)

   A. 夫妻一方因家庭日常生活需要而实施的民事法律行为，原则上对夫妻双方发生效力

B. 夫妻一方因家庭日常生活需要而实施的民事法律行为，夫妻一方与相对人另有约定，按照约定

C. 夫妻之间对一方可以实施的民事法律行为范围的限制，不得对抗善意相对人

D. 夫妻之间对一方可以实施的民事法律行为范围的限制，不得对抗相对人

2. 下列财产中，属于夫妻共同财产的是哪一项？（　　）

A. 婚后双方的工资收入

B. 婚前男方全款购买的婚房

C. 婚前各方名下的存款

D. 婚后接受的赠与，且该赠与明确只归属于男方

3. 在婚姻关系存续期间，下列哪一债务不属于夫妻共同债务？（　　）

A. 夫妻一方以个人名义为家庭日常生活需要所负的债务

B. 夫妻一方以个人名义超出家庭日常生活需要所负的债务

C. 夫妻一方以个人名义超出家庭日常生活需要所负的债务，但债权人能证明该债务用于夫妻共同生活

D. 基于夫妻共同意思表示，夫妻一方以个人名义超出家庭日常生活需要所负的债务

4. 婚姻关系存续期间，在下列哪一情况下，夫妻一方不能向人民法院请求分割共同财产？（　　）

A. 一方隐藏夫妻共同财产

B. 一方毁损夫妻共同财产

C. 一方伪造夫妻共同债务

D. 一方朋友患有重大疾病，另一方不同意支付医疗费用

5. 关于父母与子女的关系，下列哪一说法是正确的？（　　）

A. 子女成年后，父母依然有教育、保护子女的权利和义务

B. 成年子女故意造成他人损害的，父母应当依法承担民事责任

C. 未成年子女造成他人损害的，父母应当依法承担责任

D. 未成年子女造成他人损害的，父母可以不承担责任

6. 关于父母与子女之间的继承关系，下列哪一说法是正确的？（ ）

A. 父母可以继承子女的遗产

B. 父母不可以继承子女的遗产

C. 继子女可以继承继父母的遗产

D. 继父母可以继承继子女遗产

7. 关于继父母与继子女的关系，下列哪一说法是正确的？（ ）

A. 继父母与继子女之间，不得虐待或者歧视

B. 继父或继母没有义务抚养未成年的继子女

C. 继子女无权继承继父或继母的遗产

D. 没有独立生活能力的成年继子女，无权要求继父或继母给付抚养费

8. 关于祖父母、外祖父母对孙子女、外孙子女之间的抚养义务，下列哪一说法是正确的？（ ）

A. 祖父母对孙子女有抚养义务

B. 有负担能力的外祖父母对外孙子女有抚养义务

C. 祖父母对于父母已经死亡未成年孙子女有抚养的义务

D. 有负担能力的外祖父母，对于父母无力抚养的未成年外孙子女，有抚养的义务

三、多项选择题

1. 关于夫妻在婚姻家庭关系中的地位，下列哪些说法是正确的？（ ）

A. 夫妻双方平等享有对未成年子女抚养、教育和保护的权利

B. 夫妻在家庭中地位平等

C. 夫妻双方都有参加生产、工作、学习和社会活动的自由

D. 夫妻双方都有各自使用自己姓名的权利

2. 小吴在一次外出时不幸遇难，留下财产若干。下列哪些人有权继承小吴的遗产？（ ）

A. 小吴的父亲　　B. 小吴的母亲

C. 小吴的妻子　　D. 小吴的儿子

3. 下列哪些财产属于夫妻一方的个人财产？（　　）

A. 一方的婚前财产

B. 一方因受到人身损害获得的赔偿金、补偿金

C. 遗嘱中确定只归一方的财产

D. 双方共用的生活用品

4. 下列关于夫妻财产的约定，哪些选项符合法律规定？（　　）

A. 工资收入归夫妻共同所有

B. 股票投资所得收益归投资一方所有

C. 婚后一方所负个人债务，由该方以个人财产清偿

D. 婚前一方购买的房屋归夫妻共同所有

5. 下列关于父母与子女关系的说法，哪些是正确的？（　　）

A. 未成年子女可以要求父母给付抚养费

B. 成年子女不能独立生活的，可以要求父母给付抚养费

C. 生活困难的父母可以要求成年子女给付赡养费

D. 缺乏劳动能力的父母可以要求成年子女给付赡养费

6. 子女应当尊重父母的婚姻权利，不得从事下列哪些行为？（　　）

A. 干涉父母再婚　　B. 阻挠父母离婚

C. 搅乱父母再婚后的正常生活　　D. 让父母自由选择再婚对象

7. 下列关于遗产继承的说法，哪些是正确的？（　　）

A. 父母和子女有相互继承遗产的权利

B. 夫妻有相互继承遗产的权利

C. 妻子无权继承丈夫的遗产

D. 父母无权继承子女的遗产

8. 关于婚生子女和非婚生子女，下列哪些说法是正确的？（　　）

A. 父母只对其婚生子女负有教育、保护义务

B. 非婚生子女享有与婚生子女同等的权利

C. 不直接抚养非婚生子女的生父或生母，无需负担非婚生子女的抚养费

D. 不直接抚养非婚生子女的生父或者生母，应当负担未成年子女或者不能独立生活的成年子女的抚养费

9. 关于确认亲子关系，以下表述哪些是错误的？（　　）

A. 对亲子关系有异议且有正当理由的，母亲可以向人民法院提起诉讼，请求确认亲子关系

B. 对亲子关系有异议的，父亲可以向人民法院提起诉讼，请求否认亲子关系

C. 对亲子关系有异议的，子女可以向人民法院提起诉讼，请求确认亲子关系

D. 对亲子关系有异议且有正当理由的，成年子女可以向人民法院提起诉讼，请求否认亲子关系

10. 关于兄弟姐妹之间的扶养义务，下列哪些说法是正确的？（　　）

A. 兄、姐对未成年弟、妹有扶养的义务

B. 有负担能力的兄、姐，对于父母已经死亡或者父母无力抚养的未成年弟、妹，有扶养的义务

C. 弟、妹对兄、姐有扶养的义务

D. 由兄、姐扶养长大的有负担能力的弟、妹，对于缺乏劳动能力又缺乏生活来源的兄、姐，有扶养的义务

四、填空题

1. 夫妻双方都有______自己姓名的权利。

2. 夫妻双方______对未成年子女抚养、教育和保护的权利，______对未成年子女抚养、教育和保护的义务。

3. 夫妻一方因______而实施的民事法律行为，对夫妻双方发生效力，但是______的除外。夫妻之间对一方可以实施的民事法律行为范围的限制，不得对抗______。

4. 夫妻在婚姻关系存续期间所得的下列财产，为夫妻的共同财产，归夫妻共同所有：（1）______；（2）______；（3）______的收益；（4）继承或者受赠的财产，但是______的除外；（5）其他应当归共同所有的财产。夫妻对共同财产，有______的处理权。
5. 夫妻双方______或者夫妻一方______等共同意思表示所负的债务，以及夫妻一方在婚姻关系存续期间以个人名义为______所负的债务，属于夫妻共同债务。
6. 婚姻关系存续期间，有下列情形之一的，夫妻一方可以向人民法院请求分割______：（1）一方有______夫妻共同财产或者______夫妻共同债务等严重损害夫妻共同财产利益的行为；（2）一方负有______的人患重大疾病需要医治，另一方不同意支付相关医疗费用。
7. 继父母与继子女间，不得______或者______。继父或者继母和受其抚养教育的继子女间的权利义务关系，适用本法关于______的规定。
8. ______的祖父母、外祖父母，对于父母______或者父母______的未成年孙子女、外孙子女，有抚养的义务。

五、简答题

在婚姻存续期间，哪些财产为夫妻共同财产？

参考答案

一、判断题

1. √，解析：根据《民法典》第1055条的规定，夫妻在婚姻家庭关系中地位平等。
2. √，解析：根据《民法典》第1057条，夫妻双方都有参加生产、工作、学习和社会活动的自由，一方不得对另一方加以限制或者干涉。
3. √，解析：根据《民法典》第1059条的规定，夫妻有相互扶养的义务。需要扶养的一方，在另一方不履行扶养义务时，有要求其给付扶养费的权利。

4. ×，解析：根据《民法典》第 1061 条规定，夫妻有相互继承遗产的权利。

5. √，解析：根据《民法典》第 1063 条第 2 项的规定，一方因受到人身损害获得的赔偿或者补偿，为夫妻一方的个人财产。

6. ×，解析：根据《民法典》第 1065 条的规定，男女双方可以约定婚姻关系存续期间所得的财产以及婚前财产归各自所有、共同所有或者部分各自所有、部分共同所有。约定应当采用书面形式。没有约定或者约定不明确的，适用本法第 1062 条、第 1063 条的规定。夫妻对婚姻关系存续期间所得的财产以及婚前财产的约定，对双方具有法律约束力。夫妻对婚姻关系存续期间所得的财产约定归各自所有，夫或者妻一方对外所负的债务，相对人知道该约定的，以夫或者妻一方的个人财产清偿。

7. √，解析：根据《民法典》第 1067 条的规定，父母不履行抚养义务的，未成年子女或者不能独立生活的成年子女，有要求父母给付抚养费的权利。成年子女不履行赡养义务的，缺乏劳动能力或者生活困难的父母，有要求成年子女给付赡养费的权利。

8. ×，解析：根据《民法典》第 1069 条的规定，子女对父母的赡养义务，不因父母的婚姻关系变化而终止。

9. ×，解析：根据《民法典》第 1071 条第 2 款的规定，不直接抚养非婚生子女的生父或者生母，应当负担未成年子女或者不能独立生活的成年子女的抚养费。

10. ×，解析：根据《民法典》第 1073 条第 1 款的规定，对亲子关系有异议且有正当理由的，父或者母可以向人民法院提起诉讼，请求确认或者否认亲子关系。

11. ×，解析：根据《民法典》第 1075 条的规定，有负担能力的兄、姐，对于父母已经死亡或者父母无力抚养的未成年弟、妹，有扶养的义务。由兄、姐扶养长大的有负担能力的弟、妹，对于缺乏劳动能力又缺乏生活来源的兄、姐，有扶养的义务。

二、单项选择题

1. D，解析：根据《民法典》第 1060 条规定，夫妻一方因家庭日常生活需要而实施的民事法律行为，对夫妻双方发生效力，但是夫妻一方与相对人另有约定的除外。夫妻之间对一方可以实施的民事法律行为范围的限制，不得对抗善意相对人。故 D 项当选。
2. A，解析：根据《民法典》第 1062 条第 1 项的规定，A 项属于夫妻共同财产。根据《民法典》第 1063 条第 1 项和第 3 项规定，B、C 两项属于婚前个人财产，D 项属于婚后取得的只归属于一方的赠与财产，BCD 依法均属于夫妻一方个人财产。故 A 项当选。
3. B，解析：根据《民法典》第 1064 条的规定，夫妻双方共同签名或者夫妻一方事后追认等共同意思表示所负的债务，以及夫妻一方在婚姻关系存续期间以个人名义为家庭日常生活需要所负的债务，属于夫妻共同债务。夫妻一方在婚姻关系存续期间以个人名义超出家庭日常生活需要所负的债务，不属于夫妻共同债务；但是，债权人能够证明该债务用于夫妻共同生活、共同生产经营或者基于夫妻双方共同意思表示的除外。故 B 项当选。
4. D，解析：根据《民法典》第 1066 条的规定，婚姻关系存续期间，有下列情形之一的，夫妻一方可以向人民法院请求分割共同财产：（1）一方有隐藏、转移、变卖、毁损、挥霍夫妻共同财产或者伪造夫妻共同债务等严重损害夫妻共同财产利益的行为；（2）一方负有法定扶养义务的人患重大疾病需要医治，另一方不同意支付相关医疗费用。D 项中，朋友不是一方负有法定扶养义务的人，另一方没有支付医疗费用的义务。故 D 项当选。
5. C，解析：根据《民法典》第 1068 条的规定，父母有教育、保护未成年子女的权利和义务。未成年子女造成他人损害的，父母应当依法承担民事责任。故 C 项正确。
6. A，解析：根据《民法典》第 1070 条的规定，父母和子女有相互继承遗产的权利。故 A 项正确，B 项错误。根据《民法典》第 1072

条、第 1127 条的规定，对于有扶养关系的继父母和继子女之间的权利义务关系，才适用民法典关于父母子女关系的规定，才可以发生继承。故 CD 项错误。

7. A，解析：根据《民法典》第 1067 条的规定，父母不履行抚养义务的，未成年子女或者不能独立生活的成年子女，有要求父母给付抚养费的权利。根据《民法典》第 1070 条的规定，父母和子女有相互继承遗产的权利。根据《民法典》第 1072 条的规定，继父母与继子女间，不得虐待或者歧视。继父或者继母和受其抚养教育的继子女间的权利义务关系，适用本法关于父母子女关系的规定。故 A 项正确。

8. D，解析：根据《民法典》第 1074 条第 1 款的规定，有负担能力的祖父母、外祖父母，对于父母已经死亡或者父母无力抚养的未成年孙子女、外孙子女，有抚养的义务。故 D 项当选。

三、多项选择题

1. ABCD，解析：根据《民法典》第 1055 至 1058 条的规定，夫妻在婚姻家庭关系中地位平等。夫妻双方都有各自使用自己姓名的权利。夫妻双方都有参加生产、工作、学习和社会活动的自由，一方不得对另一方加以限制或者干涉。夫妻双方平等享有对未成年子女抚养、教育和保护的权利，共同承担对未成年子女抚养、教育和保护的义务。ABCD 均正确。

2. ABCD，解析：《民法典》第 1061 条规定，夫妻有相互继承遗产的权利。第 1127 条第 1 款规定，遗产按照下列顺序继承：（1）第一顺序：配偶、子女、父母；（2）第二顺序：兄弟姐妹、祖父母、外祖父母。故 ABCD 均当选。

3. ABC，解析：根据《民法典》第 1063 条的规定，下列财产为夫妻一方的个人财产：（1）一方的婚前财产；（2）一方因受到人身损害获得的赔偿或者补偿；（3）遗嘱或者赠与合同中确定只归一方的财产；（4）一方专用的生活用品；（5）其他应当归一方的财产。故 ABC 项当选。

4. ABCD，解析：根据《民法典》第 1065 条的规定，男女双方可以约定婚姻关系存续期间所得的财产以及婚前财产归各自所有、共同所有或者部分各自所有、部分共同所有。约定应当采用书面形式。没有约定或者约定不明确的，适用民法典第 1062 条、第 1063 条的规定。夫妻对婚姻关系存续期间所得的财产以及婚前财产的约定，对双方具有法律约束力。夫妻对婚姻关系存续期间所得的财产约定归各自所有，夫或者妻一方对外所负的债务，相对人知道该约定的，以夫或者妻一方的个人财产清偿。故 ABCD 均当选。
5. ABCD，解析：根据《民法典》第 1067 条的规定，父母不履行抚养义务的，未成年子女或者不能独立生活的成年子女，有要求父母给付抚养费的权利。成年子女不履行赡养义务的，缺乏劳动能力或者生活困难的父母，有要求成年子女给付赡养费的权利。故 ABCD 项均当选。
6. ABC，解析：根据《民法典》第 1069 条的规定，子女应当尊重父母的婚姻权利，不得干涉父母离婚、再婚以及婚后的生活。子女对父母的赡养义务，不因父母的婚姻关系变化而终止。故 ABC 项当选。
7. AB，解析：根据《民法典》第 1061 条的规定，夫妻有相互继承遗产的权利。故 B 项正确。根据《民法典》第 1070 条的规定，父母和子女有相互继承遗产的权利。故 A 项正确。
8. BD，解析：根据《民法典》第 1071 条的规定，非婚生子女享有与婚生子女同等的权利，任何组织或者个人不得加以危害和歧视。不直接抚养非婚生子女的生父或者生母，应当负担未成年子女或者不能独立生活的成年子女的抚养费。故 BD 项正确。
9. BCD，解析：根据《民法典》第 1073 条的规定，对亲子关系有异议且有正当理由的，父或者母可以向人民法院提起诉讼，请求确认或者否认亲子关系。对亲子关系有异议且有正当理由的，成年子女可以向人民法院提起诉讼，请求确认亲子关系。A 正确。B 项中，对亲子关系的异议无“正当理由”；C 项中应当是“成年”子女；D 项不能提出请求“否认”。故 BCD 项当选。

10. BD，解析：根据《民法典》第 1075 条的规定，有负担能力的兄、姐，对于父母已经死亡或者父母无力抚养的未成年弟、妹，有扶养的义务。由兄、姐扶养长大的有负担能力的弟、妹，对于缺乏劳动能力又缺乏生活来源的兄、姐，有扶养的义务。故 BD 项正确。

四、填空题

1. 各自使用。(《民法典》第 1056 条)
2. 平等享有；共同承担。(《民法典》第 1058 条)
3. 家庭日常生活需要；夫妻一方与相对人另有约定；善意相对人。(《民法典》第 1060 条)
4. 工资、奖金、劳务报酬；生产、经营、投资的收益；知识产权；遗嘱或者赠与合同中确定只归一方的财产；平等。(《民法典》第 1062 条)
5. 共同签名；事后追认；家庭日常生活需要基于夫妻双方共同的意思表示。(《民法典》第 1064 条)
6. 共同财产；隐藏、转移、变卖、毁损、挥霍；伪造；法定扶养义务。(《民法典》第 1066 条)
7. 虐待；歧视；父母子女关系。(《民法典》第 1072 条)
8. 有负担能力；已经死亡；无抚养能力；(《民法典》第 1074 条)

五、简答题

答：根据《民法典》第 1062 条的规定，夫妻在婚姻关系存续期间所得的下列财产，为夫妻的共同财产，归夫妻共同所有：(1) 工资、奖金、劳务报酬；(2) 生产、经营、投资的收益；(3) 知识产权的收益；(4) 继承或者受赠的财产，但是本法第 1063 条第 3 项规定（遗嘱或者赠与合同中确定只归一方的财产）的除外；(5) 其他应当归共同所有的财产。

第四章 离 婚

一、判断题

1. 婚姻登记机关收到男女双方的离婚登记申请，经审查符合法律规定条件的，当日应当予以登记并发给离婚证。（ ）
2. 夫妻一方要求离婚的，可以直接向人民法院提起离婚诉讼。（ ）
3. 军人的配偶要求离婚，应当征得军人同意。（ ）
4. 离婚后，男女双方自愿恢复婚姻关系的，应当到婚姻登记机关重新进行结婚登记。（ ）
5. 离婚后，子女由一方直接抚养的，另一方应当负担一半的抚养费。（ ）
6. 离婚时，夫妻的共同财产由双方平均分配。（ ）
7. 离婚时，夫妻一方在婚姻关系存续期间所产生的债务应当共同偿还。（ ）
8. 因一方重婚而导致离婚时，无过错方有权请求损害赔偿。（ ）

二、单项选择题

1. 下列关于协议离婚的说法，哪一项是正确的？（ ）
   A. 应当签订书面离婚协议
   B. 可以委托代理律师到婚姻登记机关办理
   C. 离婚协议写明自愿离婚即可
   D. 离婚协议应当载明双方各自对财产以及债务处理的意见
2. 婚姻登记机关对离婚协议的审查处理，哪一做法是正确的？（ ）
   A. 查明双方确实是自愿离婚，并已经对子女抚养、财产以及债务处理等事项协商一致的，予以登记，发给离婚证

B. 查明双方确属自愿离婚的，应当予以登记，发给离婚证

C. 查明双方已经对子女抚养协商一致的，应当予以登记，发给离婚证

D. 查明双方已经对财产及债务处理协商一致的，应当予以登记，发给离婚证

3. 下列哪一种情形下，婚姻关系解除？（　　）

A. 双方分居　　B. 完成离婚登记

C. 作出离婚判决　　D. 作出离婚调解书

4. 下列哪一情形下，男方不得提出离婚？（　　）

A. 女方怀孕期间　　B. 女方分娩后 2 年内

C. 女方终止妊娠后 1 年内　　D. 女方哺乳期间

5. 关于父母离婚后子女的抚养问题，下列哪一说法是正确的？（　　）

A. 未成年子女以由母亲直接抚养为原则

B. 已满 2 周岁的子女，由母亲直接抚养

C. 离婚后，父母对于子女仍有抚养、教育、保护的权利和义务

D. 父母与子女间的关系，因父母离婚而消除

6. 关于父或母的探望权，下列哪一说法错误？（　　）

A. 离婚后，不直接抚养子女的父或者母，有探望子女的权利，另一方有协助的义务

B. 行使探望权利的方式、时间由当事人协议；协议不成的，由人民法院判决

C. 父或者母探望子女，不利于子女身心健康的，由人民法院依法中止探望

D. 中止探望的事由消失后，可以恢复探望

7. 关于离婚时的补偿，下列哪一说法是错误的？（　　）

A. 收入较高一方应当给予收入较低一方适当补偿

B. 一方因抚育子女负担较多义务的，离婚时有权请求另一方给予补偿

C. 一方因照料老年人负担较多义务的，离婚时有权要求另一方给予补偿

D. 关于补偿达不成协议的，由人民法院判决

8. 关于离婚时的帮助义务，下列哪一说法是正确的？（　　）

A. 一方生活困难，另一方应当给予帮助

B. 一方生活困难，另一方有负担能力的，应当给予适当帮助

C. 具体的帮助办法，由实施帮助的一方决定

D. 具体的帮助办法，由接受帮助的一方决定

9. 离婚后，一方发现另一方有哪一行为时，可以向人民法院提起诉讼，请求再次分割夫妻共同财产？（　　）

A. 隐藏婚前个人财产　　B. 转移夫妻共同财产

C. 离婚前与他人同居　　D. 挥霍婚前个人财产

三、多项选择题

1. 下列关于“离婚冷静期”，下列哪些说法是错误的？（　　）

A. 任何一方不愿意离婚的，可以随时向婚姻登记机关撤回离婚登记申请

B. 自婚姻登记机关收到离婚登记申请之日起满60日，双方未到婚姻登记机关撤回离婚登记申请的，婚姻登记机关应当发给离婚证

C. 自婚姻登记机关收到离婚登记申请之日起30日内，任何一方不愿意离婚的，可以向婚姻登记机关撤回离婚登记申请

D. C项规定期限届满后15日内，双方应当亲自到婚姻登记机关申请发给离婚证；未申请的，视为撤回离婚登记申请

2. 人民法院审理离婚案件，下列哪些情形下，经调解无效的，应当准予离婚？（　　）

A. 重婚或者与他人同居

B. 有赌博、吸毒等恶习屡教不改

C. 因感情不和分居满2年

D. 实施家庭暴力或者虐待、遗弃家庭成员

3. 关于现役军人离婚，下列哪些说法是错误的？（　　）

A. 现役军人的配偶不能要求离婚

B. 现役军人的配偶可以要求离婚

C. 现役军人的配偶要求离婚，无需征得军人的同意

D. 现役军人的配偶要求离婚，应当征得军人同意，但是军人一方有重大过错的除外

4. 关于离婚后子女的抚养问题，下列哪些说法是正确的？（　　）

A. 双方可以就子女抚养费的分担达成协议，协议不成的，由法院判决

B. 关于子女抚养费的分担，达不成协议的，由双方平均分担

C. 子女不能向父或母提出超过协议或者判决原定数额的抚养费

D. 子女在必要时可以向父母任何一方提出超过协议或者判决原定数额的合理要求

5. 关于离婚时的夫妻共同财产分配，下列哪些说法是正确的？（　　）

A. 离婚时，夫妻的共同财产由双方协议处理

B. 协议不成的，由人民法院根据财产的具体情况，按照照顾子女、女方和无过错方权益的原则判决

C. 对夫或者妻在家庭土地承包经营中享有的权益等，应当依法予以保护

D. 协议不成的，有过错方应当“净身出户”

6. 关于离婚时夫妻债务的清偿，下列哪些说法是正确的？（　　）

A. 离婚时，夫妻共同债务应当共同偿还

B. 离婚时，夫妻一方的个人债务也应当共同偿还

C. 共同财产不足清偿或者财产归各自所有，协议不成的，由法院判决

D. 共同财产不足清偿或者财产归各自所有，由法院直接判决

7. 下列哪些情形下，离婚时，无过错方有权请求损害赔偿？（　　）

A. 重婚　　　　B. 与他人同居

C. 实施家庭暴力　　　　D. 虐待、遗弃家庭成员

四、填空题

1. 夫妻双方自愿离婚的，应当签订______离婚协议，并______到婚姻登记机关申请离婚登记。离婚协议应当载明双方自愿离婚的意思表示和对______、______以及______等事项协商一致的意见。
2. 婚姻登记机关查明双方确实是______离婚，并已经对______、______以及______等事项协商一致的，予以登记，发给离婚证。
3. 完成______，或者______生效，即解除婚姻关系。
4. 女方在______、______或者______，男方不得提出离婚；但是，______或者______的除外。
5. 离婚后，______的子女，以由母亲直接抚养为原则。______的子女，父母双方对抚养问题协议不成的，由人民法院根据双方的具体情况，按照最有利于______的原则判决。子女已满______的，应当尊重其真实意愿。
6. 离婚后，不直接抚养子女的父或者母，有探望子女的权利，另一方有______的义务。行使探望权利的方式、时间由当事人协议；协议不成的，______。父或者母探望子女，不利于子女身心健康的，由人民法院依法______探望；中止的事由消失后，______恢复探望。
7. 夫妻一方因______、______、______等负担较多义务的，离婚时有权向另一方请求补偿，另一方______给予补偿。
8. 离婚时，如果一方______，______的另一方应当给予______帮助。具体办法由双方协议；协议不成的，由______。
9. 夫妻一方隐藏、转移、变卖、毁损、挥霍______，或者______企图侵占另一方财产的，在离婚分割夫妻共同财产时，对该方______少分或者不分。离婚后，另一方发现有上述行为的，可以向人民法院提起诉讼，请求______夫妻共同财产。

五、简答题

1. 简述我国《民法典》关于“离婚冷静期”的规定。
2. 简述我国《民法典》规定的离婚损害赔偿制度。

参考答案

一、判断题

1. ×，解析：根据《民法典》第 1077 条的规定，自婚姻登记机关收到离婚登记申请之日起 30 日内，任何一方不愿意离婚的，可以向婚姻登记机关撤回离婚登记申请。前款规定期限届满后 30 日内，双方应当亲自到婚姻登记机关申请发给离婚证；未申请的，视为撤回离婚登记申请。
2. √，解析：根据《民法典》第 1079 条第 1 款的规定，夫妻一方要求离婚的，可以由有关组织进行调解或者直接向人民法院提起离婚诉讼。
3. ×，解析：根据《民法典》第 1081 条的规定，现役军人的配偶要求离婚，应当征得军人同意，但是军人一方有重大过错的除外。
4. √，解析：根据《民法典》第 1083 条的规定，离婚后，男女双方自愿恢复婚姻关系的，应当到婚姻登记机关重新进行结婚登记。
5. ×，解析：根据《民法典》第 1085 条第 1 款的规定，离婚后，子女由一方直接抚养的，另一方应当负担部分或者全部抚养费，负担费用的多少和期限的长短，由双方协议；协议不成的，由人民法院判决。
6. ×，解析：根据《民法典》第 1087 条第 1 款的规定，离婚时，夫妻的共同财产由双方协议处理；协议不成的，由人民法院根据财产的具体情况，按照照顾子女、女方和无过错方权益的原则判决。
7. ×，解析：根据《民法典》第 1089 条的规定，离婚时，夫妻共同债务应当共同偿还。共同财产不足清偿或者财产归各自所有的，由双方协议清偿；协议不成的，由人民法院判决。

8. √，解析：根据《民法典》第 1091 条的规定，有下列情形之一，导致离婚的，无过错方有权请求损害赔偿：（1）重婚；（2）与他人同居；（3）实施家庭暴力；（4）虐待、遗弃家庭成员；（5）有其他重大过错。

二、单项选择题

1. A，解析：根据《民法典》第 1076 条的规定，夫妻双方自愿离婚的，应当签订书面离婚协议，并亲自到婚姻登记机关申请离婚登记。离婚协议应当载明双方自愿离婚的意思表示和对子女抚养、财产以及债务处理等事项协商一致的意见。故 A 项正确。
2. A，解析：根据《民法典》第 1078 条的规定，婚姻登记机关查明双方确实是自愿离婚，并已经对子女抚养、财产以及债务处理等事项协商一致的，予以登记，发给离婚证。故 A 项正确。
3. B，解析：根据《民法典》第 1080 条的规定，完成离婚登记，或者离婚判决书、调解书生效，即解除婚姻关系。故 B 项当选。
4. A，解析：根据《民法典》第 1082 条的规定，女方在怀孕期间、分娩后 1 年内或者终止妊娠后 6 个月内，男方不得提出离婚；但是，女方提出离婚或者人民法院认为确有必要受理男方离婚请求的除外。故 A 项正确。
5. C，解析：根据《民法典》第 1084 条的规定，父母与子女间的关系，不因父母离婚而消除。离婚后，子女无论由父或者母直接抚养，仍是父母双方的子女。离婚后，父母对于子女仍有抚养、教育、保护的权利和义务。离婚后，不满 2 周岁的子女，以由母亲直接抚养为原则。已满 2 周岁的子女，父母双方对抚养问题协议不成的，由人民法院根据双方的具体情况，按照最有利于未成年子女的原则判决。子女已满八周岁的，应当尊重其真实意愿。故 C 项正确。
6. D，解析：根据《民法典》第 1086 条的规定，离婚后，不直接抚养子女的父或者母，有探望子女的权利，另一方有协助的义务。行使探望权利的方式、时间由当事人协议；协议不成的，由人民法院判决。父或者母探望子女，不利于子女身心健康的，由人民法院依法中止探望；中止的事由消失后，应当恢复探望。故 D 项错误。

7. A，解析：根据《民法典》第 1088 条的规定，夫妻一方因抚育子女、照料老年人、协助另一方工作等负担较多义务的，离婚时有权向另一方请求补偿，另一方应当给予补偿。具体办法由双方协议；协议不成的，由人民法院判决。故 A 项错误。
8. B，解析：根据《民法典》第 1090 条的规定，离婚时，如果一方生活困难，有负担能力的另一方应当给予适当帮助。具体办法由双方协议；协议不成的，由人民法院判决。故 B 项正确。
9. B，解析：根据《民法典》第 1092 条的规定，夫妻一方隐藏、转移、变卖、毁损、挥霍夫妻共同财产，或者伪造夫妻共同债务企图侵占另一方财产的，在离婚分割夫妻共同财产时，对该方可以少分或者不分。离婚后，另一方发现有上述行为的，可以向人民法院提起诉讼，请求再次分割夫妻共同财产。故 B 项当选。

三、多项选择题

1. ABD，解析：根据《民法典》第 1077 条的规定，自婚姻登记机关收到离婚登记申请之日起 30 日内，任何一方不愿意离婚的，可以向婚姻登记机关撤回离婚登记申请。前款规定期限届满后 30 日内，双方应当亲自到婚姻登记机关申请发给离婚证；未申请的，视为撤回离婚登记申请，故 ABD 项错误。
2. ABCD，解析：根据《民法典》第 1079 条第 3 款的规定，有下列情形之一，调解无效的，应当准予离婚：（1）重婚或者与他人同居；（2）实施家庭暴力或者虐待、遗弃家庭成员；（3）有赌博、吸毒等恶习屡教不改；（4）因感情不和分居满 2 年；（5）其他导致夫妻感情破裂的情形。故 ABCD 项当选。
3. AC，解析：根据《民法典》第 1081 条的规定，现役军人的配偶要求离婚，应当征得军人同意，但是军人一方有重大过错的除外。故 AC 项正确。

4. AD，解析：根据《民法典》第1085条的规定，离婚后，子女由一方直接抚养的，另一方应当负担部分或者全部抚养费，负担费用的多少和期限的长短，由双方协议；协议不成的，由人民法院判决。前款规定的协议或者判决，不妨碍子女在必要时向父母任何一方提出超过协议或者判决原定数额的合理要求。故AD项正确。
5. ABC，解析：根据《民法典》第1087条的规定，离婚时，夫妻的共同财产由双方协议处理；协议不成的，由人民法院根据财产的具体情况，按照照顾子女、女方和无过错方权益的原则判决。对夫或者妻在家庭土地承包经营中享有的权益等，应当依法予以保护。故ABC项正确。
6. AC，解析：根据《民法典》第1089条的规定，离婚时，夫妻共同债务应当共同偿还。共同财产不足清偿或者财产归各自所有的，由双方协议清偿；协议不成的，由人民法院判决。故AC项正确。
7. ABCD，解析：根据《民法典》第1091条的规定，有下列情形之一，导致离婚的，无过错方有权请求损害赔偿：（1）重婚；（2）与他人同居；（3）实施家庭暴力；（4）虐待、遗弃家庭成员；（5）有其他重大过错。故ABCD项当选。

四、填空题

1. 书面；亲自；子女抚养；财产；债务处理。（《民法典》第1076条）
2. 自愿；子女抚养；财产；债务处理。（《民法典》第1078条）
3. 离婚登记；离婚判决书、调解书。（《民法典》第1080条）
4. 怀孕期间；分娩后1年内；终止妊娠后6个月内；女方提出离婚；人民法院确有必要受理男方离婚请求。（《民法典》第1082条）
5. 不满2周岁；已满2周岁；未成年人；8周岁。（《民法典》第1084条）
6. 协助；由人民法院判决；中止；应当。（《民法典》第1086条）
7. 抚育子女；照料老年人；协助另一方工作；应当。（《民法典》第1088条）

8. 生活困难；有负担能力；适当；人民法院判决。（《民法典》第 1090 条）
9. 夫妻共同财产；伪造夫妻共同债务；可以；再次分割。（《民法典》第 1092 条）

五、简答题

1. 答：根据《民法典》第 1077 条的规定，自婚姻登记机关收到离婚登记申请之日起 30 日内，任何一方不愿意离婚的，可以向婚姻登记机关撤回离婚登记申请。前款规定期限届满后 30 日内，双方应当亲自到婚姻登记机关申请发给离婚证；未申请的，视为撤回离婚登记申请。
2. 答：根据《民法典》第 1091 条的规定，有下列情形之一，导致离婚的，无过错方有权请求损害赔偿：（1）重婚；（2）与他人同居；（3）实施家庭暴力；（4）虐待、遗弃家庭成员；（5）有其他重大过错。

第五章　收　养

一、判断题

1. 未成年人均可以被收养。(　　)
2. 未成年人的父母均不具备完全民事行为能力的，该未成年人的监护人可以将其送养。(　　)
3. 生父母一方不明的，不能单方送养。(　　)
4. 华侨收养旁系同辈血亲的子女，可以不受无子女或者只有一名子女的限制。(　　)
5. 有配偶者收养子女，应当夫妻共同收养。(　　)
6. 收养应当签订收养协议。(　　)
7. 孤儿或者生父母无力抚养的子女，由生父母的亲属、朋友抚养的，抚养人与被扶养人的关系适用《民法典》婚姻家庭编收养章的规定。(　　)
8. 外国人不可以在中华人民共和国收养子女。(　　)
9. 养子女与生父母以及其他近亲属间的权利义务关系，不因收养关系的成立而消除。(　　)
10. 无效的收养行为自始没有法律约束力。(　　)
11. 养父母与成年养子女关系恶化、无法共同生活的，可以协议解除收养关系。(　　)
12. 收养关系解除后，养子女与生父母以及其他近亲属间的权利义务关系可以不恢复。(　　)

二、单项选择题

1. 下列哪一个人或组织可以作送养人？(　　)

A. 医疗机构　　B. 儿童福利机构

C. 孤儿的近亲属　　D. 生父母

2. 下列关于监护人送养孤儿的表述，哪一项是正确的？（　　）

A. 送养孤儿应当征得其本人同意

B. 送养孤儿应当及时通知有抚养义务的人

C. 监护人不愿意继续履行监护职责的，应当另行确定监护人

D. 送养孤儿应当征得其近亲属的同意

3. 收养人应当具备的条件不包括：（　　）

A. 无子女或只有一名子女

B. 有抚养、教育和保护被收养人的能力

C. 未患有在医学上认为不应当收养子女的疾病

D. 年满 40 周岁

4. 下列关于收养子女数量的说法，哪一项是正确的？（　　）

A. 无子女的收养人只能收养一名子女

B. 有子女的收养人不能收养子女

C. 无子女的收养人可以收养两名子女

D. 有子女的收养人可以收养不超过两名子女

5. 无配偶者收养异性子女的，收养人与被收养人的年龄应当相差（　　）周岁以上。

A. 10　　B. 20

C. 30　　D. 40

6. 下列关于收养自愿原则的表述，哪一项是正确的？（　　）

A. 收养应当收养人与被收养人双方自愿

B. 收养 6 周岁的未成年人的，应当征得其同意

C. 收养 8 周岁以上的未成年人的，应当征得其同意

D. 收养未成年人的，无需征得其同意

7. 下列关于收养的说法中，哪一项是正确的？（　　）

A. 收养关系成立后，民政部门应当为被收养人办理户口登记

B. 孤儿或者生父母无力抚养的子女，可以由生父母的亲属、朋友抚养

C. 由生父母的亲属、朋友抚养的，抚养人与被抚养人的关系适用民法关于收养的规定

D. 配偶一方死亡，另一方送养未成年子女的，双方父母有优先抚养的权利

8. 配偶一方死亡，另一方送养未成年子女，下列表述正确的是：（ ）

A. 送养应征得双方父母同意

B. 送养应征得死亡一方父母同意

C. 双方父母平等享有抚养的权利

D. 死亡一方父母有优先抚养的权利

9. 关于养子女的姓氏，下列哪一说法是错误的？（ ）

A. 养子女可以随养父的姓氏

B. 养子女可以自己决定保留原姓氏，无需与养父母协商

C. 养子女可以随养母的姓氏

D. 经当事人协商一致，养子女可以保留原姓氏

10. 关于收养关系的解除，下列哪一说法是正确的？（ ）

A. 解除收养关系应当征得养子女的同意

B. 收养人在被收养人成年以前，一律不得解除收养关系

C. 送养人有权随时要求解除养父母与养子女的收养关系

D. 送养人、收养人不能达成解除收养关系协议的，可以向人民法院提起诉讼

11. 关于解除收养关系的程序，以下表述错误的是：（ ）

A. 当事人协议解除收养关系的，应当到民政部门办理解除收养关系登记

B. 当事人协议解除收养关系的，应当到公安机关办理解除收养关系登记

C. 送养人、收养人不能达成解除收养关系协议的，可以向人民法院提起诉讼

D. 养父母与成年养子女不能达成解除收养关系协议的，可以向人民法院提起诉讼

12. 收养关系解除后，关于养子女与养父母的关系，下列哪一说法是正确的？(　　)

A. 收养关系解除后，成年养子女无需给付养父母生活费

B. 收养关系解除后，成年养子女仍应当给付养父母生活费

C. 因养子女成年后虐待、遗弃养父母而解除收养关系的，养父母可以要求养子女补偿收养期间支出的抚养费

D. 生父母要求解除收养关系的，养父母不能主张生父母对其进行补偿

三、多项选择题

1. 下列哪些人可以作被收养人？(　　)

A. 丧失父母的孤儿

B. 查找不到生父母的未成年人

C. 生父母有特殊困难无力抚养的子女

D. 生父母因经济困难无力抚养的子女

2. 未成年人的监护人的送养，需同时满足下列哪些条件？(　　)

A. 未成年人的父亲不具备完全民事行为能力

B. 未成年人的母亲不具备完全民事行为能力

C. 未成年人的父母可能严重危害该未成年人

D. 未成年人的父母可能危害该未成年人

3. 关于生父母的送养方式，以下表述正确的是：(　　)

A. 应当双方共同送养

B. 生父母一方不明的，可以单方送养

C. 生父母一方查找不到的，可以单方送养

D. 生父母一方不明或者查找不到的，对方不得送养

4. 华侨收养三代以内旁系同辈血亲的子女，可以不受下列哪些的限制？（　　）

A. 生父母有特殊困难无力抚养子女

B. 无配偶者收养异性子女的，收养人与被收养人的年龄应当相差 40 周岁以上

C. 无子女或者只有一名子女

D. 年满 30 周岁

5. 下列关于收养子女的说法，正确的是：（　　）

A. 无配偶者收养子女的，收养人与被收养人的年龄应当相差 40 周岁以上

B. 无配偶者收养异性子女的，收养人与被收养人的年龄应当相差 40 周岁以上

C. 有配偶者收养子女，应当夫妻共同收养

D. 有子女的收养人只能收养一名子女

6. 继父或者继母收养继子女，可以不受下列哪些限制？（　　）

A. 生父母有特殊困难无力抚养子女

B. 无子女或者只有一名子女

C. 有子女的收养人只能收养一名子女

D. 无子女的收养人可以收养两名子女

7. 下列关于收养的说法，正确的有：（　　）

A. 收养关系自登记之日起成立

B. 收养关系当事人愿意签订收养协议的，可以签订收养协议

C. 收养关系当事人各方或者一方要求办理收养公证的，应当办理收养公证

D. 县级以上人民政府民政部门应当依法进行收养评估

8. 关于收养，下列哪些说法是正确的？（　　）

A. 收养关系成立后，公安机关应当为被收养人办理户口登记

B. 收养关系成立后，民政部门应当为被收养人办理户口登记

C. 孤儿可以由生父母的亲属、朋友抚养

D. 生父母无力抚养的子女，可以由生父母的亲属、朋友抚养

9. 关于外国人在中华人民共和国收养子女，下列哪些说法是正确的？（　　）

A. 收养人愿意的，可以与送养人签订书面协议

B. 收养人与送养人应当签订书面协议，并亲自向省、自治区、直辖市人民政府民政部门登记

C. 收养人应当提供由其所在国有权机构出具的有关其年龄、婚姻、职业、财产、健康、有无受过刑事处罚等状况的证明材料

D. 收养人提供的证明材料应当经收养人所在国外交机关或者外交机关授权的机构认证，并经中华人民共和国驻该国使领馆认证，但是国家另有规定的除外

10. 关于养父母与养子女的关系，下列说法正确的是：（　　）

A. 养子女与生父母的权利义务关系，因收养关系的成立而消除

B. 自收养关系成立之日起，养父母与养子女间的权利义务关系，适用《民法典》关于父母子女关系的规定

C. 养子女与养父母的近亲属间的权利义务关系，适用《民法典》关于子女与父母的近亲属关系的规定

D. 养子女与其他近亲属间的权利义务关系，因收养关系的成立而消除

11. 关于收养的说法，下列哪些是正确的？（　　）

A. 无效的收养行为自始没有法律约束力

B. 收养 8 周岁以上未成年人的，应当征得被收养人的同意

C. 禁止借收养名义买卖未成年人

D. 养子女不能保留原姓氏

12. 关于收养关系的解除，下列哪些说法是正确的？（　　）

A. 养子女成年后，自动解除其与养父母的收养关系

B. 养父母与成年养子女关系恶化、无法共同生活的，可以协议解除

收养关系

C. 送养人与收养人之间，或者养父母与成年养子女之间不能达成解除收养关系的协议的，可以向人民法院提起诉讼

D. 收养人在被收养人成年以前，不得解除收养关系，但是收养人、送养人双方协议解除的除外

13. 关于收养解除的效力，下列哪些说法是正确的？(　　)

A. 养子女与养父母以及其他近亲属间的权利义务关系即行消除

B. 养子女与生父母以及其他近亲属间的权利义务关系自行恢复

C. 成年养子女与生父母以及其他近亲属间的权利义务关系不能恢复

D. 成年养子女与生父母以及其他近亲属间的权利义务关系是否恢复，可以协商确定

四、填空题

1. 下列个人、组织可以作送养人：(1) 孤儿的______；(2) ______；(3) 有______无力抚养子女的父母。

2. 监护人送养孤儿的，应当征得______同意。

3. 收养人应当同时具备下列条件：(1) ______子女或者只有______子女；(2) 有抚养、教育和保护被收养人的能力；(3) 未患有在医学上认为不应当收养子女的疾病；(4) 无______的违法犯罪记录；(5) 年满______周岁。

4. 无子女的收养人可以收养______子女；有子女的收养人只能收养______子女。

5. 无配偶者收养______子女的，收养人与被收养人的年龄应当相差______周岁以上。

6. 收养人收养与送养人送养，应当______。收养______周岁以上未成年人的，应当征得______的同意。

7. 收养关系成立后，______应当按照国家有关规定为被收养人办理户口登记。

8. 配偶一方死亡，另一方送养未成年子女的，______有优先抚养的权利。
9. 收养人、送养人要求______收养秘密的，其他人应当尊重其意愿，______泄露。
10. 养子女可以随______或者______的姓氏，经当事人______，也可以保留原姓氏。
11. 收养人在被收养人______，不得解除收养关系，但是收养人、送养人双方______的除外。养子女______周岁以上的，应当征得本人同意。收养人不履行抚养义务，有______等侵害未成年养子女合法权益行为的，送养人有权要求解除养父母与养子女间的收养关系。送养人、收养人不能达成解除收养关系协议的，可以向人民法院______。
12. 当事人协议解除收养关系的，应当到______办理解除收养关系登记。
13. 生父母要求解除收养关系的，养父母可以要求生父母______收养期间支出的抚养费；但是，因养父母______养子女而解除收养关系的除外。

五、简答题

1. 简述被收养人和送养人的范围。
2. 简述收养人办理收养的条件。
3. 简述收养的效力。

参考答案

一、判断题

1. ×，解析：根据《民法典》第1093条的规定，下列未成年人，可以被收养：（1）丧失父母的孤儿；（2）查找不到生父母的未成年人；（3）生父母有特殊困难无力抚养的子女。

2. ×，解析：根据《民法典》第 1095 条的规定，未成年人的父母均不具备完全民事行为能力且可能严重危害该未成年人的，该未成年人的监护人可以将其送养。

3. ×，解析：根据《民法典》第 1097 条的规定，生父母送养子女，应当双方共同送养。生父母一方不明或者查找不到的，可以单方送养。

4. ×，解析：根据《民法典》第 1099 条第 2 款的规定，华侨收养三代以内旁系同辈血亲的子女，还可以不受《民法典》第 1098 条第 1 项（无子女或者只有 1 名子女）规定的限制。

5. √，解析：根据《民法典》第 1101 条的规定，有配偶者收养子女，应当夫妻共同收养。

6. ×，解析：根据《民法典》第 1105 条第 3 款的规定，收养关系当事人愿意签订收养协议的，可以签订收养协议。

7. ×，解析：根据《民法典》第 1107 条的规定，孤儿或者生父母无力抚养的子女，可以由生父母的亲属、朋友抚养；抚养人与被抚养人的关系不适用本章规定。

8. ×，解析：根据《民法典》第 1109 条第 1 款的规定，外国人依法可以在中华人民共和国收养子女。

9. ×，解析：根据《民法典》第 1111 条第 2 款的规定，养子女与生父母以及其他近亲属间的权利义务关系，因收养关系的成立而消除。

10. √，解析：根据《民法典》第 1113 条第 2 款的规定，无效的收养行为自始没有法律约束力。

11. √，解析：《民法典》第 1115 条规定，养父母与成年养子女关系恶化、无法共同生活的，可以协议解除收养关系。不能达成协议的，可以向人民法院提起诉讼。

12. √，解析：《民法典》第 1117 条规定，收养关系解除后，养子女与养父母以及其他近亲属间的权利义务关系即行消除，与生父母以及其他近亲属间的权利义务关系自行恢复。但是，成年养子女与生父母以及其他近亲属间的权利义务关系是否恢复，可以协商确定。

二、单项选择题

1. B，解析：根据《民法典》第 1094 条的规定，下列个人、组织可以作送养人：（1）孤儿的监护人；（2）儿童福利机构；（3）有特殊困难无力抚养子女的生父母，故 B 项当选。
2. C，解析：根据《民法典》第 1096 条的规定，监护人送养孤儿的，应当征得有抚养义务的人同意。有抚养义务的人不同意送养、监护人不愿意继续履行监护职责的，应当依照本法第一编的规定另行确定监护人。故 C 项正确。
3. D，解析：根据《民法典》第 1098 条的规定，收养人应当同时具备下列条件：（1）无子女或者只有 1 名子女；（2）有抚养、教育和保护被收养人的能力；（3）未患有在医学上认为不应当收养子女的疾病；（4）无不利于被收养人健康成长的违法犯罪记录；（5）年满 30 周岁。故 D 项当选。
4. C，解析：根据《民法典》第 1100 条第 1 款的规定，无子女的收养人可以收养 2 名子女；有子女的收养人只能收养 1 名子女。故 C 项当选。
5. D，解析：根据《民法典》第 1102 条的规定，无配偶者收养异性子女的，收养人与被收养人的年龄应当相差 40 周岁以上。
6. C，解析：根据《民法典》第 1104 条的规定，收养人收养与送养人送养，应当双方自愿。收养 8 周岁以上未成年人的，应当征得被收养人的同意。故 C 项正确。
7. B，解析：根据《民法典》第 1106 条的规定，收养关系成立后，公安机关应当按照国家有关规定为被收养人办理户口登记。根据《民法典》第 1107 条的规定，孤儿或者生父母无力抚养的子女，可以由生父母的亲属、朋友抚养；抚养人与被抚养人的关系不适用本章规定。根据《民法典》第 1108 条的规定，配偶一方死亡，另一方送养未成年子女的，死亡一方的父母有优先抚养的权利。故 ACD 项错误，B 项正确。

8. D，解析：根据《民法典》第 1108 条的规定，配偶一方死亡，另一方送养未成年子女的，死亡一方的父母有优先抚养的权利。故 A 项正确。

9. B，解析：根据《民法典》第 1112 条的规定，养子女可以随养父或者养母的姓氏，经当事人协商一致，也可以保留原姓氏。故 B 项错误。

10. D，解析：《民法典》第 1114 条规定，收养人在被收养人成年以前，不得解除收养关系，但是收养人、送养人双方协议解除的除外。养子女 8 周岁以上的，应当征得本人同意。收养人不履行抚养义务，有虐待、遗弃等侵害未成年养子女合法权益行为的，送养人有权要求解除养父母与养子女间的收养关系。送养人、收养人不能达成解除收养关系协议的，可以向人民法院提起诉讼。故 D 项正确。

11. B，解析：《民法典》第 1116 条规定，当事人协议解除收养关系的，应当到民政部门办理解除收养关系登记。故 A 项正确，B 项错误。根据《民法典》第 1114 条第 2 款和第 1115 条的规定，CD 项正确。

12. C，解析：《民法典》第 1118 条规定，收养关系解除后，经养父母抚养的成年养子女，对缺乏劳动能力又缺乏生活来源的养父母，应当给付生活费。因养子女成年后虐待、遗弃养父母而解除收养关系的，养父母可以要求养子女补偿收养期间支出的抚养费。生父母要求解除收养关系的，养父母可以要求生父母适当补偿收养期间支出的抚养费；但是，因养父母虐待、遗弃养子女而解除收养关系的除外。故 C 项正确。

三、多项选择题

1. ABC，解析：根据《民法典》第 1093 条的规定，下列未成年人，可以被收养：（1）丧失父母的孤儿；（2）查找不到生父母的未成年人；（3）生父母有特殊困难无力抚养的子女。故 ABC 项当选。

2. ABC，解析：根据《民法典》第 1095 条的规定，未成年人的父母均不具备完全民事行为能力且可能严重危害该未成年人的，该未成年人的监护人可以将其送养。故 ABC 项当选。

3. ABC，解析：根据《民法典》第 1097 条的规定，生父母送养子女，应当双方共同送养。生父母一方不明或者查找不到的，可以单方送养。故 ABC 项当选。
4. ABC，解析：根据《民法典》第 1099 条的规定，收养三代以内旁系同辈血亲的子女，可以不受本法第 1093 条第 3 项、第 1094 条第 3 项和第 1102 条规定的限制。华侨收养三代以内旁系同辈血亲的子女，还可以不受本法第 1098 条第 1 项规定的限制。故 ABC 项当选。
5. BCD，解析：《民法典》第 1100 条第 1 款规定，无子女的收养人可以收养两名子女；有子女的收养人只能收养一名子女。。《民法典》第 1101 条规定，有配偶者收养子女，应当夫妻共同收养。《民法典》第 1102 条规定，无配偶者收养异性子女的，收养人与被收养人的年龄应当相差 40 周岁以上。故 BCD 项正确。
6. ABCD，解析：根据《民法典》第 1103 条的规定，继父或者继母经继子女的生父母同意，可以收养继子女，并可以不受本法第 1093 条第 3 项、第 1094 条第 3 项、第 1098 条和第 1100 条第 1 款规定的限制。故 ABCD 项当选。
7. ABCD，解析：根据《民法典》第 1105 条的规定，收养应当向县级以上人民政府民政部门登记。收养关系自登记之日起成立。收养查找不到生父母的未成年人的，办理登记的民政部门应当在登记前予以公告。收养关系当事人愿意签订收养协议的，可以签订收养协议。收养关系当事人各方或者一方要求办理收养公证的，应当办理收养公证。县级以上人民政府民政部门应当依法进行收养评估。故 ABCD 均当选。
8. ACD，解析：根据《民法典》第 1106 条的规定，收养关系成立后，公安机关应当按照国家有关规定为被收养人办理户口登记。根据《民法典》第 1107 条的规定，孤儿或者生父母无力抚养的子女，可以由生父母的亲属、朋友抚养；抚养人与被抚养人的关系不适用本章规定。故 ACD 项正确。

9. BCD，解析：根据《民法典》第1109条的规定，外国人依法可以在中华人民共和国收养子女。外国人在中华人民共和国收养子女，应当经其所在国主管机关依照该国法律审查同意。收养人应当提供由其所在国有权机构出具的有关其年龄、婚姻、职业、财产、健康、有无受过刑事处罚等状况的证明材料，并与送养人签订书面协议，亲自向省、自治区、直辖市人民政府民政部门登记。前款规定的证明材料应当经收养人所在国外交机关或者外交机关授权的机构认证，并经中华人民共和国驻该国使领馆认证，但是国家另有规定的除外。故BCD项正确。

10. ABCD，解析：根据《民法典》第1111条的规定，自收养关系成立之日起，养父母与养子女间的权利义务关系，适用本法关于父母子女关系的规定；养子女与养父母的近亲属间的权利义务关系，适用本法关于子女与父母的近亲属关系的规定。养子女与生父母以及其他近亲属间的权利义务关系，因收养关系的成立而消除。故ABCD项正确。

11. ABC，解析：《民法典》第1044条第2款规定，禁止借收养名义买卖未成年人。第1104条规定，收养人收养与送养人送养，应当双方自愿。收养8周岁以上未成年人的，应当征得被收养人的同意。第1112条规定，养子女可以随养父或者养母的姓氏，经当事人协商一致，也可以保留原姓氏。第1113条规定，有《民法典》总则编关于民事法律行为无效规定情形或者违反本编规定的收养行为无效。无效的收养行为自始没有法律约束力。故ABC项正确。

12. BCD，解析：《民法典》第1114条规定，收养人在被收养人成年以前，不得解除收养关系，但是收养人、送养人双方协议解除的除外。第1115条规定，养父母与成年养子女关系恶化、无法共同生活的，可以协议解除收养关系。不能达成协议的，可以向人民法院提起诉讼。故BCD项正确。

13. ABD，解析：《民法典》第 1117 条规定，收养关系解除后，养子女与养父母以及其他近亲属间的权利义务关系即行消除，与生父母以及其他近亲属间的权利义务关系自行恢复。但是，成年养子女与生父母以及其他近亲属间的权利义务关系是否恢复，可以协商确定。故 ABD 项正确。

四、填空题

1. 监护人；儿童福利机构；特殊困难。（《民法典》第 1094 条）
2. 抚养义务的人。（《民法典》第 1096 条）
3. 无；1 名；不利于被收养人健康成长；30。（《民法典》第 1098 条）
4. 2 名；1 名。（《民法典》第 1100 条）
5. 异性；40。（《民法典》第 1102 条）
6. 双方自愿；8；被收养人。（《民法典》第 1104 条）
7. 公安机关。（《民法典》第 1106 条）
8. 死亡一方的父母。（《民法典》第 1108 条）
9. 保守；不得。（《民法典》第 1110 条）
10. 养父；养母；协商一致。（《民法典》第 1112 条）
11. 成年以前；协议解除；8；虐待、遗弃；提起诉讼。（《民法典》第 1114 条）
12. 民政部门。（《民法典》第 1116 条）
13. 适当补偿；虐待、遗弃。（《民法典》第 1118 条）

五、简答题

1. 答：根据《民法典》第 1093 条的规定，下列未成年人，可以被收养：（1）丧失父母的孤儿；（2）查找不到生父母的未成年人；（3）生父母有特殊困难无力抚养的子女。

   根据《民法典》第 1094 条的规定，下列个人、组织可以作送养人：（1）孤儿的监护人；（2）儿童福利机构；（3）有特殊困难无力抚养子女的生父母。

2. 答：根据《民法典》第1098、1099条的规定，在我国，收养人办理收养的，应当同时具备下列条件：（1）无子女或者只有一名子女；（2）有抚养、教育和保护被收养人的能力；（3）未患有在医学上认为不应当收养子女的疾病；（4）无不利于被收养人健康成长的违法犯罪记录；（5）年满30周岁。华侨收养三代以内旁系同辈血亲的子女，还可以不受“无子女或者只有一名子女”的限制。
3. 答：根据《民法典》第1111条的规定，自收养关系成立之日起，养父母与养子女间的权利义务关系，适用本法关于父母子女关系的规定；养子女与养父母的近亲属间的权利义务关系，适用本法关于子女与父母的近亲属关系的规定。养子女与生父母以及其他近亲属间的权利义务关系，因收养关系的成立而消除。

第六编　继　承

第一章　一般规定

一、判断题

1.《民法典》继承编调整因继承产生的民事关系。(　　)

2. 国家保护所有民事主体的继承权。(　　)

3. 遗产是自然人死亡时遗留的财产。(　　)

二、单项选择题

1. 以下关于继承和继承权的表述，错误的是：(　　)

   A. 国家保护所有民事主体的继承权

   B. 继承从被继承人死亡时开始

   C. 继承人故意杀害被继承人的，丧失继承权

   D. 受遗赠人伪造遗嘱情节严重的，丧失受遗赠权

2. 以下关于遗产的表述，正确的是：(　　)

   A. 遗产是自然人遗留的财产

   B. 只有个人合法财产才能作为遗产

   C. 法律、行政法规规定不得继承的遗产，不得继承

   D. 根据性质不得继承的遗产，不得继承

3. 关于继承开始后继承和遗赠的接受和放弃，以下表述正确的是：(　　)

   A. 继承人接受继承的，应当在遗产处理前作出接受继承的表示；没有表示的，视为放弃继承

   B. 继承人放弃继承的，应当在遗产处理前作出放弃继承的表示；没

有表示的，视为接受继承

C. 受遗赠人应当在知道受遗赠后60日内，作出接受或者放弃受遗赠的表示；到期没有表示的，视为接受遗赠

D. 受遗赠人应当在知道受遗赠后60日内，作出接受或者放弃受遗赠的表示；到期没有表示的，视为放弃受遗赠

三、多项选择题

1. 继承开始后，关于如何办理具体继承事宜，以下表述正确的是：（　　）

A. 有遗赠扶养协议的，按照协议办理

B. 法定继承优先

C. 遗嘱继承优先

D. 继承人在遗产处理前没有表示放弃继承的，视为接受继承

2. 关于继承权和受遗赠权的丧失，以下表述正确的是：（　　）

A. 继承人故意杀害被继承人的，丧失继承权

B. 受遗赠人销毁遗嘱的，丧失受遗赠权

C. 继承人虐待被继承人情节严重，确有悔改表现，被继承人事后在遗嘱中将其列为继承人的，继承人不丧失继承权

D. 受遗赠人伪造遗嘱情节严重，确有悔改表现，立遗嘱人表示宽恕的，受遗赠人不丧失受遗赠权

四、填空题

1. 继承从被继承人______时开始。

2. 继承开始后，按照______办理；有______的，按照______或者______办理；有______，按照协议办理。

3. 继承人______杀害被继承人的，丧失继承权。

参考答案

一、判断题

1. √，解析：根据《民法典》第 1119 条规定。
2. ×，解析：根据《民法典》第 1120 条规定，国家保护自然人的继承权。
3. ×，解析：根据《民法典》第 1122 条规定，遗产是自然人死亡时遗留的个人合法遗产。依照法律规定或者根据其性质不得继承的遗产，不得继承。

二、单项选择题

1. A，解析：根据《民法典》第 1120 条规定，国家保护自然人的继承权。故 A 错误。根据《民法典》第 1121 条第 1 款规定，B 项正确。根据《民法典》第 1125 条规定，CD 项正确。
2. C，解析：根据《民法典》第 1122 条规定，遗产是自然人死亡时遗留的个人合法遗产。依照法律规定或者根据其性质不得继承的遗产，不得继承。
3. D，解析：根据《民法典》第 1124 条规定，继承开始后，继承人放弃继承的，应当在遗产处理前，以书面形式作出放弃继承的表示；没有表示的，视为接受继承。受遗赠人应当在知道受遗赠后 60 日内，作出接受或者放弃受遗赠的表示；到期没有表示的，视为放弃受遗赠。

三、多项选择题

1. AD，解析：根据《民法典》第 1123 条规定，继承开始后，按照法定继承办理；有遗嘱的，按照遗嘱继承或者遗赠办理；有遗赠扶养协议的，按照协议办理。
2. ABC，解析：根据《民法典》第 1125 条规定，继承人有下列行为之一的，丧失继承权：（1）故意杀害被继承人；（2）为争夺遗产而杀害其他继承人；（3）遗弃被继承人，或者虐待被继承人情节严重；（4）伪造、篡改、隐匿或者销毁遗嘱，情节严重；（5）以欺诈、胁迫手段迫使或者妨碍被继承人设立、变更或者撤回遗嘱，情节严重。继承人有前款第3项至第5项行为，确有悔改表现，被继承人表示宽恕或者事后在遗嘱中将其列为继承人的，该继承人不丧失继承权。受遗赠人有本条第1款规定行为的，丧失受遗赠权。据此，AC项正确。相关行为须达到情节严重才丧失受遗赠权，B项错误；受遗赠权一旦丧失即无法恢复，D项错误。

四、填空题

1. 死亡。(《民法典》第1121条)
2. 法定继承；遗嘱；遗嘱继承；遗嘱；遗赠扶养协议。(《民法典》第1123条)
3. 故意。(《民法典》第1125条)

第二章 法定继承

一、判断题

1. 继承权男女平等。( )
2. 被继承人的子女先于被继承人死亡的，由被继承人的子女的直系血亲代位继承。( )
3. 按照法定继承顺序，同一顺序继承人的继承份额一律均等。( )
4. 遗产分割的时间、办法和份额，由继承人协商确定；协商不成的，可以申请仲裁或者向人民法院提起诉讼。( )

二、单项选择题

1. 关于继承，以下哪个表述是正确的？( )
   A. 继承权男女平等
   B. 同一顺序继承人继承遗产的份额应当均等
   C. 第一顺序继承人部分缺位的，可以第二顺序继承人继承
   D. 继承开始后，由第一顺序继承人和第二顺序继承人按比例继承
2. 关于代位继承，以下表述正确的是：( )
   A. 被继承人的子女先于被继承人死亡的，由被继承人的子女的直系血亲代位继承
   B. 被继承人的兄弟姐妹先于被继承人死亡的，由被继承人的兄弟姐妹的子女代位继承
   C. 代位继承人继承的遗产份额以被代位继承人有权继承的遗产份额为限
   D. 代位继承既可适用于法定继承，又可适用于遗嘱继承和遗赠

3. 关于法定继承中遗产的分配规则，以下表述正确的是：(　　)
   A. 同一顺序继承人继承遗产的份额，应当一律均等
   B. 对生活有特殊困难的继承人，分配遗产时，应当予以照顾
   C. 与被继承人共同生活的继承人，分配遗产时，应当多分
   D. 继承人协商同意的，继承遗产的份额也可以不均等
4. 关于遗产分割的时间、办法和份额的确定，以下表述错误的是：(　　)
   A. 可以由继承人协商确定
   B. 可以由人民调解委员会调解
   C. 可以向仲裁机构申请仲裁
   D. 可以向人民法院提起诉讼

三、多项选择题

1. 关于法定继承人的继承顺序，以下表述正确的是：(　　)
   A. 第一顺序：配偶、子女
   B. 第二顺序：兄弟姐妹、祖父母、外祖父母
   C. 子女包括继子女
   D. 兄弟姐妹包括同父异母的兄弟姐妹
2. (　　)对公婆、岳父母尽主要赡养义务的，作为第一顺序继承人。
   A. 丧偶儿媳　　B. 已离婚儿媳
   C. 丧偶女婿　　D. 已离婚女婿
3. 以下继承人以外的情况的人，可以分给适当的遗产的有：(　　)
   A. 依靠被继承人扶养的人
   B. 对被继承人扶养较多的人
   C. 和被继承人共同居住的人
   D. 与被继承人关系亲密的邻居

四、填空题

1. 遗产第一顺序继承人有______、______、______。

2. 丧偶儿媳对公婆，丧偶女婿对岳父母，尽了______的，作为______。
3. 对继承人以外的依靠被继承人扶养的人，或者继承人以外的对被继承人扶养较多的人，______。

参考答案

一、判断题

1. √，解析：根据《民法典》第1126条规定，继承权男女平等。
2. ×，解析：根据《民法典》第1128条规定，被继承人的子女先于被继承人死亡的，由被继承人的子女的直系晚辈血亲代位继承。被继承人的兄弟姐妹先于被继承人死亡的，由被继承人的兄弟姐妹的子女代位继承。代位继承人一般只能继承被代位继承人有权继承的遗产份额。
3. ×，解析：根据《民法典》第1130条规定，同一顺序继承人继承遗产的份额，一般应当均等。对生活有特殊困难又缺乏劳动能力的继承人，分配遗产时，应当予以照顾。对被继承人尽了主要扶养义务或者与被继承人共同生活的继承人，分配遗产时，可以多分。有扶养能力和有扶养条件的继承人，不尽扶养义务的，分配遗产时，应当不分或者少分。继承人协商同意的，也可以不均等。
4. ×，解析：根据《民法典》第1132条规定，继承人应当本着互谅互让、和睦团结的精神，协商处理继承问题。遗产分割的时间、办法和份额，由继承人协商确定；协商不成的，可以由人民调解委员会调解或者向人民法院提起诉讼。

二、单项选择题

1. A，解析：根据《民法典》第1126规定，继承权男女平等。《民法典》第1130条第1款规定，同一顺序继承人继承遗产的份额，一般应当均等。B项错误。《民法典》第1127条第2款规定，继承开始后，由第一顺序继承人继承，第二顺序继承人不继承；没有第一顺序继承人继承的，由第二顺序继承人继承。CD 项错误。

2. B，解析：根据《民法典》第 1128 条规定，被继承人的子女先于被继承人死亡的，由被继承人的子女的直系晚辈血亲代位继承。被继承人的兄弟姐妹先于被继承人死亡的，由被继承人的兄弟姐妹的子女代位继承。代位继承人一般只能继承被代位继承人有权继承的遗产份额。

3. D，解析：根据《民法典》第 1130 条规定，同一顺序继承人继承遗产的份额，一般应当均等。对生活有特殊困难又缺乏劳动能力的继承人，分配遗产时，应当予以照顾。对被继承人尽了主要扶养义务或者与被继承人共同生活的继承人，分配遗产时，可以多分。有扶养能力和有扶养条件的继承人，不尽扶养义务的，分配遗产时，应当不分或者少分。继承人协商同意的，也可以不均等。据此，ABC 项错误，D 项正确。

4. C，解析：根据第 1132 条规定，继承人应当本着互谅互让、和睦团结的精神，协商处理继承问题。遗产分割的时间、办法和份额，由继承人协商确定；协商不成的，可以由人民调解委员会调解或者向人民法院提起诉讼。

三、多项选择题

1. BD，解析：根据《民法典》第 1127 条规定，遗产按照下列顺序继承：（1）第一顺序：配偶、子女、父母；（2）第二顺序：兄弟姐妹、祖父母、外祖父母。继承开始后，由第一顺序继承人继承，第二顺序继承人不继承；没有第一顺序继承人继承的，由第二顺序继承人继承。本编所称子女，包括婚生子女、非婚生子女、养子女和有扶养关系的继子女。本编所称父母，包括生父母、养父母和有扶养关系的继父母。本编所称兄弟姐妹，包括同父母的兄弟姐妹、同父异母或者同母异父的兄弟姐妹、养兄弟姐妹、有扶养关系的继兄弟姐妹。

2. AC，解析：根据《民法典》第 1129 条规定，丧偶儿媳对公婆，丧偶女婿对岳父母，尽了主要赡养义务的，作为第一顺序继承人。

3. AB，解析：根据《民法典》第 1131 条规定，对继承人以外的依靠被继承人扶养的人，或者继承人以外的对被继承人扶养较多的人，可以分给适当的遗产。

四、填空题

1. 配偶；子女；父母。(《民法典》第 1127 条)
2. 主要赡养义务；第一顺序继承人。(《民法典》第 1129 条)
3. 可以分给适当的遗产。(《民法典》第 1131 条)

第三章　遗嘱继承和遗赠

一、判断题

1. 自书遗嘱由遗嘱人亲自拟定内容，签名，注明年、月、日。(　　)
2. 打印遗嘱的，遗嘱人和见证人需在遗嘱首页和最后一页签名并注明年、月、日。(　　)
3. 只要有两个以上见证人在场见证，遗嘱人即可立口头遗嘱。(　　)
4. 与继承人、受遗赠人有利害关系的人不能成为遗嘱见证人。(　　)
5. 立有数份遗嘱，内容相抵触的，抵触的部分均不发生法律效力。(　　)
6. 继承人不履行遗嘱所附义务的，经利害关系人请求，人民法院可以取消其接受遗产的权利。(　　)

二、单项选择题

1. 自书遗嘱中可以不包括的事项是：(　　)

   A. 遗嘱人亲笔书写内容　　B. 遗嘱人签名

   C. 遗嘱人按手印　　D. 遗嘱人注明年、月、日

2. 打印遗嘱时，以下哪个选项不是必备条件？

   A. 遗嘱人和两位以上见证人在场见证

   B. 遗嘱人和见证人在每一页签名

   C. 情况危急

   D. 注明年、月、日

3. 关于口头遗嘱，以下表述错误的是：(　　)

   A. 在危急情况下订立

   B. 应当有 3 个以上见证人在场见证

C. 危急情况消除后，遗嘱人能够以书面形式立遗嘱的，所立的口头遗嘱无效

D. 危急情况消除后，遗嘱人能够以录音录像形式立遗嘱的，所立的口头遗嘱无效

4. 以下可以作为遗嘱见证人的是：（　　）

A. 受遗赠人　　B. 限制民事行为能力人

C. 继承人　　D. 遗嘱人的邻居

5. 关于遗嘱的撤回、变更及其效力，以下表述正确的是(　　)

A. 遗嘱人可以撤回遗嘱

B. 遗嘱人可以立数份遗嘱

C. 遗嘱人不得实施与遗嘱内容相反的民事法律行为

D. 遗嘱人可以变更遗嘱

6. 关于附义务的遗嘱继承或者遗赠，以下表述正确的是：（　　）

A. 遗嘱继承可以附义务

B. 遗赠不得附义务

C. 遗嘱继承附有义务的，继承人应当履行义务

D. 继承人没有正当理由不履行义务的，经利害关系人请求，人民法院可以取消其接受附义务部分遗产的权利

三、多项选择题

1. 关于自然人立遗嘱，以下表述正确的是：（　　）

A. 在遗嘱中将个人财产指定法定继承人中的数人继承

B. 在遗嘱中将个人财产指定法定继承人中的一人继承

C. 在遗嘱中将个人财产赠与国家

D. 设立遗嘱信托

2. 以下属于代书遗嘱要求的是：（　　）

A. 两个以上见证人

B. 由遗嘱人、代书人和其他见证人签名

C. 见证人到场见证

D. 由其中一位见证人代书

3. 以下属于录音录像遗嘱条件的是：（　　）

A. 注明年、月、日

B. 两个以上见证人到场见证

C. 继承人到场见证

D. 遗嘱人和见证人在录音录像中记录其姓名或者肖像

4. 关于公证遗嘱，以下表述正确的是：（　　）

A. 应当由遗嘱人亲自办理

B. 应当经公证机构办理

C. 遗嘱人不得撤回公证遗嘱

D. 立有数份遗嘱，内容相抵触的，以公证遗嘱为准

5. 关于遗产特留份，以下表述错误的是：（　　）

A. 遗嘱应当为缺乏劳动能力的继承人保留必要的遗产份额

B. 遗嘱应当为没有生活来源的继承人保留必要的遗产份额

C. 遗嘱应当为缺乏劳动能力又没有生活来源的继承人保留必要的遗产份额

D. 遗嘱应当为缺乏劳动能力又没有生活来源的继承人保留充分的遗产份额

6. 关于遗嘱无效，以下表述正确的是：（　　）

A. 限制民事行为能力人所立的遗嘱无效

B. 受欺诈所立的遗嘱无效

C. 伪造的遗嘱无效

D. 被篡改的遗嘱无效

四、填空题

1. 自然人可以立遗嘱将个人财产指定由法定继承人中的______继承。

2. 代书遗嘱应当有两个以上见证人在场见证，由其中一人代书，并由

______、______和______签名，注明年、月、日。

3. 以录音录像形式立的遗嘱，应当有两个以上见证人在场见证。遗嘱人和见证人应当在录音录像中记录其______，以及年、月、日。
4. 公证遗嘱由遗嘱人经______办理。
5. 遗嘱应当为______的继承人保留必要的遗产份额。
6. 无民事行为能力人或者限制民事行为能力人所立的遗嘱______。

参考答案

一、判断题

1. ×，解析：根据《民法典》第 1134 条规定，自书遗嘱由遗嘱人亲笔书写，签名，注明年、月、日。
2. ×，解析：根据《民法典》第 1136 条规定，打印遗嘱应当有两个以上见证人在场见证。遗嘱人和见证人应当在遗嘱每一页签名，注明年、月、日。
3. ×，解析：根据《民法典》第 1138 条规定，遗嘱人在危急情况下，可以立口头遗嘱。口头遗嘱应当有两个以上见证人在场见证。危急情况消除后，遗嘱人能够以书面或者录音录像形式立遗嘱的，所立的口头遗嘱无效。
4. √，解析：根据《民法典》第 1140 条规定，下列人员不能作为遗嘱见证人：（1）无民事行为能力人、限制民事行为能力人以及其他不具有见证能力的人；（2）继承人、受遗赠人；（3）与继承人、受遗赠人有利害关系的人。
5. ×，解析：根据《民法典》第 1142 条规定，遗嘱人可以撤回、变更自己所立的遗嘱。立遗嘱后，遗嘱人实施与遗嘱内容相反的民事法律行为的，视为对遗嘱相关内容的撤回。立有数份遗嘱，内容相抵触的，以最后的遗嘱为准。

6. ×，解析：根据《民法典》第 1144 条规定，遗嘱继承或者遗赠附有义务的，继承人或者受遗赠人应当履行义务。没有正当理由不履行义务的，经利害关系人或者有关组织请求，人民法院可以取消其接受附义务部分遗产的权利。

二、单项选择题

1. C，解析：根据《民法典》第 1134 规定，自书遗嘱由遗嘱人亲笔书写，签名，注明年、月、日。
2. C，解析：根据《民法典》第 1136 条规定，打印遗嘱应当有两个以上见证人在场见证。遗嘱人和见证人应当在遗嘱每一页签名，注明年、月、日。
3. B，解析：根据《民法典》第 1138 条规定，遗嘱人在危急情况下，可以立口头遗嘱。口头遗嘱应当有两个以上见证人在场见证。危急情况消除后，遗嘱人能够以书面或者录音录像形式立遗嘱的，所立的口头遗嘱无效。据此，ACD 项表述，B 项错误。
4. D，解析：根据《民法典》第 1140 条规定，下列人员不能作为遗嘱见证人：（1）无民事行为能力人、限制民事行为能力人以及其他不具有见证能力的人；（2）继承人、受遗赠人；（3）与继承人、受遗赠人有利害关系的人。据此，ABC 都不可以成为遗嘱见证人。
5. C，解析：根据《民法典》第 1142 条规定，遗嘱人可以撤回、变更自己所立的遗嘱。立遗嘱后，遗嘱人实施与遗嘱内容相反的民事法律行为的，视为对遗嘱相关内容的撤回。立有数份遗嘱，内容相抵触的，以最后的遗嘱为准。据此。ABD 项正确，C 项错误。
6. B，解析：根据《民法典》第 1144 条规定，遗嘱继承或者遗赠附有义务的，继承人或者受遗赠人应当履行义务。没有正当理由不履行义务的，经利害关系人或者有关组织请求，人民法院可以取消其接受附义务部分遗产的权利。

三、多项选择题

1. ABCD，解析：根据《民法典》第 1133 条规定，自然人可以依照本法规定立遗嘱处分个人财产，并可以指定遗嘱执行人。自然人可以立遗嘱将个人财产指定由法定继承人中的一人或者数人继承。自然人可以立遗嘱将个人财产赠与国家、集体或者法定继承人以外的组织、个人。自然人可以依法设立遗嘱信托。

2. ABCD，解析：根据《民法典》第 1135 条规定，代书遗嘱应当有两个以上见证人在场见证，由其中一人代书，并由遗嘱人、代书人和其他见证人签名，注明年、月、日。
3. ABD，解析：根据《民法典》第 1137 规定，以录音录像形式立的遗嘱，应当有两个以上见证人在场见证。遗嘱人和见证人应当在录音录像中记录其姓名或者肖像，以及年、月、日。
4. AB，解析：根据《民法典》第 1139 条规定，公证遗嘱由遗嘱人经公证机构办理。AB 项正确。《民法典》第 1142 条规定，遗嘱人可以撤回、变更自己所立的遗嘱。立遗嘱后，遗嘱人实施与遗嘱内容相反的民事法律行为的，视为对遗嘱相关内容的撤回。立有数份遗嘱，内容相抵触的，以最后的遗嘱为准。据此，CD 项错误。
5. ABD，解析：根据《民法典》第 1141 条规定，遗嘱应当为缺乏劳动能力又没有生活来源的继承人保留必要的遗产份额。据此，C 项正确，ABD 项表述错误。
6. ABC，解析：根据《民法典》第 1143 条规定，无民事行为能力人或者限制民事行为能力人所立的遗嘱无效。遗嘱必须表示遗嘱人的真实意思，受欺诈、胁迫所立的遗嘱无效。伪造的遗嘱无效。遗嘱被篡改的，篡改的内容无效。据此，D 项遗嘱被篡改的，遗嘱本身并非无效，只是其中被篡改的内容无效，未被篡改的部分如无其他遗嘱无效情形，仍然有效。ABC 项正确。

四、填空题

1. 一人或者数人。(《民法典》第 1133 条)
2. 遗嘱人；代书人；其他见证人。(《民法典》第 1135 条)
3. 姓名或者肖像。(《民法典》第 1137 条)

4. 公证机构。(《民法典》第 1139 条)

5. 缺乏劳动能力又没有生活来源。(《民法典》第 1141 条)

6. 无效。(《民法典》第 1143 条)

第四章 遗产的处理

一、判断题

1. 对遗产管理人有争议的，继承人可以向民政部门申请指定遗产管理人。( )
2. 遗产管理人因故意或者重大过失造成继承人损害的，应当承担民事责任。( )
3. 继承开始后，继承人中无人知道被继承人死亡的，由被继承人生前住所地的民政部门负责通知。( )
4. 继承开始后，继承人于遗产分割前死亡的，该继承人应当继承的遗产转给其他继承人。( )
5. 遗嘱继承人丧失继承权的遗产应按法定继承办理。( )
6. 遗产分割时，不宜分割的遗产可以采取竞价的方法处理。( )
7. 自然人可以与继承人签订遗赠扶养协议。( )
8. 无人继承又无人受遗赠的遗产，一律上缴国库，归国家所有。( )
9. 遗赠的执行不得妨碍清偿遗赠人依法应当缴纳的税款和债务。( )

二、单项选择题

1. 对遗产管理人的确定有争议的，利害关系人可以向( )申请指定遗产管理人。

   A. 人民法院　　B. 遗嘱人所在地居民委员会

   C. 人民调解委员会　　D. 仲裁机构

2. 遗产管理人因故意或重大过失对( )造成损害的，要承担民事责任。

   A. 继承人

   B. 受遗赠人

C. 与继承人、受遗赠人有利害关系的人

D. 债权人

3. 继承开始后，有义务向继承人通知被继承人死亡的消息的主体不包括：(　　)

A. 知道被继承人死亡的继承人

B. 被继承人生前所在单位

C. 被继承人生前住所地的民政部门

D. 被继承人生前住所地的村民委员会

4. 关于转继承，以下表述正确的是：(　　)

A. 前提是继承开始后，继承人于遗产分割前死亡

B. 继承人没有放弃继承

C. 死亡继承人应当继承的遗产转给其继承人

D. 遗嘱中对转继承进行安排的，该项安排无效

5. 对于遗嘱继承，以下不属于遗产有关部分按照法定继承办理的情形的是：(　　)

A. 遗嘱继承人放弃继承

B. 遗嘱继承人先于遗嘱人死亡

C. 继承开始后，继承人于遗产分割前死亡，且未放弃继承

D. 遗赠人放弃接受遗赠

6. 不宜分割的财产，不可采用(　　)方式处理。

A. 折价　　B. 竞价拍卖

C. 共有　　D. 适当补偿

7. 关于遗赠扶养协议，以下表述错误的是：(　　)

A. 遗赠扶养协议的扶养人应该在法定继承人顺序范围内选取

B. 遗赠扶养协议的扶养人承担生养死葬的义务

C. 遗赠扶养协议的扶养人享有接受遗赠的权利

D. 同时存在有效的遗嘱、遗赠扶养协议的，优先按照遗赠扶养协议办理

8. 关于无人继承又无人受遗赠遗产，以下表述正确的是：(　　)

A. 一律归国家所有　　B. 用于公益事业

C. 用于社会事业　　D. 用于公共事业

9. 关于继承、遗赠与纳税、清偿债务的关系，以下表述正确的是：(　　)

A. 继承人接受继承的，应当负责清偿被继承人依法应当缴纳的全部税款和债务

B. 继承人放弃继承的，不影响其对被继承人依法应当缴纳的税款和债务的清偿责任

C. 执行遗赠不得妨碍清偿遗赠人依法应当缴纳的税款和债务

D. 继承人对其超过所得遗产实际价值部分所作的清偿，有权要求返还

三、多项选择题

1. 以下可以成为遗产管理人的有：(　　)

A. 遗嘱执行人　　B. 生前住所地的民政部门

C. 继承人共同承担　　D. 继承人推选的人

2. 遗产管理人应当履行的职责应当包括：(　　)

A. 清理遗产并制作遗产清单

B. 向继承人报告遗产情况

C. 处理被继承人的债权债务

D. 采取必要措施防止遗产毁损、灭失

3. 关于遗产管理人报酬，以下表述正确的是：(　　)

A. 按照遗嘱内容获得　　B. 依照法律规定获得

C. 按照约定获得　　D. 不能获得报酬

4. 关于遗产的保管，以下表述正确的是：(　　)

A. 存有遗产的人，应当妥善保管遗产

B. 任何组织不得侵吞遗产

C. 任何个人不得争抢遗产

D. 存有遗产的人，应当将遗产移交遗产管理人统一保管

5. 夫妻共同所有的财产进行遗产分割时，以下分配方式符合法律规定的有：(　　)

A. 共同所有的财产的全部作为遗产为继承人所继承

B. 先将共同所有的财产的一半分出为配偶所有，其余的为被继承人的遗产

C. 可按已有约定将共同所有的财产的全部作为被继承人的遗产

D. 先将共同所有的财产的全部分出为配偶所有，其余的为被继承人的遗产

6. 关于胎儿的预留份，以下表述正确的是：(　　)

A. 遗产分割时，可以适当保留胎儿的继承份额

B. 遗产分割时，应当保留胎儿的继承份额

C. 胎儿娩出时是死体的，保留的份额按照法定继承办理

D. 胎儿娩出时是死体的，保留的份额由被继承人的继承人继承

7. 关于再婚对所继承财产的处分，以下表述正确的是：(　　)

A. 夫妻一方死亡后另一方再婚的，有权处分所继承的财产

B. 夫妻一方死亡后另一方再婚的，应当返还所继承的财产，返还的财产按法定继承办理

C. 夫妻一方死亡后另一方再婚的，对其所继承财产的处分，任何组织不得干涉

D. 夫妻一方死亡后另一方再婚的，对其所继承财产的处分，任何个人不得干涉

8. 关于分割遗产与清偿税款、债务，以下表述正确的是：(　　)

A. 分割遗产，应当清偿被继承人依法应当缴纳的税款

B. 分割遗产，应当清偿被继承人依法应当偿还的债务

C. 分割遗产，在清偿被继承人的税款前，应当为没有生活来源的继承人保留遗产

D. 分割遗产，在清偿被继承人的债务前，应当为没有生活来源的继承人保留遗产

9. 关于限定继承，以下表述正确的是：(　　)

A. 继承人以所得遗产实际价值为限清偿被继承人依法应当缴纳的税款

B. 被继承人应纳税款超过继承人所得遗产实际价值部分，继承人可以自愿偿还

C. 继承人放弃继承的，对被继承人的债务可以不负清偿责任

D. 继承人放弃继承的，对被继承人的应纳税款承担连带责任

四、填空题

1. 继承开始后，没有遗嘱执行人的，继承人应当______遗产管理人；继承人未推选的，由继承人______遗产管理人。
2. 遗产管理人应当履行向继承人______的职责。
3. 遗产管理人可以______或者______获得报酬。
4. 存有遗产的人，应当妥善保管遗产，任何组织或者个人不得______。
5. 夫妻共同所有的财产，除有约定的外，遗产分割时，应当先将______分出为配偶所有，其余的为被继承人的遗产。
6. 遗产分割时，应当保留胎儿的继承份额。胎儿娩出时是死体的，保留的份额按照______办理。
7. 夫妻一方死亡后另一方再婚的，______，任何组织或者个人不得干涉。
8. 分割遗产，应当清偿被继承人依法应当缴纳的税款和债务；但是，应当为______的继承人保留______遗产。
9. 继承人以所得遗产实际价值为限清偿被继承人依法应当缴纳的______。超过遗产实际价值部分，______的不在此限。
10. 既有法定继承又有遗嘱继承、遗赠的，由______清偿被继承人依法应当缴纳的税款和债务；超过法定继承遗产实际价值部分，由______和______按______以所得遗产清偿。

参考答案

一、判断题

1. ×，解析：根据《民法典》第 1146 条规定，对遗产管理人的确定有争议的，利害关系人可以向人民法院申请指定遗产管理人。

2. √，解析：根据《民法典》第 1148 条规定，遗产管理人应当依法履行职责，因故意或者重大过失造成继承人、受遗赠人、债权人损害的，应当承担民事责任。

3. ×，解析：根据《民法典》第 1150 条规定，继承开始后，知道被继承人死亡的继承人应当及时通知其他继承人和遗嘱执行人。继承人中无人知道被继承人死亡或者知道被继承人死亡而不能通知的，由被继承人生前所在单位或者住所地的居民委员会、村民委员会负责通知。

4. ×，解析：根据《民法典》第 1152 条规定，继承开始后，继承人于遗产分割前死亡，并没有放弃继承的，该继承人应当继承的遗产转给其继承人，但是遗嘱另有安排的除外。

5. √，解析：根据《民法典》第 1154 条规定，有下列情形之一的，遗产中的有关部分按照法定继承办理：（1）遗嘱继承人放弃继承或者受遗赠人放弃受遗赠；（2）遗嘱继承人丧失继承权或者受遗赠人丧失受遗赠权；（3）遗嘱继承人、受遗赠人先于遗嘱人死亡或者终止；（4）遗嘱无效部分所涉及的遗产；（5）遗嘱未处分的遗产。

6. ×，解析：根据《民法典》第 1156 条规定，遗产分割应当有利于生产和生活需要，不损害遗产的效用。不宜分割的遗产，可以采取折价、适当补偿或者共有等方法处理。

7. ×，解析：根据《民法典》第 1158 条规定，自然人可以与继承人以外的组织或者个人签订遗赠扶养协议。按照协议，该组织或者个人承担该自然人生养死葬的义务，享有受遗赠的权利。

8. ×，解析：根据《民法典》第 1160 条规定，无人继承又无人受遗赠的遗产，归国家所有，用于公益事业；死者生前是集体所有制组织成员的，归所在集体所有制组织所有。
9. √，解析：根据《民法典》第 1162 规定，执行遗赠不得妨碍清偿遗赠人依法应当缴纳的税款和债务。

二、单项选择题

1. A，解析：根据《民法典》第 1146 条规定，对遗产管理人的确定有争议的，利害关系人可以向人民法院申请指定遗产管理人。
2. C，解析：根据《民法典》第 1148 规定，遗产管理人应当依法履行职责，因故意或者重大过失造成继承人、受遗赠人、债权人损害的，应当承担民事责任。
3. C，解析：根据《民法典》第 1150 条规定，继承开始后，知道被继承人死亡的继承人应当及时通知其他继承人和遗嘱执行人。继承人中无人知道被继承人死亡或者知道被继承人死亡而不能通知的，由被继承人生前所在单位或者住所地的居民委员会、村民委员会负责通知。据此，选项 ABC 正确，选项 D 错误。
4. D，解析：根据《民法典》第 1152 条规定，继承开始后，继承人于遗产分割前死亡，并没有放弃继承的，该继承人应当继承的遗产转给其继承人，但是遗嘱另有安排的除外。据此，ABC 项正确，D 项错误。
5. C，解析：根据《民法典》第 1154 条规定，有下列情形之一的，遗产中的有关部分按照法定继承办理：（1）遗嘱继承人放弃继承或者受遗赠人放弃受遗赠；（2）遗嘱继承人丧失继承权或者受遗赠人丧失受遗赠权；（3）遗嘱继承人、受遗赠人先于遗嘱人死亡或者终止；（4）遗嘱无效部分所涉及的遗产；（5）遗嘱未处分的遗产。据此，ABD 项错误，C 项正确。
6. B，解析：根据《民法典》第 1156 条规定，遗产分割应当有利于生产和生活需要，不损害遗产的效用。不宜分割的遗产，可以采取折价、适当补偿或者共有等方法处理。据此，ACD 项错误，B 项正确。

7. A，解析：根据《民法典》第 1158 条规定，自然人可以与继承人以外的组织或者个人签订遗赠扶养协议。按照协议，该组织或者个人承担该自然人生养死葬的义务，享有受遗赠的权利。据此，A 项错误，BC 项正确。根据《民法典》第 1123 条规定，D 项正确。
8. B，解析：根据《民法典》第 1160 条规定，无人继承又无人受遗赠的遗产，归国家所有，用于公益事业；死者生前是集体所有制组织成员的，归所在集体所有制组织所有。
9. C，解析：根据《民法典》第 1162 条规定，执行遗赠不得妨碍清偿遗赠人依法应当缴纳的税款和债务。C 项正确。根据《民法典》第 1161 条规定，继承人以所得遗产实际价值为限清偿被继承人依法应当缴纳的税款和债务。超过遗产实际价值部分，继承人自愿偿还的不在此限。继承人放弃继承的，对被继承人依法应当缴纳的税款和债务可以不负清偿责任。ABD 项错误。

三、多项选择题

1. ABCD，解析：根据《民法典》第 1145 条规定，继承开始后，遗嘱执行人为遗产管理人；没有遗嘱执行人的，继承人应当及时推选遗产管理人；继承人未推选的，由继承人共同担任遗产管理人；没有继承人或者继承人均放弃继承的，由被继承人生前住所地的民政部门或者村民委员会担任遗产管理人。
2. ABCD，解析：根据《民法典》第 1147 条规定，遗产管理人应当履行下列职责：（1）清理遗产并制作遗产清单；（2）向继承人报告遗产情况；（3）采取必要措施防止遗产毁损、灭失；（4）处理被继承人的债权债务；（5）按照遗嘱或者依照法律规定分割遗产；（6）实施与管理遗产有关的其他必要行为。
3. BC，解析：根据《民法典》第 1149 条规定，遗产管理人可以依照法律规定或者按照约定获得报酬。

4. ABC，解析：根据《民法典》第 1151 条规定，存有遗产的人，应当妥善保管遗产，任何组织或者个人不得侵吞或者争抢。据此，ABC 项正确。D 项于法无据。
5. BC，解析：根据《民法典》第 1153 条规定，夫妻共同所有的财产，除有约定的外，遗产分割时，应当先将共同所有的财产的一半分出为配偶所有，其余的为被继承人的遗产。遗产在家庭共有财产之中的，遗产分割时，应当先分出他人的财产。
6. BCD，解析：《民法典》第 1155 条规定，遗产分割时，应当保留胎儿的继承份额。胎儿娩出时是死体的，保留的份额按照法定继承办理。据此，A 项错误，BCD 项正确。
7. ACD，解析：《民法典》第 1157 条规定，夫妻一方死亡后另一方再婚的，有权处分所继承的财产，任何组织或者个人不得干涉。据此，ACD 项正确，B 项错误。
8. AB，解析：根据《民法典》第 1159 条规定，分割遗产，应当清偿被继承人依法应当缴纳的税款和债务；但是，应当为缺乏劳动能力又没有生活来源的继承人保留必要的遗产。据此 AB 项正确。根据本条，保留遗产的对象应当是“缺乏劳动能力又没有生活来源的继承人”，且保留的遗产以“必要”为限，CD 项错误。
9. ABC，解析：《民法典》第 1161 条规定，继承人以所得遗产实际价值为限清偿被继承人依法应当缴纳的税款和债务。超过遗产实际价值部分，继承人自愿偿还的不在此限。继承人放弃继承的，对被继承人依法应当缴纳的税款和债务可以不负清偿责任。据此，ABC 项正确，D 项错误。

四、填空题

1. 及时推选；共同担任。（《民法典》第 1145 条）
2. 报告遗产情况。（《民法典》第 1147 条）
3. 依照法律规定；按照约定。（《民法典》第 1149 条）
4. 侵吞或者争抢。（《民法典》第 1151 条）

5. 共同所有的财产的一半。(《民法典》第 1153 条)
6. 法定继承。(《民法典》第 1155 条)
7. 有权处分所继承的财产。(《民法典》第 1157 条)
8. 缺乏劳动能力又没有生活来源;必要的。(《民法典》第 1159 条)
9. 税款和债务;继承人自愿偿还。(《民法典》第 1161 条)
10. 法定继承人;遗嘱继承人;受遗赠人;比例。(《民法典》第 1163 条)

第七编　侵权责任

第一章　一般规定

一、判断题

1. 行为人因过错侵害他人民事权益造成损害的，应当承担侵权责任。（　　）
2. 行为人造成他人民事权益损害，不论行为人有无过错，法律规定应当承担侵权责任的，依照其规定。（　　）
3. 二人以上共同实施侵权行为，造成他人损害的，应当承担按份责任。（　　）
4. 二人以上实施危及他人人身、财产安全的行为，其中一人或者数人的行为造成他人损害，能够确定具体侵权人的，由侵权人承担侵权责任。（　　）
5. 二人以上实施侵权行为造成同一损害，平均承担责任。（　　）
6. 损害是因受害人重大过失造成的，行为人不承担责任。（　　）
7. 自愿参加具有一定风险的文体活动因其他参加者的行为受到损害的，受害人无权请求其他参加者承担侵权责任。（　　）
8. 《民法典》和其他法律对不承担责任或者减轻责任的情形另有规定的，依照其规定。（　　）

二、单项选择题

1. 关于无过错侵权的责任承担，下列哪一说法是正确的？（　　）

   A. 行为人造成他人民事权益损害，不论行为人有无过错，法律规定应当承担侵权责任的，依照其规定

B. 行为人造成他人民事权益损害，只有行为人有过错的，才需要承担侵权责任

C. 行为人造成他人民事权益损害，根据过错程度，承担与过错相应的侵权责任

D. 行为人造成他人民事权益损害，只要行为人无过错，就不应当承担侵权责任

2. 关于共同侵权行为构成要件及责任承担，以下表述错误的是：（　　）

A. 二人以上共同实施

B. 侵权行为造成他人损害

C. 行为人应当承担连带责任

D. 行为人应当根据在共同行为中的地位和作用分别承担相应的责任

3. 关于共同危险行为人的侵权责任构成要件及责任承担，以下表述错误的是：（　　）

A. 二人以上实施危及他人人身、财产安全的行为

B. 其中一人或者数人的行为造成了他人损害

C. 能够确定具体侵权人的，由侵权人承担责任

D. 不能确定具体侵权人的，行为人平均承担责任

4. 下列关于数人侵权的说法，哪一项是错误的？（　　）

A. 二人以上实施危及他人人身、财产安全的行为，其中一人或者数人的行为造成他人损害，能够确定具体侵权人的，由侵权人承担责任

B. 二人以上分别实施侵权行为造成同一损害，每个人的侵权行为都足以造成全部损害的，行为人承担连带责任

C. 二人以上分别实施侵权行为造成同一损害，能够确定责任大小的，各自承担相应的责任

D. 二人以上分别实施侵权行为造成同一损害，难以确定责任大小的，承担连带责任

5. 下列哪一情形下，行为人不承担侵权责任？（　　）

A. 损害是因受害人过失造成的

B. 损害是因受害人重大过失造成的

C. 损害是因受害人故意造成的

D. 行为人对损害的发生不存在主观上的故意

6. 自愿参加具有一定风险的文体活动，因其他参加者的行为受到损害的，下列哪一情形下，受害人可以请求其他参加者承担侵权责任？（　　）

A. 受害人已经尽了足够的注意义务

B. 其他参加者对损害的发生有过失

C. 其他参加者对损害的发生有故意或者重大过失

D. 受害人对损害的发生没有过错

三、多项选择题

1. 关于过错侵权责任，下列哪些说法是错误的？（　　）

A. 因过错侵害他人民事权益造成损害的，行为人应当承担侵权责任

B. 法律推定行为人有过错，行为人不能证明是他人有过错的，可以不承担侵权责任

C. 法律推定行为人有过错，无论行为人能不能证明自己没有过错，都应当承担侵权责任

D. 因过错造成他人民事权益损害的，如果不是故意的，就无需承担侵权责任

2. 侵权行为危及他人人身、财产安全的，被侵权人有权请求侵权人承担哪些侵权责任？（　　）

A. 停止侵害　　B. 排除妨碍

C. 消除影响　　D. 恢复原状

3. 关于教唆、帮助侵权，下列哪些说法是正确的？（　　）

A. 教唆、帮助他人实施侵权行为的，应当与行为人承担连带责任

B. 教唆、帮助他人实施侵权行为的，应当与行为人承担按份责任

C. 教唆、帮助无民事行为能力人、限制民事行为能力人实施侵权行为的，应当承担侵权责任

D. 无民事行为能力人、限制民事行为能力人实施侵权行为的，其监护人应当承担相应的责任

4. 二人以上分别实施侵权行为造成同一损害，下列关于侵权责任承担的说法正确的是：（　　）

A. 每个人的侵权行为都足以造成全部损害的，行为人之间平均承担责任

B. 每个人的侵权行为都足以造成全部损害的，行为人承担连带责任

C. 能够确定责任大小的，各自承担相应的责任

D. 难以确定责任大小的，平均承担责任

5. 下列哪些情形下，不可以减轻侵权人的责任？（　　）

A. 被侵权人也给侵权人造成了一定损害

B. 被侵权人对同一损害的发生或者扩大有过错

C. 侵权人主观上不存在故意

D. 侵权人是受他人教唆实施侵权

6. 下列不属于行为人不承担侵权责任的情形：（　　）

A. 损害是因受害人故意造成的

B. 损害是因受害人的重大过失造成的

C. 被侵权人对同一损害的发生有过错的

D. 行为人主观上不存在故意

7. 以下关于第三人责任的表述，正确的是：（　　）

A. 损害是因第三人造成的，第三人应当承担侵权责任

B. 因第三人的行为造成提供劳务一方损害的，接受劳务一方补偿后，可以向第三人追偿

C. 因第三人的过错使产品存在缺陷，造成他人损害的，产品的生产者、销售者赔偿后，有权向第三人追偿

D. 因第三人的过错污染环境、破坏生态的，侵权人赔偿后，有权向第三人追偿

8. 关于实施自助行为的前提条件，表述正确的是：(　　)

A. 合法权益受到损害，情况紧迫且不能及时获得国家机关保护

B. 不立即采取措施将使其合法权益受到难以弥补的损害

C. 受害人可以在保护自己合法权益的必要范围内采取合理措施

D. 应当立即请求有关国家机关处理

四、填空题

1.《民法典》侵权责任编调整因______产生的民事关系。

2. 行为人造成他人民事权益损害，______行为人有无过错，法律规定应当承担侵权责任的，______。

3. 二人以上______实施侵权行为，造成他人损害的，应当承担______责任。

4. 二人以上实施危及他人人身、财产安全的行为，其中一人或者数人的行为造成他人损害，______具体侵权人的，由______承担责任；______具体侵权人的，行为人承担______责任。

5. 二人以上______实施侵权行为造成______损害，能够确定责任大小的，各自承担______的责任；难以确定责任大小的，______承担责任。

6. 损害是因______造成的，行为人不承担责任。

7. ______参加具有一定风险的文体活动，因其他参加者的行为受到损害的，受害人______其他参加者承担侵权责任；但是，其他参加者对损害的发生有______或者______的除外。

五、简答题

简述《民法典》关于过错责任原则、无过错责任原则、公平责任原则的规定。

参考答案

一、判断题

1. √，解析：《民法典》第 1165 条第 1 款规定，行为人因过错侵害他人民事权益造成损害的，应当承担侵权责任。
2. √，解析：《民法典》第 1166 条规定，行为人造成他人民事权益损害，不论行为人有无过错，法律规定应当承担侵权责任的，依照其规定。
3. ×，解析：《民法典》第 1168 条规定，二人以上共同实施侵权行为，造成他人损害的，应当承担连带责任。
4. √，解析：《民法典》第 1170 条规定，二人以上实施危及他人人身、财产安全的行为，其中一人或者数人的行为造成他人损害，能够确定具体侵权人的，由侵权人承担责任；不能确定具体侵权人的，行为人承担连带责任。
5. ×，解析：《民法典》第 1172 条规定，二人以上分别实施侵权行为造成同一损害，能够确定责任大小的，各自承担相应的责任；难以确定责任大小的，平均承担责任。
6. ×，解析：《民法典》第 1174 条规定，损害是因受害人故意造成的，行为人不承担责任。
7. ×，解析：《民法典》第 1176 条第 1 款规定，自愿参加具有一定风险的文体活动，因其他参加者的行为受到损害的，受害人不得请求其他参加者承担侵权责任；但是，其他参加者对损害的发生有故意或者重大过失的除外。
8. √，解析：《民法典》第 1178 条规定。

二、单项选择题

1. A，解析：《民法典》第 1166 条规定，行为人造成他人民事权益损害，不论行为人有无过错，法律规定应当承担侵权责任的，依照其规定。故 A 项正确。

2. D，解析：《民法典》第 1168 条规定，二人以上共同实施侵权行为，造成他人损害的，应当承担连带责任。ABC 项正确，D 项错误。

3. D，解析：《民法典》第 1170 条规定，二人以上实施危及他人人身、财产安全的行为，其中一人或者数人的行为造成他人损害，能够确定具体侵权人的，由侵权人承担责任；不能确定具体侵权人的，行为人承担连带责任。故 ABC 项正确，D 项错误。

4. D，解析：《民法典》第 1170 条规定，第 1171 条规定，二人以上分别实施侵权行为造成同一损害，每个人的侵权行为都足以造成全部损害的，行为人承担连带责任。第 1172 条规定，二人以上分别实施侵权行为造成同一损害，能够确定责任大小的，各自承担相应的责任；难以确定责任大小的，平均承担责任。故 D 项错误。

5. C，解析：《民法典》第 1174 条规定，损害是因受害人故意造成的，行为人不承担责任。故 C 项当选。

6. C，解析：《民法典》第 1176 条第 1 款规定，自愿参加具有一定风险的文体活动，因其他参加者的行为受到损害的，受害人不得请求其他参加者承担侵权责任；但是，其他参加者对损害的发生有故意或者重大过失的除外。故 C 项当选。

二、多项选择题

1. BCD，解析：《民法典》第 1165 条规定，行为人因过错侵害他人民事权益造成损害的，应当承担侵权责任。依照法律规定推定行为人有过错，其不能证明自己没有过错的，应当承担侵权责任。故 BCD 项错误。

2. ABC，解析：《民法典》第 1167 条规定，侵权行为危及他人人身、财产安全的，被侵权人有权请求侵权人承担停止侵害、排除妨碍、消除危险等侵权责任。故 ABC 项正确。

3. AC，解析：《民法典》第 1169 条规定，教唆、帮助他人实施侵权行为的，应当与行为人承担连带责任。教唆、帮助无民事行为能力人、限制民事行为能力人实施侵权行为的，应当承担侵权责任；该无民事行为能力人、限制民事行为能力人的监护人未尽到监护职责的，应当承担相应的责任。故 AC 项正确。

4. BCD，解析：《民法典》第 1171 条规定，二人以上分别实施侵权行为造成同一损害，每个人的侵权行为都足以造成全部损害的，行为人承担连带责任。第 1172 条规定，二人以上分别实施侵权行为造成同一损害，能够确定责任大小的，各自承担相应的责任；难以确定责任大小的，平均承担责任。故 BCD 项正确。
5. ACD，解析：《民法典》第 1173 条规定，被侵权人对同一损害的发生或者扩大有过错的，可以减轻侵权人的责任。故 ACD 项当选。
6. BCD，解析：《民法典》第 1173 条规定，被侵权人对同一损害的发生或者扩大有过错的，可以减轻侵权人的责任。第 1174 条规定，损害是因受害人故意造成的，行为人不承担责任。故 BCD 项当选。
7. ABCD，解析：根据《民法典》第 1175 条规定，损害是因第三人造成的，第三人应当承担侵权责任。A 项正确。根据《民法典》第 1192 条、第 1204 条、第 1233 条的规定，BCD 项正确。
8. ABCD，解析：《民法典》第 1177 条规定，合法权益受到侵害，情况紧迫且不能及时获得国家机关保护，不立即采取措施将使其合法权益受到难以弥补的损害的，受害人可以在保护自己合法权益的必要范围内采取扣留侵权人的财物等合理措施；但是，应当立即请求有关国家机关处理。受害人采取的措施不当造成他人损害的，应当承担侵权责任。故 ABCD 均项当选。

四、填空题

1. 侵害民事权益。(《民法典》第 1164 条)
2. 不论；依照其规定。(《民法典》第 1166 条)
3. 共同；连带。(《民法典》第 1168 条)
4. 能够确定；侵权人；不能确定；连带。(《民法典》第 1170 条)
5. 分别；同一；相应；平均。(《民法典》第 1172 条)

6. 受害人故意。(《民法典》第 1174 条)

7. 自愿；不得请求；故意；重大过失。(《民法典》第 1176 条)

五、简答题

答：过错责任原则：根据《民法典》第 1165 条的规定，行为人因过错侵害他人民事权益造成损害的，应当承担侵权责任。依照法律规定推定行为人有过错，其不能证明自己没有过错的，应当承担侵权责任。

无过错责任原则：根据《民法典》第 1166 条的规定，行为人造成他人民事权益损害，不论行为人有无过错，法律规定应当承担侵权责任的，依照其规定。

公平责任原则：根据《民法典》第 1186 条的规定，受害人和行为人对损害的发生都没有过错的，依照法律的规定由双方分担损失。

第二章　损害赔偿

一、判断题

1. 因同一侵权行为造成多人死亡的，应当以相同数额确定死亡赔偿金。(　　)
2. 侵害他人人身权益造成财产损失的，只能按照被侵权人因此受到的损失赔偿。(　　)
3. 侵害他人财产的，财产损失按照索赔时的市场价格或者其他合理方式计算。(　　)
4. 受害人和行为人对损害的发生都没有过错的，依照双方约定分担损失。(　　)

二、单项选择题

1. 侵害他人造成人身损害的，关于赔偿费用，下列哪一说法是错误的？(　　)
   A. 应当赔偿实际支出的费用
   B. 应当赔偿因误工减少的收入
   C. 造成残疾的，还应当赔偿辅助器具费和残疾赔偿金
   D. 造成死亡的，还应当赔偿丧葬费和死亡赔偿金
2. 下列关于侵权责任承担的说法，哪一选项是错误的？(　　)
   A. 被侵权人死亡的，其近亲属有权请求侵权人承担侵权责任
   B. 被侵权人死亡的，其法定继承人有权请求侵权人承担侵权责任
   C. 被侵权人为组织，该组织分立的，承继权利的组织有权请求侵权人承担侵权责任
   D. 被侵权人为组织，该组织合并的，承继权利的组织有权请求侵权

人承担侵权责任

3. 侵害他人财产的，被侵权人的财产损失应当如何计算？(　　)

A. 按照索赔时的政府定价计算

B. 根据损失发生时的政府定价计算

C. 按照索赔时的市场价格计算

D. 按照损失发生时的市场价格计算

4. 关于公平责任的要件及损失分担，以下表述错误的是：(　　)

A. 受害人对损害的发生没有过错

B. 行为人对损害的发生没有过错

C. 依照法律规定由双方分担损失

D. 依照双方的约定分担损失

三、多项选择题

1. 以下哪些属于侵害他人造成人身损害的赔偿项目：(　　)

A. 医疗费、护理费

B. 营养费、住院伙食补助

C. 交通费、误工减少的收入

D. 辅助器具费和残疾赔偿金、丧葬费和死亡赔偿金

2. 下列关于侵权责任承担的说法，哪些是正确的(　　)

A. 被侵权人死亡的，其近亲属有权请求侵权人承担侵权责任

B. 被侵权人死亡的，支付被侵权人医疗费、丧葬费等合理费用的人有权请求侵权人赔偿费用

C. 被侵权人为组织，该组织分立的，承继权利的组织有权请求侵权人承担侵权责任

D. 被侵权人为组织，该组织合并的，承继权利的组织有权请求侵权人承担侵权责任

3. 下列哪些情形下，被侵权人有权请求精神损害赔偿？(　　)

A. 侵害自然人人身权益造成精神损害

B. 侵害自然人人身权益造成严重精神损害

C. 侵害自然人具有人身意义的特定物造成严重损害

D. 因故意或者重大过失侵害自然人具有人身意义的特定物造成严重精神损害

4. 在知识产权的故意侵害事例中，被侵权人需同时具备下列哪些情形，才能主张相应的惩罚性赔偿：（　　）

A. 主观上是故意　　B. 主观上是重大过失

C. 性质上要求情节严重　　D. 结果上要求造成损失

5. 下列关于赔偿费用支付方式的说法正确的是：（　　）

A. 当事人可以协商赔偿费用的支付方式

B. 协商不一致的，赔偿费用应当一次性支付

C. 一次性支付确有困难的，可以分期支付

D. 分期支付时，被侵权人有权请求提供相应的担保

四、填空题

1. 侵害他人造成人身损害的，应当赔偿医疗费、护理费、交通费、营养费、住院伙食补助费等为治疗和康复支出的______，以及因______减少的收入。造成残疾的，还应当赔偿辅助器具费和______；造成死亡的，还应当赔偿丧葬费和______。

2. 被侵权人死亡的，其______有权请求侵权人承担侵权责任。被侵权人为组织，该组织分立、合并的，______有权请求侵权人承担侵权责任。

3. 侵害自然人______造成______精神损害的，被侵权人有权请求精神损害赔偿。因______或者______侵害自然人具有______的特定物造成严重精神损害的，被侵权人有权请求精神损害赔偿。

4. ______侵害他人知识产权，______的，被侵权人有权请求相应的惩罚性赔偿。

参考答案

一、判断题

1. ×，解析：《民法典》第 1180 条规定，因同一侵权行为造成多人死亡的，可以以相同数额确定死亡赔偿金。
2. ×，解析：《民法典》第 1182 条规定，侵害他人人身权益造成财产损失的，按照被侵权人因此受到的损失或者侵权人因此获得的利益赔偿；被侵权人因此受到的损失以及侵权人因此获得的利益难以确定，被侵权人和侵权人就赔偿数额协商不一致，向人民法院提起诉讼的，由人民法院根据实际情况确定赔偿数额。
3. ×，解析：《民法典》第 1184 条规定，侵害他人财产的，财产损失按照损失发生时的市场价格或者其他合理方式计算。
4. ×，解析：《民法典》第 1186 条规定，受害人和行为人对损害的发生都没有过错的，依照法律的规定由双方分担损失。

二、单项选择题

1. A，解析：《民法典》第 1179 条规定，侵害他人造成人身损害的，应当赔偿医疗费、护理费、交通费、营养费、住院伙食补助费等为治疗和康复支出的合理费用，以及因误工减少的收入。造成残疾的，还应当赔偿辅助器具费和残疾赔偿金；造成死亡的，还应当赔偿丧葬费和死亡赔偿金。故 A 项错误。
2. B，解析：《民法典》第 1181 条规定，被侵权人死亡的，其近亲属有权请求侵权人承担侵权责任。被侵权人为组织，该组织分立、合并的，承继权利的组织有权请求侵权人承担侵权责任。被侵权人死亡的，支付被侵权人医疗费、丧葬费等合理费用的人有权请求侵权人赔偿费用，但是侵权人已经支付该费用的除外。故 B 项错误。
3. D，解析：《民法典》第 1184 条规定，侵害他人财产的，财产损失按照损失发生时的市场价格或者其他合理方式计算。故 D 项正确。

4. D，解析：《民法典》第 1186 条规定，受害人和行为人对损害的发生都没有过错的，依照法律的规定由双方分担损失。据此，ABC 项正确，D 项错误。

三、多项选择题

1. ABCD，解析：《民法典》第 1179 条规定，侵害他人造成人身损害的，应当赔偿医疗费、护理费、交通费、营养费、住院伙食补助费等为治疗和康复支出的合理费用，以及因误工减少的收入。造成残疾的，还应当赔偿辅助器具费和残疾赔偿金；造成死亡的，还应当赔偿丧葬费和死亡赔偿金。故 ABCD 项均正确。
2. ABCD，解析：《民法典》第 1181 条规定，被侵权人死亡的，其近亲属有权请求侵权人承担侵权责任。被侵权人为组织，该组织分立、合并的，承继权利的组织有权请求侵权人承担侵权责任。被侵权人死亡的，支付被侵权人医疗费、丧葬费等合理费用的人有权请求侵权人赔偿费用，但是侵权人已经支付该费用的除外。故 ABCD 项均正确。
3. BD，解析：《民法典》第 1183 条规定，侵害自然人人身权益造成严重精神损害的，被侵权人有权请求精神损害赔偿。因故意或者重大过失侵害自然人具有人身意义的特定物造成严重精神损害的，被侵权人有权请求精神损害赔偿。故 BD 项当选。
4. AC，解析：《民法典》第 1185 条规定，故意侵害他人知识产权，情节严重的，被侵权人有权请求相应的惩罚性赔偿。故 AC 项当选。
5. ABCD，解析：《民法典》第 1187 条规定，损害发生后，当事人可以协商赔偿费用的支付方式。协商不一致的，赔偿费用应当一次性支付；一次性支付确有困难的，可以分期支付，但是被侵权人有权请求提供相应的担保。故 ABCD 项正确。

四、填空题

1. 合理费用；误工；残疾赔偿金；死亡赔偿金。（《民法典》第 1179 条）

2. 近亲属；承继权利的组织。（《民法典》第 1181 条）
3. 人身权益；严重；故意；重大过失；人身意义。（《民法典》第 1183 条）
4. 故意；情节严重。（《民法典》第 1185 条）

第三章　责任主体的特殊规定

一、判断题

1. 限制民事行为能力人造成他人损害，监护人尽到监护责任的，可以免除其侵权责任。(　　)
2. 完全民事行为能力人暂时没有意识或者失去控制造成他人损害的，不承担侵权责任。(　　)
3. 个人之间形成劳务关系，提供劳务一方因劳务受到损害的，根据双方各自的过错承担相应的责任。(　　)
4. 网络用户利用网络侵害他人民事权益的，应当承担侵权责任。(　　)
5. 网络用户接到转送的通知后，应当向网络服务提供者提交不存在侵权行为的声明。(　　)
6. 在宾馆、商场、银行等场所受到损害的，该场所的经营者、管理者应当承担侵权责任。(　　)
7. 限制民事行为能力人在学校或者其他教育机构学习、生活期间受到人身损害的，学校或者其他教育机构应当承担侵权责任。(　　)

二、单项选择题

1. 关于无民事行为能力人、限制民事行为能力人侵权，下列哪一说法是错误的？(　　)

   A. 无民事行为能力人造成他人损害的，由监护人承担侵权责任

   B. 限制民事行为能力人造成他人损害的，由监护人承担侵权责任

   C. 监护人尽到监护职责的，可以减轻其侵权责任

   D. 无民事行为能力人、限制民事行为能力人造成他人损害的，应当从监护人财产中支付赔偿费用

2. 关于完全民事行为能力在以下特定情形下的责任承担，表述错误的是：（　　）
   A. 对自己的行为暂时没有意识造成他人损害有过错的，应当承担侵权责任
   B. 对自己的行为暂时失去控制造成他人损害没有过错的，根据行为人的经济状况对受害人适当补偿
   C. 因醉酒对自己的行为暂时没有意识造成他人损害的，不应当承担侵权责任
   D. 因滥用麻醉药品对自己的行为暂时失去控制造成他人损害的，应当承担侵权责任
3. 个人之间的劳务关系中，提供劳务一方因劳务受到损害的，关于侵权责任的承担，下列哪一说法是正确的？（　　）
   A. 提供劳务一方应当自行承担损害后果
   B. 接受劳动一方可以视情况给予提供劳动一方补偿
   C. 接受劳务一方应当承担全部责任
   D. 根据双方各自的过错承担相应的责任
4. 关于网络用户、网络服务提供者的侵权责任，以下表述正确的是：（　　）
   A. 网络用户利用网络侵害他人民事权益，网络用户有过错的，应当承担侵权责任。法律另有规定的，依照其规定
   B. 网络服务提供者利用网络侵害他人民事权益，网络服务提供者没有过错的，不应当承担侵权责任。法律另有规定的，依照其规定
   C. 网络用户利用网络侵害他人民事权益，网络用户没有过错的，不应当承担侵权责任。法律另有规定的，依照其规定
   D. 网络服务提供者利用网络侵害他人民事权益的，应当承担侵权责任。法律另有规定的，依照其规定
5. 关于网络用户接到网络服务提供者转送的通知后所采取的措施及后果，以下表述错误的是：（　　）

A. 网络用户接到转送的通知后，可以向网络服务提供者提交不存在侵权行为的声明

B. 网络服务提供者接到声明后，应当将该声明转送发出通知的权利人，并告知其可以向仲裁机构申请仲裁

C. 网络服务提供者接到声明后，应当将该声明转送发出通知的权利人，并告知其可以向人民法院提起诉讼

D. 网络服务提供者在转送声明到达权利人后，应当及时终止所采取的措施

6. 在宾馆、商场、银行、车站、机场、体育场馆、娱乐场所等经营场所、公共场所或者群众活动中遭受损害，关于侵权责任的承担，下列哪一说法是正确的？（　　）

A. 经营场所、公共场所的经营者、管理者或者群众性活动的组织者不承担侵权责任

B. 因第三人的行为造成损害的，由造成损害的第三人承担全部责任

C. 由受害人自担责任

D. 经营场所、公共场所的经营者、管理者或者群众性活动的组织者未尽到安全保障义务，应当承担侵权责任

7. 关于限制民事行为能力人在教育机构学习、生活期间受到损害的侵权责任，下列哪一说法是正确的？（　　）

A. 受到人身损害的，学校或者其他教育机构应当承担侵权责任

B. 受到任何损害的，学校或者其他教育机构应当承担侵权责任

C. 受到人身损害，学校或者其他教育机构未尽到教育、管理职责的，应当承担侵权责任

D. 受到任何损害，学校或者其他教育机构未尽到教育、管理职责的，应当承担侵权责任

三、多项选择题

1. 在委托监护情形下，下列关于无民事行为能力人、限制民事行为能力

人侵权的说法，哪些是错误的：（　　）

A. 一律由监护人承担侵权责任

B. 一律由受托人承担侵权责任

C. 监护人有过错的，应当承担侵权责任；受托人有过错的，应当承担侵权责任

D. 监护人应当承担侵权责任；受托人有过错的，承担相应的责任

2. 劳务派遣期间，被派遣的工作人员因执行工作任务造成他人损害的，下列关于侵权责任承担的哪些说法是错误的：（　　）

A. 由劳务派遣单位承担侵权责任

B. 劳务派遣单位无过错的，由接受劳务派遣的用工单位承担侵权责任

C. 由劳务派遣单位承担侵权责任，接受劳务派遣的用工单位承担补充责任

D. 由接受劳务派遣的用工单位承担侵权责任，劳务派遣单位有过错的，承担相应的责任

3. 下列哪些情形下，定作人无需对承揽人在完成工作过程中遭受的损害承担相应责任：（　　）

A. 承揽人非因故意造成第三人损害

B. 承揽人非因重大过失造成自己损害

C. 承揽人因重大过失造成第三人损害或者自己损害

D. 定作人对定作、指示或者选任有过错

4. 下列关于网络侵权责任避风港原则的哪些说法是正确的：（　　）

A. 网络用户利用网络服务实施侵权行为的，权利人有权通知网络服务提供者采取删除、屏蔽、断开链接等必要措施

B. 通知应当包括构成侵权的初步证据及权利人的真实身份信息

C. 网络服务提供者接到通知后，应当及时将该通知转送相关网络用户

D. 权利人因错误通知造成网络用户或者网络服务提供者损害的，应当承担侵权责任

5. 在网络侵权中，网络服务提供者同时具备下列哪些情形的，应当与网络用户承担连带责任？（　　）

A. 知道或者应当知道网络用户利用其网络服务侵害他人民事权益

B. 不知道网络用户利用其网络服务侵害他人民事权益

C. 未采取充分措施

D. 未采取必要措施

6. 关于无民事行为能力人在教育机构受到人身损害的侵权责任，下列哪些说法是错误的？（　　）

A. 无民事行为能力人在教育机构学习、生活期间受到人身损害的，教育机构应当承担侵权责任

B. 无民事行为能力人在教育机构学习、生活期间遭受财产损失的，教育机构应当承担侵权责任

C. 能够证明尽到教育、管理职责的，教育机构不承担侵权责任

D. 能够证明尽到教育、管理职责的，可以适当减轻教育机构的侵权责任

7. 无民事行为能力人、限制民事行为能力人在教育机构学习、生活期间，受到教育机构以外的第三人人身损害的，关于侵权责任的承担，下列哪些说法是错误的？（　　）

A. 第三人承担全部责任

B. 第三人非因故意造成损害的，不承担侵权责任

C. 教育机构未尽到管理职责的，承担相应的补充责任

D. 教育机构承担全部责任

四、填空题

1. 无民事行为能力人、限制民事行为能力人造成他人损害，监护人将监护职责委托给他人的，______应当承担侵权责任；受托人有过错的，承担______的责任。

2. 用人单位的工作人员因______造成他人损害的，由______承担侵权责

任。用人单位承担侵权责任后，可以向有______的工作人员追偿。

3. 承揽人在完成工作过程中造成第三人损害或者自己损害的，定作人______侵权责任。但是，定作人对定作、指示或者选任______的，应当承担______的责任。

4. 网络用户利用网络服务实施侵权行为的，权利人有权通知网络服务提供者采取删除、屏蔽、断开链接等必要措施。通知应当包括构成侵权的______及权利人的______。

5. 网络服务提供者______网络用户利用其网络服务侵害他人民事权益，未采取______措施的，与该网络用户承担______责任。

6. 无民事行为能力人在幼儿园、学校或者其他教育机构______期间受到______损害的，幼儿园、学校或者其他教育机构______承担侵权责任；但是，能够证明______教育、管理职责的，不承担侵权责任。

7. 无民事行为能力人或者限制民事行为能力人在幼儿园、学校或者其他教育机构______期间，受到幼儿园、学校或者其他教育机构以外的第三人______损害的，由______承担侵权责任；幼儿园、学校或者其他教育机构未尽到管理职责的，承担相应的______责任。幼儿园、学校或者其他教育机构承担补充责任后，可以向第三人______。

五、简答题

简述我国《民法典》规定的关于无民事行为能力人、限制民事行为能力人在教育机构受到损害时，教育机构应当承担侵权责任的情形。

参考答案

一、判断题

1. ×，解析：《民法典》第 1188 条第 1 款规定，无民事行为能力人、限制民事行为能力人造成他人损害的，由监护人承担侵权责任。监护人尽到监护职责的，可以减轻其侵权责任。

2. ×，解析：《民法典》第 1190 条第 1 款规定，完全民事行为能力人对自己的行为暂时没有意识或者失去控制造成他人损害有过错的，应当承担侵权责任；没有过错的，根据行为人的经济状况对受害人适当补偿。
3. √，解析：《民法典》第 1192 条第 1 款规定，个人之间形成劳务关系，提供劳务一方因劳务造成他人损害的，由接受劳务一方承担侵权责任。接受劳务一方承担侵权责任后，可以向有故意或者重大过失的提供劳务一方追偿。提供劳务一方因劳务受到损害的，根据双方各自的过错承担相应的责任。
4. √，解析：《民法典》第 1194 条规定，网络用户、网络服务提供者利用网络侵害他人民事权益的，应当承担侵权责任。法律另有规定的，依照其规定。
5. ×，解析：《民法典》第 1196 条第 1 款规定，网络用户接到转送的通知后，可以向网络服务提供者提交不存在侵权行为的声明。声明应当包括不存在侵权行为的初步证据及网络用户的真实身份信息。
6. ×，解析：《民法典》第 1198 条第 1 款规定，宾馆、商场、银行、车站、机场、体育场馆、娱乐场所等经营场所、公共场所的经营者、管理者或者群众性活动的组织者，未尽到安全保障义务，造成他人损害的，应当承担侵权责任。
7. ×，解析：《民法典》第 1200 条规定，限制民事行为能力人在学校或者其他教育机构学习、生活期间受到人身损害，学校或者其他教育机构未尽到教育、管理职责的，应当承担侵权责任。

二、单项选择题

1. D，解析：《民法典》第 1188 条规定，无民事行为能力人、限制民事行为能力人造成他人损害的，由监护人承担侵权责任。监护人尽到监护职责的，可以减轻其侵权责任。有财产的无民事行为能力人、限制民事行为能力人造成他人损害的，从本人财产中支付赔偿费用；不足部分，由监护人赔偿。故 D 项错误。

2. C，解析：《民法典》第 1190 条规定，完全民事行为能力人对自己的行为暂时没有意识或者失去控制造成他人损害有过错的，应当承担侵权责任；没有过错的，根据行为人的经济状况对受害人适当补偿。完全民事行为能力人因醉酒、滥用麻醉药品或者精神药品对自己的行为暂时没有意识或者失去控制造成他人损害的，应当承担侵权责任。据此，ABD 项正确。C 项中承担侵权责任不以过错为前提，C 项错误。
3. D，解析：《民法典》第 1192 条第 1 款规定，个人之间形成劳务关系，提供劳务一方因劳务造成他人损害的，由接受劳务一方承担侵权责任。接受劳务一方承担侵权责任后，可以向有故意或者重大过失的提供劳务一方追偿。提供劳务一方因劳务受到损害的，根据双方各自的过错承担相应的责任。故 D 项正确。
4. D，解析：《民法典》第 1194 条规定，网络用户、网络服务提供者利用网络侵害他人民事权益的，应当承担侵权责任。法律另有规定的，依照其规定。据此，ABC 表述错误，D 项正确。
5. D，解析：《民法典》第 1196 条规定，网络用户接到转送的通知后，可以向网络服务提供者提交不存在侵权行为的声明。声明应当包括不存在侵权行为的初步证据及网络用户的真实身份信息。网络服务提供者接到声明后，应当将该声明转送发出通知的权利人，并告知其可以向有关部门投诉或者向人民法院提起诉讼。网络服务提供者在转送声明到达权利人后的合理期限内，未收到权利人已经投诉或者提起诉讼通知的，应当及时终止所采取的措施。
6. D，解析：《民法典》第 1198 条规定，宾馆、商场、银行、车站、机场、体育场馆、娱乐场所等经营场所、公共场所的经营者、管理者或者群众性活动的组织者，未尽到安全保障义务，造成他人损害的，应当承担侵权责任。因第三人的行为造成他人损害的，由第三人承担侵权责任；经营者、管理者或者组织者未尽到安全保障义务的，承担相应的补充责任。经营者、管理者或者组织者承担补充责任后，可以向第三人追偿。故 D 项正确。

7. C，解析：《民法典》第 1200 条规定，限制民事行为能力人在学校或者其他教育机构学习、生活期间受到人身损害，学校或者其他教育机构未尽到教育、管理职责的，应当承担侵权责任。故 C 项正确。

三、多项选择题

1. ABC，解析：《民法典》第 1189 条规定，无民事行为能力人、限制民事行为能力人造成他人损害，监护人将监护职责委托给他人的，监护人应当承担侵权责任；受托人有过错的，承担相应的责任。故 ABC 项正确。
2. ABC，解析：《民法典》第 1191 条第 2 款规定，劳务派遣期间，被派遣的工作人员因执行工作任务造成他人损害的，由接受劳务派遣的用工单位承担侵权责任；劳务派遣单位有过错的，承担相应的责任。故 ABC 项当选。
3. ABC，解析：《民法典》第 1193 条规定，承揽人在完成工作过程中造成第三人损害或者自己损害的，定作人不承担侵权责任。但是，定作人对定作、指示或者选任有过错的，应当承担相应的责任。
4. ABCD，解析：《民法典》第 1195 条规定，网络用户利用网络服务实施侵权行为的，权利人有权通知网络服务提供者采取删除、屏蔽、断开链接等必要措施。通知应当包括构成侵权的初步证据及权利人的真实身份信息。网络服务提供者接到通知后，应当及时将该通知转送相关网络用户，并根据构成侵权的初步证据和服务类型采取必要措施；未及时采取必要措施的，对损害的扩大部分与该网络用户承担连带责任。权利人因错误通知造成网络用户或者网络服务提供者损害的，应当承担侵权责任。法律另有规定的，依照其规定。故 ABCD 项正确。
5. AD，解析：《民法典》第 1197 条规定，网络服务提供者知道或者应当知道网络用户利用其网络服务侵害他人民事权益，未采取必要措施的，与该网络用户承担连带责任。故 AD 项当选。

6. BD，解析：《民法典》第 1199 条规定，无民事行为能力人在幼儿园、学校或者其他教育机构学习、生活期间受到人身损害的，幼儿园、学校或者其他教育机构应当承担侵权责任；但是，能够证明尽到教育、管理职责的，不承担侵权责任。故 BD 项错误。
7. ABD，解析：《民法典》第 1201 条规定，无民事行为能力人或者限制民事行为能力人在幼儿园、学校或者其他教育机构学习、生活期间，受到幼儿园、学校或者其他教育机构以外的第三人人身损害的，由第三人承担侵权责任；幼儿园、学校或者其他教育机构未尽到管理职责的，承担相应的补充责任。幼儿园、学校或者其他教育机构承担补充责任后，可以向第三人追偿。故 ABD 项错误。

四、填空题

1. 监护人；相应。（《民法典》第 1189 条）
2. 执行工作任务；用人单位；故意或者重大过失。（《民法典》第 1191 条第 1 款）
3. 不承担；有过错；相应。（《民法典》第 1193 条）
4. 初步证据；真实身份信息。（《民法典》第 1195 条第 1 款）
5. 知道或者应当知道；必要；连带。（《民法典》第 1197 条）
6. 学习、生活；人身；应当；尽到。（《民法典》第 1199 条）
7. 学习、生活；人身；第三人；补充；追偿。（《民法典》第 1201 条）

五、简答题

答：根据《民法典》第 1199 至 1201 条的规定，无民事行为能力人在幼儿园、学校或者其他教育机构学习、生活期间受到损害的，教育机构应当承担侵权责任的情形有：

（1）过错推定责任。无民事行为能力人在幼儿园、学校或者其他教育机构学习、生活期间受到人身损害的，幼儿园、学校或者其他教育机构应当承担侵权责任；但是，能够证明尽到教育、管理职责的，不承担侵权责任。

（2）过错责任。限制民事行为能力人在学校或者其他教育机构学习、生活期间受到人身损害，学校或者其他教育机构未尽到教育、管理职责的，应当承担侵权责任。

（3）在教育机构内第三人侵权时的责任分担。无民事行为能力人或者限制民事行为能力人在幼儿园、学校或者其他教育机构学习、生活期间，受到幼儿园、学校或者其他教育机构以外的第三人人身损害的，由第三人承担侵权责任；幼儿园、学校或者其他教育机构未尽到管理职责的，承担相应的补充责任。幼儿园、学校或者其他教育机构承担补充责任后，可以向第三人追偿。

第四章 产品责任

一、判断题

1. 因产品存在缺陷造成他人损害的，生产者应当承担侵权责任。（ ）
2. 因仓储者保管不当导致产品存在缺陷，造成他人损害的，产品的生产者、销售者赔偿后，有权向仓储者追偿。（ ）
3. 产品投入流通后发现存在缺陷的，生产者、销售者未及时采取补救措施或者补救措施不力造成损害扩大的，对扩大的损害也应当承担侵权责任。（ ）

二、单项选择题

1. 下列关于产品缺陷侵权的说法，哪一选项是正确的？（ ）
   A. 因产品存在缺陷造成他人损害的，生产者应当承担侵权责任
   B. 被侵权人只能要求生产者承担侵权责任
   C. 被侵权人只能要求销售者承担侵权责任
   D. 被侵权人只能要求生产者或者销售者一方承担侵权责任
2. 关于产品缺陷侵权责任的承担，下列哪一说法是错误的？（ ）
   A. 产品缺陷由生产者造成的，销售者赔偿后，有权向生产者追偿
   B. 因销售者的过错使产品存在缺陷的，生产者赔偿后，有权向销售者追偿
   C. 因运输者、仓储者第三人的过错使产品存在缺陷，造成他人损害的，产品的生产者、销售者赔偿后，有权向第三人追偿
   D. 无论产品存在缺陷是谁造成的，被侵权人都只能要求销售者承担侵权责任

3. 下列关于缺陷产品的召回的说法，哪一选项是错误的？（　　）

A. 产品投入流通后发现存在缺陷的，生产者、销售者应当及时采取停止销售、警示、召回等补救措施

B. 生产者、销售者未及时采取补救措施造成损害扩大的，对扩大的损害也应当承担侵权责任

C. 生产者、销售者采取补救措施不力造成损害扩大的，对扩大的损害也应当承担侵权责任

D. 生产者、销售者采取召回措施的，还应当负担被侵权人因此实际支出的实费用

三、多项选择题

1. 下列关于产品缺陷侵权的说法，正确的有：（　　）

A. 因产品存在缺陷造成他人损害的，被侵权人可以向产品的生产者请求赔偿

B. 因产品存在缺陷造成他人损害的，被侵权人可以向产品的销售者请求赔偿

C. 产品缺陷由生产者造成的，销售者赔偿后，有权向生产者追偿

D. 因销售者的过错使产品存在缺陷的，生产者赔偿后，有权向销售者追偿

2. 因产品缺陷危及他人人身、财产安全的，被侵权人有权请求生产者、销售者承担下列哪些侵权责任？（　　）

A. 停止侵害　　B. 排除妨碍

C. 返还财产　　D. 消除危险

3. 下列哪些情形下，被侵权人有权请求相应的惩罚性赔偿？（　　）

A. 明知产品存在缺陷仍然生产、销售

B. 明知产品存在缺陷仍然生产、销售，造成他人死亡或者健康严重损害

C. 因产品存在缺陷，没有采取有效补救措施

D. 因产品存在缺陷，没有采取有效补救措施，造成他人死亡或者健康严重损害

四、填空题

1. 因产品存在缺陷造成他人损害的，被侵权人______向产品的生产者请求赔偿，______向产品的销售者请求赔偿。产品缺陷由生产者造成的，销售者赔偿后，有权向生产者______。因销售者的过错使产品存在缺陷的，生产者赔偿后，有权向销售者______。
2. 因产品缺陷危及他人人身、财产安全的，被侵权人有权请求生产者、销售者承担______侵权责任。
3. ______产品存在缺陷仍然生产、销售，或者______依法采取有效补救措施，造成他人______或者______的，被侵权人有权请求相应的惩罚性赔偿。

参考答案

一、判断题

1. √，解析：《民法典》第 1202 条规定，因产品存在缺陷造成他人损害的，生产者应当承担侵权责任。
2. √，解析：《民法典》第 1204 条规定，因运输者、仓储者等第三人的过错使产品存在缺陷，造成他人损害的，产品的生产者、销售者赔偿后，有权向第三人追偿。
3. √，解析：《民法典》第 1206 条第 1 款规定，产品投入流通后发现存在缺陷的，生产者、销售者应当及时采取停止销售、警示、召回等补救措施；未及时采取补救措施或者补救措施不力造成损害扩大的，对扩大的损害也应当承担侵权责任。

二、单项选择题

1. A，解析：《民法典》第 1202 条规定，因产品存在缺陷造成他人损害的，生产者应当承担侵权责任。故 A 项正确。

2. D，解析：《民法典》第 1203 条规定，因产品存在缺陷造成他人损害的，被侵权人可以向产品的生产者请求赔偿，也可以向产品的销售者请求赔偿。产品缺陷由生产者造成的，销售者赔偿后，有权向生产者追偿。因销售者的过错使产品存在缺陷的，生产者赔偿后，有权向销售者追偿。第 1204 条规定，因运输者、仓储者等第三人的过错使产品存在缺陷，造成他人损害的，产品的生产者、销售者赔偿后，有权向第三人追偿。故 D 项错误。
3. D，解析：《民法典》第 1206 条第 1 款规定，产品投入流通后发现存在缺陷的，生产者、销售者应当及时采取停止销售、警示、召回等补救措施；未及时采取补救措施或者补救措施不力造成损害扩大的，对扩大的损害也应当承担侵权责任。故 D 项错误。

三、多项选择题

1. ABCD，解析：《民法典》第 1203 条规定，因产品存在缺陷造成他人损害的，被侵权人可以向产品的生产者请求赔偿，也可以向产品的销售者请求赔偿。产品缺陷由生产者造成的，销售者赔偿后，有权向生产者追偿。因销售者的过错使产品存在缺陷的，生产者赔偿后，有权向销售者追偿。故 ABCD 项均正确。
2. ABD，解析：《民法典》第 1205 条规定，因产品缺陷危及他人人身、财产安全的，被侵权人有权请求生产者、销售者承担停止侵害、排除妨碍、消除危险等侵权责任。故 ABD 项正确。
3. BD，解析：《民法典》第 1207 条规定，明知产品存在缺陷仍然生产、销售，或者没有依据前条规定采取有效补救措施，造成他人死亡或者健康严重损害的，被侵权人有权请求相应的惩罚性赔偿。故 BD 项当选。

四、填空题

1. 可以；也可以；追偿；追偿。(《民法典》第 1203 条)
2. 停止侵害、排除妨碍、消除危险。(《民法典》第 1205 条)
3. 明知；没有；死亡；健康严重损害。(《民法典》第 1207 条)

第五章　机动车交通事故责任

一、判断题

1. 机动车发生交通事故造成损害的，依照道路交通安全法律和本法的有关规定承担赔偿责任。(　　)
2. 机动车转让并交付，但未办理登记，发生交通事故造成损害的，属于该机动车一方责任的，由受让人承担赔偿责任。(　　)
3. 未经允许驾驶他人机动车，发生交通事故造成损害，属于该机动车一方责任的，由机动车使用人承担赔偿责任。(　　)
4. 以买卖或者其他方式转让拼装或者已经达到报废标准的机动车，发生交通事故造成损害的，由转让人承担责任。(　　)
5. 机动车驾驶人发生交通事故后逃逸，该机动车未参加强制保险或者抢救费用超过机动车强制保险责任限额，需要支付被侵权人人身伤亡的抢救、丧葬等费用的，由道路交通事故社会救助基金垫付。道路交通事故社会救助基金垫付后，其管理机构有权向交通事故责任人追偿。(　　)

二、单项选择题

1. 关于机动车发生交通事故造成损害的法律适用，以下表述正确的是：(　　)

   A. 依照道路交通安全法律

   B. 依照《民法典》的有关规定

   C. 依照道路交通安全法律和《民法典》的有关规定

   D. 由当事人协商选择适用道路交通安全法律或者《民法典》的有关规定

2. 机动车发生交通事故造成损害，属于机动车一方责任的，关于赔偿责任的承担，下列哪一说法是错误的？（　　）
   A. 机动车所有人、管理人与使用人不是同一人的，由机动车使用人承担赔偿责任
   B. 机动车所有人、管理人对损害的发生有过错的，承担相应的赔偿责任
   C. 机动车所有人、管理人与使用人不是同一人的，由机动车使用人和机动车所有人、管理人承担连带赔偿责任
   D. 机动车已经转让并交付，但未办理登记的，由受让人承担赔偿责任
3. 未经允许驾驶他人机动车，发生交通事故造成损害，关于赔偿责任的承担，下列哪一说法是正确的？（　　）
   A. 由机动车所有人承担赔偿责任
   B. 由机动车管理人承担赔偿责任
   C. 由机动车所有人和机动车使用人承担连带赔偿责任
   D. 机动车所有人、管理人对损害的发生有过错的，承担相应的赔偿责任
4. 以买卖或者其他方式转让拼装或者已达到报废标准的机动车，发生交通事故造成损害的，关于侵权责任的承担，下列哪一说法是正确的？（　　）
   A. 由转让人承担责任
   B. 由受让人承担责任
   C. 由有过错的一方承担责任
   D. 由转让人和受让人承担连带责任

三、多项选择题

1. 机动车所有人、管理人与使用人不是同一人时，发生交通事故造成损害，关于侵权责任的承担，下列哪些说法是正确的？（　　）

A. 由机动车使用人承担赔偿责任
B. 属于该机动车一方责任的，由机动车使用人承担赔偿责任
C. 机动车所有人、管理人对损害的发生有过错的，承担相应的赔偿责任
D. 机动车所有人、管理人对损害的发生有过错的，应当承担赔偿责任

2. 机动车发生交通事故，关于赔偿责任的承担，下列哪些说法是正确的？（　　）
A. 以挂靠形式从事道路运输经营活动的机动车，发生交通事故造成损害，属于该机动车一方责任的，由挂靠人和被挂靠人承担连带责任
B. 以挂靠形式从事道路运输经营活动的机动车，发生交通事故造成损害，属于该机动车一方责任的，由挂靠人和被挂靠人根据过错程度承担相应的责任
C. 未经允许驾驶他人机动车，发生交通事故造成损害，属于该机动车一方责任的，由机动车使用人承担赔偿责任，机动车所有人、管理人对损害的发生有过错的，承担相应的赔偿责任
D. 未经允许驾驶他人机动车，发生交通事故造成损害，属于该机动车一方责任的，由机动车使用人承担赔偿责任，机动车所有人、管理人不承担赔偿责任

3. 机动车一方责任导致交通事故造成损害，关于承担赔偿责任的顺序表述正确的是：（　　）
A. 先由承保机动车强制保险的保险人在强制保险责任限额范围内予以赔偿
B. 交强险赔付不足部分，由承保机动车商业保险的保险人按照保险合同的约定予以赔偿
C. 商业保险赔付仍然不足的，由侵权人赔偿
D. 没有投保机动车商业保险的，由侵权人赔偿

4. 盗窃人、抢劫人或者抢夺人与机动车使用人不是同一人，发生交通事故造成损害，属于该机动车一方责任的，下列哪些主体应当承担连带赔偿责任？（　　）

A. 盗窃人　　B. 抢劫人

C. 抢夺人　　D. 机动车使用人

5. 非营运机动车发生交通事故造成无偿搭乘人损害的，属于该机动车一方责任的，关于赔偿责任的承担，下列哪些说法是正确的？（　　）

A. 应当减轻机动车一方的赔偿责任，但有例外情形

B. 可以减轻机动车一方的赔偿责任，无例外情形

C. 机动车使用人因故意造成交通事故发生的，不应当减轻其赔偿责任

D. 机动车使用人因重大过失造成交通事故发生的，可以减轻其赔偿责任

四、填空题

1. 因租赁、借用等情形机动车所有人、管理人与使用人不是同一人时，发生交通事故造成损害，属于该机动车一方责任的，由机动车______承担赔偿责任；机动车所有人、管理人对损害的发生有过错的，承担______的赔偿责任。

2. 以挂靠形式从事道路运输经营活动的机动车，发生交通事故造成损害，属于该机动车一方责任的，由______和______承担______责任。

3. 机动车发生交通事故造成损害，属于该机动车一方责任的，先由承保机动车______的保险人在______责任限额范围内予以赔偿；不足部分，由承保机动车______的保险人按照保险合同的约定予以赔偿；仍然不足或者没有投保机动车______的，由______赔偿。

4. 盗窃、抢劫或者抢夺的机动车发生交通事故造成损害的，由______承担赔偿责任。盗窃人、抢劫人或者抢夺人与机动车使用人不是同一人，发生交通事故造成损害，属于该机动车一方责任的，由盗窃人、

抢劫人或者抢夺人与机动车使用人承担______责任。保险人在机动车强制保险责任限额范围内垫付抢救费用的，有权向交通事故责任人______。

5. ______机动车发生交通事故造成______搭乘人损害，属于该机动车一方责任的，______减轻其赔偿责任，但是机动车使用人有______的除外。

参考答案

一、判断题

1. √，解析：《民法典》第1208条规定，机动车发生交通事故造成损害的，依照道路交通安全法律和本法的有关规定承担赔偿责任。
2. √，解析：《民法典》第1210条规定，当事人之间已经以买卖或者其他方式转让并交付机动车但是未办理登记，发生交通事故造成损害，属于该机动车一方责任的，由受让人承担赔偿责任。
3. √，解析：《民法典》第1212条规定，未经允许驾驶他人机动车，发生交通事故造成损害，属于该机动车一方责任的，由机动车使用人承担赔偿责任；机动车所有人、管理人对损害的发生有过错的，承担相应的赔偿责任，但是本章另有规定的除外。
4. ×，解析：《民法典》第1214条规定，以买卖或者其他方式转让拼装或者已经达到报废标准的机动车，发生交通事故造成损害的，由转让人和受让人承担连带责任。
5. √，解析：《民法典》第1216条规定，机动车驾驶人发生交通事故后逃逸，该机动车参加强制保险的，由保险人在机动车强制保险责任限额范围内予以赔偿；机动车不明、该机动车未参加强制保险或者抢救费用超过机动车强制保险责任限额，需要支付被侵权人人身伤亡的抢救、丧葬等费用的，由道路交通事故社会救助基金垫付。道路交通事故社会救助基金垫付后，其管理机构有权向交通事故责任人追偿。

二、单项选择题

1. C，解析：《民法典》第 1208 条规定，机动车发生交通事故造成损害的，依照道路交通安全法律和本法的有关规定承担赔偿责任。
2. C，解析：《民法典》第 1209 条规定，因租赁、借用等情形机动车所有人、管理人与使用人不是同一人时，发生交通事故造成损害，属于该机动车一方责任的，由机动车使用人承担赔偿责任；机动车所有人、管理人对损害的发生有过错的，承担相应的赔偿责任。第 1210 条规定，当事人之间已经以买卖或者其他方式转让并交付机动车但是未办理登记，发生交通事故造成损害，属于该机动车一方责任的，由受让人承担赔偿责任。故 C 项错误。
3. D，解析：《民法典》第 1212 条规定，未经允许驾驶他人机动车，发生交通事故造成损害，属于该机动车一方责任的，由机动车使用人承担赔偿责任；机动车所有人、管理人对损害的发生有过错的，承担相应的赔偿责任，但是本章另有规定的除外。故 D 项正确。
4. D，解析：《民法典》第 1214 条规定，以买卖或者其他方式转让拼装或者已经达到报废标准的机动车，发生交通事故造成损害的，由转让人和受让人承担连带责任。故 D 项正确。

三、多项选择题

1. BC，解析：《民法典》第 1209 条规定，因租赁、借用等情形机动车所有人、管理人与使用人不是同一人时，发生交通事故造成损害，属于该机动车一方责任的，由机动车使用人承担赔偿责任；机动车所有人、管理人对损害的发生有过错的，承担相应的赔偿责任。故 BC 项正确。
2. AC，解析：《民法典》第 1211 条规定，以挂靠形式从事道路运输经营活动的机动车，发生交通事故造成损害，属于该机动车一方责任的，由挂靠人和被挂靠人承担连带责任。第 1212 条规定，未经允许驾驶他人机动车，发生交通事故造成损害，属于该机动车一方责任的，由机动车使用人承担赔偿责任；机动车所有人、管理人对损害的发生有过错的，承担相应的赔偿责任，但是本章另有规定的除外。故 AC 项正确。

3. ABCD，解析：根据《民法典》第 1213 条规定，机动车发生交通事故造成损害，属于该机动车一方责任的，先由承保机动车强制保险的保险人在强制保险责任限额范围内予以赔偿；不足部分，由承保机动车商业保险的保险人按照保险合同的约定予以赔偿；仍然不足或者没有投保机动车商业保险的，由侵权人赔偿。
4. ABCD，解析：《民法典》第 1215 条第 1 款规定，盗窃、抢劫或者抢夺的机动车发生交通事故造成损害的，由盗窃人、抢劫人或者抢夺人承担赔偿责任。盗窃人、抢劫人或者抢夺人与机动车使用人不是同一人，发生交通事故造成损害，属于该机动车一方责任的，由盗窃人、抢劫人或者抢夺人与机动车使用人承担连带责任。故 ABCD 项当选。
5. AC，解析：《民法典》第 1217 条规定，非营运机动车发生交通事故造成无偿搭乘人损害，属于该机动车一方责任的，应当减轻其赔偿责任，但是机动车使用人有故意或者重大过失的除外。故 AC 项正确。

四、填空题

1. 使用人；相应。（《民法典》第 1209 条）
2. 挂靠人；被挂靠人；连带。（《民法典》第 1211 条）
3. 强制保险；强制保险；商业保险；商业保险；侵权人。（《民法典》第 1213 条）
4. 盗窃人、抢劫人或者抢夺人；连带；追偿。（《民法典》第 1215 条）
5. 非营运；无偿；应当；故意或者重大过失。（《民法典》第 1217 条）

第六章　医疗损害责任

一、判断题

1. 患者在诊疗活动中受到损害，由医疗机构承担赔偿责任。(　　)
2. 在抢救生命垂危的患者等紧急情况下，不能取得患者或者其近亲属意见的，医务人员应当立即实施相应的医疗措施。(　　)
3. 患者在诊疗活动中受到损害，医疗机构违法销毁病历资料的，推定医疗机构有过错。(　　)
4. 医务人员在抢救生命垂危的患者等紧急情况下已经尽到合理诊疗义务的，医疗机构不承担赔偿责任。(　　)
5. 医疗机构及其医务人员对患者的隐私和个人信息有保密义务。(　　)
6. 医疗机构及其医务人员的合法权益受法律保护。(　　)

二、单项选择题

1. 关于医疗损害责任，下列哪一说法是正确的？(　　)

   A. 患者在诊疗活动中受到损害，由医疗机构承担赔偿责任

   B. 患者在诊疗活动中受到损害，医疗机构不能证明没有过错的，由医疗机构承担赔偿责任

   C. 患者在诊疗活动中受到损害，医务人员有过错的，由医务人员承担赔偿责任

   D. 患者在诊疗活动中受到损害，医疗机构有过错的，由医疗机构承担赔偿责任

2. 以下哪项不属于医疗机构可以立即实施相应的医疗措施需要满足的条件：(　　)

   A. 因抢救生命垂危的患者等紧急情况

B. 不能取得患者近亲属的意见

C. 不能取得患者所在单位的意见

D. 经医疗机构负责人或者授权的负责人批准

3. 患者在诊疗活动中受到损害，下列哪一情形下，不能推定医疗机构有过错？（　　）

A. 医疗机构违反法律、行政法规、规章以及其他有关诊疗规范的规定

B. 医疗机构隐匿或者拒绝提供与纠纷有关的病历资料

C. 医疗机构遗失病历资料

D. 医疗机构销毁病历资料

4. 患者在诊疗活动中受到损害的，下列哪一情形下，医疗机构不承担赔偿责任：（　　）

A. 患者不配合医疗机构进行诊疗

B. 医务人员在抢救生命垂危的患者等紧急情况下已经尽到合理诊疗义务

C. 患者近亲属不配合医疗机构进行诊疗

D. 患者所在医疗机构的水平难以诊疗

5. 关于医疗机构及其医务人员对患者隐私和个人信息的保密义务，下列哪一说法是错误的：（　　）

A. 医疗机构应当对患者的隐私和个人信息保密

B. 医务人员应当对患者的隐私和个人信息保密

C. 泄露患者的隐私和个人信息的，应当承担侵权责任

D. 公开患者病历资料的，应当承担侵权责任

6. 下列关于医疗机构及其医务人员合法权益的保护的说法中，哪一项是错误的？（　　）

A. 医疗机构的合法权益受法律保护

B. 医务人员的合法权益受法律保护

C. 干扰医疗秩序的，应当承担法律责任

D. 干扰医疗秩序，妨碍医务人员工作、生活，侵害医务人员合法权益的，应当依法承担法律责任

三、多项选择题

1. 患者在诊疗活动中受到损害的，下列哪些情形下医疗机构应当承担赔偿责任？（　　）

A. 患者在诊疗活动中受到损害，医疗机构或者其医务人员无过错的

B. 患者在诊疗活动中受到损害，医疗机构有过错的

C. 患者在诊疗活动中受到损害，医务人员有过错的

D. 医务人员在诊疗活动中未向患者说明病情和医疗措施，造成患者损害的

2. 下列哪些选项属于医疗机构在诊疗活动中应当向患者说明或者征得其明确同意的事项？（　　）

A. 患者的病情　　B. 需要采取的医疗措施

C. 医疗风险　　D. 替代医疗方案

3. 下列关于医疗损害责任的哪些说法是正确的？（　　）

A. 需要实施手术、特殊检查、特殊治疗的，医务人员未及时向患者具体说明医疗风险、替代医疗方案等情况并取得其明确同意，造成患者损害的，医疗机构应当承担赔偿责任

B. 因抢救生命垂危的患者等紧急情况，不能取得患者或者其近亲属意见的，经医疗机构负责人或者授权的负责人批准，可以立即实施相应的医疗措施

C. 医务人员在诊疗活动中未尽到与当时的医疗水平相应的诊疗义务，造成患者损害的，医疗机构应当承担赔偿责任

D. 患者在诊疗活动中受到损害，医疗机构或者其医务人员有过错的，由医疗机构承担赔偿责任

4. 因药品、消毒产品、医疗器械的缺陷，或者输入不合格的血液造成患者损害的，患者可以向下列哪些机构请求赔偿？（　　）

A. 药品上市许可持有人　　B. 生产者

C. 血液提供机构　　D. 医疗机构

5. 下列哪些材料属于医疗机构及其医务人员应当按照规定填写并妥善保管的病历资料？（　　）

A. 住院志　　B. 手术及麻醉记录

C. 护理记录　　D. 医嘱单

6. 下列关于医疗侵权的哪些说法是正确的？（　　）

A. 医疗机构及其医务人员不得违反诊疗规范实施不必要的检查

B. 医疗机构及其医务人员应当对患者的隐私和个人信息保密

C. 医疗机构及其医务人员应当按照规定填写并妥善保管住院志、医嘱单、检验报告、手术以及麻醉记录、病理资料、护理记录、医疗费用等病历资料

D. 医务人员在抢救生命垂危的患者等紧急情况下已经尽到合理诊疗义务的，医疗机构不承担赔偿责任

四、填空题

1. 医务人员在诊疗活动中______向患者说明病情和医疗措施。需要实施手术、特殊检查、特殊治疗的，医务人员______向患者具体说明医疗风险、替代医疗方案等情况，并取得其______；不能或者不宜向患者说明的，应当向患者的近亲属说明，并取得其______。医务人员未尽到前款义务，造成患者损害的，医疗机构______承担赔偿责任。

2. 医务人员在诊疗活动中未尽到与______的医疗水平相应的诊疗义务，造成患者损害的，医疗机构______承担赔偿责任。

3. 因药品、消毒产品、医疗器械的缺陷，或者输入不合格的血液造成患者损害的，患者可以向______、______、______请求赔偿，也可以向______请求赔偿。患者向医疗机构请求赔偿的，医疗机构赔偿后，有权向负有责任的药品上市许可持有人、生产者、血液提供机构______。

4. 医疗机构及其医务人员应当按照规定填写并______住院志、医嘱单、检验报告、手术及麻醉记录、病理资料、护理记录等病历资料。患者要求查阅、复制前款规定的病历资料的，医疗机构应当______。
5. 医疗机构及其医务人员不得违反______实施______的检查。

五、简答题

简述我国《民法典》规定的医务人员在诊疗活动中的说明义务和患者知情同意权。

参考答案

一、判断题

1. ×，解析：《民法典》第 1218 条规定，患者在诊疗活动中受到损害，医疗机构或者其医务人员有过错的，由医疗机构承担赔偿责任。
2. ×，解析：《民法典》第 1220 条规定，因抢救生命垂危的患者等紧急情况，不能取得患者或者其近亲属意见的，经医疗机构负责人或者授权的负责人批准，可以立即实施相应的医疗措施。
3. √，解析：《民法典》第 1222 条规定，患者在诊疗活动中受到损害，有下列情形之一的，推定医疗机构有过错：（1）违反法律、行政法规、规章以及其他有关诊疗规范的规定；（2）隐匿或者拒绝提供与纠纷有关的病历资料；（3）遗失、伪造、篡改或者违法销毁病历资料。
4. √，解析：《民法典》第 1224 条规定，患者在诊疗活动中受到损害，有下列情形之一的，医疗机构不承担赔偿责任：（1）患者或者其近亲属不配合医疗机构进行符合诊疗规范的诊疗；（2）医务人员在抢救生命垂危的患者等紧急情况下已经尽到合理诊疗义务；（3）限于当时的医疗水平难以诊疗。前款第 1 项情形中，医疗机构或者其医务人员也有过错的，应当承担相应的赔偿责任。
5. √，解析：《民法典》第 1226 条规定，医疗机构及其医务人员应当对患者的隐私和个人信息保密。泄露患者的隐私和个人信息，或者未经患者同意公开其病历资料的，应当承担侵权责任。

6. √，解析：《民法典》第1228条规定，医疗机构及其医务人员的合法权益受法律保护。干扰医疗秩序，妨碍医务人员工作、生活，侵害医务人员合法权益的，应当依法承担法律责任。

二、单项选择题

1. D，解析：《民法典》第1218条规定，患者在诊疗活动中受到损害，医疗机构或者其医务人员有过错的，由医疗机构承担赔偿责任。
2. C，解析：《民法典》第1220条规定，因抢救生命垂危的患者等紧急情况，不能取得患者或者其近亲属意见的，经医疗机构负责人或者授权的负责人批准，可以立即实施相应的医疗措施。故C项当选。
3. D，解析：《民法典》第1222条规定，患者在诊疗活动中受到损害，有下列情形之一的，推定医疗机构有过错：（1）违反法律、行政法规、规章以及其他有关诊疗规范的规定；（2）隐匿或者拒绝提供与纠纷有关的病历资料；（3）遗失、伪造、篡改或者违法销毁病历资料。故D项当选。
4. C，解析：《民法典》第1224条规定，患者在诊疗活动中受到损害，有下列情形之一的，医疗机构不承担赔偿责任：（1）患者或者其近亲属不配合医疗机构进行符合诊疗规范的诊疗；（2）医务人员在抢救生命垂危的患者等紧急情况下已经尽到合理诊疗义务；（3）限于当时的医疗水平难以诊疗。前款第1项情形中，医疗机构或者其医务人员也有过错的，应当承担相应的赔偿责任。故C项当选。
5. D，解析：《民法典》第1226条规定，医疗机构及其医务人员应当对患者的隐私和个人信息保密。泄露患者的隐私和个人信息，或者未经患者同意公开其病历资料的，应当承担侵权责任。故ABC项正确，D项错误。
6. C，解析：《民法典》第1228条规定，医疗机构及其医务人员的合法权益受法律保护。干扰医疗秩序，妨碍医务人员工作、生活，侵害医务人员合法权益的，应当依法承担法律责任。故 C 项错误。

三、多项选择题

1. BCD，解析：《民法典》第 1218 条规定，患者在诊疗活动中受到损害，医疗机构或者其医务人员有过错的，由医疗机构承担赔偿责任。第 1219 条规定，医务人员在诊疗活动中应当向患者说明病情和医疗措施。需要实施手术、特殊检查、特殊治疗的，医务人员应当及时向患者具体说明医疗风险、替代医疗方案等情况，并取得其明确同意；不能或者不宜向患者说明的，应当向患者的近亲属说明，并取得其明确同意。医务人员未尽到前款义务，造成患者损害的，医疗机构应当承担赔偿责任。故 BCD 项当选。
2. ABCD，解析：《民法典》第 1219 条规定，ABCD 项当选。
3. ABCD，解析：《民法典》第 1218 条、第 1219 条规定。第 1220 条规定，因抢救生命垂危的患者等紧急情况，不能取得患者或者其近亲属意见的，经医疗机构负责人或者授权的负责人批准，可以立即实施相应的医疗措施。第 1221 条规定，医务人员在诊疗活动中未尽到与当时的医疗水平相应的诊疗义务，造成患者损害的，医疗机构应当承担赔偿责任。故 ABCD 项当选。
4. ABCD，解析：《民法典》第 1223 条规定，因药品、消毒产品、医疗器械的缺陷，或者输入不合格的血液造成患者损害的，患者可以向药品上市许可持有人、生产者、血液提供机构请求赔偿，也可以向医疗机构请求赔偿。患者向医疗机构请求赔偿的，医疗机构赔偿后，有权向负有责任的药品上市许可持有人、生产者、血液提供机构追偿。故 ABCD 项当选。
5. ABCD，解析：《民法典》第 1225 条规定，医疗机构及其医务人员应当按照规定填写并妥善保管住院志、医嘱单、检验报告、手术以及麻醉记录、病理资料、护理记录、医疗费用等病历资料。患者要求查阅、复制前款规定的病历资料的，医疗机构应当及时提供。故 AB-CD 项当选。

6. ABCD，解析：《民法典》第1224条规定，患者在诊疗活动中受到损害，有下列情形之一的，医疗机构不承担赔偿责任：（1）患者或者其近亲属不配合医疗机构进行符合诊疗规范的诊疗；（2）医务人员在抢救生命垂危的患者等紧急情况下已经尽到合理诊疗义务；（3）限于当时的医疗水平难以诊疗。前款第1项情形中，医疗机构或者其医务人员也有过错的，应当承担相应的赔偿责任。第1225条规定，医疗机构及其医务人员应当按照规定填写并妥善保管住院志、医嘱单、检验报告、手术以及麻醉记录、病理资料、护理记录、医疗费用等病历资料。患者要求查阅、复制前款规定的病历资料的，医疗机构应当及时提供。第1226条规定，医疗机构及其医务人员应当对患者的隐私和个人信息保密。泄露患者的隐私和个人信息，或者未经患者同意公开其病历资料的，应当承担侵权责任。第1227条规定，医疗机构及其医务人员不得违反诊疗规范实施不必要的检查。故ABCD项正确。

四、填空题

1. 应当；应当及时；明确同意；明确同意；应当。（《民法典》第1219条）
2. 当时；应当。（《民法典》第1221条）
3. 药品上市许可持有人；生产者；血液提供机构；医疗机构；追偿。（《民法典》第1223条）
4. 妥善保管；及时提供。（《民法典》第1225条）
5. 诊疗规范；不必要。（《民法典》第1227条）

五、简答题

答：根据《民法典》第1219条的规定，医务人员在诊疗活动中应当向患者说明病情和医疗措施。需要实施手术、特殊检查、特殊治疗的，医务人员应当及时向患者具体说明医疗风险、替代医疗方案等情况，并取得其明确同意；不能或者不宜向患者说明的，应当向患者的近亲属说明，并取得其明确同意。医务人员未尽到前款义务，造成患者损害的，医疗机构应当承担赔偿责任。

根据《民法典》第1220条的规定，因抢救生命垂危的患者等紧急情况，不能取得患者或者其近亲属意见的，经医疗机构负责人或者授权的负责人批准，可以立即实施相应的医疗措施。

第七章　环境污染和生态破坏责任

一、判断题

1. 因污染环境、破坏生态发生纠纷，行为人应当承担的举证责任以法律规定的不承担责任或者减轻责任的情形为限。（　　）
2. 侵权人污染环境、破坏生态，被侵权人有权请求相应的惩罚性赔偿。（　　）
3. 违反国家规定造成生态环境损害，生态环境能够修复的，国家规定的机关或者法律规定的组织有权请求侵权人在合理期限内承担修复责任。（　　）

二、单项选择题

1. 在污染环境和破坏生态纠纷中，行为人不承担下列哪一项事实的举证责任？（　　）

   A. 法律规定的不承担责任的情形

   B. 法律规定的减轻责任的情形

   C. 其行为与损害结果之间不存在因果关系

   D. 发生污染环境和破坏生态的损害事实

2. 在污染环境和破坏生态责任中，下列哪一情形下，被侵权人有权请求相应的惩罚性赔偿？（　　）

   A. 侵权人因重大过失污染环境、破坏生态的

   B. 侵权人违反法律规定故意污染环境、破坏生态造成严重后果的

   C. 侵权人污染环境、破坏生态

   D. 侵权人故意污染环境、破坏生态的

3. 违反国家规定造成生态环境损害，关于生态环境的修复，下列哪一说法是错误的？（　　）
   A. 国家规定的机关有权请求侵权人在合理期限内承担修复责任
   B. 法律规定的组织有权请求侵权人在合理期限内承担修复责任
   C. 侵权人在期限内未修复的，国家规定的机关或者法律规定的组织可以委托他人进行修复，所需费用由侵权人负担
   D. 国家规定的机关或者法律规定的组织应当自行修复，所需费用由侵权人负担

三、多项选择题

1. 关于环境污染和生态破坏责任，下列哪些说法是正确的？（　　）
   A. 因污染环境造成他人损害的，侵权人应当承担侵权责任
   B. 因污染环境造成他人损害，侵权人有过错的，应当承担侵权责任
   C. 因破坏生态造成他人损害的，侵权人应当承担侵权责任
   D. 因破坏生态造成他人损害，侵权人有过错的，应当承担侵权责任
2. 两个以上侵权人污染环境、破坏生态的，关于各个侵权人责任的确定，需要考虑下列哪些因素？（　　）
   A. 污染物的种类、浓度、排放量
   B. 破坏生态的方式、范围、程度
   C. 行为对损害后果所起的作用
   D. 行为人的主观过错程度
3. 因第三人的过错污染环境、破坏生态的，关于侵权责任的承担，下列哪些说法是正确的？（　　）
   A. 被侵权人可以向侵权人请求赔偿
   B. 被侵权人可以向第三人请求赔偿
   C. 侵权人赔偿后，有权向第三人追偿
   D. 侵权人承担最终责任

4. 违反国家规定造成生态环境损害的，国家规定的机关或者法律规定的组织有权请求侵权人赔偿下列哪些损失和费用？（　　）

A. 生态环境受到损害至修复完成期间服务功能丧失导致的损失

B. 生态环境功能永久性损害造成的损失

C. 生态环境损害调查、鉴定评估等费用

D. 清除污染、修复生态环境费用

四、填空题

1. 因______、______造成他人损害的，侵权人应当承担侵权责任。
2. 两个以上侵权人污染环境、破坏生态的，承担责任的大小，根据污染物的______，破坏生态的______，以及______等因素确定。
3. 因第三人的过错污染环境、破坏生态的，被侵权人可以向______请求赔偿，也可以向______请求赔偿。侵权人赔偿后，有权向第三人追偿。
4. 违反国家规定造成生态环境损害的，国家规定的机关或者法律规定的组织有权请求侵权人赔偿下列损失和费用：（一）生态环境受到损害至修复完成期间______导致的损失；（二）生态环境功能______损害造成的损失；（三）生态环境损害调查、鉴定评估等费用；（四）清除污染、修复生态环境费用；（五）防止损害的发生和扩大所支出的______。

五、简答题

简述我国《民法典》中关于生态环境民事公益诉讼的赔偿范围。

参考答案

一、判断题

1. ×，解析：《民法典》第1230条规定，因污染环境、破坏生态发生纠纷，行为人应当就法律规定的不承担责任或者减轻责任的情形及其行为与损害之间不存在因果关系承担举证责任。

2. ×，解析：《民法典》第 1232 条规定，侵权人违反法律规定故意污染环境、破坏生态造成严重后果的，被侵权人有权请求相应的惩罚性赔偿。

3. √，解析：《民法典》第 1234 条规定，违反国家规定造成生态环境损害，生态环境能够修复的，国家规定的机关或者法律规定的组织有权请求侵权人在合理期限内承担修复责任。侵权人在期限内未修复的，国家规定的机关或者法律规定的组织可以自行或者委托他人进行修复，所需费用由侵权人负担。

二、单项选择题

1. D，解析：《民法典》第 1230 条规定，因污染环境、破坏生态发生纠纷，行为人应当就法律规定的不承担责任或者减轻责任的情形及其行为与损害之间不存在因果关系承担举证责任。故 D 项当选。

2. B，解析：《民法典》第 1232 条规定，侵权人违反法律规定故意污染环境、破坏生态造成严重后果的，被侵权人有权请求相应的惩罚性赔偿。故 B 项当选。

3. D，解析：《民法典》第 1234 条规定，违反国家规定造成生态环境损害，生态环境能够修复的，国家规定的机关或者法律规定的组织有权请求侵权人在合理期限内承担修复责任。侵权人在期限内未修复的，国家规定的机关或者法律规定的组织可以自行或者委托他人进行修复，所需费用由侵权人负担。故 D 项错误。

三、多项选择题

1. AC，解析：《民法典》第 1229 条规定，因污染环境、破坏生态造成他人损害的，侵权人应当承担侵权责任。故 AC 项正确。

2. ABC，解析：《民法典》第 1231 条规定，两个以上侵权人污染环境、破坏生态的，承担责任的大小，根据污染物的种类、浓度、排放量，破坏生态的方式、范围、程度，以及行为对损害后果所起的作用等因素确定。故 ABC 项当选。

3. ABC，解析：《民法典》第 1233 条规定，因第三人的过错污染环境、破坏生态的，被侵权人可以向侵权人请求赔偿，也可以向第三人请求赔偿。侵权人赔偿后，有权向第三人追偿。故 ABC 项当选。

4. ABCD，解析：《民法典》第 1235 条规定，违反国家规定造成生态环境损害的，国家规定的机关或者法律规定的组织有权请求侵权人赔偿下列损失和费用：（1）生态环境受到损害至修复完成期间服务功能丧失导致的损失；（2）生态环境功能永久性损害造成的损失；（3）生态环境损害调查、鉴定评估等费用；（4）清除污染、修复生态环境费用；（5）防止损害的发生和扩大所支出的合理费用。故 ABCD 项当选。

四、填空题

1. 污染环境；破坏生态。（《民法典》第 1229 条）
2. 种类、浓度、排放量；方式、范围、程度；行为对损害后果所起的作用。（《民法典》第 1231 条）
3. 侵权人；第三人。（《民法典》第 1233 条）
4. 服务功能丧失；永久性损害；合理费用。（《民法典》第 1235 条）

五、简答题

答：根据《民法典》第 1235 条的规定，违反国家规定造成生态环境损害的，国家规定的机关或者法律规定的组织有权请求侵权人赔偿下列损失和费用：（1）生态环境受到损害至修复完成期间服务功能丧失导致的损失；（2）生态环境功能永久性损害造成的损失；（3）生态环境损害调查、鉴定评估等费用；（4）清除污染、修复生态环境费用；（5）防止损害的发生和扩大所支出的合理费用。

第八章　高度危险责任

一、判断题

1. 从事高度危险作业造成他人损害的，应当承担侵权责任。(　　)
2. 民用航空器造成他人损害是因受害人故意造成的，民用航空器的经营者不承担责任。(　　)
3. 从事高空、高压、地下挖掘活动或者使用高速轨道运输工具造成他人损害的，行为人应当承担侵权责任。(　　)
4. 非法占有高度危险物造成他人损害的，由非法占有人承担侵权责任。(　　)
5. 承担高度危险责任，法律规定赔偿限额的，依照其规定，但是行为人有故意或者重大过失的除外。(　　)

二、单项选择题

1. 关于高度危险责任，下列哪一说法是正确的？(　　)
   A. 从事高度危险作业造成他人损害的，行为人有过错的，应当承担侵权责任
   B. 从事高度危险作业，行为人故意造成他人损害的，应当承担侵权责任
   C. 从事高度危险作业，行为人不能证明自己没有过错的，应当承担侵权责任
   D. 从事高度危险作业造成他人损害的，应当承担侵权责任
2. 下列关于民用航空器致害责任的说法，哪一项是错误的？(　　)
   A. 因驾驶人重大过失，民用航空器造成他人损害的，民用航空器的经营者应当承担侵权责任

B. 因驾驶人故意，民用航空器造成他人损害的，民用航空器的经营者应当承担侵权责任

C. 民用航空器造成他人损害，能够证明损害非因受害人故意造成的，民用航空器的经营者应当承担侵权责任

D. 民用航空器造成他人损害，能够证明损害是受害人故意造成的，民用航空器的经营者不承担责任

3. 关于从事高空、高压、地下挖掘活动或者使用高速轨道运输工具致害责任，下列哪一说法是错误的？(　　)

A. 从事高空、高压、地下挖掘活动或者使用高速轨道运输工具造成他人损害的，经营者应当承担侵权责任

B. 从事高空、高压、地下挖掘活动或者使用高速轨道运输工具造成他人损害的，行为人应当承担侵权责任

C. 能够证明损害是因受害人故意或者不可抗力造成的，经营者不承担责任

D. 被侵权人对损害的发生有重大过失的，可以减轻经营者的责任

4. 关于非法占有高度危险物致害责任，下列哪一说法是错误的？(　　)

A. 非法占有高度危险物造成他人损害的，由非法占有人承担侵权责任

B. 所有人、管理人不能证明对防止非法占有尽到高度注意义务的，应当由所有人、管理人承担侵权责任，可以减轻非法占有人的责任

C. 所有人不能证明对防止非法占有尽到高度注意义务的，与非法占有人承担连带责任

D. 管理人不能证明对防止非法占有尽到高度注意义务的，与非法占有人承担连带责任

三、多项选择题

1. 民用核设施或者运入运出核设施的核材料发生核事故造成他人损害的，下列哪些情形下，营运单位不承担责任？(　　)

A. 损害是因战争造成的
B. 损害是因武装冲突造成的
C. 损害是因发生暴乱造成的
D. 损害是受害人故意造成的

2. 关于高度危险物侵权责任，下列哪些说法是错误的？（　　）

A. 占有或者使用高度危险物造成他人损害，占有人或者使用人有过错的，应当承担侵权责任

B. 占有或者使用高度危险物造成他人损害，占有人或者使用人不能证明自己没有过错的，应当承担侵权责任

C. 占有或者使用高度危险物造成他人损害，但能够证明是因受害人故意造成的，占有人或者使用人不承担侵权责任

D. 被侵权人对损害的发生有重大过失的，可以减轻占有人或者使用人的责任

3. 下列关于遗失、抛弃高度危险物致害责任的哪些说法是正确的？（　　）

A. 遗失高度危险物造成他人损害的，由所有人承担侵权责任

B. 抛弃高度危险物造成他人损害的，由所有人承担侵权责任

C. 所有人将高度危险物交由他人管理的，由管理人承担侵权责任

D. 所有人有过错的，与管理人承担连带责任

4. 关于高度危险场所保障责任，下列哪些说法是错误的？（　　）

A. 未经许可进入高度危险活动区域或者高度危险物存放区域受到损害的，管理人应当承担责任

B. 未经许可进入高度危险活动区域或者高度危险物存放区域受到损害，管理人能够证明已经采取足够安全措施的，可以减轻责任

C. 未经许可进入高度危险活动区域或者高度危险物存放区域受到损害，管理人能够证明已经采取足够安全措施并尽到充分警示义务的，应当减轻或者不承担责任

D. 未经许可进入高度危险活动区域或者高度危险物存放区域受到损害，管理人能够证明已经采取足够安全措施并尽到充分警示义务的，可以减轻或者不承担责任

四、填空题

1. 民用核设施或者运入运出核设施的核材料发生核事故造成他人损害的，民用核设施的营运单位______承担侵权责任；但是，能够证明损害是因______、______、______等情形或者______造成的，不承担责任。
2. 占有或者使用易燃、易爆、剧毒、高放射性、强腐蚀性、高致病性等高度危险物造成他人损害的，______或者______应当承担侵权责任；但是，能够证明损害是因______或者______造成的，不承担责任。被侵权人对损害的发生有______的，______减轻占有人或者使用人的责任。
3. 遗失、抛弃高度危险物造成他人损害的，由______承担侵权责任。所有人将高度危险物交由他人管理的，由______承担侵权责任；所有人有过错的，与管理人承担______责任。
4. ______进入高度危险活动区域或者高度危险物存放区域受到损害，管理人能够证明已经采取______安全措施并尽到______警示义务的，______减轻或者不承担责任。

参考答案

一、判断题

1. √，解析：《民法典》第1236条规定，从事高度危险作业造成他人损害的，应当承担侵权责任。
2. √，解析：《民法典》第1238条规定，民用航空器造成他人损害的，民用航空器的经营者应当承担侵权责任；但是，能够证明损害是因受害人故意造成的，不承担责任。
3. ×，解析：《民法典》第1240条规定，从事高空、高压、地下挖掘活动或者使用高速轨道运输工具造成他人损害的，经营者应当承担侵权责任；但是，能够证明损害是因受害人故意或者不可抗力造成的，不承担责任。被侵权人对损害的发生有重大过失的，可以减轻经营者的责任。

4. √，解析：《民法典》第1242条规定，非法占有高度危险物造成他人损害的，由非法占有人承担侵权责任。所有人、管理人不能证明对防止非法占有尽到高度注意义务的，与非法占有人承担连带责任。

5. √，解析：《民法典》第1244条规定，承担高度危险责任，法律规定赔偿限额的，依照其规定，但是行为人有故意或者重大过失的除外。

二、单项选择题

1. D，解析：《民法典》第1236条规定，从事高度危险作业造成他人损害的，应当承担侵权责任。故D项正确。

2. C，解析：《民法典》第1238条规定，民用航空器造成他人损害的，民用航空器的经营者应当承担侵权责任；但是，能够证明损害是因受害人故意造成的，不承担责任。故C项当选。

3. B，解析：《民法典》第1240条规定，从事高空、高压、地下挖掘活动或者使用高速轨道运输工具造成他人损害的，经营者应当承担侵权责任；但是，能够证明损害是因受害人故意或者不可抗力造成的，不承担责任。被侵权人对损害的发生有重大过失的，可以减轻经营者的责任。故B项错误。

4. B，解析：《民法典》第1242条规定，非法占有高度危险物造成他人损害的，由非法占有人承担侵权责任。所有人、管理人不能证明对防止非法占有尽到高度注意义务的，与非法占有人承担连带责任。故B项错误。

三、多项选择题

1. ABCD，解析：《民法典》第1237条规定，民用核设施或者运入运出核设施的核材料发生核事故造成他人损害的，民用核设施的营运单位应当承担侵权责任；但是，能够证明损害是因战争、武装冲突、暴乱等情形或者受害人故意造成的，不承担责任。故ABCD项当选。

2. AB，解析：《民法典》第 1239 条规定，占有或者使用易燃、易爆、剧毒、高放射性、强腐蚀性、高致病性等高度危险物造成他人损害的，占有人或者使用人应当承担侵权责任；但是，能够证明损害是因受害人故意或者不可抗力造成的，不承担责任。被侵权人对损害的发生有重大过失的，可以减轻占有人或者使用人的责任。故 AB 项错误。
3. ABCD，解析：《民法典》第 1241 条规定，遗失、抛弃高度危险物造成他人损害的，由所有人承担侵权责任。所有人将高度危险物交由他人管理的，由管理人承担侵权责任；所有人有过错的，与管理人承担连带责任。故 ABCD 项正确。
4. ABC，解析：《民法典》第 1243 条规定，未经许可进入高度危险活动区域或者高度危险物存放区域受到损害，管理人能够证明已经采取足够安全措施并尽到充分警示义务的，可以减轻或者不承担责任。故 ABC 项错误。

四、填空题

1. 应当；战争；武装冲突；暴乱；受害人故意。（《民法典》第 1237 条）
2. 占有人；使用人；受害人故意；不可抗力；重大过失；可以。（《民法典》第 1239 条）
3. 所有人；管理人；连带。（《民法典》第 1241 条）
4. 未经许可；足够；充分；可以。（《民法典》第 1243 条）

第九章　饲养动物损害责任

一、判断题

1. 违反管理规定，未对动物采取安全措施造成他人损害的，动物饲养人或者管理人应当承担侵权责任；但是，能够证明损害是因被侵权人故意造成的，可以减轻责任。(　　)
2. 动物园的动物致人损害，动物园尽到管理职责的，不承担侵权责任。(　　)
3. 因第三人的过错致使动物造成他人损害的，被侵权人应当向第三人请求赔偿。(　　)

二、单项选择题

1. 关于违反规定未对动物采取安全措施致害责任，下列哪一说法是错误的？(　　)
   A. 未对动物采取安全措施造成他人损害的，动物饲养人应当承担侵权责任
   B. 未对动物采取安全措施造成他人损害的，管理人应当承担侵权责任
   C. 能够证明损害是因被侵权人故意造成的，可以减轻责任
   D. 能够证明损害是因被侵权人故意造成的，应当减轻责任
2. 关于动物园的动物造成他人损害的侵权责任，下列哪一说法是正确的？(　　)
   A. 动物园能够证明是第三人原因造成的，不承担侵权责任
   B. 动物园无论是否尽到管理职责，都应当承担侵权责任
   C. 动物园尽到管理职责的，可以适当减轻其责任

D. 动物园不能证明尽到管理职责的，应当承担侵权责任

3. 因第三人的过错致使动物造成他人损害的，关于侵权责任的承担，下列哪一说法是错误的？（　　）

A. 被侵权人可以向动物饲养人请求赔偿

B. 被侵权人可以向第三人请求赔偿

C. 被侵权人可以向管理人请求赔偿

D. 动物饲养人或者管理人赔偿后，无权向第三人追偿

三、多项选择题

1. 关于饲养动物损害责任，下列哪些说法是错误的？（　　）

A. 饲养的动物造成他人损害的，动物饲养人或者管理人不能证明自己没有过错的，应当承担侵权责任

B. 饲养的动物造成他人损害的，动物饲养人或者管理人有过错的，应当承担侵权责任

C. 能够证明损害是因被侵权人故意或者重大过失造成的，不承担责任

D. 能够证明损害是因被侵权人故意或者重大过失造成的，可以不承担或者减轻责任

2. 关于禁止饲养的危险动物损害责任，下列哪些说法是错误的？（　　）

A. 烈性犬造成他人损害，动物饲养人或者管理人有过错的，应当承担侵权责任

B. 烈性犬造成他人损害，动物饲养人或者管理人不能证明自己没有过错的，应当承担侵权责任

C. 禁止饲养的烈性犬等危险动物造成他人损害，动物饲养人或者管理人有过错的，应当承担侵权责任

D. 禁止饲养的烈性犬等危险动物造成他人损害的，动物饲养人或者管理人应当承担侵权责任

3. 下列关于动物损害责任的哪些说法是错误的？（　　）

A. 饲养的动物造成他人损害的，动物饲养人或者管理人应当承担侵权责任

B. 动物园的动物造成他人损害，无论其是否尽到管理职责，都应当承担侵权责任

C. 禁止饲养的烈性犬造成他人损害，无论动物饲养人或者管理人有无过错，都应当承担侵权责任

D. 遗弃、逃逸的动物在遗弃、逃逸期间造成他人损害的，由动物原饲养人或者管理人承担侵权责任

4. 关于饲养动物的社会责任，以下表述正确的是：（　　）

A. 应当遵守法律法规　　B. 应当尊重社会公德

C. 不得妨碍他人生活　　D. 应当征得共同居住人同意

四、填空题

1. 饲养的动物造成他人损害的，动物饲养人或者管理人______承担侵权责任；但是，能够证明损害是因被侵权人______或者______造成的，可以______或者______责任。

2. ______的烈性犬等危险动物造成他人损害的，动物饲养人或者管理人______承担侵权责任。

3. ______、______的动物在______、______期间造成他人损害的，由______承担侵权责任。

4. 饲养动物应当遵守______，尊重______，不得妨碍______。

参考答案

一、判断题

1. √，解析：《民法典》第 1246 条规定，违反管理规定，未对动物采取安全措施造成他人损害的，动物饲养人或者管理人应当承担侵权责

任；但是，能够证明损害是因被侵权人故意造成的，可以减轻责任。

2. √，解析：《民法典》第1248条规定，动物园的动物造成他人损害的，动物园应当承担侵权责任；但是，能够证明尽到管理职责的，不承担侵权责任。

3. ×，解析：《民法典》第1250条规定，因第三人的过错致使动物造成他人损害的，被侵权人可以向动物饲养人或者管理人请求赔偿，也可以向第三人请求赔偿。动物饲养人或者管理人赔偿后，有权向第三人追偿。

二、单项选择题

1. D，解析：《民法典》第1246条规定，违反管理规定，未对动物采取安全措施造成他人损害的，动物饲养人或者管理人应当承担侵权责任；但是，能够证明损害是因被侵权人故意造成的，可以减轻责任。故D项错误。

2. D，解析：《民法典》第1248条规定，动物园的动物造成他人损害的，动物园应当承担侵权责任；但是，能够证明尽到管理职责的，不承担侵权责任。故D项正确。

3. D，解析：《民法典》第1250条规定，因第三人的过错致使动物造成他人损害的，被侵权人可以向动物饲养人或者管理人请求赔偿，也可以向第三人请求赔偿。动物饲养人或者管理人赔偿后，有权向第三人追偿。故D项错误。

三、多项选择题

1. ABC，解析：《民法典》第1245条规定，饲养的动物造成他人损害的，动物饲养人或者管理人应当承担侵权责任；但是，能够证明损害是因被侵权人故意或者重大过失造成的，可以不承担或者减轻责任。故ABC项错误。

2. ABC，解析：《民法典》第1247条规定，禁止饲养的烈性犬等危险动物造成他人损害的，动物饲养人或者管理人应当承担侵权责任。故ABC项错误。

3. BC，解析：《民法典》第1245条规定，饲养的动物造成他人损害的，动物饲养人或者管理人应当承担侵权责任；但是，能够证明损害是因被侵权人故意或者重大过失造成的，可以不承担或者减轻责任。第1247条规定，禁止饲养的烈性犬等危险动物造成他人损害的，动物饲养人或者管理人应当承担侵权责任。第1248条规定，动物园的动物造成他人损害的，动物园应当承担侵权责任；但是，能够证明尽到管理职责的，不承担侵权责任。第1249条规定，遗弃、逃逸的动物在遗弃、逃逸期间造成他人损害的，由动物原饲养人或者管理人承担侵权责任。故BC项错误。
4. ABC，解析：《民法典》第1251条规定，饲养动物应当遵守法律法规，尊重社会公德，不得妨碍他人生活。

四、填空题

1. 应当；故意；重大过失；不承担；减轻。(《民法典》第1245条)
2. 禁止饲养；应当。(《民法典》第1247条)
3. 遗弃；逃逸；遗弃；逃逸；动物原饲养人或者管理人。(《民法典》第1249条)
4. 法律法规；社会公德；他人生活。(《民法典》第1251条)

第十章　建筑物和物件损害责任

一、判断题

1. 因第三人的原因，建筑物倒塌造成他人损害的，由第三人承担侵权责任。(　　)
2. 禁止从建筑物中抛掷物品。(　　)
3. 在公共道路上倾倒妨碍通行的物品造成他人损害的，行为人应当承担侵权责任。(　　)
4. 在公共场所或者道路上挖掘、修缮安装地下设施等造成他人损害，施工人能够证明已经设置明显标志和采取安全措施的，不承担侵权责任。(　　)

二、单项选择题

1. 关于建筑物、构筑物或者其他设施倒塌、塌陷致害责任，下列哪一说法是错误的？(　　)
   A. 建筑物、构筑物或者其他设施倒塌、塌陷造成他人损害，建设单位、施工单位有过错的，应当由建设单位与施工单位承担连带责任
   B. 建设单位、施工单位赔偿后，有其他责任人的，有权向其他责任人追偿
   C. 因所有人、管理人、使用人的原因，建筑物、构筑物或者其他设施倒塌、塌陷造成他人损害的，由所有人、管理人、使用人承担侵权责任
   D. 因第三人的原因，建筑物、构筑物或者其他设施倒塌、塌陷造成他人损害的，由第三人承担侵权责任

2. 关于不明抛掷物、坠落物致害责任，下列哪一说法是错误的？（　　）
   A. 从建筑物中抛掷物品或者从建筑物上坠落的物品造成他人损害的，由侵权人依法承担侵权责任
   B. 经调查难以确定具体侵权人的，除能够证明自己不是侵权人的外，由可能加害的建筑物使用人承担连带责任
   C. 可能加害的建筑物使用人补偿后，有权向侵权人追偿
   D. 物业服务企业等建筑物管理人未采取必要的安全保障措施的，应当依法承担未履行安全保障义务的侵权责任
3. 在公共道路上堆放、倾倒、遗撒妨碍通行的物品造成他人损害的，关于侵权责任的承担，下列哪一说法是错误的？（　　）
   A. 行为人应当承担侵权责任
   B. 公共道路管理人不能证明已经尽到清理义务的，应当承担相应的责任
   C. 公共道路管理人不能证明已经尽到防护义务的，应当承担相应的责任
   D. 公共道路管理人已经尽到警示义务的，可以减轻其责任
4. 在公共场所或者道路上挖掘、修缮安装地下设施等造成他人损害的，关于侵权责任的承担，下列哪一说法是正确的？（　　）
   A. 施工人应当承担侵权责任
   B. 施工人不能证明已经设置明显标志和采取安全措施的，应当承担侵权责任
   C. 施工人已经设置明显标志和采取安全措施的，应当减轻其责任
   D. 地下设施造成他人损害，管理人应当承担侵权责任

三、多项选择题

1. 建筑物、构筑物或者其他设施及其搁置物、悬挂物发生脱落、坠落造成他人损害，关于侵权责任的承担，下列哪些说法是正确的？（　　）
   A. 所有人、管理人或者使用人不能证明自己没有过错的，应当承担

侵权责任

B. 所有人、管理人或者使用人有过错的，应当承担侵权责任

C. 所有人、管理人或者使用人能够证明自己没有过错的，不承担侵权责任

D. 所有人、管理人或者使用人赔偿后，有其他责任人的，有权向其他责任人追偿

2. 堆放物倒塌、滚落或者滑落造成他人损害的，关于侵权责任的承担，下列哪些说法是错误的？（　　）

A. 堆放人有过错的，应当承担惩罚性赔偿责任

B. 堆放人无过错的，可以减轻其责任

C. 堆放人无论是否有过错，均应承担侵权责任

D. 堆放人不能证明自己没有过错的，应当承担侵权责任

3. 因林木折断、倾倒或者果实坠落等造成他人损害的，下列哪些说法是错误的？（　　）

A. 林木的所有人或者管理人因故意或者重大过失造成他人损害的，应当承担侵权责任

B. 林木的所有人或者管理人无过错的，可以减轻其责任

C. 林木的所有人或者管理人不能证明自己没有过错的，应当承担侵权责任

D. 林木的所有人或者管理人应当承担侵权责任

四、填空题

1. 建筑物、构筑物或者其他设施及其______、______发生脱落、坠落造成他人损害，所有人、管理人或者使用人______自己没有过错的，应当承担侵权责任。所有人、管理人或者使用人赔偿后，有其他责任人的，有权向______追偿。

2. 堆放物倒塌、滚落或者滑落造成他人损害，堆放人______自己没有过错的，______承担侵权责任。

3. 因林木折断、倾倒或者果实坠落等造成他人损害，林木的所有人或者管理人______自己没有过错的，______承担侵权责任。

五、简答题

简述我国《民法典》关于建筑物、构筑物或者其他设施倒塌、塌陷致害责任的规定。

参考答案

一、判断题

1. √，解析：《民法典》第1252条第2款规定，因所有人、管理人、使用人或者第三人的原因，建筑物、构筑物或者其他设施倒塌、塌陷造成他人损害的，由所有人、管理人、使用人或者第三人承担侵权责任。
2. √，解析：《民法典》第1254条规定，禁止从建筑物中抛掷物品。
3. √，解析：《民法典》第1256条规定，在公共道路上堆放、倾倒、遗撒妨碍通行的物品造成他人损害的，由行为人承担侵权责任。公共道路管理人不能证明已经尽到清理、防护、警示等义务的，应当承担相应的责任。
4. √，解析：《民法典》第1258条规定，在公共场所或者道路上挖掘、修缮安装地下设施等造成他人损害，施工人不能证明已经设置明显标志和采取安全措施的，应当承担侵权责任。窨井等地下设施造成他人损害，管理人不能证明尽到管理职责的，应当承担侵权责任。

二、单项选择题

1. A，解析：《民法典》第1252条规定，建筑物、构筑物或者其他设施倒塌、塌陷造成他人损害的，由建设单位与施工单位承担连带责任，但是建设单位与施工单位能够证明不存在质量缺陷的除外。建设单位、施工单位赔偿后，有其他责任人的，有权向其他责任人追偿。因所有人、管理人、使用人或者第三人的原因，建筑物、构筑物或者其他设施倒塌、塌陷造成他人损害的，由所有人、管理人、使用人或者第三人承担侵权责任。故 A 项错误。

2. B，解析：《民法典》第 1254 条规定，禁止从建筑物中抛掷物品。从建筑物中抛掷物品或者从建筑物上坠落的物品造成他人损害的，由侵权人依法承担侵权责任；经调查难以确定具体侵权人的，除能够证明自己不是侵权人的外，由可能加害的建筑物使用人给予补偿。可能加害的建筑物使用人补偿后，有权向侵权人追偿。物业服务企业等建筑物管理人应当采取必要的安全保障措施防止前款规定情形的发生；未采取必要的安全保障措施的，应当依法承担未履行安全保障义务的侵权责任。发生本条第一款规定的情形的，公安等机关应当依法及时调查，查清责任人。故 B 项错误。
3. D，解析：《民法典》第 1256 条规定，在公共道路上堆放、倾倒、遗撒妨碍通行的物品造成他人损害的，由行为人承担侵权责任。公共道路管理人不能证明已经尽到清理、防护、警示等义务的，应当承担相应的责任。故 D 项错误。
4. B，解析：《民法典》第 1258 条规定，在公共场所或者道路上挖掘、修缮安装地下设施等造成他人损害，施工人不能证明已经设置明显标志和采取安全措施的，应当承担侵权责任。窨井等地下设施造成他人损害，管理人不能证明尽到管理职责的，应当承担侵权责任。故 B 项正确。

三、多项选择题

1. ACD，解析：《民法典》第 1253 条规定，建筑物、构筑物或者其他设施及其搁置物、悬挂物发生脱落、坠落造成他人损害，所有人、管理人或者使用人不能证明自己没有过错的，应当承担侵权责任。所有人、管理人或者使用人赔偿后，有其他责任人的，有权向其他责任人追偿。故 ACD 项正确。

2. ABC，解析：《民法典》第 1255 条规定，堆放物倒塌、滚落或者滑落造成他人损害，堆放人不能证明自己没有过错的，应当承担侵权责任。故 ABC 项错误。
3. ABD，解析：《民法典》第 1257 条规定，因林木折断、倾倒或者果实坠落等造成他人损害，林木的所有人或者管理人不能证明自己没有过错的，应当承担侵权责任。故 ABD 项错误。

四、填空题

1. 搁置物；悬挂物；不能证明；其他责任人。(《民法典》第 1253 条)
2. 不能证明；应当。(《民法典》第 1255 条)
3. 不能证明；应当。(《民法典》第 1257 条)

五、简答题

答：根据《民法典》第 1252 条的规定，建筑物、构筑物或者其他设施倒塌、塌陷造成他人损害的，由建设单位与施工单位承担连带责任，但是建设单位与施工单位能够证明不存在质量缺陷的除外。建设单位、施工单位赔偿后，有其他责任人的，有权向其他责任人追偿。因所有人、管理人、使用人或者第三人的原因，建筑物、构筑物或者其他设施倒塌、塌陷造成他人损害的，由所有人、管理人、使用人或者第三人承担侵权责任。

附 则

一、判断题

1. 民法所称的“以上”、“以下”、“以内”、“届满”，不包括本数；所称的“不满”、“超过”、“以外”，包括本数。（ ）
2. 《中华人民共和国民法典》自2020年12月31日起施行。《中华人民共和国民法总则》仍然有效。（ ）

二、填空题

1. 民法所称的“以上”、“以下”、“以内”、“届满”，______本数；所称的“不满”、“超过”、“以外”，______本数。
2. 《中华人民共和国民法典》自______年______月______日起施行。《中华人民共和国婚姻法》、《中华人民共和国继承法》、《中华人民共和国民法通则》、《中国人民共和国收养法》、《中华人民共和国担保法》、《中华人民共和国合同法》、《中华人民共和国物权法》、《中华人民共和国侵权责任法》、《中华人民共和国民法总则》______。

参考答案

一、判断题

1. ×，解析：《民法典》第1259条规定，民法所称的“以上”、“以下”、“以内”、“届满”，包括本数；所称的“不满”、“超过”、“以外”，不包括本数。
2. ×，解析：《民法典》第1260条规定，本法自2021年1月1日起施行。《中华人民共和国婚姻法》、《中华人民共和国继承法》、《中华人民共和国民法通则》、《中国人民共和国收养法》、《中华人民共和国担保法》、《中华人民共和国合同法》、《中华人民共和国物权法》、《中华人民共和国侵权责任法》、《中华人民共和国民法总则》同时废止。

二、填空题

1. 包括；不包括。(《民法典》第1259条)
2. 2021；1；1；同时废止。(《民法典》第1260条)

ISBN 978-7-5216-1104-5

9 787521 611045 >

定 价：69.00元

图书在版编目（CIP）数据

民法典知识题集 /《民法典知识题集》编写组编 . —北京：中国法制出版社，2020（2020.11重印）
ISBN 978 -7 -5216 -1104 -5

Ⅰ.①民… Ⅱ.①民… Ⅲ.①民法 - 中国 - 习题集
Ⅳ.①D923 -44

中国版本图书馆 CIP 数据核字（2020）第 080190 号

策划统筹 胡 斌 唐 鹍 汪洁琼
责任编辑 黄丹丹 汪洁琼 耿旭冉 刘海龙
潘环环 成知博 慕 瑶
封面设计 杨泽江

民法典知识题集
MINFADIAN ZHISHI TIJI

编/《民法典知识题集》编写组
经销/新华书店
印刷/三河市紫恒印装有限公司
开本/880 毫米 ×1230 毫米 32 开 印张/ 21.75 字数/ 442 千
版次/2020 年 7 月第 1 版 2020 年 11 月第 3 次印刷

中国法制出版社出版
书号 ISBN 978 -7 -5216 -1104 -5 定价：69.00 元

北京西单横二条 2 号
邮政编码 100031 传真：010 -66031119
网址：http：//www. zgfzs. com **编辑部电话：010 -66078158**
市场营销部电话：010 -66033393 **邮购部电话：010 -66033288**

（如有印装质量问题，请与本社印务部联系调换。电话：010 -66032926）